ESPIRITUALIDADE, POLÍTICA E SISTEMAS DE CONHECIMENTO AFRICANOS

Dados Internacionais de Catalogação na Publicação (CIP)
(Câmara Brasileira do Livro, SP, Brasil)

Falola, Toyin
Espiritualidade, política e sistemas de conhecimento africanos : palavras sagradas e domínios santos / Toyin Falola ; tradução de Israel Vilas Bôas. – Petrópolis, RJ : Vozes, 2025. – (Coleção África e os Africanos)

Título original: African spirituality, politics, and knowledge systems.

ISBN 978-85-326-7126-4

1. Antropologia 2. África – Civilização 3. África – História 4. África – Religião 5. Espiritualidade 6. Sociologia I. Título. II. Série.

25-264060 CDD-306.6

Índices para catálogo sistemático:
1. Religião e sociologia 306.6

Eliete Marques da Silva – Bibliotecária – CRB-8/9380

ESPIRITUALIDADE, POLÍTICA E SISTEMAS DE CONHECIMENTO AFRICANOS

Palavras sagradas e domínios santos

Toyin Falola

Tradução de Israel Vilas Bôas

EDITORA VOZES

Petrópolis

Tradução realizada a partir do original em inglês intitulado *African Spirituality, Politics, and Knowledge System. Sacred Words and Holy Realms*, publicada mediante acordo com Bloomsbury Publishing Plc.

Direitos de publicação em língua portuguesa – Brasil:
2025, Editora Vozes Ltda.
Rua Frei Luís, 100
25689-900 Petrópolis, RJ
www.vozes.com.br
Brasil

Diagramação: Victor Mauricio Bello
Revisão gráfica: Alessandra Karl
Projeto gráfico de capa: Renan Rivero
Adaptação de capa: Editora Vozes

ISBN 978-85-326-7126-4 (Brasil)
ISBN 978-1-3502-7194-4 (Reino Unido)

Este livro foi composto e impresso pela Editora Vozes Ltda.

Para Dom Hassan Mathew Kukah

Sumário

Parte II – Islã

Parte III – Cristianismo

PREFÁCIO

O poder contido em nossa fala cotidiana é imenso, fato que serve de base a este ditado iorubá traduzido para o português: "as palavras são como um ovo; uma vez quebradas, não se podem recolher nem recompor". O poder das palavras, quando proferidas, é tal que não se podem reaver. Apenas se podem contestar, negar ou afirmar, o que, ainda assim, é feito mediante o uso de palavras. Além do poder na imediatez das "palavras", que iniciam e impulsionam atuações, eventos e até mesmo a história, as palavras exercem influência em vastas populações. Elas podem ser seculares, rituais e religiosas, todavia encerram grande poder e influência, de modo que compelem à ação e à reação, qualquer que seja sua origem.

As grandes lideranças históricas, ou, dito de outro modo, a habilidade dos líderes de angariar enorme séquito, é amiúde atribuída ao poder da oratória, a qual influencia ouvintes e leitores, bem como incendeia movimentos. Adolf Hitler, por exemplo, notabilizou-se tanto pela imensa maldade quanto pela eloquência. Não obstante haver malogrado no Golpe de Estado orquestrado em uma cervejaria em 1923, ele mobilizou os alemães ao apelar aos sentimentos deles – ao seu ressentimento relativo à Primeira Guerra Mundial. Muitos presidentes dos Estados Unidos da América — dentre os quais cumpre nomear Woodrow Wilson, Abraão Lincoln e Barack Obama — alcançaram renome por sua excelência oratória, a qual lhes permitiu exercer imensa influência nos americanos, de modo que os impelisse a determinada linha de conduta e granjeasse respaldo aos seus projetos.

Nos locais de trabalho, em tempos de guerra e no seio das famílias, nas mesquitas, nas igrejas e nos espaços rituais, as palavras são amiúde empregadas para motivar a raça humana e engendrar uma reação estimulada. As palavras são sagradas em si mesmas, porquanto são poderosas e detêm a habilidade natural de influenciar muitas pessoas. A atenção aqui recai nas palavras sagradas, faladas e escritas, consoante afetam as práticas religiosas, as atuações religiosas e o conhecimento fundamentado em crenças religiosas.

Este livro versa trata da liderança religiosa e da interação com textos e práticas que expressam crenças religiosas, suas consequências e o conhecimento nelas contido. A expressão "palavras sagradas" é usada para descrever textos sacros, como na adivinhação, na Bíblia e no Alcorão, e conecta esses textos aos clérigos que os usam. Os clérigos ocupam posições de liderança em instituições religiosas, sejam eles fitoterapeuta ou adivinhos, pastores ou imãs. Esses textos (escritos ou orais) fornecem o repositório de conhecimento que confere poder aos clérigos. Eles interpretam esses textos usando palavras que se ligam às emoções, à espiritualidade, aos sistemas de crenças e à política (influência). Em conjunto, as palavras e os clérigos tornam-se agentes poderosos que moldam as sociedades e criam relevância intelectual.

Então, por que "palavras sagradas"? Encontrei minha alusão narrativa ontológica em múltiplas tradições, remontando à época em que eu cursava o ensino primário. Conforme relatei em minhas memórias, *A mouth sweeter than salt* [Uma boca mais doce do que sal], usávamos palavras para buscar o consentimento das meninas, a fim de que dissessem "sim" aos nossos desejos infantis. Empregávamos palavras em combinação com "magia" para comandar nossos cérebros africanos a memorizar fatos. Usávamos palavras para ferir pessoas, para conjurar, para lançar feitiços. Os adultos valiam-se de invocações para que a chuva caísse ou parasse e, na bruxaria, as palavras são manipuladas por meio de encantamentos, conferindo às bruxas o poder de beber o sangue de suas vítimas. Os clérigos podem recorrer a textos escritos para realizar milagres.

O que vivenciei apresentava caráter universal quanto à relevância. A propósito, recordo-me de uma narrativa da série Harry Potter, de autoria de J. K. Rowling. Uma das personagens principais, Ronald Weasley, receava participar de um torneio por não se julgar à altura. No entanto, seu amigo Harry Potter fê-lo crer que lhe administrara uma "poção da sorte", a qual, conforme ensinamento do professor, traria fortuna e desempenho excelente a quem a bebesse. Weasley, como era de esperar, teve atuação admirável, mas Potter não usara de fato a poção, conforme Weasley supusera; o segredo de seu desempenho notável residia em sua fé na eficácia da poção, fundamentada nas "palavras sagradas" do professor.

O qualificativo "sagradas" associado a "palavras", neste contexto, provém da autoridade e do sistema de crenças que a circunda. Tais palavras sagradas encontram-se principalmente em contextos religiosos e em seus correspondentes sistemas de crenças. Essas religiões e crenças no sobrenatural ou em explicações que transcendem o plano físico dos acontecimentos constituíram um sistema de conhecimento mediante o qual os africanos (no âmbito deste estudo) foram influenciados. As palavras sagradas, para as quais um sistema de crenças norteador serve de base, exercem influência em seus seguidores e orientam práticas – ambos os aspectos constituem o foco desta obra. Palavras sagradas, bem como a crença em sua influência suprema, impelem à ação e servem de base para práticas na África. Neste manuscrito, relaciono as palavras sagradas e a fé que elas transmitem a um conjunto de variáveis interdependentes:

1. O contexto mais amplo da religião, considerando-se as três principais tradições religiosas da África (religião tradicional africana, islamismo e cristianismo).
2. A fé que as religiões professam, isto é, o poder contido e a influência derivada dessas crenças, os quais impregnam as mentes e servem de base às atuações e práticas de seus adeptos.

3. Os líderes religiosos interpretam a fé e as palavras, a exemplo dos babalaôs (adivinhos de Ifá) e dos clérigos no islamismo e no cristianismo.

4. As ideias-chave contidas nas palavras que eles selecionam e empregam, bem como o modo como formaram um sistema contínuo de conhecimento ainda em uso nas práticas subjacentes da atualidade.

5. O impacto das palavras sagradas e da fé em seus seguidores: a) a política de administração da sociedade e das pessoas; b) os sistemas de conhecimento.

Destarte, além da introdução, a qual se detém extensamente nas "palavras sagradas", os capítulos deste livro, conforme categorizados, concentrar-se-ão nas narrativas e nas práticas que são objeto das "palavras sagradas" (minuciosamente elucidadas na introdução), ao mesmo tempo em que atendem às variáveis supramencionadas. Dito de outro modo, usarei a introdução como fundamento do qual cada capítulo extrairá suas narrativas. Assim, minha introdução carregará todo o peso das palavras sagradas, de modo que os capítulos possam desfrutar da especificidade das práticas, dos sistemas de conhecimento e do poder que encerram. A conexão entre o título e os capítulos pode ser encontrada primeiramente neste prefácio e, em seguida, elaborada a pleno na introdução "Palavras sagradas", e, por fim, inferida e harmonizada na conclusão. O propósito disso é fazer de cada capítulo uma análise autônoma, completamente independente seja dos demais, seja do título. Isso permite que cada capítulo se submeta à pedagogia interpretativa de um leitor e do professor. Eis por que o estilo de escrita em cada capítulo é diferente, porém vinculado ao momento contemporâneo tanto quanto possível, a fim de que as lições de cada um sejam tão amplamente elaboradas e dedutíveis quanto possível.

Agradecimentos

Dificilmente se produz qualquer obra sem o apoio ativo ou passivo de certas pessoas excelentes em nosso convívio. Em razão disso, desejo reconhecer as inúmeras contribuições perspicazes de meus bons amigos, os doutores Bola Dauda, Michael Afolayan, Samuel Oloruntoba, Samson Ijaola, Nimi Wariboko e Martins Isaac Olusanya. Reconheço sua meticulosidade, interesse constante e comentários argutos, os quais ajudaram a moldar o processo dianoético que serviu de base a este livro e o tornaram mais fácil de compreender, para além de eliminar interpretações ambíguas. Não há agradecimentos o suficiente para seus esforços neste projeto. Ao longo dos anos, encontrei-me e conversei com muitos fitoterapeutas, adivinhos, pastores, fundadores e líderes de Igrejas, imãs e líderes espirituais; suas interações comigo possibilitaram a produção deste livro.

Toyin Falola

Austin, janeiro de 2021.

Notas quanto às fontes

Este acervo de trabalho foi possibilitado por entrevistas com praticantes, fontes em árabe e aljamia, bem como obras publicadas. As notas privilegiaram obras publicadas, e os conteúdos destilaram as informações de várias fontes, até mesmo testemunhos privados daqueles que interatuaram com curandeiros, vivenciaram alucinações, bruxaria e outros mistérios da vida. Este livro investiga, narra e expende a produção de conhecimento das três principais religiões na África, ao mesmo tempo em que extrai especificidades sobretudo das variantes africanizadas das religiões.

A investigação foi necessária para relacionar e situar os pensamentos coligidos nas cosmologias do sistema nativo africano. Isso se aplica mormente às religiões tradicionais africanas, nas quais foram necessários recursos para além da pesquisa em biblioteca. Em razão disso, tornou-se imperativo entrar em contato com praticantes para fazer perguntas profundas e perspicazes, sobretudo no que tange à validade de alguns fatos conflitantes coligidos de diferentes fontes. Isso foi feito por meio de conversas presenciais e, mais recentemente, por telefonemas, com o reconhecimento da era da mídia e a manutenção da produtividade conforme às restrições que a COVID-19 trouxe para o contato físico. Em relação à qualidade das conclusões projetadas, os dados revelaram-se abundantes, dada a profusão de conhecimentos logrados por entrevistas virtuais.

As fontes em árabe e aljamia que se logrou e empregou sobretudo no discurso acerca do islamismo também merecem atenção. Alguns desses textos em árabe, embora traduzidos, foram obtidos por meio de contatos pessoais com muitas pessoas de suas bibliotecas e institutos de pesquisa. Também se buscaram esclarecimentos com clérigos. Isso foi muito necessário, pois crenças e interpretações religiosas são sempre matérias muito sensíveis para os praticantes – razões para conflitos religiosos e causas de escaramuças no continente.

Por fim, obras publicadas como livros, artigos e periódicos também foram usadas para este estudo, enquanto o conhecimento extraído deles serviu igualmente como fundamento para introduzir a ideia que deu forma a este livro.

Introdução

O ferimento infligido pela língua não se cura, ao passo que o infligido pela lâmina se cura.

Provérbio calabari

Todo dia se expressam realidades – com cuidado ou com negligência – por meio de palavras, as quais, conforme já se expôs, manifestam-se nas formas duais de escrita e de fala. Amiúde se pronunciam as palavras com o intento de produzir determinado efeito, assim como se escrevem para incutir convicção no ânimo daquele que as lê — ou as escuta, quando no primeiro caso. Este efeito das palavras no receptor pode variar de coisas simples, tais como se sentir satisfeito, sentir-se magoado ou executar uma ação, para coisas mais complexas, como se adequar a um estilo de vida, aderir a uma crença, realizar uma ação ou iniciar um movimento por causa da palavra recebida.

Independentemente de serem proferidas ou escritas, as palavras influenciam atuações, afetam crenças, entretêm auditórios, motivam grupos no trabalho e elevam o moral durante conflitos bélicos ou períodos difíceis. Além dos dois primeiros aspectos, as palavras têm sido retratadas em sua secular potência. Seu uso e poder associado, contudo, não se limitam ao mundo das pessoas fora da religião e do sistema de crenças, mas, numa avaliação crítica mais profunda, as palavras carregam um peso ainda maior no âmbito das inclinações espirituais. Isto ocorre quer por inspiração dos espíritos, quer pelos livros sagrados, quer por interpretação destes pelos clérigos. Mais ainda, o sistema de crenças ao qual estas palavras serviram de base é tal que reveste os clérigos de poder e confere-lhes autoridade para emitir pronunciamentos, tanto positivos quanto negativos, dentro dos ditames dos livros sagrados e, para alguns, até mesmo para além desses ditames. Dito de outro modo, a firme crença das pessoas em seus clérigos, os quais são considerados os guardiães do poder contido nos livros sagrados, também confere a estes clérigos a autoridade para prescindir destes livros e fazer pronunciamentos com base em sua crença pessoal, o que ainda assim influenciará seus numerosos seguidores.

Com o intuito de contextualizar o impacto secular, o poder e a influência das palavras seculares, fiz algumas alusões ontológicas à obra de J. K. Rowling (Harry Potter), bem como a líderes nacionais e mundiais, tais como Nnamdi Azikiwe (primeiro presidente da Nigéria), Obafemi Awolowo (primeiro primeiro-ministro da Região Ocidental da Nigéria), Winston Churchill, Woodrow Wilson, Barack Obama e Abraham Lincoln, todos oradores excepcionais que angariaram grande séquito graças ao poder de seus discursos[1]. O poder de sua oratória, e a influência que esta exercia, era tão grande que a Universidade Estadual de Idaho nos Estados Unidos oferece uma disciplina intitulada "A retórica de Hitler e Churchill", a qual foi ministrada pelo Professor Bruce Loebs por mais de quarenta anos (cf. Macias, 2015). Loebs atribui a destreza oratória e o êxito de Hitler ao carisma que este exibia como líder, o que acabou por torná-lo querido pelo povo. O poder de sua oratória convenceu as pessoas de que ele tinha as respostas corretas para a depressão global que assolava a Alemanha.

Uma analogia célebre da palavra escrita com enorme impacto é *O bom senso*, de Thomas Paine. O impacto e a influência que este livro exerceu no povo estadunidense durante a Guerra da Independência dos Estados Unidos (1776-1783) são tais que a independência daquele país dificilmente se discute sem menção à obra, a qual foi um êxito de vendas nos Estados Unidos

1. Cf. prefácio.

até 2006[2]. O poder da palavra escrita neste livro residia mais na persuasão, nas emoções que provocava nos estadunidenses e na necessidade daquela luta crucial para retomar suas terras e seu poder das mãos dos colonizadores britânicos. O livro estimulou e provocou uma resposta em massa dos estadunidenses, que, com o moral em nível muito elevado, conquistaram a vitória decisiva.

A história precedente elucida o poder e a influência das palavras no espaço secular. Reflita-se, como eu o fiz, acerca da influência das palavras consideradas sagradas pelos adeptos que por elas se guiam, tanto na forma escrita quanto na falada – os adeptos religiosos. Essas reflexões quanto ao poder que reside nas palavras santas ou, se se preferir, nas palavras sagradas, nortearam minha investigação da profundidade de seu uso e do modo como influenciam a vida cotidiana e as crenças dos africanos.

Um exame atento da maioria dos ambientes religiosos na África mostra um padrão predominante. Todos os fiéis se conformam a um conjunto escrito de regras – leis que muitos deles chamam de mandamentos ou invocações do bem ou do mal, bem como palavras proferidas pelos seus clérigos. Eles se apegam a esses mandamentos, invocações e palavras e, gradualmente, começam a moldar seu estilo de vida segundo essas ordens. Nos livros sagrados de muitas dessas religiões estão escritos comandos e estruturas estabelecidas às quais devem aderir como fiéis daquela religião. Para além da palavra escrita em seus livros sagrados, há também as palavras faladas pelos clérigos religiosos. Mesmo quando esses clérigos fazem declarações fora do livro sagrado, os adeptos as consideram sagradas (como o Hádice e a *Mishná*, talvez *o Kebra Nagast* [Glória dos reis] da Etiópia). E suas palavras ainda têm grande influência nos crentes e em seu estilo

2. Paine (2016). Em época anterior, no ano de 1741, atribuiu-se a Jonathan Edward o mérito de haver usado seu discurso para acender grande reavivamento. Menciona-se amiúde esse discurso como um dos sermões mais enlevadores já proferidos na história do cristianismo. As pessoas choravam enquanto o ouviam e ele as inspirava a iniciar o reavivamento (cf. Edwards, 2014).

de vida, os quais confiam nas palavras, nos ensinamentos e nas instruções dos clérigos, que são considerados sagrados porque se crê que os clérigos sejam guardiães do poder de Deus e intermediários entre o mundo terreno e o sobrenatural.

É esse processo dianoético que serviu de base para o exame minucioso do modo como as palavras sagradas das três religiões mais reconhecidas na África incorporam poder, formam um sistema de conhecimento, influenciam as massas e compelem à obediência. Por conseguinte, isso se traduz em práticas cotidianas africanas, atuações e omissões, movimentos e crenças desde seu ponto de contato até a contemporaneidade e, segundo uma perspectiva histórica, com o emprego de instrumentos analíticos e narrativos.

O termo "sagrado" refere-se o mais das vezes a qualquer objeto, arte, texto ou mesmo atos "considerados santos e merecedores de respeito, especialmente devido a uma conexão com uma divindade" (Dicionário Cambridge, 2020). Portanto, palavras sagradas poderiam referir-se a palavras faladas ou escritas e dedicadas a atividades e crenças religiosas. Disso, pode-se inferir que quase todas as religiões organizadas se fundam em palavras sagradas. Palavras sagradas podem ser escritas à luz da inspiração do Espírito Santo, como no caso da Bíblia cristã, ou reveladas por profetas, como no islamismo. Para além da fé cristã, palavras sagradas emergem de textos como a Torá, que se associa ao judaísmo. A Torá constitui os cinco livros iniciais da Bíblia hebraica ou os Cinco Livros de Moisés. A Torá é escrita em pergaminhos ou publicada e usada para orações (Mann, 2013)[3]. No islamismo, o Alcorão é um texto sagrado que se crê ser a Palavra de Deus, que fora revelada ao Profeta Muhammad pelo Arcanjo Gabriel e preservada na língua árabe (Aktar, 2007).

3. Crê-se que muitas partes da Bíblia existiram em formas orais por séculos e depois foram fixadas em palavras como escrituras.

Diferentemente dos textos mencionados, os textos sagrados hindus começaram na forma oral, o que demonstra que nem todas as palavras sagradas são escritas e, como no caso da literatura, elas se apresentam quer na forma oral, quer na escrita (Lipner, 2012). As religiões tradicionais africanas compartilham essa semelhança. Os textos sagrados nas religiões tradicionais africanas são amplamente orais e transmitidos de geração em geração por meio do folclore. Embora as religiões tradicionais africanas façam uso extensivo da oralidade, elas também têm um vasto corpo de textos escritos na adivinhação Ifá e em outros sistemas (Unesco, 2020). Isso demonstra ainda mais que os textos sagrados não são necessariamente escritos. É pertinente, neste ponto, expor com mais minúcias os conceitos prévios em seu caráter individual, a começar pelas religiões tradicionais africanas, para uma compreensão robusta. Textos sagrados poderiam também surgir de empréstimos de textos não sagrados. Uma vez que os empréstimos são incluídos em um texto sagrado, aquilo que não era sagrado torna-se sagrado. A Bíblia toma emprestadas histórias de fontes antigas do Oriente Médio, como o *Épico de Gilgamés* ou como Paulo Apóstolo que faz uso da poesia grega (Dolansky, 2020).

Religiões tradicionais africanas

Nas religiões tradicionais africanas, a palavra "sagrado" tem um efeito mais impressionante e, ao mesmo tempo, intimidante nos adoradores e nos crentes, bem como nos residentes da comunidade. O sagrado, em muitas culturas e tradições, amiúde se associa a objetos e lugares, tanto quanto a palavras; não é incomum encontrar riachos, terras, árvores, lugares e até pessoas sagradas. Espera-se, com frequência, que objetos, lugares ou pessoas sagradas sejam tratados com reverência e veneração religiosa. Muitas vezes, a banalização ou o desrespeito à sua natureza sagrada acarreta consequências desagradáveis, algumas das quais são ministradas pelos adoradores e adeptos ou mesmo pelas próprias divindades.

Embora Ndemanu seja da opinião de que as religiões tradicionais africanas não têm "textos sagrados com doutrinas prescritas" (Ndemanu, 2018, p. 70-84), isso não significa a ausência de palavras sagradas nas tradições religiosas africanas. Assim como nas religiões grega e romana, a oralidade desempenha um papel crucial na comunicação de leis sagradas, na realização de rituais e em outras atividades religiosas (Lardinois; Blok; Poel, 2011, p. 1-14). Essa ressalva é necessária, dado que se poderia inferir que as palavras sagradas, como usadas neste capítulo, têm suas bases em tradições religiosas e são, portanto, derivadas unicamente da Bíblia, que é o texto sagrado dos cristãos. Contudo, este não é o caso, pois palavras sagradas são aquelas palavras ou discursos litúrgicos associados a "um deus, um texto ou um profeta" (Frankfurter, 2005, p. 157-185). Palavras também poderiam ser sagradas porque estão ligadas à preocupação última de uma comunidade. Coisas ou palavras poderiam ser sagradas no sentido do "dossel sagrado" de Peter Berger (Chernus, 2020).

Na tradição religiosa africana, as palavras sagradas consistem em proferimentos solenes dotados de capacidades geradoras e afiliações espirituais ou sobrenaturais. Isso pode incluir cânticos, encantamentos, maldições ou bênçãos, inscrições e formas artísticas com possibilidades interpretativas, canções e outros vocábulos religiosos falados ou até mesmo escritos, que podem ser declarações ou admoestações consideradas eficazes. Cumpre notar que, assim como nas tradições cristãs, as possibilidades criativas desses proferimentos solenes não podem ser superestimadas. Proferem-se usualmente para engendrar ou catalisar possibilidades e existências. No exame dos cânticos proferidos como forma de oração meditativa na maioria das atividades religiosas tradicionais, faz-se necessário analisar o poder regenerativo de tais cânticos. Essas recitações monótonas, porém rítmicas, tendem a ter imenso poder e suficiente energia espiritual para invocar ocorrências cataclísmicas ou regenerativas.

Conforme observado anteriormente, maldições e bênçãos são proferimentos que também podem ser considerados palavras sagradas. Envolvem estritamente o uso de palavras, embora algumas outras atuações possam ser categorizadas como tais (Kombo, 2003, p. 73-86). De acordo com David Frankfurter, maldições e bênçãos são discursos litúrgicos eficazes que refletem duas áreas de uma única religião. Ele afirma especificamente: "Sua mecânica linguística é essencialmente igual; e as pessoas que têm poder de fazer uma tendem a ser as mesmas pessoas que têm poder de fazer a outra" (Frankfurter, 2005, p. 157)[4]. No contexto das religiões tradicionais africanas, as maldições vão muito além dos insultos falados conhecidos nos tempos atuais. Em contextos religiosos, são discursos imbuídos de potência espiritual. Frankfurter capta a dinâmica cultural e religiosa das maldições quando escreve:

> Nas culturas antigas, a maldição constituía uma forma de proferimento assaz mais carregada de sentido; e conquanto os insultos expressivos e outras demonstrações de sagacidade verbal houvessem alcançado notável popularidade, as culturas atribuíam a certos proferimentos declarativos – ou a declarativos proferidos em certas condições – uma potência singular, fosse em sentido protetor ("Ide-vos, voltai ao inferno, filho do Demônio!"), fosse em sentido socialmente perturbador ("Praza aos céus que vossas vacas não produzam senão veneno deste dia em diante!"), o que trazia ao falante severas punições. (Frankfurter, 2005, p. 158)[5].

4. Existe também uma divisão de trabalho: anjos bons podem conceder bênçãos e anjos maus e o anjo da morte podem proferir maldições. Portanto, não são necessariamente os mesmos o tempo todo.

5. Ademais, Dt 28 é clássico a este respeito; os catorze versículos iniciais são bênçãos e o restante (15-68) são maldições.

Frankfurter ilustra a energia e o poder desses proferimentos, para além da constituição espiritual da maldição que determina sua ocorrência; linguisticamente, tais proferimentos combinam um grupo de palavras poderosas que pressagiam o mal. Ao examinar as diversas implicações de várias atividades místicas, Hachalinga descreve as maldições como as "manifestações mais temidas do uso do poder místico" (Hachalinga, 2017, p. 55-63). Isso fortalece ainda mais a noção da primazia e do poder da palavra falada. As eficácias da palavra falada e o poder contido nas palavras de um ancião em contextos culturais, e do sacerdote-chefe em contextos religiosos, existem há muito tempo na consciência africana (Mbiti, 2002). Hachalinga corrobora essa noção quando afirma: "Em muitas comunidades africanas, o medo das maldições e do amaldiçoar é real" (Wachege, 2003, p. 1).

As maldições, enquanto proferimentos independentes, manifestam a virtude de suscitar respostas de temor, de angústia e até mesmo de repulsa naquele que as recebe; todavia, o peso de tais expressões melhor se compreende à luz da dignidade de quem as profere. Assim como os líderes espirituais nas religiões tradicionais africanas – os Ifá, as sumas sacerdotisas ou os sacerdotes – muitas vezes acredita-se que eles têm poder tanto de abençoar quanto de amaldiçoar. Quando proferidas pelos lábios do líder espiritual ou parente mais velho que, em virtude de sua senioridade, está imbuído do poder de abençoar e amaldiçoar, a eficácia e o poder gerador dos proferimentos sagrados não são postos em dúvida. No entanto, de acordo com os relatos etnográficos de Hachalinga, crê-se com frequência que algumas maldições faladas não surtam nenhum efeito; fatores como proximidade e relacionamento costumam entrar em cena. Godfrey e Monica Wilson, citados por Hachalinga, afirmam:

> Acreditava-se que as sanções sobrenaturais eram eficazes apenas em parentes, vizinhos e aqueles com quem se mantinha contato pessoal. Ninguém temia a bruxaria proveniente de fora do território do chefe.

> Do mesmo modo, historicamente, temiam-se aqueles que estavam próximos (Wilson; Wilson, 2010, p. 36).

O enunciado citado por Hachalinga sugere que o efeito das palavras sagradas frequentemente se vincula a contextos de atuação específicos. Portanto, no âmbito das tradições religiosas africanas, assim como se aplica ao cristianismo, para que os proferimentos surtam o efeito desejado, é necessário que haja uma crença mútua em operação. O temor das maldições e de outros proferimentos poderosos emana primariamente da crença em sua eficácia. As experiências dos africanos com suas tradições religiosas e suas tradições culturais inculcam neles a consciência da existência de seu próprio corpo espiritual pessoal, o que amplifica a potência das palavras sagradas na invocação ou convocação de influências em suas vidas cotidianas. Esse sistema de crenças é frequentemente apoiado e sustentado por narrativas pessoais de encontros variados. Tais relatos ajudam a consolidar as noções da existência do reino espiritual, bem como de pessoas com o dom de convocá-lo e de interatuar com ele. Considerados os contextos de atuação sustentados pela crença mútua, não surpreende que os adeptos de interpretações e postulados científicos da existência terrena não considerem e tampouco levem em conta o sobrenatural ou o espiritual e, muito provavelmente, não se abalem com tais proferimentos.

Para além das maldições, abundam outros proferimentos sagrados que atuam no seio religioso tradicional africano. As encantações e os cânticos essencialmente constituem uma sequência de palavras dispostas em uma fórmula e declamadas, as quais se proferem a fim de que se deflagrem efeitos particulares. As encantações, conforme observado por Oriloye, não caracterizam uma religião exclusiva, mas constituem um aspecto crucial de muitas práticas religiosas globais, até mesmo das encontradas na África (Oriloye, 2015, p. 32-44). Foram ainda descritas como uma combinação de palavras especiais de uma ou mais línguas, por vezes ininteligíveis ao ouvido não treinado, quer proferidas quer cantadas para estimular atuações extraordinárias

(Duru, 2016, p. 63-70). Os indivíduos recitam encantações com a esperança de realizar uma agenda específica. Em contextos religiosos tradicionais específicos, trata-se de recitações sagradas reservadas a um grupo seleto de espiritualistas aos quais se atribui a capacidade de comungar com os antepassados e com os espíritos e que também têm capacidades espirituais para estimular ocorrências sobrenaturais.

Estas declamações formais, as quais carregam propriedades poéticas, aplicam-se em circunstâncias várias, entre as quais se contam as práticas medicinais tradicionais, os ritos de purificação, os exorcismos, as invocações, as indagações espirituais e o apaziguamento dos antepassados. De acordo com Mbiti, os cânticos encantatórios entre o povo ancolé de Uganda são usados para expulsar espíritos intrusivos (cf. Mbiti, 1975). Feita esta observação, o excerto seguinte é um exemplo de um cântico encantatório típico do povo ancolé com o objetivo de expulsá-los.

Quando vertido para o português, lê-se da seguinte maneira:

> Vinde e ide com o que é vosso
> Eis o caprino
> Eis o caminho
> Ide e nunca mais volteis (Mbiti, 1975, p. 106).

Além dos casos que envolvem a expulsão de espíritos indesejados, os cânticos e as encantações são frequentemente aplicados a práticas medicinais tradicionais. Conquanto as técnicas atribuídas à medicina tradicional na África tendam a diferir de lugar para lugar, as encantações parecem ser uma característica duradoura em suas várias práticas. Embora seja tanto uma área quanto uma prática especializada que exige habilidades específicas no uso de ervas e raízes, a medicina tradicional na África também trabalha em conjunto com as práticas religiosas na África. De acordo com Omonzejele, o uso de ervas em práticas médicas tradicionais é acompanhado e complementado por encantações que servem aos propósitos de repelir as forças do mal e, ao mesmo tempo, comungar com as forças potentes residentes nas ervas (Omonzejele, 2008, p. 120-126). Nesta situação, as encantações tornaram-se palavras sagradas de comunicação entre o curandeiro e seus recursos médicos (plantas e ervas). São também usadas para comungar com as forças existentes. Com frequência, a fim de identificar a causa e os desdobramentos da enfermidade, o curandeiro comunga com seres espirituais por meio de cânticos encantatórios, o que ajuda a estabelecer o ambiente adequado para suas revelações e orientações.

As encantações ou os cânticos reveladores costumam preceder a maioria das sessões de cura. Isto acentua ainda mais a potência e o poder das encantações sagradas de repelir o mal e de santificar o ambiente para um exercício de cura bem-sucedido. Entretanto, para além das interações espirituais no processo, diz-se que os cânticos e as encantações são calmantes e que trazem muitas vezes o alívio necessário aos pacientes. Ganyi e Ogar consolidam ainda mais esta noção ao observar que, embora a maioria dos praticantes médicos use vários agentes curativos – tais como ervas – na prática médica, eles continuam a dar ênfase ao poder e à potência da palavra. Em termos explícitos, eles denotam que "o médico tradicional depende muito da fluência e da força da palavra que solicita fé e crença em sua potência" (Ganyi; Ogar, 2012, p. 31-35). Depois de um relato etnográfico de um incidente de cura documentado por Thompson do povo zande no sudoeste do Sudão, o que se segue é a posição central e crucial dos discursos encantatórios sagrados na cura de enfermidades e na capacitação dos aflitos para recuperar o controle absoluto de sua saúde:

> O pequeno curandeiro e seus dois auxiliares bradavam encantações e dançavam freneticamente ao redor do enfermo deitado em uma esteira de grama em um espaço aberto [...], então começou a atender o paciente. Diagnosticou o caso imediatamente, explicou a seus auxiliares que a enfermidade era uma mente perturbada pelos espíritos malignos de antepassados

> que haviam regressado para atormentar o paciente. As encantações, porém, haviam acalmado o paciente e afugentado os espíritos malignos. Em breve ele adormeceu. A tribo dos zandes (comumente chamados niame-niames) do sudoeste do Sudão ainda trata seus pacientes desta maneira. O lançamento de ossos é praticado por médicos-bruxos entre as tribos banto da África do Sul. Os ossos, instruídos com as palavras mágicas apropriadas, supostamente têm o poder sobrenatural de indicar a fonte do mal a partir da qual se estabelece o diagnóstico (Thompson, 1965, p. 80-94).

Esta descrição retrata uma sessão de cura que combina as várias expressões e usos de cânticos encantatórios em práticas médicas tradicionais.

Ademais, nas religiões tradicionais africanas, o ato de abençoar uma pessoa é acompanhado por vários rituais executados por especialistas em rituais. Em muitas culturas do mundo, até mesmo nas africanas, os membros mais velhos da sociedade são culturalmente imbuídos de unção para abençoar a geração mais jovem, em geral com declarações sagradas. Assim também se passa com o sacerdote-chefe e com outros líderes religiosos tradicionais. O proferimento de palavras positivas especializadas, amiúde direcionadas a áreas específicas da vida ou da necessidade de uma pessoa, é nomeado "abençoar" entre várias culturas na sociedade africana. Eis que um jovem, quando recebe do ancião da família ou de um ancião conhecido as seguintes palavras: "não colham os desconhecidos o que semeaste", há de tomá-las qual bênção referente à ausência de filhos, a qual, por via sutil de expressão, aponta ao repúdio, arraigado nos costumes, da ideia de que desconhecidos aufiram os frutos dos labores alheios em razão da carência de herdeiros legítimos. As palavras proferidas têm por escopo primeiro atrair a bênção da progenitura, para que os filhos colham aquilo que os pais semearam. A locução traz consigo a virtude de gerar e fazer vir à existência uma descendência, a qual, por direito legítimo, receberá por herança e terá sob sua guarda os frutos do trabalho dos progenitores.

Ademais, em vários ambientes tradicionais por todo o continente, o poder e a unção para abençoar não se reservam exclusivamente às pessoas que recebem a bênção. Em virtude do poder individual e da força do *axé* ou *chi* de alguém, conforme se crê nas culturas iorubá e ibo da África Ocidental, proferimentos poderosos e eficazes frequentemente procedem dos lábios de pessoas que não são nem idosas nem detêm posição espiritual alguma. Entre os iorubás, o conceito de *axé* fornece uma explicação compacta para esta presunção, enquanto certas crenças cristãs e versículos das escrituras reafirmam sua validade. Omari-Obayemi define o axé como "energia criativa, a capacidade de trazer coisas à existência ou de fazer algo acontecer" (Omari-Obayemi, 1996, p. 89-98). Ele opina ainda que o axé é frequentemente associado a deidades, o que sugere que o axé envolve "ativação ou manipulação espiritual" (Omari-Obayemi, 1996, p. 89-93).

O axé (amém) constitui uma forma de poder que, segundo se afirma, reside em todas as pessoas, objetos e até mesmo em cânticos e encantamentos. Em outras palavras, trata-se da matéria que define e estabelece a energia criativa que uma pessoa ou uma coisa tem. No contexto cristão, a Escritura assevera que "A morte e a vida estão em poder da língua" (PV 18,21). A referência à língua revela que a Escritura alude a cada pessoa, visto que a língua é claramente o ponto de proferimento, o qual todo ser humano tem. Caso isto seja verdade, poder-se-ia indagar por que parece que nem todo indivíduo vivo, ou objeto exibe, controla ou manipula forças espirituais[6]. A resposta encontra-se na

6. Em algumas sociedades africanas, como a dos calabaris, cada indivíduo pode potencialmente exibir este poder, mas quando se faz mau uso dele, realiza-se uma cerimônia para remover "de sua boca" o poder sagrado das palavras, a fim de que não possa mais usar tal poder de maneira perigosa. Caso se realize esta rara cerimônia, declara-se essencialmente a pessoa inútil. Suas palavras nada mais significam para ninguém.

declaração adjacente de Omari-Obayemi de que "muitos objetos ou [pessoas] têm mais axé do que outros" (Omari-Obayemi, 1996, p. 93). O axé constitui uma forma de poder naturalmente incorporada por todas as pessoas. Pode ser positivo ou negativo. Para aqueles com quantidades substanciais desta energia criativa, acredita-se que suas proclamações na forma de bênçãos ou de maldições têm maior propensão, se não certeza, de cumprimento.

Ademais, nas religiões tradicionais africanas, palavras sagradas são encantamentos, maldições ou bênçãos, cânticos rituais, marcações etc., que se proferem com reverência em conexão com religiões particulares. Entretanto, palavras sagradas poderiam ser também apenas cânticos e encantamentos para glorificar ou enfatizar a supremacia, o poder ou a habilidade de uma deidade, ou até mesmo para curar e adivinhar as causas de várias enfermidades ou infortúnios. Poderiam ser palavras ou encantamentos para invocar vários espíritos com propósitos específicos, ou maldições destinadas a impactar pessoas negativamente. Abundam inúmeros outros proferimentos sagrados no meio religioso africano; contudo, os seguintes cânticos encantatórios registrados em iorubá e traduzidos para o português fornecem paradigmas para as incontáveis invocações e cânticos associados à cura na África. Ao lado de outras propriedades medicinais, as seguintes palavras foram entoadas pelo *onisegun* (curandeiro) no caso de um paciente com dores de cabeça severas:

Baba ní larí (Divisor de cabeças)
Ògúdú-èdè (Fala pura)
Ògúdú-èdè (Fala pura)
Ògúdú-èdè (Fala pura)
Bí baba ti n la 'bù la 'rí (Tal como o divisor parte a cabeça)
Ògúdú-èdè, ìwọ l'òó pa á dé (Tu, fala pura, fecha-a)
Baba tí nlári ní n la'rí lágbájá (O divisor de cabeças agora parte a cabeça de lágbájá)
Ògúdú-èdè wá pa á dé (Fala pura, vem cá para fechá-la)

Réérée ni kí o ré e kúrò (Derruba-a com folhas Réérée)
Àlùbọ̀sà ni kó o fi sa gbogbo ibi rẹ̀ kúrò (Usa folhas de cebola para curar as partes que doem)
Sákásáká lara ọmọ ikin dá (A noz de adivinhação está sempre limpa e apta)
Koko ni à á bá òkúta (As rochas estão sempre duras e aptas)
Kí ara lágbájá ó yá kíákíá (Que o corpo de lágbájá se restaure rapidamente)[7].

Para o leigo, estas palavras são quase incompreensíveis, e sabe-se que não se devem entoar palavras cujo significado se ignore e que se considera conterem grande poder espiritual. Não há dúvida de que essa aparente obscuridade, aliada a outras atividades rituais que acompanham estes cânticos, contribui para a aura mística da sessão de cura. Em outro caso de envenenamento por serpente, proferiram-se as seguintes palavras, acompanhadas de outras extensas atividades rituais:

Alábẹ́ rẹ́ orí òpó (Ponta afiada da agulha no topo do pilar)
Ọmọ mẹ́ta nì'yáa wọn bí (A mãe deles deu à luz três filhos)
Ọ̀ kan bínú wọ'gbó (Um fugiu para a floresta, com raiva).
Ọ̀ kan bínú wọ'lẹ̀ (Um desapareceu na terra, furioso)
Ọ̀kan bínú wọ'nú (Um adentrou o estômago, irado)
Èyí t'ó bínú wọ'nú kò danú láàmú (Aquele que adentrou o estômago não o perturbou)
Èyí t'ó bínú wọ'lẹ̀ kò dalẹ̀ láàmú (Aquele que desapareceu na terra não a incomodou)
Ìwọ t'ó o bínú wọ'gbó, èèṣe to fi máa dọmọfẹ̀ láàmú (Tu que fugiste para a floresta, por que razão perturbas um cidadão de Ifé?) (Adeeko, 2014, p. 79).

7. Cf. as gravações que S. A. Ọ̀ṣúnwọlé realizou – durante sua pesquisa de campo de doutorado na Nigéria, nos anos de 1980 – do Sr. Ọlátìdoyè, então com 65 anos, que foi contratado para ajudar a aliviar a intensa dor de cabeça de um cliente, conforme Adeeko (2014, p. 79).

Ademais, o exemplo a seguir consiste em um cântico encantatório fulo que também acompanha as atividades de uma sessão de alinhamento ósseo.

> Bismillahi Murgut, fi mata murgut
> (Em nome de Deus Murgut, daquilo que morreu murgut.)
> Mi itti murgut, mi wati murgut
> (Eu removi murgut, eu coloquei murgut.)
> To manga baroji, Allah jeyi jam
> (Onde está o matador principal, Deus proporciona saúde/recuperação.)
> Min jeyi 'yi' yam
> (O sangue me pertence) (Yakasai, 2010, p. 67-82).

Para fins de encantamentos amorosos entre os fulas do norte da Nigéria, proferem-se os seguintes cânticos encantatórios ao lado do leito ou no local em que se espera que o objeto de afeição repouse. Acredita-se na eficácia destes cânticos, cuja prática se conhece como amplamente difundida entre o povo:

> Bismillahi takkam makkam
> (Em nome de Deus, aproximai-vos, aproximai-vos de mim.)
> Hafam nafam, huuram ba ju be
> (Segurai-me, acorrei-me e cobri-me tal qual a árvore de jujuba.)
> Taaram ba del ʃi, dakkam ba nyakkabre
> (Cercai-me como a árvore de ébano.)
> Biila'am, a nyaamataa, a dawrataa a dawrintaa
> (Permanecei comigo qual grama espinhosa, minha amada não comereis.
> Não consultaríeis alguém em busca de conselho, nem alguém vos consultaria em busca de conselho.)
> Say ko dawrumi haa abada
> (Permaneceis apenas com aquilo que decidi para sempre.) (Yakasai, 2010, p. 74).

Islã

Na prática islâmica de cura espiritual, palavras sagradas são igualmente empregadas. O próprio Alcorão é considerado, entre outras coisas, um livro de cura, conforme refletido neste versículo: "Ó, homens! Veio-vos da parte do vosso senhor uma advertência e o remédio para o que está nos vossos corações, assim como uma direção e uma misericórdia para os crentes" (Alcorão 10:57; cf. Inayat, 2005, p. 159-169). Inayat afirma que, na prática islâmica de cura espiritual, acredita-se que diversos versículos do Alcorão contenham a *baraka* ou poderes espirituais adotados pelos curadores islâmicos para tratar seus pacientes. Na prática, ele observa que esses versículos são escritos em pedaços de papel e amarrados em invólucros plásticos ou bolsas de couro, e usados como amuletos deliberados ou improvisados para afastar espíritos malignos (Inayat, 2005). Inayat admite que essa prática não é reconhecida como doutrinária entre os estudiosos islâmicos, mas sim entre líderes espirituais. Os estudiosos islâmicos consideram a prática uma prática popular sem respaldo escritural no islamismo.

Na ausência da suposta prática popular, existem várias orações islâmicas que imitam o conceito de cânticos e até mesmo encantamentos. O *salá*, conforme observado por Inayat, é uma oração islâmica que é composta de uma combinação de atuações como "movimentos corporais, recitação de versículos alcorânicos e súplica" com períodos específicos alocados para tal (Inayat, 2005). Embora seja uma prática de oração originalmente concebida para cultivar a proximidade com Deus, essa atividade é amiúde adaptada com a esperança de alcançar cura física, mental e espiritual. No contexto desta obra, a recitação de versículos alcorânicos constitui uma sintonia consciente com as forças geradoras repletas nesses pronunciamentos sagrados. Do mesmo modo se pode tratar da oração *zikr*, que também envolve a repetição consciente de versículos alcorânicos, ou dos "noventa e nove nomes de Alá", com a esperança de empenhar sua energia curativa no tratamento de enfermidades físicas e mentais (cf. Inayat, 2005). Portanto, os noventa e nove nomes de Alá são palavras sagradas tanto quanto os versículos do Alcorão. Isso ressalta a potência, bem como as capacidades criativas e geradoras das palavras sagradas em vários processos de cura nas religiões e nas culturas.

Ademais, a referência a poderes geradores evoca outro proferimento sagrado operativo que se acredita engendrar ocorrências significativas na vida das pessoas. Do mesmo modo que as maldições dependem de quem as profere e da intenção do proferimento, as bênçãos também dependem de quem as profere e da razão por que profere. Em outras palavras, ambos os conceitos, embora com propósitos diferentes, são guiados por mecânicas linguísticas similares de fala evocativa e de energia criativa que derivam sua eficácia de sistemas de crenças religiosas e culturais. Por essa conexão com interações religiosas e culturais, bem como pela expectativa existente de que ocorram, as bênçãos são palavras sagradas tanto quanto as maldições. Frankfurter define as maldições como "a execução ritual que transfere poder protetor, bem como o objeto ou palavra que carrega esse poder uma vez transferido, assim como o poder protetor com o qual um sujeito é dotado depois de tal ato" (Frankfurter, 2005, p. 158). A definição de Frankfurter chama nossa atenção para o lugar das execuções ritualizadas no ato ou processo de abençoar uma pessoa. Contudo, é também imperativo notar que essas execuções e atividades são consolidadas por proferimentos verbais ou palavras sagradas.

Ademais, no islamismo, existem também palavras poderosas, os *duás* ou as súplicas, que são amiúde usadas para estabelecer domínio contra enfermidades, insegurança etc. Os seguintes versículos e orações serão examinados como palavras sagradas que fortalecem os fiéis muçulmanos em sua jornada pela vida:

> Em nome de Alá, com cujo nome há proteção contra todo tipo de dano na terra ou no céu, e ele é oniouvinte e onividente (Luton, 2020, sem paginação).

> Ó Alá, protegei-me pela frente, por trás, pela direita e pela esquerda, e por cima, e busco refúgio em vossa magnificência contra ser pego desprevenido por baixo (Luton, 2020, sem paginação).

Esses exemplos revelam o uso do nome de Alá em orações para estabelecer domínio contra forças físicas e espirituais que causam danos à humanidade. Versículos alcorânicos também fornecem aos muçulmanos palavras sagradas destinadas à afirmação de uma dominância espiritual e à subversão da autoridade dos perversos, como em 9:51: "Só nos acontecerá o que Deus nos destinou. Ele é nosso soberano e é em Deus que os crentes confiam" (Mahmood; Haider, 2019). Estes versículos, consoante a crença do praticante, adquirem duas características: tornam-se fórmulas e assumem a capacidade de gerar efeitos, qualidades pelas quais se consolidam como base de muitas súplicas (duás) de proteção e de cura na fé islâmica.

Do mesmo modo, o Alcorão contém versículos sagrados que validam a subjugação das mulheres e a dominação dos homens. As palavras a seguir são sagradas, tal qual os versículos bíblicos, porquanto foram extraídas do livro santo. Conforme se lê em 4:34:

> Os homens são superiores às mulheres pelas qualidades com que Deus os elevou acima delas e porque os homens gastam os seus bens a dotá-las. As mulheres virtuosas são obedientes e conservam cuidadosamente durante a ausência de seus maridos o que Deus lhes confiou. Deveis repreender as que dão sinais de desobediência; podeis pô-las em leitos à parte e bater-lhes, mas desde que obedeçam não procurareis mais motivos de querela. Deus é excelso e grande [8].

8. Grung (2017, p. 29-37). Cumpre acrescentar que não é intenção do autor nem do livro abonar o capítulo de Grung. Conquanto as crenças, a ideologia e a civilização contemporâneas desaprovem esse versículo e o seu equivalente na Bíblia, ele tem sido continuamente usado pelos perpetradores de atos domésticos que reduzem o papel das mulheres à insignificância como fundamento para tais atos. Com efeito, constitui sempre uma arma religiosa nas mãos de alguns.

Palavras – palavras sagradas – contém poderes que ensejam crenças e influenciam atuações, práticas e movimentos que deram novo rumo à história e muito mais.

Cristianismo

A primazia da Bíblia cristã, amiúde denominada Palavra de Deus, constitui o fundamento das tradições religiosas pentecostais em todo o mundo. Os cristãos consideram a Bíblia sagrada; a maioria deles a julga como a palavra direta de Deus e, por conseguinte, integral e fundamental para a fé cristã. Holm enfatiza essa noção ao reconhecer a declaração das Assembleias Pentecostais do Canadá (PAOC em inglês) de que "o Espírito Santo inspirou os homens santos de Deus para que escrevessem as próprias palavras das Escrituras"[9]. Diversas denominações cristãs, até mesmo a pentecostal, surgiram quer de várias teologias e hermenêuticas do texto bíblico, quer junto com estas. Isso sublinha as possibilidades geradoras da Bíblia como compilação de palavras sagradas que inspiraram várias interpretações, as quais resultaram, por conseguinte, no estabelecimento de uma variedade de denominações cristãs.

As palavras sagradas no pentecostalismo contemporâneo são escritas, faladas ou institucionais (cf. Holm, 1996). A Bíblia contém a Palavra de Deus escrita, a qual confere autoridade às suas práticas e crenças (cf. Holm, 1996). A maioria dos cristãos também crê que as palavras de seus líderes religiosos provêm diretamente de Deus, de modo que se acredita que essas palavras tenham o mesmo peso da Palavra de Deus escrita. Essas palavras escritas e faladas engendraram doutrinas institucionais expressas como políticas, regras e sistemas de crenças que definem o cristianismo.

9. Holm (1996, p. 19). O respaldo bíblico disso é 2Pd 1,21: "pois nenhuma profecia jamais foi trazida por vontade humana; mas os homens santos de Deus falaram inspirados pelo Espírito Santo".

Em outros termos, as palavras sagradas referem-se a versículos das Escrituras, ensinamentos inspirados, profecias, credos etc. que acompanham milagres baseados na fé e proclamações exaltadas. Contudo, para estabelecer e examinar a preocupação deste ensaio, estas duas indagações vêm a propósito:

1. Que relação existe entre as palavras sagradas e o cristianismo?
2. De que modo essas palavras vinculam o pregador e a congregação?

Essas indagações serão examinadas em vários subtópicos à medida que o ensaio progredir, e o estudo extrairá a maior parte de seus recursos e informações do cristianismo na África. Conforme se verá neste livro, o cristianismo na África é discutido em três grandes capítulos. Para uma compreensão cabal dos capítulos, é conveniente estudar e compreender primeiro a Bíblia – o fundamento de sua crença.

A palavra

Diz-se com frequência que a língua pode fazer e desfazer. A verdade nesse ditado não reside no poder literal da língua, mas no poder das palavras por ela proferidas. As palavras são, portanto, consideradas poderosas pela capacidade de oferecer noz-de-cola (manter a paz) ou desembainhar uma espada (iniciar uma guerra). Sem limitar a influência das palavras ao preto ou ao branco, elas também exercem poder de atuação para alterar e modificar a realidade. Os sacerdotes e clérigos religiosos, por exemplo, declaram: "Eu vos declaro marido e mulher", o que modifica a realidade do relacionamento do casal para uma união vinculada.

A crença no poder das palavras sagradas provavelmente explica o crescimento fenomenal do cristianismo em todo o mundo, sobretudo na África. A prática da cura pela fé ou dos milagres no pentecostalismo demonstra a capacidade generativa da palavra que inspira uma abundância de milagres, os quais popularizaram e proliferaram as Igrejas pentecostais por todo o continente. Essas manifestações extraordinárias de milagres encontram impulso na Bíblia cristã, o que enfatiza ainda mais os poderes criativos ou originários da palavra. Em termos simples, os milagres são criações da Palavra de Deus. Isso demonstra ainda a palavra como o primeiro ponto de referência no discurso da atuação pentecostal. Lê-se em Jo 1,1: "No princípio era a palavra, e a palavra estava com Deus, e Deus era a palavra". Deduzindo o significado não da representação figurativa de Deus como palavra, mas de seu impacto, encontra-se o poder das palavras em Gn 1, em que todas as criações foram feitas com a declaração "Faça-se!" (Gn 1,3). Uma desconstrução do versículo traduz o potencial criativo da palavra como uma força semelhante a Deus. Em outras palavras, a palavra é primordial; ela existia desde o princípio dos tempos, e a humanidade dela irrompeu. Blofeld expande esse conceito ao explorar o poder das palavras exemplificado em várias narrativas etimológicas de outras religiões e tradições no seguinte excerto:

> Até os dias atuais, é possível encontrar na Índia pessoas que afirmam que o universo surgiu em resposta à sílaba criativa Om e, na Antiguidade, provavelmente muitas culturas nutriam crenças similares. Nos trabalhos dos gnósticos gregos há passagens dispersas que levam a essa conclusão, e as liturgias das Igrejas cristãs contêm o que parecem ser vestígios distintos, embora bastante triviais, de conhecimento das qualidades sutis do som [palavra]. A queda das muralhas de Jericó foi por vezes interpretada sob essa luz, e não é raro encontrar pessoas que afirmam que "amém" e "aleluia" têm [...] um significado mântrico (Blofeld, 1977, p. 85).

Embora "amém" e "aleluia" sejam palavras comuns entre os cristãos em todo o mundo, elas permanecem sagradas, pois a primeira implica aquiescência, concordância ou confirmação nas orações. Responder a uma proclamação com "amém" denota definitibilidade e certeza quanto às palavras proferidas. A segunda, apesar de significar simplesmente “louvado seja Deus”, tornou-se uma palavra significativa, à qual se atribui a crença de estabelecer domínio no local de oração e louvor na vida de um cristão. Portanto, “amém” e “aleluia”, em virtude de sua conexão e importância para o cristianismo, podem ser consideradas palavras sagradas.

Ao reiterar a posição central da palavra nos discursos da criação, a narrativa cosmogônica cristã da criação e do surgimento da Terra relata que ela é um efeito ou materialização da Palavra de Deus: “‘Faça-se luz!’ E a luz se fez” (Gn 1,3). De acordo com a crença cristã, em algum momento da história da criação, o Deus supremo proferiu exatamente essas palavras e a Terra e a humanidade tomaram forma e contorno. As palavras têm poderes gerativos; elas também geram narrativas, culturas, valores, estilos de vida, sistemas de crenças e milagres contextuais, conforme se observa no valor que os cristãos atribuem à palavra falada como prova de fé quando esperam um milagre. Ao assemelhar a “palavra” a Deus, ressalta-se o poder criativo e a autoridade contidos nesses versículos das escrituras, pois Deus é considerado o autor da criação; portanto, isso resume a integralidade da “palavra” no culto pentecostal.

Os pentecostais – um ramo da fé cristã –, consoante apontam Constantineanu e Scobie, creem na autoridade exclusiva de Deus e consideram a Bíblia “a autorrevelação divina à humanidade” (Constantineanu; Scobie, 2018, p. 4). A autoridade da profissão de fé deles deriva unicamente da Bíblia, no caso de muitos, ao passo que alguns outros tiveram experiências pessoais que influenciaram o seu sistema de crenças. Nel julga que há, amiúde, uma disputa quanto à ênfase e à importância da Palavra e do Espírito Santo na tradição religiosa pentecostal (Constantineanu; Scobie, 2018). Não obstante, ele conclui que existe uma relação não subversiva entre espírito e palavra, a qual é parte integrante da teologia pentecostal. Ao ressaltar ainda mais a dinâmica desta relação, ele nota:

> A Escritura fornece os meios para examinar e direcionar a orientação específica diária que a Igreja e os indivíduos afirmam receber do Espírito, além de estabelecer limites. Novas experiências tornam-se ocasiões para encontrar novos discernimentos nas Escrituras, e passagens familiares adquirem novo significado. Contudo, é imperioso que todas as crenças, afeições e práticas sejam continuamente examinadas à luz da Palavra (Nel, 2015, p. 3)[10].

A Igreja Católica – outro ramo do cristianismo – com sua tradição de reverendos padres e confissões, terços e rosários, é o exemplo mais representativo das práticas religiosas intervencionistas supramencionadas que parecem ocupar o lugar e a atuação das Escrituras ou da Palavra no cristianismo ortodoxo. Os bispos e reverendos nas Igrejas missionárias, embora centrados na Eucaristia, também representam a palavra, porquanto oferecem bênçãos e ouvem confissões, mas o castigo e o perdão ficam a seu próprio critério. Contudo, nas tradições pentecostais, enfatiza-se uma relação pessoal com Deus e estimula-se a confissão dos pecados diretamente a Deus mediante a oração (Wariboko, 2016, p. 1-18)[11]. Esta preeminência litúrgica e cristã deriva da suposição de acesso direto a Deus e a suas palavras por meio da Bíblia. Por conseguinte, crê-se no sacerdócio individualista de toda pessoa "salva", conforme se infere de 1Pd 2,9, que diz: "Mas vós sois uma raça escolhida, um régio sacerdócio, uma santa nação, um povo para pertença dele, para que proclameis as excelências daquele que vos chamou da escuridão para a sua luz maravilhosa". Holm vai além e assevera que os cristãos exibem uma apropriação radical do sacerdócio de todos os seus membros

---

10. Cf. tb. (Yong, 2006) para aprofundar a compreensão da inter-relação entre o espírito e o nascimento da palavra, a qual se traduz, então, para a comunidade.

11. Em relação aos estudos comparativos que se fundamentam no conceito de "eixo central", isto é, no elemento fulcral ou motor de qualquer reunião religiosa, o autor postulou que o catolicismo centra-se na eucaristia, o protestantismo, na pregação da palavra, e o pentecostalismo, na prece.

(cf. Holm, 1996, p. 18). O sacerdócio neste contexto alude à imediatez da relação entre sacerdote e Deus, conforme implícito neste versículo e em vários outros da Bíblia.

Isso não significa que a palavra não desempenhe papel ativo no cristianismo, mas sim que sua interação nessa religião é indireta e mediadora. De acordo com Boylston (2012, p. 11), "a hierarquia sagrada dos diáconos, dos sacerdotes, dos monges, dos santos, dos anjos e da própria Maria estabelece a mediação entre Deus e os leigos"[12]. Se, por um lado, estas figuras religiosas atuam como fatores de mediação entre o povo e Deus, a palavra adquire a condição de fórmula, fato do qual decorre o seu papel de fundamento para vários credos e várias bênçãos que se recitam regularmente nas Igrejas de missão. Por exemplo, o credo de Niceia recitado nas Igrejas missionárias ortodoxas deriva da Bíblia e é recitado com frequência, de modo que reflete a fé e as crenças do povo. Usa-se para incutir esperança e promover a cura de corpos enfermos. As palavras recitadas transcenderam o domínio das palavras cotidianas para alcançar nível de sacralidade que lhes infunde poderes criativos e transformadores.

Contudo, dada a metodização do cristianismo, atribui-se impessoalidade a essas palavras, ao passo que a memorização e a recitação mecânica de credos extraídos dos versículos e ensinamentos bíblicos dão impressão de distanciamento da palavra. Isso levou à consequente monotonia que, entre outros fatores, contribuiu para o afastamento exponencial da congregação ortodoxa rumo ao cristianismo na África e em todo o mundo. Essa exploração paralela da primazia e do uso expressivo da palavra em ambas as tradições cristãs ilustra as diferentes disposições e opiniões de ambas quanto ao significado e ao uso de palavras sagradas nas atividades diárias e religiosas. Ademais, à luz da noção de sacerdócio individualista cuja existência se pressupõe

12. Cumpre notar também que a Igreja Católica Romana tinha místicos capazes de relacionar-se diretamente com Deus; daí o famoso sistema tripartite de Ernst Troeltsch: Igreja, mística e seita. Cf. Garrett (1975, p. 205-223).

nas tradições cristãs, sou levado a investigar a posição, o papel e a influência dos pastores cristãos em relação ao uso de palavras sagradas em suas várias Igrejas.

Pregadores, palavras sagradas e outorga de poder

À luz da doutrina do sacerdócio individual entre os cristãos, poder-se-ia admirar a quantidade de poder, autoridade e influência que a maioria dos pastores cristãos exerce. É fato notório que se presume com frequência que os líderes religiosos detêm poderes e autoridade espirituais, conforme Iwuchukwu acertadamente afirma; crê-se, amiúde, que eles são "os repositórios e transmissores exclusivos da verdade e da doutrina correta" (Iwuchukwu, 2018, p. 51). Em geral, os cristãos têm fé e confiança quase absolutas em seus pregadores, o que explica a influência destes em suas congregações e a autoridade e o peso das palavras sagradas que proclamam. Parece que, embora os cristãos pentecostais tenham desistido das vestes cerimoniais, das confissões e dos sacerdotes das Igrejas ortodoxas, eles criaram voluntariamente novos senhores sacerdotais em trajes menos austeros com ensinamentos mais progressistas. Esse procedimento, contudo, contradiz o princípio do sacerdócio individual por eles proclamado, princípio segundo o qual o pastor ou pregador é tido por servo de Deus entre muitos (cf. Holm, 1996, p. 195). Eis uma pergunta que não admite esquivança: Por qual razão, não obstante a autoridade igual concedida pela Escritura à congregação, exerce o pregador tamanha influência em seus congregados? A resposta é simplesmente a seguinte: fé e constância.

Neste contexto, fé refere-se à "crença nas doutrinas de uma religião particular com base em convicção espiritual, e não em prova" (Dicionário Oxford on-line). Isso se aplica a várias doutrinas e crenças, mas, em última análise, a fé é cultivada a partir de ideologias, concepções e sistemas de crenças compartilhados. É necessário estabelecer uma linha de referência comum de modo que uma ideologia inspire fé. Por exemplo, as pessoas criadas em ambientes de espiritualização maciça, tais como a África, vivenciam várias doutrinas de possessão espiritual, de exorcismo, de ataques demoníacos etc., que engendram uma familiaridade que suscita sua fé contínua em pregadores que pregam ou realizam milagres contra essas ocorrências. Zalanga é quem corrobora essa crença, pois ele vê as áreas de convergência entre as crenças religiosas cristãs e as visões de mundo tradicionais africanas. Pode-se inferir que a noção de um mundo encantado operante na fé pentecostal poderia facilmente atrair o africano, cuja visão de mundo é igualmente encantada. Segundo Zalanga:

> Os pentecostais na África creem no que Weber chamou de mundo encantado, em que objetos físicos e animais estão imbuídos de espíritos poderosos, assim como os espíritos antepassados, os quais, acompanhados de divindades subordinadas, governam os assuntos do mundo sob um ser supremo ou criador. Esse modo de pensar, que também é a quintessência das religiões tradicionais africanas, é essencial para compreender o pentecostalismo africano (Zalanga, 2018, p. 287).

Com ênfase no domínio terreno e espiritual em que o crente tem direito a uma vantagem sobrenatural que lhe é conferida pelo mero ato de fé, jejum regular e orações fervorosas, não surpreende que o pregador, cuja crença e vida de oração são teoricamente mais profundas do que as de muitos membros da congregação, seja considerado detentor do poder de estabelecer domínio das forças do mal, bem como das chaves para as bênçãos financeiras e materiais por meio do conhecimento e da compreensão do "reino espiritual que suplanta as leis naturais" (Zalanga, 2018, p. 277). Dito isso, a razão de sua influência na congregação leiga não é difícil de entender e, além disso, explica o peso de sua proclamação de palavras sagradas. Contudo, examinar a influência dos pregadores pentecostais também exige o exame das várias narrativas inacreditáveis de abuso de poder desses pregadores – o que também se torna gradualmente um fenômeno nos Estados africanos. Isso logo traz à mente as histórias extraordinárias de membros da Igreja que doam mais do que podem na esperança de um reabastecimento espiritual múltiplo, que bebem produtos químicos porque seus pregadores lhes pediram para fazê-lo, que rejeitam parceiros e escolhem aquele selecionado por seus pregadores, e muitas narrativas de abuso sexual, entre outras.

Por mais inacreditável que a situação pareça, não passa ela de um sintoma de matéria mais vasta, a saber: a propensão natural dos homens a deificar pessoas e objetos em razão de necessidade inerente de direção e liderança. Isso corresponde às categorizações antropológicas de hierarquia e poder em várias comunidades humanas. Em última análise, o ser humano com o melhor conjunto de habilidades, talento ou dom que pareça incomum ao resto do grupo tem mais probabilidade de atingir uma posição de liderança em sua comunidade com o aval do grupo. Conforme diz Radcliffe Brown citado em Henrich, a organização das comunidades humanas e o tema da liderança na forma mais basilar são influenciados por muitos fatores, que incluem os seguintes aspectos específicos:

> Para além do respeito pela senioridade, há outro fator significativo na regulação da vida social, a saber, o respeito por certas qualidades pessoais. Essas qualidades são habilidade na caça e na guerra, generosidade e bondade, e ausência de mau temperamento. Um homem que as tem inevitavelmente adquire uma posição de influência na comunidade. Sua opinião acerca de qualquer assunto tem mais peso do que a de outrem (Radcliffe-Brown, 1964, p. 45).

Isso posto, o pregador cristão com um fascínio de familiaridade espiritual torna-se um símbolo de esperança e proximidade com um poder superior que encoraja e engendra fé nas pessoas. Ademais, para sustentar a fé e a confiança das pessoas no pregador, entre muitas coisas, o ofício do pregador exige constância.

Ele ou ela deve estar à altura da expectativa de seus membros; por conseguinte, precisam ser constantes em sua "atuação" religiosa, o que não constitui acusação nem indiciamento da fé cristã. É antes um reconhecimento de que todo ser humano atua a todo instante para sustentar a visão que tem de si mesmo. Nossa identidade pessoal está tipicamente ligada ao que fazemos e a quem acreditamos ser. A capacidade pessoal de atuação é uma exigência crucial para a interação e a existência humanas.

Para o pregador, a constância é alcançada por meio de exame e estudo rigorosos da palavra e das doutrinas do cristianismo – e por ser uma fonte de poder divino, milagres e capacidade de ver além do véu que cobre a realidade fenomênica. O estudo e o domínio da Palavra de Deus sem essas outras coisas não lhe confeririam autoridade. Isto é, o pregador pentecostal necessita estar constantemente à frente de sua congregação; ele precisa exibir um nível de discernimento incomum das matérias espirituais de modo que capture e cative continuamente a audiência. O pregador tem consciência disso, pois lê e internaliza o tempo todo as escrituras, bem como desvenda, com o auxílio do Espírito Santo, os códigos secretos e os significados nelas inerentes.

Indivíduos dúbios, contudo, tendem a tirar proveito da posição e da condição do pregador na sociedade cristã, bem como da propensão humana ao fundamentalismo e à fé cega, com vistas a extorquir ou prejudicar pessoas desprevenidas. Em sua investigação da interação entre pentecostalismo, política e fundamentalismo religioso na África, Iwuchukwu reafirma esta asserção ao observar que "os pastores pentecostais se aproveitaram da credulidade da fé popular em suas habilidades espirituais e em seu talento oratório para obter ganhos políticos e controle político absoluto" (Iwuchukwu, 2018, p. 51). Este estudo, todavia, não trata da autenticidade ou da fraude do ofício; trata, em vez disso, quer dos fatores que estimulam e mantêm a dependência espiritual das pessoas em relação a figuras religiosas, quer do consequente peso que tem a proclamação de palavras sagradas feitas pelo pregador em relação ao peso da proclamação de quem não o é.

Para além do âmbito da fé e da espiritualidade, há direitos e privilégios profissionais exclusivos, disponíveis tão somente aos profissionais de diferentes campos. Em outras palavras, o domínio de determinada área de estudo ou ocupação na sociedade confere respeito social e até reverência no que concerne à especialidade de cada um. Assim, os conselhos de Achebe, Gordimer ou Soyinka no âmbito da literatura serão provavelmente mais ouvidos ou respeitados do que os do Pastor Enoch Adeboye (dirigente geral da Igreja Cristã Redimida de Deus). Nos assuntos espirituais funciona de igual maneira: as proclamações ou palavras sagradas do Pastor Adeboye certamente terão maior impacto no receptor do que as de qualquer dos escritores supracitados. Isto ressalta a importância da autoridade profissional.

Ademais, para além do privilégio profissional de que usufrui o pregador, o peso de suas palavras determina-se também por um contrato implícito entre o pregador e a congregação. Dada a primazia conferida à crença na Cristandade, é preciso que haja um contexto de atuação para que essas palavras surtam efeito. Isto significa que o poder retórico das palavras sagradas é estimulado pelo contexto de crença mútua entre o pregador e a congregação. Esta crença mútua facilita esse contrato, o que sugere que as proclamações e declarações sagradas de Adeboye poderiam ter efeito mínimo ou nulo em um ambiente muçulmano. Este contexto de atuação, sustentado pela compreensão e pela crença mútuas, é também o que rege a interação entre o escritor e seu público.

Acredita-se que as maldições e as bênçãos sejam palavras poderosas com graus análogos de impacto, embora situadas em lados opostos da mesma religião. São também palavras sagradas reconhecidamente eficazes, cuja eficácia deriva "de um deus, de um texto ou de um profeta" (Frankfurter, 2006, p. 1). Frankfurter, ao levar em consideração a energia das palavras tidas como maldições, define uma maldição como "uma atuação ritual que transfere poder subversivo a algum objeto, *ou* o poder subversivo que aflige alguém depois dessa atuação (como em 'a maldição dela ainda pesa em mim')" (Frankfurter, 2006, p. 2). Crê-se amiúde que as palavras proferidas têm tendência a prevalecer, embora isso possa depender da autoridade de quem fala. A maioria das culturas em redor do mundo considera os pais ou os sacerdotes, independentemente da religião, os repositórios supremos da energia vibrante das palavras sagradas faladas.

Dito de outro modo, as palavras deles, quando proferidas, têm, conforme a intenção, a capacidade de fazer ou de arruinar a vida de uma pessoa; daí a existência operante da piedade filial. A Bíblia cristã corrobora esta suposição com várias referências a pais bíblicos que abençoam seus filhos[13], bem como com o texto das Escrituras já citado, que diz: "A morte e a vida estão em poder da língua" (Pv 18,21). A língua, neste contexto, é uma metáfora para as palavras. A suposição de propensão ao cumprimento, contudo, não se limita à malignidade das maldições proferidas; a energia criativa e transformadora das palavras estende-se às bênçãos – palavras proferidas para nutrir, proteger, libertar e curar. Em muitas tradições religiosas do mundo, há forte consciência e percepção da potência das palavras sagradas, que abrangem maldições ou bênçãos.

Entre os cristãos pentecostais africanos, esta consciência é palpável; daí a crença existente na capacidade do pregador de abençoar ou amaldiçoar; isto também explica a reação das pessoas às proclamações sagradas do pregador. Quando o pregador diz à congregação "havereis de prosperar", trata-se de uma declaração sagrada, uma bênção extraída ou derivada de Is 3,10: "Dizei ao justo que há de prosperar, pois comerá o fruto de suas atuações". Esta injunção bíblica serve de fundamento

13. Cf. a narrativa bíblica de Esaú e Jacó (Gn 25; 27; 29-33; 35).

para a proclamação sagrada, e até as respostas triviais dos líderes religiosos cristãos vêm acompanhadas de uma advertência de retidão. Em outras palavras, a bênção do bem-estar reserva-se apenas aos justos. Isto justifica a seguinte afirmação de Motyer:

> A palavra da graça de Deus e a palavra da ira de Deus são a mesma palavra: a palavra que promete vida não passa de um sabor de morte e juízo para o rebelde e, portanto, de uma maldição. Quando a maldição de Deus recai em seu povo desobediente, não se trata da ab-rogação, mas da implementação da aliança (Motyer, 1996, p. 248-249).

A autoridade do pregador para amaldiçoar e abençoar é respaldada por anedotas e versículos bíblicos. Em alguns casos, Jesus tanto abençoou quanto amaldiçoou, como no caso da figueira improdutiva em Mc 11,20-25, que secou em consequência do impacto da Palavra de Jesus. Em resposta às exclamações incrédulas dos discípulos de Jesus à vista desta figueira seca, Jesus prosseguiu e afirmou: "Eu vos asseguro: quem disser a este monte: 'sai daí e joga-te ao mar' e não duvidar em seu coração mas acreditar que vai acontecer o que diz, assim acontecerá" (Mc 11,23). Isto, entre outros exemplos, demonstra a eficácia e a potência das palavras proferidas, ao mesmo tempo que justifica a reverência do cristão pelo pregador que assume a posição de líder e, portanto, em virtude da liderança, recebe a prerrogativa de abençoar e de amaldiçoar.

As palavras sagradas usam-se também para estabelecer domínio dos poderes espirituais existentes, ou até mesmo dos desafios socioeconômicos, de segurança e ambientais da vida cotidiana. Por exemplo, o seguinte versículo extraído do Sl 23 serve de base para a maioria das declarações e asserções cristãs no que diz respeito à proteção contra danos e pobreza:

> O Senhor é o meu pastor; nada me faltará.
> Deitar-me faz em verdes pastos, guia-me mansamente a águas tranquilas.

> Refrigera a minha alma; guia-me pelas veredas da justiça por amor do seu nome.
> Ainda que eu andasse pelo vale da sombra da morte, não temeria mal algum, porque tu estás comigo; a tua vara e o teu cajado me consolam.
> Preparas uma mesa perante mim na presença dos meus inimigos, unges a minha cabeça com óleo, o meu cálice transborda.
> Certamente que a bondade e a misericórdia me seguirão todos os dias da minha vida; e habitarei na Casa do Senhor por longos dias (Sl 23).

Este salmo reflete crenças cristãs e o fundamento de suas asserções diante de condições econômicas adversas, situações sociais e mundiais inquietantes, riscos e insegurança, entre outros. Os cristãos, em geral, memorizam e recitam estes versículos ao encararem as matérias enumeradas, os quais servem também de fórmula para várias preces e afirmações cristãs. Em virtude da inspiração do Espírito Santo, conforme a crença cristã, toda a Escritura é sagrada, donde provém a noção e a crença na inerrância da Bíblia. O uso destes versículos e palavras costuma ser precedido de declarações como: "A Palavra do Senhor diz..." ou "De acordo com a Bíblia...", as quais chamam a atenção para a importância e a necessidade de reverenciar as palavras que vêm de Deus e as palavras que tratam de Deus. Por conseguinte, quando o pregador diz à congregação: "O Senhor é o vosso pastor; nada vos faltará" (cf. Esposito; Gregg, 2014), especialmente em tempos de recessão econômica e dificuldades, esta proclamação ressoará mais na congregação que provavelmente luta contra um temor crescente de privação e necessidade. As palavras do pregador tornam-se respostas assertivas à situação econômica e, por serem derivadas do Livro Sagrado, geram fé e esperança na iminência da provisão divina.

Esta esperança e fé derivadas da palavra fundamentam-se em mais versículos bíblicos, os quais enfatizam a santificação da palavra e chamam mais atenção para a iminência das promessas divinas e das asserções cristãs. Isso indica a importância da palavra proferida por Deus e escrita no Livro Sagrado. Por exemplo, Is 55,10-11, apresentado abaixo, ressalta a potência da Palavra de Deus conforme escrita nas Escrituras. A referência pessoal a Deus com o pronome "Eu", no versículo a seguir, acentua a exatidão de sua promessa, o que, por sua vez, santifica ainda mais essas palavras:

> Porque, assim como descem a chuva e a neve dos céus e para lá não tornam, mas regam a terra e a fazem produzir, e brotar, e dar semente ao semeador, e pão ao que come, assim será a palavra que sair da minha boca; ela não voltará para mim vazia; antes, fará o que me apraz e prosperará naquilo para que a enviei (Is 55,10-11).

Este versículo torna-se, portanto, o versículo abrangente que dá ímpeto à reverência cristã pelos versículos bíblicos e à sua imorredoura expectativa de cumprimento da Escritura. Por exemplo, visto que a Bíblia diz em Ex 23,26 que: "Não haverá alguma que aborte, nem estéril na tua terra; o número dos teus dias cumprirei", frequentemente abreviado para "ninguém será estéril na terra", este versículo tornou-se a palavra sagrada usada para falar contra a esterilidade, tanto em seu sentido literal quanto metafórico. É comumente usado como palavra de resposta à probabilidade de esterilidade em qualquer área da vida do crente. Além disso, inspirou muitas declarações e proclamações de fertilidade na vida do cristão. Para mulheres que necessitam de filhos, essas palavras e Escritura tornam-se palavras sagradas que impulsionam e energizam sua fé e esperança no milagre do nascimento e da fertilidade. Os ensinamentos de fé do pastor à mulher que necessita de filhos encontram ímpeto nesse versículo bíblico.

Os sermões e faixas cristãs amiúde se adornam com palavras sagradas, conforme operacionalizadas nesta obra e derivadas das Escrituras. Por conseguinte, não é incomum deparar-se com proclamações e temas de sermão como "É chegada a vossa hora de brilhar", afirmação que se originou primariamente de Is 60,1-4, a qual implica um despertar para um magnífico esplendor que se crê aplicar-se à vida e à experiência geral do receptor. A depender da área de deficiência do receptor, considera-se esta proclamação proferida por um pregador um estimulante espiritual que catalisa quaisquer ou todos os aspectos das finanças, da saúde, da segurança do receptor, entre muitos outros.

Há miríades de outras proclamações derivadas das Escrituras que se destinam a estabelecer domínio, as quais se identificam neste estudo como palavras sagradas. Essas proclamações, conforme a crença dos cristãos, são palavras potentes com capacidades criativas para trazer coisas à existência. Quando se ordena às pessoas que "morram pelo fogo", como se ouve normalmente entre os adoradores da Igreja da Montanha de Fogo e Milagres, tais declarações enfáticas são pronunciamentos sagrados que visam a pôr termo à vida de qualquer força ou poder que afete negativamente a existência de alguém. A afirmação tornou-se atualmente um pronunciamento banal entre os membros da Igreja e converteu-se numa proclamação evocativa da autoridade espiritual de alguém para findar a existência de entidades que ameaçam a sua própria.

Conquanto esta introdução haja logrado êxito em vincular estes versos religiosos, conhecidos como palavras sagradas, a um sistema de conhecimento e poder de atuação, é conveniente saber que ela constitui apenas o fundamento para os capítulos deste livro. Dito de outro modo, para tomar de empréstimo a palavra "precursor", conforme usada pela Bíblia para retratar João Batista, a introdução serve para preparar o caminho para todos os capítulos, cada um dos quais empregou meios narrativos e analíticos para mostrar como estas palavras sagradas se vinculam e se traduzem na geração e manutenção do poder religioso-político ou produzem líderes religiosos que interpretam estas palavras sagradas e as convertem em atuações e práticas positivas. O mais importante é que, com base nestas introduções, os capítulos concentram-se no sistema de conhecimento engendrado ou derivado das palavras sagradas que servem de base, aprimoram e fazem progredir as atuações e práticas de seus adeptos na África.

Parte I
Sistemas nativos

1

ADIVINHOS E CONHECIMENTO NATIVO

Introdução

Em um mundo de inovações, avanços tecnológicos e descobertas científicas em rápida expansão, o conhecimento é primordial. Como criaturas curiosas por natureza, os seres humanos buscam o conhecimento em diferentes lugares, e cada dia chega uma nova adição à sua base de conhecimentos, por meio da qual impactam o mundo de diversas maneiras. O conhecimento é almejado por muitos por variadas razões, até mesmo pela capacidade de impactar vidas e mudar o curso dos acontecimentos, como determinar a ação correta em um momento crucial. O conhecimento é amiúde associado ao poder, como bem observa Sir Francis Bacon: "Scientia potentia est", isto é, o conhecimento é poder. Afirmar isso talvez não seja demasiado presunçoso, considerada a riqueza de conhecimentos que podem ser canalizados para causas maiores em benefício da humanidade. Os seres humanos são classificados cientificamente como *Homo sapiens*, que significa literalmente "humanos com conhecimento", característica que os distingue de outros organismos. A busca pelo conhecimento está codificada na constituição genética dos seres humanos, de tal forma que eles podem ir a qualquer extremo para adquiri-lo. Essa fome e zelo insaciáveis pelo conhecimento têm um impacto significativo em diferentes aspectos do mundo.

Entre o restante do mundo, os africanos contribuíram e ainda contribuem com grande número de seus recursos para a produção de conhecimento, manutenção e crescimento dos diferentes sistemas do mundo. Cientistas, médicos, astronautas, engenheiros e muitos outros foram louvados por suas invenções e ideias inovadoras de conhecimento. Muitos deles foram até reconhecidos com prêmios e láureas por seus trabalhos e contribuições ao conhecimento humano. Contudo, os adivinhos receberam pouco ou nenhum reconhecimento pela geração, isto é, pela criação e detenção de ideias e de conhecimentos, e, na maior parte do tempo, não são percebidos como especialistas ou sequer dignos de estudo, porquanto seus trabalhos e perícia não se categorizam como "profissionais" e não se coadunam com os conceitos ocidentais de conhecimento e inovação.

Este capítulo procura examinar os adivinhos como especialistas em seus campos e como grupo crítico de autoridades merecedoras de estudo extenso, ao lado do reconhecimento profissional por suas contribuições à humanidade e pela detenção e geração de ideias de conhecimento no espaço africano. O conhecimento muda constantemente e é modificado para adequar-se às situações que afetam a humanidade, de modo que a detenção de certo tipo de sabedoria em qualquer área estabelece um nicho de especialização no campo, mormente se o campo é vibrante e não redundante. Este capítulo examinará os adivinhos, em particular os babalaôs (sacerdotes de Ifá), e as ideias de conhecimento que eles geram e têm.

Do mesmo modo, examinar-se-á o poder e a influência que emanam desse conhecimento. É imperativo compreender as diferentes interpretações de conhecimento e de ideias, as quais serão examinadas neste capítulo, bem como as diversas interpretações conceituais de conhecimento. Quem são os adivinhos e como são identificados como guardiães do conhecimento? A categorização de algumas pessoas como adivinhos e a origem da adivinhação são importantes para este estudo como ponto de partida para começar a compreender as contribuições ao mundo do conhecimento que os adivinhos geram e têm.

O conhecimento constitui porventura um conceito abstrato, mas o seu referente denota um assunto poderoso não obstante o seu significado conceitual esquivo. Um esforço para definir o termo "conhecimento" é relativamente complexo em razão dos vários assuntos que alegam esposá-lo. O conhecimento provém tanto de fenômenos simples quanto complexos. Nas humanidades, o conceito de conhecimento é relacional e contextual devido à fluidez e à ampla abrangência do conceito. Neste capítulo, contextualizar-se-á o conhecimento nativo do espaço africano. O conhecimento é amiúde apreendido como fatos, informações, verdades, compreensão de teorias da existência adquiridas mediante o estudo de diferentes aspectos do mundo. É sinônimo da alegação de "saber" – os dados reunidos a partir de crenças, filosofias, tradições, práticas e instituições que geram ou empregam conhecimento. O conhecimento africano nativo é o sistema de ideias, teorias, fatos, dados, epistemes etc., que contribuiu para o crescimento, para a sustentação e para o desenvolvimento do espaço africano ao longo do tempo. Esse conhecimento centrado na África lida com visões de mundo, com sistemas de pensamento, com práticas e com filosofias que sustentam o modo de vida africano.

Neste capítulo se examinará as ideias de conhecimento que os adivinhos têm e geram, em especial os babalaôs de ascendência iorubá. No decurso do desemaranhar da geração de ideias de conhecimento, procurar-se-á captar os tipos singulares de ideias acerca do conhecimento encontrados entre os adivinhos da África. A ênfase no tipo de conhecimento visa a delimitar o escopo do capítulo para captar as ideias de conhecimento na cosmologia iorubá, as quais se extraem da cultura e das tradições, em especial aquelas que afetam diretamente a prática da adivinhação e a alegação de conhecimento dos adivinhos. Este capítulo tentará extrapolar como essas ideias de conhecimento são produzidas, como os adivinhos geram essas ideias de conhecimento, quais métodos ou modos são empregados na aquisição de conhecimento, e a natureza dessas ideias de conhecimento e seus fundamentos.

Depois disso, o capítulo se concentrará em como os adivinhos são treinados e discutir esse treinamento, bem como o processo de educação dos adivinhos com as habilidades necessárias para o êxito na profissão. Nesta seção, o capítulo investigará e ressaltará o processo de preparação do adivinho, que abrange a seleção do aprendiz, os anos de treinamento, as habilidades aprimoradas durante o processo de treinamento etc. Visto que o adivinho é um apêndice da prática de adivinhação de Ifá, o capítulo discutirá brevemente a origem da adivinhação e a conexão com as ideias de conhecimento que o adivinho tem.

O capítulo discutirá áreas em que os adivinhos distinguiram sua detenção de ideias de conhecimento e como as dispensam. Os adivinhos foram categorizados e/ou percebidos como praticantes locais e charlatães que não têm conhecimento científico, tampouco têm conhecimento ocidental por meio de educação formal. Contudo, ter ou não ter educação ocidental faz pouca ou nenhuma diferença para o resultado da adivinhação e o conhecimento colhido de uma consulta. As ideias de conhecimento dos adivinhos abrangem uma disciplina diferente dos termos e conceitos modernos ou ocidentais. Há intersecção de algumas dessas ideias com diferentes disciplinas cruciais para a vida humana e para a qualidade de vida.

Adivinhos e adivinhação

A adivinhação é parte fundamental da profissão do adivinho; com efeito, o ato de adivinhar torna o adivinho perito tanto em seu campo quanto na geração de ideias de conhecimento. É imperativo discutir brevemente o termo adivinhação antes de proceder às ideias que os adivinhos dele têm. De acordo com Ozioma e Chinwe:

> Adivinhar significa consultar o mundo espiritual. É um método de obter informação acerca de um indivíduo ou de uma circunstância de doença por meio do uso de símbolos dispostos de modo aleatório a fim de lograr conhecimento curativo. Também é visto como uma maneira de acessar informação que está normalmente para além do alcance da mente racional. É uma técnica transpessoal em que adivinhos baseiam o seu conhecimento na comunicação com as forças espirituais, tais como os antepassados, os espíritos e as divindades. É, portanto, parte integral de uma maneira africana tradicional de diagnosticar doenças (Ozioma; Chinwe, 2019, p. 191-214).

A adivinhação tem sido percebida como um dos métodos pelos quais os adivinhos diagnosticam seus pacientes ou clientes. Por meio da adivinhação, os adivinhos têm maior probabilidade de conhecer a natureza da enfermidade e a causa do mal que acomete a pessoa. A adivinhação pode ser realizada com correntes adivinhatórias, nozes, contas, búzios, conchas, entre outros. Bascom observa que o babalaô é tanto um fitoterapeuta quanto pode ser considerado, de certo modo, um adivinho, embora sua função primordial seja a adivinhação. Os clientes podem procurar o babalaô em busca de remédios sem que haja necessidade de consulta adivinhatória, e pagam um valor adicional pela preparação do remédio (Cf. Bascom, 1991). O babalaô detém conhecimento de ervas, de plantas e de remédios, conforme descrito por Bascom em sua descrição do adivinho. O adivinho pode, em certos casos, recorrer à adivinhação e, em outros, não encontrar necessidade dela, quando sua ajuda física ou não espiritual se faz suficiente.

A palavra "adivinho" provém do termo ou conceito mais amplo de "adivinhação", que é um ato de geomancia. Os adivinhos na Nigéria, especialmente na parte sudoeste do país, são conhecidos como babalaô (para os adivinhos) e ianifá (para adivinhas) em iorubá. O ato de adivinhar faz de alguém um adivinho, embora sem o esforço e a presença humana o ato não seja realizável. A adivinhação tem sido comparada a múltiplas coisas, sobretudo nos campos da computação e da filosofia, devido às semelhanças que os estudiosos estabeleceram entre eles. Alamu *et al.* captam a informação básica representada na adivinhação como "o ato de buscar conhecimento de coisas futuras ou ocultas por meios inadequados, o qual é usualmente suplementado por algum poder que é representado ao longo da história como proveniente dos deuses" (cf. Alamu; Aworinde; Isharufe, 2013, p. 524). Esta definição capta que a retenção de conhecimento embutida na adivinhação, a qual é realizada pelos adivinhos, é um método de desvelar conhecimento oculto. Os adivinhos são parte da estrutura das instituições sociais em muitas sociedades africanas devido à sua reivindicação de conhecimento e ao emprego dessas ideias de conhecimento nas comunidades. Na Nigéria, os babalaôs são conhecidos por serem adivinhos mediante a manipulação de contas ou correntes divinatórias.

O adivinho é o cerne da adivinhação, pois é o intermediário entre as deidades e o ser humano que vem buscar o auxílio dos seres sobrenaturais. O adivinho torna-se o porta-voz da deidade ao consultar as divindades em nome de uma ou mais pessoas. Quando Ifá revela a mensagem ou solução para o problema do consulente, o adivinho a explica em versão simples e clara para fácil compreensão. O adivinho torna-se indispensável ao ato de recuperar, de investigar e de adquirir conhecimento por intermédio da adivinhação ou, ainda, por outros meios. Peek escreve:

> Um sistema de adivinhação é um processo padronizado derivado de uma disciplina aprendida, fundamentada em um extenso corpo de conhecimento. Este conhecimento pode ou não ser literalmente expresso durante a interpretação da mensagem oracular. O adivinho pode usar um *corpus* fixo, tal como os versos Odú de Ifá dos iorubás, ou um corpo mais difuso de conhecimento esotérico. Os processos divinatórios são diversos, mas todos seguem rotinas estabelecidas pelas quais se obtêm informações de outro modo inacessíveis (Peek, 1991, p. 193).

Peek extrai o dever e a função do adivinho na tentativa de esboçar a definição de adivinhação como um método sincronizado de produção de conhecimento extraído da engenhosidade da habilidade do adivinho de configurar ou de manipular o texto ou empregar seu treinamento para gerar textos e informações ocultos. A adivinhação confere ao adivinho a vantagem de sintetizar ideias reunidas a partir de anos de estudo, da sabedoria inerente ao sistema de pensamento da sociedade e dos dados metafísicos recebidos por meio da geomancia. A adivinhação serve como bússola para a direção correta, bem como sistema de navegação para chegar ao destino no momento apropriadamente designado. O adivinho, assim, torna-se mais sintonizado com sua base de conhecimento mediante o auxílio da adivinhação.

A formação do adivinho

As ideias de conhecimento que os adivinhos têm, especialmente os babalaôs, são geradas a partir de seu estudo, treinamento e prática do conhecimento implícito na exploração de seu texto primário, isto é, o *Corpus de Ifá*. Peek e outros estudiosos dos sistemas de adivinhação africanos reconhecem diferentes tipos de adivinhos e seus sistemas de adivinhação na África; contudo, a ênfase deste estudo fundamenta-se nas ideias de conhecimento que os babalaôs têm no sudoeste da Nigéria. Os adivinhos são treinados para adquirir conhecimento por meio de investigação minuciosa, de boa memória para reter e rememorar dados, de processamento de informações e de habilidades de interpretação aprimoradas mediante treinamento cuidadoso. Os adivinhos passam por um longo período de treinamento formal ou informal sob a tutela de um adivinho experiente. Peek, juntamente com outros estudiosos como Abimbola e Bascom, afirma que os adivinhos iorubás são treinados por pelo menos dez anos nos ramos do conhecimento nos quais a adivinhação de Ifá se fundamenta (cf. Peek, 1991, p. 25).

Depois da conclusão bem-sucedida de seu treinamento, esses aprendizes são apresentados ao culto de adivinhos para o processo de iniciação, o qual é por vezes seguido de uma cerimônia pública e introdução na profissão. O aprendizado e o treinamento, em vez de terminarem depois da cerimônia de iniciação, continuam ao longo da vida do adivinho devido à natureza extensa e inexaurível do conhecimento nesta profissão. O estudo que Peek faz dos adivinhos afirma que muitos desses adivinhos continuam a aprender e a refinar suas habilidades ao longo de suas vidas, a compartilhar sua perícia e a estudar com adivinhos mais afamados (cf. Peek, 1991, p. 25). Falokun Fatunmbi disse ainda que em Ode-Remo, uma cidade iorubá, o treinamento para se tornar um adivinho começa quando uma criança tem sete anos de idade e dura de dez a quinze anos. "A educação envolve a memorização tanto de 256 versos de escritura oral, quanto das preces, das invocações, das canções, das danças e da medicina fitoterápica associadas a cada verso" (Fatunmbi, 2005, p. 6).

Os adivinhos podem ser do sexo masculino ou feminino, como estudos que tratam de adivinhos na África, mormente na cultura iorubá, demonstraram. Os babalaôs ou mamalaôs são especialistas treinados para gerar ideias de conhecimento a partir do *Corpus de Ifá*. Os serviços dos adivinhos eram sistemáticos na era pré-letrada em muitas sociedades africanas – ao contrário do tempo presente, quando ideologias ocidentais relegaram essas bases de conhecimento centrado na África e de epistemologias centradas na África a segundo plano.

O papel do adivinho

Zuesse explica:

> A maior autoridade é conferida aos adivinhos que viajaram para culturas longínquas com o intuito de adquirir sabedoria; diferentemente dos oráculos locais, esses profissionais empregam métodos complexos que exigem

> longo treinamento. A ciência deles tem caráter internacional. Esses especialistas podem constituir importante veículo de contato cultural e inovador, embora seu papel nas mudanças culturais tenha sido o mais das vezes ignorado (Zuesse, 1975, p. 166).

Os adivinhos ocupam cargos importantes, quando não inestimáveis, na aquisição de conhecimento nas sociedades africanas. Cumpre, todavia, examinar a formação desses profissionais a fim de que se saiba de que modo as ideias de sabedoria são difundidas e de que maneira eles geram significados e conhecimento a partir de seu estudo do Ifá ou de outros textos. A natureza esotérica do culto de Ifá e da profissão dos adivinhos apoia-se no sistema de crenças tradicionais africanas, na religião e na crença na existência de seres sobrenaturais. Ao descrever o papel do adivinho na geração de ideias de conhecimento, Peek amplifica a funcionalidade dos adivinhos de modo que abranja sua capacidade interpretativa, entre outras aptidões, tais como:

> Às vezes o corpo do adivinho torna-se o veículo de comunicação por meio da possessão espiritual. Alguns adivinhos operam mecanismos autoexplicativos que revelam respostas; outros sistemas exigem que o adivinho interprete mensagens metafóricas crípticas. O diagnóstico final e o plano de ação são elaborados coletivamente pelo adivinho e pelos consulentes (Peek, 1991, p. 3).

Os adivinhos ocupam cargos importantes como repositórios de ideias de conhecimento, fato que Peek reconhece e reafirma em sua obra, para além da alegação de que o adivinho em outras culturas é central para a expressão e a encenação de suas verdades culturais, conforme revistas no contexto das realidades contemporâneas. Os adivinhos passaram a ser classificados como meros artistas, o que foi denunciado por Peek ao descrever a conceituação ocidental desses profissionais. A tradição europeia amiúde retrata o adivinho como um charlatão carismático que manipula habilmente os outros com seu conhecimento e seu poder místicos, recebe atenção indevida e é valorizado por pessoas crédulas e ansiosas. O oposto, porém, é verdadeiro, pois as culturas africanas consideram os adivinhos pessoas de notável sabedoria e de alta integridade (Peek, 1991, p. 3). Os adivinhos e sua profissão são sacerdotes solenes cujos deveres sinceros são cumpridos com tanto aprumo que sua presença evoca calma e serenidade em razão da segurança que seu ofício e profissão emanam.

Adivinhos: o vínculo com Ifá

Os adivinhos do sudoeste da Nigéria, sobretudo da região iorubá, conhecidos como "babalaô" – isto é, "pai dos segredos" –, são instruídos na arte da adivinhação e da consulta com base no culto de Ifá. Okewande assevera que "acredita-se que Ifá seja o fundamento da cultura iorubá. Isso significa que todos os aspectos da vida iorubá, até mesmo a religião, a filosofia, a ciência, a ideologia etc., têm uma ligação ou outra com Ifá" (Okewande, 2017, p. 1). De acordo com essa asserção, é razoável concordar que os adivinhos são os guardiães de Ifá e de seu vasto *corpus* literário, o que os torna grão-mestres e profissionais em muitas áreas da cosmologia iorubá, visto que Ifá é o repositório das ideias de conhecimento. À luz dessa asserção acerca de Ifá, Okewande afirma que os estudiosos definiram Ifá "de maneiras diferentes que estabelecem o escopo inexplicável e ilimitadamente divergente de seu conhecimento, sabedoria e valores. De fato, considera-se que ele seja o fundamento de outros aspectos da vida iorubá" (Okewande, 2017, p. 2). Seguindo a afirmação desse estudioso, Ifá é a base do sistema de conhecimento do adivinho, denominado babalaô, e basta dizer que o conhecimento gerado por esses adivinhos provém de seu treinamento e prática de Ifá. Antes de aprofundar-se nas ideias de conhecimento que os adivinhos têm, é importante vincular Ifá, os adivinhos e a importância do ofício à detenção de conhecimento pelos praticantes.

Adeeko tenta explicar a existência dos adivinhos na nomeação de *Odu* como nomes de adivinhos que existiram anteriormente no *Corpus de Ifá*. No *Corpus de Ifá*, as assinaturas de Odu de Ifá representam alguns dos nomes dos primeiros adivinhos, conforme elucidado por Adeeko, enquanto em alguns versos o adivinho que realiza a adivinhação é nomeado.

> A história dos adivinhos originais não é simples. De acordo com Abimbola os adivinhos nomeados conduziram a primeira sessão de consulta relatada na história. Abimbola (1977, p. 19) acrescenta que os nomes são fragmentos de epítetos de louvor (oriqui) ou pseudônimos. Os nomes, como tais, historicizam as narrativas e as tornam relatos de algo que realmente aconteceu. Não é difícil discordar de Abimbola: se os sacerdotes existiram em determinado tempo e lugar, os adivinhos sucessores que reconhecem as atividades de seus predecessores não parecem interessados em identificá-los como figuras históricas (Adeeko, 2010, p. 294).

A religião Ifá e seu sistema de geomancia fazem do adivinho, também conhecido como sacerdote de Ifá, um agente sociocultural funcional que atua como perito religioso, social e cultural, o qual oficia em sua capacidade de adivinho, sacerdote e intérprete na comunidade. Ifá constitui a espinha dorsal do conhecimento e da arte do adivinho – este se enxerta na raiz da religião Ifá e se torna instrumento de autodesenvolvimento pessoal e público. Ifá representa a possibilidade de papéis multidimensionais que o adivinho pode ocupar na sociedade.

A origem da adivinhação Ifá

De acordo com Odularu, a adivinhação de Ifá é ilimitada. Ela abrange a tradição oral iorubá, que é o principal reservatório da autêntica cultura tradicional iorubá. Outro aspecto semântico da adivinhação de Ifá está em sua confiabilidade como meio de revelar os significados subjacentes e respostas para matérias, ocorrências e situações terrenas misteriosas. A adivinhação de Ifá ajuda na busca por entender e resolver matérias ambientais e sociopolíticas.

> A adivinhação de Ifá tornou-se tão importante que quase todas as instituições políticas tradicionais iorubá e sistemas sociais, como chefias, nomeações, casamentos, envelhecimento, cerimônias, festivais etc. têm traços do sistema divinatório de Ifá (Odularu, 1990, p. 238).

Ifá representa muitas ideias, como o nome de uma das divindades iorubá, o sistema de adivinhação, a religião, as palavras da deidade etc. No entanto, Ifá é tudo isso e mais, devido às controvérsias quanto à sua origem na tradição oral. Fatunmbi opina que

> os versos de Ifá são como arquivos de pasta em um computador, separados por tópicos específicos. No decorrer de um dia, quando se encontra um problema, lembra-se do verso associado à melhor solução possível e, de imediato, tem-se acesso a uma riqueza de informações para guiar-se em direção à resolução do conflito (Fatunmbi, 2005, p. 6).

Desmistificar a origem de Ifá não é o escopo deste capítulo; no entanto, ele discutirá brevemente algumas das histórias e dos mitos de sua origem. Adegboyega afirma:

> Alguns mitos afirmam que Ifá veio de uma divindade que desceu do céu com algumas outras. Por outro lado, há tradições orais que identificam seu originador como um homem excepcionalmente sábio cuja fama trouxe vários discípulos e aprendizes de perto e de longe. Ifá escolheu apenas 16 deles e seus nomes coincidiram com os 16 Odu de Ifá mais antigos (os 16 *corpus*). Os 240 Odu mais jovens poderiam, portanto, ser razoavelmente considerados como membros de uma geração posterior de discípulos e aprendizes treinados pelos primeiros 16 e por outros

> (Oluwole, 1996, p. 3). Para a primeira visão, Ifá foi reconhecido como o primeiro ponto de contato quando as divindades vieram pela primeira vez ao mundo. Para a outra, dizia-se que o próprio Ifá tinha oito filhos, todos os quais posteriormente se tornaram adivinhos (Adegboyega, 2017, p. 30).

Estas afirmações quanto à existência e à origem de Ifá (cf. Awolalu, 1979)[14] indicam claramente que Ifá aponta para o estabelecimento dos adivinhos como portadores de conhecimento a ser transmitido por meio do ato de adivinhação. Como uma das inúmeras divindades iorubás, atribui-se ao Ifá o dom da sabedoria e do conhecimento inigualados por nenhuma outra divindade consultada por outras deidades e pelos seres humanos. E, desse modo, começa o ato de adivinhação e o treinamento dos adivinhos que carregarão a tocha do conhecimento e, por conseguinte, gerarão ideias de conhecimento a partir dos textos do Ifá. O fundamento epistemológico dos adivinhos assenta-se nas ideias de sabedoria reunidas a partir do estudo do Ifá. Para gerar estas *epistemes*, faz-se necessário estabelecer o sistema de conhecimento no Ifá. Para Opasola, a epistemologia é o estudo do conhecimento humano, de sua natureza, de sua origem, de sua extensão, de suas limitações, de sua justificação, de sua confiabilidade ou certeza. O próprio conhecimento, que é a base da epistemologia, tem componentes que estabelecem sua confiabilidade.

Estes componentes são crenças reunidas a partir da experiência e das observações de eventos, de verdades estabelecidas a partir de fatos e de justificação destes dados. As crenças são geradas a partir dos costumes e das tradições de uma comunidade e da cultura, o que significa que as crenças, como fragmentos de conhecimento, são enxertadas a partir de materiais culturais, de tradições e de costumes de uma sociedade. A concepção do mundo, a compreensão de seus fenômenos e a

14. Os praticantes e os adeptos creem que o Ifá é um oráculo que derivou sua existência de Orumilá, a divindade do conhecimento.

intervenção do sobrenatural são as principais materializações do fundamento epistêmico do conhecimento africano. Estabelecido isto, o Ifá – um oráculo da antiga religião e prática iorubá na comunidade iorubá – prova a existência do conhecimento africano e a reivindicação dos adivinhos de serem especialistas e repositórios destas ideias de conhecimento. Odularu também opina:

> A definição de Ifá pode ser encontrada na crença iorubá de que a adivinhação do Ifá é capaz de realizar-se para eles por intermédio de seu sumo sacerdote ou adivinho, o babalaô – pai do segredo ou dos segredos e guardião do sistema divinatório do Ifá. O babalaô é tido em alta estima pelos iorubás e é versado na tradição oral do oráculo de Ifá, que lhe foi legada por Orumilá, o criador da adivinhação do Ifá (Odularu, 1990, p. 238).

Adivinhos e conceitos da filosofia iorubá

Adegboyega reconhecia a importância das ideias iorubá de conhecimento e mostrou-a com estas palavras:

> A filosofia pode ser conceituada como uma busca de respostas às perguntas de largo alcance a propósito da natureza do universo, da natureza do ser humano, da finalidade da vida, das características da vida excelente e da contemplação a propósito da sociedade ideal. Esta conceituação da filosofia não há de receber aceitação universal, porquanto toda definição de filosofia tende a ser pessoal (Adegboyega, 2017, p. 28).

O conhecimento africano é vasto e abrangente e tem sido objeto de considerável pesquisa; a filosofia africana, por ser parte desse conhecimento, também é objeto de muita pesquisa. A filosofia africana é extensa, de modo que este capítulo circunscreverá seu âmbito à filosofia iorubá – em especial ao conhecimento cultural e tradicional – que os adivinhos detêm e produzem. O desejo e a curiosidade de compreender a constituição cosmológica da comunidade imediata e do mundo é o que impele os seres humanos a buscar o conhecimento e a compreensão de conceitos, tais como as explanações filosóficas dos fenômenos que os cercam. Em toda cultura conhecida, existem explicações culturais e filosóficas para eventos e para ocorrências naturais e biológicas, explicações estas que ficam codificadas em certos textos e no folclore.

No caso da filosofia iorubá, os adivinhos têm considerável compreensão das ideias de conhecimento que circundam a existência e os princípios das configurações da sociedade. Adegboyega procura explicar os materiais pertinentes à filosofia e afirma que um consenso quanto ao foco da filosofia está longe de ser alcançado; contudo, eventos, interações e atividades constituem alguns dos dados usados na produção da filosofia acerca de certa comunidade em determinada época. Essa explicação capta o fato de que a filosofia se ocupa da atividade humana e da configuração do mundo, bem como da interação de entidades, isto é, dos seres humanos e do mundo.

Uma das concepções do conhecimento que os adivinhos retêm e produzem reside nas ideias filosóficas relativas às matérias várias e aos conceitos filosóficos que dizem respeito ao ambiente. A detenção dessas ideias filosóficas criou não somente espaços de interação com o cosmos como também espaços de manipulação de seus recursos para ajudar a humanidade a prosperar. A filosofia, como campo de estudo, deriva-se do conhecimento e das ideias existentes acerca de diferentes conceitos em muitas culturas do mundo. Os adivinhos produzem e têm filosofias acerca da ordem mundial, sobretudo do seu cosmos imediato, o qual, neste caso, centraliza-se no mundo iorubá. Os africanos são um povo filosófico e filosofam acerca da sua existência e de seu espaço por meio do conhecimento transmitido de uma geração para a seguinte pela tradição oral. A tradição oral é um fragmento da literatura oral africana, a qual representa uma das fontes de filosofias na África. A religião tradicional africana é outra fonte importante de filosofias africanas que se fundamentam com solidez nas crenças religiosas do povo africano.

A existência de pensamentos e filosofias africanas origina-se da tradição oral e da oralidade africanas. Adegboyega recorre a um dos recursos da tradição oral iorubá – os provérbios – para provar a existência e a origem das filosofias africanas. Os provérbios são um dos recursos orais mais preeminentes no mundo iorubá, pois são considerados o cerne dos discursos e das palavras, e é deles que as pessoas se usam para buscar palavras ausentes. Os provérbios representam ferramentas orais ricas, imbuídas de um impacto adicional em comparação com as meras palavras. Os provérbios, por si sós, são ditos e afirmações filosófico-sapienciais que revelam a ética cultural e a metafísica do cosmos observadas pelos sábios nas sociedades iorubás. Eles elevam os discursos e as afirmações comuns e os ornam com tons e matizes filosóficos para assinalar crenças tidas por verdades. Adegboyega emprega os provérbios iorubás para provar que os provérbios africanos, sobretudo os iorubás, têm tanto peso quanto as ideias ocidentais de filosofia.

Segundo Adegboyega:

> Na filosofia ocidental, aparência, realidade e causalidade são matérias metafísicas fundamentais, as quais também se encontram nos provérbios iorubás. Vários provérbios iorubás revelam que não há efeito sem causa. Isto se explicita nos provérbios abaixo:
> a. Kokoro to n jo lebaa ona, onluu re n be ninu igbo.
> (O inseto que dança perto da estrada, o seu tocador de tambor está no arbusto).
> b. Bi ko ba ni 'dii Obinrin ki je kumolu bi obinrin ba je Salawu, yoo sanwo ori.
> (Sem motivo, uma mulher não se chama Kumolu; se uma mulher se chama Salawu, ela pagará imposto).
> (Adegboyega, 2017, p. 23).

O autor empregou o provérbio para ressaltar o estratagema de causa e efeito do ramo metafísico da filosofia. Isto especula que sempre existe uma razão por trás de qualquer ato ou evento; as coisas não acontecem simplesmente por acaso, de modo que sempre há agentes subjacentes que impulsionam sua existência. Portanto, o *kokoro* (inseto) que parece dançar tem o seu tocador de tambor, que fornece a batida e o ritmo, nas proximidades. Esta filosofia diz muito acerca do povo iorubá e de sua filosofia dos conceitos de causa e efeito. Os adivinhos empregam provérbios e metáforas como esta para revelar uma mensagem ao cliente.

A referência ao adivinho (babalaô) e à adivinhação como um ato de filosofar ilustra a inclusão do adivinho como filósofo que emprega provérbios como meio de enfatizar o significado incorporado na cifra ou na mensagem. O provérbio indica que cada dia traz um matiz e uma mudança diferentes; esta é a razão pela qual o adivinho deve adivinhar todos os dias para estar ciente da mudança dos eventos. Os versos de Ifá estão repletos de provérbios e afirmações metafóricas, tal como a citada aqui, e constitui dever do adivinho empregar a filosofia na mensagem e explicá-la ao cliente caso este não compreenda a mensagem no verso de Ifá.

Adivinhos e conhecimento da história iorubá

Os adivinhos notabilizam-se pelo domínio de vasto acervo de histórias que tratam dos iorubás, de seus antepassados, de sua origem e de seus assentamentos. Estes indivíduos, isto é, os adivinhos, dominam o conhecimento da história primeva e sabem contá-la com desenvoltura, na qualidade de intérpretes treinados para recontar tais histórias sem nenhum erro e com habilidades cênicas. Os adivinhos ou babalaôs têm e geram ideias de história e historicidade a partir do *corpus* literário de Ifá, o qual se considera o maior acervo de obras relativas ao povo iorubá. Peek (1991, p. 38) ilustra esse fato ao declarar que se pode extrair a história de um povo dos textos e tradições divinatórios, conforme Abimbola o demonstra com os versos divinatórios de Ifá. Nos textos divinatórios de Ifá, os quais se dividem em capítulos e em versos de Ifá, registra-se a história dos iorubás, e ninguém se mostra mais bem aparelhado com esse conhecimento histórico do que o adivinho, o qual estuda os textos de Ifá há vários anos. Os adivinhos dominam o conhecimento adequado da história e das tradições do povo iorubá. A história dos iorubás consta do *Corpus de Ifá*, o qual conta o modo como Odudua encontra os versos de Ifá que discorrem acerca da história do povo iorubá. Ilesanmi corrobora esta asserção:

> Os babalaôs estabelecem distinção entre contos/fábula e história. Eles afirmam que a história é factual e empírica, ao passo que os contos/fábulas não o são. Aquilo que muitos de nós hoje chamamos de mitos constitui, para os babalaôs, história, a qual relata acontecimentos que se acredita terem ocorrido efetivamente num passado muito remoto (Ilesanmi, 1991, p. 216).

Ilesanmi demonstrou nitidamente que o adivinho é detentor de ideias acerca da história, dos mitos, dos contos, das fábulas etc., as quais se definem com clareza na distinção entre os diferentes tipos de formas orais que podem confundir e dificultar a correta categorização feita por parte de outros indivíduos. Ele afirma, ademais, que o babalaô não contaria contos, porquanto os contos são ficção e a ficção carece de fundamento histórico na vida concreta. Os versos de Ifá são considerados por eles como histórias verdadeiras, relatos de fatos que efetivamente ocorreram, isto é, a história da comunidade iorubá em geral e dos indivíduos em particular, os quais são narrados com vistas a esclarecer cada geração subsequente (Ilesanmi, 1991, p. 217).

Adivinhos e a detenção de conhecimento médico

Os adivinhos, desde tempos imemoriais, exercem a medicina em sua forma mais simples e ampla como parte de sua profissão e perícia. Esses adivinhos detêm e geram ideias de medicina e conhecimento médico a partir da observação atenta, do estudo, das experiências, do tratamento e da aplicação de ervas e plantas para combater os males de saúde. Os adivinhos aprendem, como parte de seu treinamento, o ato do exame médico e a aplicação dessas ideias aos desafios cotidianos de assistência médica. O uso desse conhecimento de medicina varia quanto à origem da doença ou enfermidade, ao procedimento de tratamento, à fonte dos materiais para a cura etc. Os adivinhos afirmam deter conhecimento esotérico acerca do cosmos – em especial do mundo ao qual pertencem e de sua sociedade imediata.

Este conhecimento esotérico fundamenta-se no saber nativo que receberam durante seu treinamento como sacerdotes e adivinhos de Ifá. Antes da introdução da educação e da medicina ocidentais, os adivinhos tinham o prestígio e a posição de médicos e de consultores, visto que detinham conhecimento de diversas enfermidades e doenças, bem como dos procedimentos de cura e de tratamento. É importante notar que os adivinhos ocupam posições importantes na sociedade e são altamente respeitados pelos membros daquela comunidade. Os adivinhos e suas profissões estão fundamentados na crença na sabedoria e na espiritualidade nativas, auxiliadas pela fé no sistema de crenças e na religião tradicionais africanas. Em diferentes partes da África, atribui-se aos adivinhos sabedoria intrínseca e extensa, bem como ideias dos costumes de seus antepassados e do poder que eles detêm. Do exposto, é evidente, portanto, que o conhecimento nativo africano existe há mais tempo do que qualquer registro de seu uso e métodos.

Os adivinhos usam seus conhecimentos e sua compreensão do *Corpus de Ifá* – cujas palavras se tornaram sagradas para eles devido ao poder contido nas atuações delas resultantes – como guia e manual para lidar com problemáticas e problemas médicos. Peek concorda que o conhecimento dos adivinhos se estende à disciplina da medicina, pois muitos adivinhos também são fitoterapeutas, e seus métodos de diagnóstico e tratamento podem auxiliar o estudo dos sistemas de cura tradicionais

(Peek, 1991, p. 3)[15]. Oyebola também observa que existem cerca de sete tipos de curandeiros tradicionais:

> São eles o *babalaô*; o *onisegun* (ou adahunse); o *alasotele* (vidente); o *olorisa* (ou aboré); os *awon 'leku-leja* (farmacêuticos tradicionais); especialistas que incluem ortopedistas tradicionais, psiquiatras tradicionais, parteiras tradicionais (ou obstetrizes) e o *"olola"*; e um grupo diverso que consiste em *afás* (malans) e *aladuras* (curandeiros espirituais) (Oyebola, 1980, p. 23).

O primeiro da lista é o babalaô (adivinho), o qual pode combinar todas as outras classificações de curandeiros tradicionais enumeradas pelo erudito. O adivinho domina amplamente o conhecimento medicinal classificado como "tradicional", derivado do saber de palavras sagradas; essa categorização, contudo, não diminui a prática que desempenha, uma vez que se trata da geração e da aplicação de medicina tanto anterior quanto concomitante ao advento da medicina moderna. Primeiramente, importa indicar que os babalaôs (adivinhos) podem atuar em todas as funções enumeradas por Oyebola em virtude de sua experiência e extensão de estudo e treinamento. Embora as origens dos conceitos médicos, sobretudo os dos adivinhos iorubás, possam remontar a contos e tradições orais, a experiência iniciática dos indivíduos que atualmente se qualificam como curandeiros tradicionais corresponde aos estágios iniciais de seu aprendizado (Oyebola, 1980). Com base no que fora exposto, os adivinhos dominam suficientemente as tradições orais e a medicina iorubá para tratar seus pacientes.

A confiança e a relevância das ideias de medicina geradas e mantidas pelos adivinhos são amplamente reconhecidas por incluírem problemáticas médicas que se mostraram demasiado

15. Cumpre notar também que os adivinhos, oniseguns e babalaôs são devotos de Ossaim, a divindade das ervas, folhas e medicamentos.

difíceis para a medicina ocidental combater ou curar, mas que estão situadas com firmeza no sistema africano de crenças de cura e na capacidade do adivinho quanto aos métodos africanos de tratamento de saúde. O adivinho faz diagnósticos, tal qual o médico ocidental, e consulta Ifá para esclarecimentos. Os adivinhos diagnosticam, receitam medicamentos e, por vezes, aplicam o tratamento para essas enfermidades e doenças. No caso da epilepsia, conhecida como *warapa*, os adivinhos diagnosticam com o auxílio da adivinhação de Ifá para um exame adequado e para fins de clareza, ao mesmo tempo que receitam os materiais necessários para o tratamento ou os obtêm em nome de seus pacientes.

Esses adivinhos frequentemente dispõem de salas ou locais específicos semelhantes a clínicas nos quais admitem, tratam e cuidam de seus pacientes. Os adivinhos também dispõem do conhecimento de auxílio médico no tratamento de várias enfermidades e doenças, tais como resfriado comum, febre, enxaqueca, malária, sarampo etc. Por vezes, eles também podem atuar como cirurgiões que precisam remover partes afetadas do paciente para impedir a propagação da doença. Os adivinhos dispõem do conhecimento de medicamentos necessários para tratar infecções comuns, e por vezes raras, mediante a aplicação de ervas e plantas seguras para consumo ou uso. Oyebola, entretanto, categoriza o babalaô em adivinho (*onifa*) que, segundo ele, usa a corrente de adivinhação (*opele*) e o sacrifício como propiciação – com pouco ou nenhum conhecimento acerca do uso de ervas para cura – e o adivinho/fitoterapeuta ("babalaô completo"), que usa o *opele* em combinação com outras funções, tais como oferecer sacrifício, e dispõe de ideias de fitoterapia. Toda a categorização, afirma ele, depende da duração do treinamento (Oyebola, 1980, p. 28). A divisão de Oyebola dos tipos de adivinhos parece criar uma dicotomia acerca dos adivinhos e do que eles fazem. Neste capítulo, usar-se-á a categoria conhecida como "babalaô completo" para apreender o conceito de adivinhos que dispõem de conhecimento suficiente do ofício.

Os adivinhos têm conhecimento de bebidas fitoterápicas para enfermidades comuns, tais como erupções cutâneas, furúnculos, varíola e convulsões, as quais podem eles próprios preparar ou prescrever para que o paciente as adquira na banca de farmacêutico tradicional em que são vendidas. Eles têm vasto conhecimento de quais ervas são comestíveis e quais não o são. Algumas das plantas podem incluir cascas de árvores, raízes, caules ou folhas que podem ser cozidas como alimento, moídas em pó para aplicação em feridas, em lesões abertas, em cortes ou em erupções. A posologia correta ou as instruções de aplicação são também determinadas pelo adivinho, o qual pode solicitar ao paciente que use a mistura para banho ou ingestão. Os adivinhos são às vezes chamados durante partos difíceis para adivinhar a causa, a solução e o tratamento do problema. Nesses casos, o adivinho consulta Ifá, que, por sua vez, fornece não só a resposta como também o que fazer em tais situações, caso agentes malévolos estejam envolvidos. Oyebola assinala:

> Cumpre notar, entretanto, que muitos babalaôs e oniseguns são também versados na arte da obstetrícia, especialmente no tratamento de complicações. Por exemplo, em casos de retenção placentária ou hemorragia pós-parto, pode ser necessário convocar o babalaô ou o onisegun para diagnosticar que este problema particular se deve às "maquinações malignas de um bruxo naquela residência ou na vizinhança", ou que o problema se deve às "maquinações malignas de uma coesposa que visitou um curandeiro ou de alguém com quem a parturiente discutiu alguns meses antes". Em tais circunstâncias, somente o babalaô ou o onisegun podem prescrever os medicamentos apropriados, fazer sacrifícios para que as forças malignas sejam removidas e o perigo de tal complicação seja evitado. Nesse aspecto, há uma sobreposição nas funções das parteiras tradicionais e das obstetras, que são estritamente especialistas em seu campo, e dos babalaôs e oniseguns, cuja prática abrange um âmbito mais amplo (Oyebola, 1980, p. 26).

Os adivinhos geram ideias extensas e eficazes de medicina que se espraiam de modo que abrangem a obstetrícia, porquanto auxiliam em ocasiões de casos difíceis ou complexos. A intervenção de agentes malévolos mencionada anteriormente, tais como bruxas, exige o conhecimento dos adivinhos para suscitar medidas de contra-ataque ou invocar divindades por meio de medidas propiciatórias, como sacrifícios e oferendas. As funções e o conhecimento do adivinho não são fixos; a adivinhação proporciona acesso mais amplo para penetrar ideias curativas ocultas e medidas precautórias para prevenir ocorrências futuras. Quando os adivinhos tratam casos novos com os quais normalmente não estão familiarizados, logram ideias úteis de conhecimento para tratar eventos futuros ou casos similares. O conhecimento de ervas como o *alumã* (*ewuro*), folhas de amargosa, folhas de mamão, cascas de limão, folhas de erva-cidreira etc. e cascas de árvores, tais como manga, caju etc. usadas para fazer chás fitoterápicos, misturas, colutórios e sabonetes são algumas das ideias de medicina que os adivinhos detêm e produzem.

É nesse sentido que Ajayi *et al.* afirmam:

> Por vezes, nota-se que algumas árvores têm certos poderes sobrenaturais. Por exemplo, é crença comum entre os iorubás que algumas árvores como a *iroco*, a *ose* (baobá), a *araba (mafumeira)*, a *arere*, a *peregum* e a *odan (mulemba)* manifestam e têm algum poder sobrenatural. Por conseguinte, tais árvores são deificadas (Ajayi; Kirika; Mavole, 2019, p. 27).

Oyebola aprimora a notação generalizada com descrições adicionais como a de que a adivinhação é feita com frequência junto de outras obrigações, sobretudo com as obrigações de natureza médica ou de natureza religiosa. (Oyebola, 1980, p. 27). Por exemplo, os adivinhos tratarão hemorroidas com produtos fitoterápicos caseiros. De acordo com Ozioma e Chinwe:

> Um curandeiro tradicional é aquele que provê cuidados médicos na comunidade em que vive, usando

> ervas, minerais, partes de animais, encantamentos e outros métodos, com base nas culturas e crenças de seu povo. Ele deve ser visto como competente, versátil, experiente e confiável. Em outras definições, incluem-se sacerdotisas, sumos sacerdotes, bruxos, adivinhos, parteiras, videntes ou espiritualistas e fitoterapeuta (Ozioma; Chinwe, 2019, p. 193).

Ezekwesili e Okaka documentam como os cuidados médicos são dispensados nas comunidades africanas e as personalidades desses praticantes médicos que incluíam adivinhos os quais certamente combinam adivinhação, ervas, encantamentos etc. para a cura. O conhecimento de medicina tradicional iorubá do babalaô é uma culminação e combinação de ideias e experiência usadas para diagnosticar, tratar e curar enfermidades e males. Este conhecimento é por vezes uma repetição de experiência, de prática e de observações pretéritas transmitidas oralmente de gerações anteriores como histórias e mitos, ou reveladas por meio da adivinhação etc. De singular importância para o conhecimento do adivinho é a revelação ou o desvendamento do agente causador da moléstia. Ao lidar com problemáticas médicas e medicamentos, os adivinhos têm conhecimento da anatomia humana e do material necessário para curar muitas partes do corpo humano com pouco ou nenhum dano.

Como Ozioma e Okaka afirmam:

> Muitos praticantes da medicina nativa são bons psicoterapeutas, proficientes em cura pela fé (cura espiritual), ocultismo terapêutico, circuncisão masculina e feminina, escarificações tribais, tratamento de picadas de cobra, tratamento de panarício, remoção de tuberculose, linfadenite cervical, corte do cordão umbilical, perfuração dos lóbulos das orelhas, remoção da úvula, extração de dente cariado, cirurgia abdominal, infecções, obstetrícia, entre outros (Ozioma; Okaka, 2019, p. 193).

O babalaô gera e guarda ideias acerca das propriedades medicinais inerentes a plantas, ervas, vegetais, raízes, frutos, folhas, cascas e caules de muitas plantas e árvores nativas, de tal modo que, ao distribuir informações relativas ao uso e aos benefícios dessas plantas e ervas, pode também instruir o cliente quanto ao método de preparação e à maneira de preservá-las para uso futuro.

No caso de diarreia, os adivinhos podem às vezes solicitar aos clientes que mastiguem folhas, tais como alumã (*ewuro*), manjericão-cheiroso, orobô ou noz-de-cola para tosse, que pode ser mastigada por suas propriedades antioxidantes. Algumas dessas ervas e plantas são facilmente acessíveis para tratamento, visto que são comumente cultivadas ao redor da casa, ou na fazenda, e até mesmo no jardim. Limão, limão-siciliano e outras frutas cítricas podem ser espremidas como suco para tratar a deficiência comum de vitamina C em crianças e adultos. Alho, gengibre e outras raízes anticancerígenas podem ser usados seja secos e moídos, seja frescos para fazer chás contra resfriado e gripe, seja cozidos com alimentos.

Os adivinhos são conhecidos por recomendar gengibre para combater problemas respiratórios como o *iko ife* (tuberculose) e o *iko gbigbe* (tosse seca). Caules e galhos de cajueiro são mastigados como escova natural para limpeza bucal (*orin*) e para eliminar o mau hálito. Um melão pele-de-sapo (*tangiri*) é comumente visto em muitas residências e aposentos iorubás devido à crença em sua capacidade de afastar enfermidades e doenças. Alguns desses medicamentos, conhecidos como *agbo* (mezinha), *agunmu* (medicamento em pó), *ose abuwe* (sabonete), são alguns dos produtos medicinais que os adivinhos fabricam para fins curativos.

O conhecimento de medicamentos do adivinho é às vezes obtido por meio da crença nas plantas em conjunto com a cultura da sociedade iorubá. O folclore de suas sociedades acerca das plantas e das ervas é uma das fontes das quais os adivinhos adquirem ideias de medicamentos e de ervas. Ozioma e Okaka observam:

> Por exemplo, informações da medicina nativa da Nigéria revelam que a *rauvolfia vomitoria* é usada no tratamento da hipertensão e de outras condições nervosas, ao passo que o manjericão-cheiroso é empregado no tratamento de doenças diarreicas. Outros exemplos incluem as sementes de toranja para infecções urinárias resistentes, o mel puro para o tratamento de feridas crônicas, as sementes de mamão para parasitas intestinais, as sementes de orobô para dor e para inflamação, e a babosa para doenças cutâneas. Dinâmica idêntica vale para plantas de outros países africanos. O conhecimento de muitas dessas propriedades curativas foi acumulado ao longo do tempo com base em observações apoiadas em provas (Ozioma; Okaka, 2019, p. 196).

As informações oriundas da medicina nativa são empregadas pelos adivinhos para curar e auxiliar seus clientes ou pacientes na obtenção de boa saúde. Os babalaôs detêm vasto conhecimento da tradição oral iorubá, que abrange tanto medicina quanto farmacologia. A floresta e os arbustos constituem a fonte de grande parte dos materiais que usam, os quais são colhidos, preparados e aplicados conforme necessário. Quando colhem essas ervas, tomam cuidado para não danificar ou destruir o restante da planta, árvore ou erva, prática diferente da de indivíduos não treinados, que podem arrancar ou cortar sem a devida noção de preservação e incentivo ao crescimento da planta. Os mais velhos, bem como os adivinhos que praticam a tradição oral, amiúde mencionam que determinadas plantas medicinais precisam ser cortadas ou colhidas à luz do dia para que suas propriedades sejam plenamente eficazes. Esses adivinhos conhecem as características terapêuticas das plantas e geram conhecimento de suas propriedades medicinais.

Geração de palavras de sabedoria à nobreza pelos adivinhos

Para além do conhecimento da adivinhação, os adivinhos têm conhecimento de problemáticas difíceis ou incômodas, pois dispõem de amplos recursos que contêm uma gama de sabedoria, em particular o vasto *corpus* literário de Ifá. O *corpus* literário contém uma grande reserva de pedaços de sabedoria e protótipos, da qual o babalaô pode tirar uma solução para um problema. Bascom observa que os reis nas sociedades iorubás têm seus adivinhos pessoais, que se dedicam exclusivamente aos serviços do rei: "os dezesseis babalaôs do rei de Ifé, conhecidos como *auoni* ou 'segredos do oni' (*Awo Oni*), parecem constituir uma instituição especial restrita ao oni e ao reino de Ifé. Os demais reis iorubás têm adivinhos especiais" (Bascom, 1991, p. 91). Há adivinhos mantidos tão somente pelos reis em razão de seu conhecimento e qualificações indispensáveis que beneficiam o rei, que é a autoridade principal na comunidade. Somente o adivinho mais reputado e mais velho está apto a tornar-se o adivinho do rei, pois ele age como seu conselheiro em todos os assuntos. Em tempos de dificuldade como guerra, fome, pestilência ou pandemia, consulta-se o adivinho para que adivinhe para a cidade, para a aldeia ou para a comunidade. Quando o rei tem problemas pessoais, consulta-se o adivinho para que encontre uma solução para as problemáticas do rei. Bascom confirma isto:

> Em qualquer época do ano, o Oni pode mandar chamar os auonis para adivinharem pelo bem da cidade como um todo, porque houve um acidente ou problema, ou por causa de um sonho ou outro presságio. Eles vão a uma câmara especial (*Ile Omirin*) no palácio (afin) que abriga um santuário de Ifá e onde se consulta Ifá e no qual usam o aparato divinatório do Oni. Eles perguntam: "O que se deve fazer para que o Oni viva por muito tempo, para que a cidade esteja em paz, para que não haja problemas entre nós, os auonis, para que as mulheres de Ifé não sejam estéreis, para que não haja doenças nem fome na cidade e para que não haja mortes entre os jovens?" O Oni providencia o que quer que seja prescrito como sacrifício, o qual é feito no palácio, com animais mortos no pátio aberto em frente à sala do conselho (Bascom, 1991, p. 91).

O rei maximiza o papel e o conhecimento do adivinho para trazer boa fortuna, paz e estabilidade a seu reino e regime. Em alguns casos, o adivinho, ou babalaô, é responsável por alguns dos festivais e eventos na comunidade. Bascom observa que os adivinhos do rei em Ifá, conhecidos como auonis, são também responsáveis pelos festivais anuais para Ifá, os quais se associam a comer os primeiros inhames novos (Egbodo) da estação. O primeiro festival é o Egbodo Oni, ou Inhames novos do rei, antes do qual não é permitido ao Oni e ao séquito do palácio comer inhames novos (Bascom, 1991, p. 91). Os adivinhos desempenham papéis cruciais neste festival, ainda mais do que em muitos outros festivais. De fato, os festivais são uma exibição do conhecimento do adivinho acerca das ideias relativas às tradições da comunidade. É o seu conhecimento destes aspectos importantes da tradição da comunidade que os torna as melhores pessoas para realizar estes eventos.

Adivinhos e o conhecimento de psicologia, psicoterapia e psiquiatria

Para começar com Oyebola:

> Se os curandeiros tradicionais devem ser integrados aos serviços de saúde, aqueles que são registrados como "babalaôs" e os "oniseguns" que podem adivinhar serão mais adequados para lidar com problemas psiconeuróticos, como frequentemente se observa na visão ecológica iorubá de saúde e doença (Oyebola, 1980, p. 28).

Os adivinhos desenvolvem e têm conhecimento de psicologia, bem como de psicoterapia, de psiquiatria e de neurologia. Os adivinhos têm uma miríade de conhecimentos relativos à importância da cabeça humana, especialmente conhecimentos referentes ao cérebro em suas conceituações físicas, psicológicas e metafísicas. Para gerar estas ideias de conhecimento de psicologia, eles recorrem ao seu conhecimento inato da crença iorubá no "ori" e ao que se diz acerca disto o *Corpus de Ifá*. Van der Meer observa que no sistema de crença Ifá/Orixá dos iorubás, *ori* é a cabeça espiritual de alguém e é um orixá. A palavra "pé" em iorubá é *exê*. Orí na prática Ifá/Orixá iorubá também representa o destino de alguém, e *exê* representa o esforço. De acordo com a literatura sagrada de Ifá, "para que a cabeça faça as coisas acontecerem, ela precisa de pés" (Van Der Meer, 2017, p, 36).

Para cumprir o destino, faz-se necessário empenho. Neste caso, o exê é também o fundamento de cada um, o que suscita a problemática: Como se pode alcançar o destino sem empenho, sem esforço ou sem fundamento? Os adivinhos conhecem a importância da cabeça física e metafísica, bem como o que ela simboliza para o povo iorubá. A cabeça física, também conhecida como ori, é o receptáculo que abriga o centro de controle do corpo – o cérebro –, pois se o cérebro adoece ou é enfeitiçado o restante do corpo também será afetado. Ori, como conceito, é um aspecto importante do sistema de crenças propagado no *Corpus de Ifá*. Fatunmbi também descreve ori como

> a cabaça que contém a cabeça e o coração [...]. Visto que o ori abarca tanto o conhecimento quanto a sabedoria, e visto que é uma manifestação tanto do pensamento quanto da emoção, uma definição mais adequada seria a alma humana ou o espírito humano (Fatunmbi, 2005, p. 4).

Do modo de ver metafísico, os adivinhos medeiam entre os vivos e os antepassados, pois revelam o "destino" de cada indivíduo. Peek demonstrou que os adivinhos geram ideias de conhecimento metafísico da psicologia por meio da manipulação da adivinhação e da configuração do sistema de crenças africano, o que corrobora o argumento em favor do destino ou da sina. Nesta linha, Ogunleye vincula o repositório de conhecimento em Ifá à explicação da crença no destino quando diz:

> A importância da adivinhação de Ifá para os assuntos humanos não pode ser exagerada. Entre os iorubás, Orumilá, o deus oracular da adivinhação por meio do qual se conhece Ifá, é considerado a testemunha do destino (*Elerii Ipin*). Assim, a consulta oracular e a adivinhação de Ifá, ao longo da história dos iorubás, sempre foram parte essencial de suas vidas. Quando as crianças nascem neste mundo, esquecem imediatamente seus destinos e seus quinhões na vida. É, portanto, responsabilidade de seus pais consultar o oráculo por meio de Ifá, o qual revelará o conteúdo de seu destino e o que o futuro lhes reserva. Por meio da adivinhação de Ifá, as pessoas obtêm informações em primeira mão acerca da ocorrência futura que costuma estar oculta aos olhos comuns. Os iorubás, portanto, demonstram sua confiança no mandamento divino que lhes é transmitido por meio da adivinhação de Ifá em todas as esferas de suas vidas (Ogunleye, 2019, p. 71-72).

Os iorubás consultam os adivinhos para indagar acerca de seu propósito e destino, pois creem na revelação do destino e do fado. Isso às vezes é feito para as crianças, a fim de que se conheça o seu *akosejaye*, ou seja, seu fado e seu propósito na Terra. Os adivinhos, com o auxílio da adivinhação, reúnem informações e conhecimento acerca do destino da pessoa. Orumilá foi registrado de maneira deveras notável nos mitos como presente durante a criação e como testemunha durante a atribuição do destino, e assim é instrutivo notar que os adivinhos são consultados para indagar a Ifá o que o futuro reserva para uma criança ou um adulto e como um indivíduo pode usar esta informação concernente ao seu destino para maximizar seu desfecho. Os iorubás creem no destino e na definitividade do desfecho revelado por meio da adivinhação, pois creem que os adivinhos têm conhecimento significativo acerca do destino. Os adivinhos têm ideias de destino e os meios para buscar o significado do destino por meio do conhecimento obtido do *corpus* literário de Ifá.

Por meio da adivinhação, os adivinhos revelam informações psicológicas quando predizem o *akosejaye* de uma criança (o destino da criança). Essa informação psicológica é usada para guiar os pais a criar a criança da maneira adequada a fim de fomentar os traços psicológicos que permitirão alcançar seu máximo potencial. O Odu ou assinatura Ifá revelado durante a consulta orienta o adivinho a entoar vários versos Ifá apropriados à situação do cliente como procedimento terapêutico para curar o paciente. Quando o cliente reconhece o verso mais adequado ao seu problema, ocorre uma liberação psicoterapêutica que alivia sua aflição e lhe assegura uma possível solução. O proferimento de versos de Ifá pelo adivinho propicia ao consulente, ou paciente, uma liberação psicoterapêutica. Os proferimentos da poesia de Ifá pelos adivinhos, a linguagem corporal deles e a adivinhação produzem efeitos psicoterapêuticos nos consulentes. Packer e Sierra observam o seguinte:

> Os psicólogos tendem a considerar o raciocínio como processo solitário e cognitivo. Pode ser, mas o raciocínio também pode ser atividade social e contextualizada. Um babalaô não consulta simplesmente o oráculo e dita um curso de ação. Ele deve raciocinar com a cliente e relacionar o que está nos sinais aos eventos na vida dela, às suas preocupações e às razões pelas quais ela decidiu consultá-lo inicialmente. Ele deve justificar o curso de ação indicado por Orula, antecipar possíveis objeções e fornecer fundamentação tanto lógica quanto empírica para sua afirmação acerca do valor disso. Nossa análise sugere que o babalaô guia a cliente em algo que equivale a um processo de constituição, de autodomínio (Packer; Sierra, 2019, p. 369).

O babalaô é também psicólogo cujo trabalho é avaliar o cliente e o problema dele; para isso, usa perguntas direcionadas que revelam as áreas ocultas subjacentes à causa do problema. A adivinhação do babalaô revela as atuações necessárias que devem ser seguidas, e o adivinho começa a guiar o cliente em seu método resolutório proposto. Na adivinhação, o adivinho entoa vários versos de Ifá que são cruciais para a situação e correspondem à assinatura de Ifá. O babalaô, tal qual o psiquiatra, analisa as causas patológicas dos desequilíbrios mentais, tais como a insanidade (seja parcial, seja total), determina os arquétipos psicológicos herdados pelo cliente e avalia a psicodinâmica do possível tratamento.

Adivinhos têm conhecimento satisfatório de psiquiatria e de desequilíbrios psicológicos, tais como *efori* (dor de cabeça), *tulu* (enxaqueca), psicose, insanidade, bem como dos meios de os tratar. Esse conhecimento pode abranger as causas desses problemas mentais, das medidas curativas, do procedimento de cura, dos mecanismos de recuperação etc. Adivinhos, especialmente o babalaô nas sociedades iorubás, são conhecidos por terem ideias quanto a problemáticas psiquiátricas e psiconeuróticas. Não é incomum encontrar adivinhos que tratam pacientes com problemas psiquiátricos por meio da adivinhação para descobrir a causa e a solução dos problemas psiquiátricos. Ogunleye afirma:

> A solução para o problema individual é revelada por meio de Ifá, que é a mensagem de Olodumarê. É de se notar que a visita regular ao babalaô (sacerdote de Ifá) mantém a pessoa ciente de seu estado espiritual. Esse sacerdote, como adivinho, tem conhecimento exotérico que lhe permite investigar o futuro e trazer a mensagem do mundo suprassensível para o cliente (Ogunleye, 2019, p. 71).

Adivinhos e os seus instrumentos

Os adivinhos empregam certos instrumentos em suas profissões que os distinguem de outros especialistas em saberes tradicionais. Esses trajes e ferramentas servem para diferenciar os adivinhos e indicar a importância de seu ofício com a devida combinação. Bascom observou que os babalaôs são identificados por um bracelete de contas conhecido como *ide* (ou *ide* de Ifá), amiúde confeccionado com contas importadas de cor de trigo e de cor verde-claro, conhecidas como *etutu oponyo* (Bascom, 1991, p. 84). Assim como os especialistas modernos ou ocidentais devem trajar vestimentas que denotam suas profissões, os adivinhos também aparecem com indumentárias adequadas a suas funções e a seus papéis em sociedade. A significação desses braceletes de contas para sua personalidade mostra que a identidade dos adivinhos está fundamentada na importância cosmológica de sua sociedade.

Na sociedade iorubá, os braceletes de contas são conhecidos como distintivos da nobreza, dos chefes e dos líderes espirituais africanos. Bascom esclarece ainda:

> Os babalaôs distinguem-se por um bracelete de contas usado no pulso esquerdo e conhecido como ide ou as contas de Ifá (ide Ifá), que são feitas o mais das vezes de contas importadas de cor de trigo e de cor verde-claro, também conhecidas como *etutu oponyo*. Essas são chamadas de *etutu opoyo* em Ilexá e de *otutu opun* em Meko; nessas localidades, as contas verde-claros dão lugar às escuras ou "pretas" (*dudu*) e as cor de trigo às "vermelhas" (pupa). Um verso (256-263) refere-se ao uso dessas contas por Orumilá, usadas em volta do pescoço, e em outro (35-3) elas servem para identificar Hiena como babalaô. Em Ifé, o bracelete pode também conter uma noz de dendê ou uma conta de vidro de cor de opala clara (emu) de fabricação europeia, bem como contas de outras cores. As contas cor de trigo e verdes são usadas como remédio por outros, embora não em volta do pulso, mas a conta cor de opala é usada apenas pelos babalaôs (Bascom, 1991, p. 84).

Isso prova que os adivinhos seguem o modelo de Orumilá e se vestem adequadamente a suas funções. Bascom descreve também a "cauda de boi (*irukere, iruke, iru; iruquerê*) ou espanta-mosca como outra insígnia do babalaô" (Bascom, 1991, p. 84), que ele leva consigo quando vai realizar adivinhações para as pessoas. Os adivinhos usam também o cajado de ferro (*orere, osun, osu*), que tem muitos pequenos sinos cônicos com badalos de ferro conectados a ele, que tilintam quando o bastão toca o chão (Bascom, 1991, p. 84). Esse bastão de ferro é uma representação da autoridade e força do adivinho e é mantido o mais das vezes ereto no santuário de Ifá em sua casa. Bascom observou ainda:

> Cada adivinho tem um fincado na base de seu santuário de Ifá, e diz-se que o protege enquanto dorme. Jamais se deve permitir que caia, sob pena de o dono morrer; e, ao morrer o dono, ele é derrubado. Em Meko, é considerado símbolo do deus da Medicina (Ossaim), que é descrito detentor de ervas e folhas, e é venerado pelos babalaôs, porque frequentemente usam folhas ao preparar remédios para seus clientes (Bascom, 1991, p. 84).

Adivinhos e as ideias relativas ao ecossistema e à ecologia

O babalaô detém conhecimentos e ideias da ecologia iorubá e do ecossistema do ambiente imediato resultantes de longos estudos e incursões na floresta e de observações das interações dos humanos com o ecossistema. Por meio do estudo do que está codificado no *Corpus de Ifá* e do estudo prolongado da flora e da fauna dos arredores iorubás, os adivinhos desenvolvem ideias quanto ao uso desses animais e vegetações para uso humano. Na poesia de Ifá, Eji Ogbe, o verso contrasta dois animais relacionados, *aaya* e *edun*:

> Are lo ba edun nle,
> Edun o moo sa.
> A difa fun edun ti I se omo iya aaya...
> Are lo ba edun nile,
> Edun o moo sa,
> Are ori igi lo ye edun.

Nesse verso de Ifá, Abimbola opina que, embora *aaya* e *edun* sejam da mesma família, eles têm características e comportamentos diferentes que tornam cada um único à sua maneira. Embora os dois animais sejam aparentados, eles desempenham melhor em seu próprio espaço individual: edun é rápido quando está na árvore, mas quando está no chão plano, sua velocidade é inexistente. É por isso que o dito "lagbaja ti di edun arinle" (*lagbaja* tornou-se impotente ou reduzido ao mínimo) é derivado da natureza do animal na poesia de Ifá (Abimbola, 2004). Os adivinhos têm amplo acesso à poesia de Ifá, o que os torna conhecedores em gerar ideias quanto à flora e à fauna iorubás e produzir ditos, provérbios e ensinamentos a partir das características da natureza.

Adivinhos e ideias relativas à religião tradicional africana

Os adivinhos iorubás têm conhecimento de outras divindades e entidades do panteão iorubá. Devido à presença de Ifá ao lado de *Olodumarê* durante a criação, Ifá é um elo entre Olodumarê (o ser supremo iorubá) e outras divindades, e ele medeia entre essas divindades e Olodumarê. Ilesanmi corrobora essa afirmação ao declarar que a ideia de Olodumarê como divindade suprema iorubá tem sido propagada muitas vezes pelos babalaôs (Ilesanmi, 1991, p. 216). No decurso da adivinhação, os adivinhos recebem informações quanto a qual divindade é responsável pelo infortúnio do cliente e quais medidas apropriadas podem ser oferecidas à divindade para apaziguá-la. Os adivinhos detêm conhecimento de como as divindades iorubás podem ser consultadas e apaziguadas para lograr boa fortuna e resultados positivos. O adivinho precisa ter conhecimento suficiente do que as divindades desejam e dos tabus que se deve evitar. Da estrutura do Ifá, percebe-se um conhecimento amplo da maneira como as divindades iorubás interagem entre si.

Os adivinhos detêm conhecimento das divindades iorubás e da história do panteão iorubá graças à história contida no *Corpus de Ifá*. Observa-se que cada uma das divindades iorubás tem seu próprio Odu, como Ifá em Eji Ogbe ou Xangô em Okanran Meji. Em Otua Meji, a história do Islã como religião é documentada, enquanto Otuurupon Meji narra a história de Egungum. Os adivinhos estão munidos do *Corpus de Ifá*, que lhes confere conhecimento das características comportamentais desses panteões iorubás, bem como de seus tabus e das medidas de precaução a serem tomadas para evitar incorrer em sua ira. Para aprofundar o conhecimento detido pelos adivinhos mediante a assimilação do *Corpus de Ifá*, Abimbola aprofunda-se na história de Xangô, também conhecido como Arira, filho de Oraniã.

> Patambole okiribiti.
> A dia fun Arira gagaaga,
> Eyi ti i somo Oranyan lOko,
> Nigba ti Sango n be laarin osiiri,
> Ti Olubanbi n be laarin ota.
> Nje kin lArira fi sete?
> Igba ota.
> Igba ota lArira fi sete
> Igba ota.

Os adivinhos memorizam esses versos de Ifá e são capazes de reproduzi-los quando surge a ocasião. Esse verso de Ifá mostra que Xangô, descendente de Oraniã, provém da antiga cidade de Oko. Este poema de Ifá revela que, quando Xangô estava cercado de adversários, ele ofereceu um sacrifício de pedras e, depois disso, começou a vencer seus adversários com pedras (Abimbola, 2004). Na poesia de Ifá, Otuurupon Meji, Ifá fala do culto de Egungum:

> Igbo nigboo Geegeese.
> Odan ni odan Gbogbofo.
> Odan Gbogbofo lEgun gbe sowo aso welewele.
> A dia fun nitafa
> Ti o toko la wale.
> Won ni ki onitafa o rubo.
> O sir u u
> Igba t'o rubo tan,
> O si la.
> O ni bee gege.
> Ni awon awo oun n senu reree pefa.
> Omode yii o mawo,

Je n fawo han o.
Egberi o mawo.
Je n fawo han o.

Este verso de Ifá trata do culto de Egungum; os não iniciados e as crianças não podem conhecer o segredo desse culto, exceto quando nele são iniciados. Este verso de Ifá descreve como Egum dança nas duas florestas e bosques (Abimbola, 2004). Os adivinhos têm conhecimento das religiões tradicionais iorubás, razão pela qual Ilesanmi é da opinião de que

> alguns Awo, que podem ser descritos como defensores intelectuais do sistema Ifá, são teólogos, assim como os babalaôs (Ilesanmi, 1991, p. 216). A teologia trata da interpretação especializada da mente da divindade, uma explicação do propósito divino para a humanidade. Isso é exatamente o que os babalaôs fazem. Eles sempre apresentam os versos de Ifá como verdades divinas que não devem ser questionadas sob pena de punição proporcional para os clientes que as questionem. Nem sequer fazem distinção entre revelação, mitos e teologia. Cada verso de Ifá adota a condição de fato histórico entre os iorubás.

Os adivinhos são especialistas em teologia, conforme sustentado por Ilesanmi, pois transmitem aos clientes, em termos claros e sucintos, os versos de Ifá e o conhecimento das outras divindades iorubás. Os babalaôs, ao contrário de outros sacerdotes, desenvolvem e detêm ideias quanto a Ifá e a outras divindades iorubás. Eles detêm a história dessas divindades e de seus sistemas de veneração.

Adivinhos e ideias de reencarnação e possessão espiritual

Os adivinhos têm uma visão específica dos sistemas de crenças e da cosmovisão iorubá, especialmente no que diz respeito à reencarnação. As crenças culturais na (re)emergência, na vida depois da morte e na existência de outro mundo onde seres hiperfísicos vivem são algumas das ideias das crenças iorubás que os babalaôs detêm e geram. Os babalaôs detêm ideias de predestinação, de reencarnação e de *abicu* (uma criança nascida para morrer repetidamente) que adquiriram por meio de seus anos de aprendizado e treinamento na cosmologia iorubá. A reencarnação (*atunwaye*) é um aspecto da filosofia iorubá quanto à interação e intervenção dos antepassados e divindades nos assuntos dos humanos e de seus descendentes.

O *Corpus de Ifá* trata desse fenômeno – a reinvenção e remultiplicação de sua essência em corpos e sujeitos humanos. Para compreender o significado da crença na reencarnação, basta olhar para crianças com nomes como Babatunde (o pai voltou novamente), Yewande (a mãe veio para mim), Yetunde (a mãe voltou novamente), Iyabo (a mãe vem) e Babajide (o pai se ergue novamente). Adivinhos que carregam o nome Awo ou Ifá como parte de sua nomenclatura compreendem as complexidades desse fenômeno. A profundidade com que os adivinhos compreendem esse fenômeno complexo é representada nos nomes dados a seus filhos que têm semelhança com seus antepassados ou cujo nascimento coincide com o falecimento de seus avós.

Os adivinhos replicam essa crença de reencarnação em seus nomes, como *Awotunde* (o culto de Ifá retornou) e *Ifatunji* (Ifá ressurgiu). Odesanya e Akinjogbin notaram que nomes derivados de origem de Ifá podem vir de Ifá, como *Ifatola*; também, do Odu, como em Odugbemi; de Awo, como Awolowo; ou de Osun (não a divindade feminina do rio) em Dosunmu ou Amosun; e de Ope, encontrado em Dopemu e Opebunmi (Odesanya; Oloruntola; Akinjogbin, 2017, p. 248-259). Esses nomes são principalmente derivados no *esentaye* – a adivinhação de Ifá para o propósito da criança na terra. As crianças que vêm na sombra de um antepassado recebem um nome de Ifá para denotar a conexão da criança com seu predecessor.

Em seu estudo, Odesanya e Akinjogbin opinam que Akosejaye e Esentaye são caminhos para a maneira como uma criança recebe seu nome e às vezes também ressoam com as crenças de reencarnação (cf. Odesanya; Akinjogbin, 2017, p. 248-259). Isso implica que a revelação do destino da criança (akosejaye) pelo adivinho, por meio da adivinhação, às vezes reforça a crença na reencarnação. Eles também observaram a existência de "*Igboro*", que é uma adivinhação para gerar nomes e revelar qual membro falecido da família está reencarnando ou "retornando" por meio da criança. "Houve época em que *Igbori* servia como o processo adivinhatório em que nomes como Babatunde, Yeyejide e Iyabo eram obtidos" (Odesanya; Akinjogbin, 2017, p. 248-259). O conhecimento dos adivinhos desse sistema de adivinhação e das ideias da crença iorubá na reencarnação é empregado quando são consultados.

Os adivinhos detêm e geram ideias e conhecimentos relativos ao fenômeno abicu e quanto a auxiliar casais que estão afligidos ou atormentados por uma criança abicu. Segundo Odesanya e Akinjogbin:

> Alguns companheiros espirituais no mundo dos espíritos estão chamando uma criança (um abicu) para reunir-se com eles morrendo, pois ele sempre transitou entre nascimentos e mortes. No entanto, visto que a criança agora já não vê razão para morrer a fim de se juntar a seus companheiros, ele lhes diz para se separarem dele para sempre (Odesanya; Akinjogbin, 2017).

Os adivinhos reúnem amuletos e conhecimentos relativos a essas crianças e a como lidar adequadamente com esses casos. Os adivinhos são consultados para auxiliar os pais de uma criança abicu a prender a criança ao mundo dos vivos. Além disso, o adivinho pode prever a razão por trás da fonte de poder de uma criança abicu, de modo que possa romper a conexão entre a criança e a outra fonte de poder.

Adivinhos e ideias políticas do meio iorubá

Na sociedade iorubá sem escrita, o sistema de governança e o sistema político é monárquico, liderado pelo Obá (rei). Nesse sistema, o rei tem uma corte em que outros chefes eleitos o auxiliam no governo. Os adivinhos são indispensáveis nesse tipo de sistema em razão de seu conhecimento de assuntos políticos e da sabedoria acumulada em anos de experiência em adivinhação e em fornecer soluções para problemas políticos. Nesse sentido, Ogunleye afirma:

> Embora o rei seja poderoso, ele ainda depende do apoio e dos conselhos de seus chefes tradicionais, que formam os Conselhos de Estado em cada cidade iorubá. De todos esses chefes, o babalaô, o sacerdote-chefe encarregado da adivinhação de Ifá, desempenha papéis preeminentes para o funcionamento pacífico e harmonioso do governo. De fato, a maioria dos governantes tradicionais na terra iorubá tem seu próprio babalaô à disposição, que pode ser convocado a qualquer momento para consultar Ifá em seu favor (Ogunleye, 2019, p. 72).

O babalaô gera ideias de importância política para os governantes e chefes tradicionais, às vezes com conhecimento pré-existente de problemáticas políticas do passado. Os adivinhos são afamados por sua sabedoria em diversos assuntos, sobretudo os de natureza política, pois têm experiência em dar conselhos baseados em eventos passados e nos que estão no *corpus* literário de Ifá. Em caso de convulsão política, governos, chefes e reis consultam os adivinhos para conseguir informações adequadas quanto à resolução desses problemas políticos. No processo de instilar ou escolher um governante tradicional em muitas sociedades iorubás, os adivinhos são os primeiros a serem consultados e convocados para predizer quem é a escolha certa para a investidura entre as famílias reais.

Adivinhos e conhecimento dos ritos de passagem africanos

Os adivinhos detêm conhecimento das tradições e dos costumes africanos, tais como os ritos de passagem. Alguns dos ritos de passagem no meio iorubá são os ritos de casamento, ritos funerários, ritos de maturidade e iniciação à idade adulta etc. Os adivinhos são essenciais para a sociedade por seu conhecimento aprofundado das tradições e dos costumes de sua comunidade. São consultados na determinação do parceiro adequado para o casamento. Ogunleye opina que é Ifá que ilumina as principais fases da vida referidas como ritos de passagem. Segundo os iorubás, a essência da vida está em Ifá. É principalmente por isso que o adivinho é consultado para pedir a Ifá orientação adequada antes do noivado, do casamento e do nascimento dos filhos. Assim, é dever do sacerdote de Ifá recomendar os rituais apropriados para cada uma das etapas (Ogunleye, 2019, p. 72).

Esses ritos de passagem são, às vezes, realizados com a ajuda do adivinho, que atua como guia durante eventos cruciais. Nos ritos de noivado ou de casamento, os adivinhos são consultados para descobrir informações ocultas acerca da moça, do rapaz ou da família dos potenciais cônjuges, a fim de saber se há algum registro de doenças, tais como insanidade, lepra, epilepsia, esterilidade etc. Para Packer e Sierra, em casos de doença, de impotência ou de infertilidade, um babalaô será contatado. Além disso, antes do nascimento e logo depois dele, os pais do bebê consultarão o babalaô para verificar o futuro da criança e descobrir seu espírito guardião. Se o recém-nascido for menino, o babalaô decide se ele deve ser circuncidado imediatamente ou aos 18 anos (Packer; Sierra, 2019).

Alguns dos ritos de passagem requerem a presença de um adivinho para oficiá-los e dirigi-los, como nos ritos funerários de um rei ou governante tradicional. O adivinho usa seu conhecimento dos ritos funerários para conduzir o rei ou nobre falecido ao além. Em alguns casos, nos quais os restos mortais do rei ou governante tradicional devem ser sepultados em um local específico, estipulado pela tradição, o adivinho assume a liderança. Na coroação de um novo governante, o adivinho é convocado para realizar os ritos (*etutu*) para o novo *líder*. Os adivinhos, em muitas sociedades, ainda desempenham esses deveres sagrados como parte de suas funções socioculturais e político-religiosas na sociedade.

Adivinhos e ideias de geração de riqueza

Os adivinhos têm ideias quanto à geração de riqueza e a como o mundo físico e o metafísico podem ser manipulados em favor de alguém. As pessoas que desejam boa sorte e desejam ser informadas dos métodos a empregar para gerar riquezas em seus negócios ou ofícios consultam o babalaô. Ogunleye enunciou:

> A busca pelo bem-estar material levou muitos a envolverem-se em consultas oraculares regulares. Neste mundo moderno, as pessoas ainda consultam o sacerdote de Ifá em busca de riqueza instantânea ou como atalho para a riqueza. As práticas mágicas ainda estão em voga. As pessoas visitam o babalaô, que prepara amuletos para proteção e segurança. Em suma, as pessoas recorrem aos sacerdotes de Ifá para proteção em viagens de negócios, para vantagens econômicas e para ganhos comerciais (Ogunleye, 2019, p. 73).

Os adivinhos têm ideias quanto a acumular riqueza e conhecimento dos métodos a empregar para assegurá-la. Essas ideias podem ou não envolver a adivinhação, pois eles reuniram ao longo do tempo ideias quanto à manipulação da riqueza. Os adivinhos podem dar conselhos quanto a aplicar métodos para aumentar as vendas ou o uso de poderosos amuletos para atrair clientes. Quanto a medidas de segurança para proteger essas pessoas contra forças malévolas conhecidas dos humanos, os adivinhos preparam amuletos ou talismãs para proteção contra perdas. Oladiti e Oyewale discutem e dão um exemplo, o verso de Ifá Oworin Iwori. No verso seguinte, uma pessoa que visita o adivinho para indagar quanto ao seu destino de tornar-se próspero recebe uma adivinhação cantada por meio do verso:

> Oworin Iwori A
> (1) Eleyiun ti sise sise Ifa pe yio la, sugbon isee re ee se ise ikanju o.
> Nnkan ti eleyiun o ta solaje nnkan tawon eeyan o moo sun meyin,
> to won o mooju kuro nbe.
>
> Oworin Iwori A
> (2) Awon le la laye awon bi?
> Won niki won rubo
> Won ni bi on batirubo
> Won niise tan...

O primeiro exemplo, apresentado acima em "Oworin Iwori A", sugere uma busca ou indagação quanto a se uma pessoa se tornaria afluente ou próspera (nome não mencionado). A resposta do babalaô, findado o procedimento de adivinhação, informa ao consulente que esse indivíduo trabalhou e lutou arduamente, mas não tem nada para mostrar por isso. O adivinho prediz que o indivíduo será rico na vida; contudo, a fonte de suas riquezas será a consequência de vender uma mercadoria incomum. Fica claro pelo exposto que o consulente deseja verificar a probabilidade de como alcançaria riquezas. Embora o adivinho lhe tenha prometido prosperidade, isso somente acontecerá se ele realizar algo que muitas outras pessoas negligenciaram como meio de enriquecer (Oladiti; Oyewale, 2017, p. 57-76).

Os dois versos da poesia de Ifá, e ainda muitos outros, são fontes que afirmam o conhecimento dos adivinhos quanto à geração de riqueza na sociedade iorubá. Esses versos de Ifá auxiliam o adivinho a aconselhar ou ajudar o cliente a gerar riqueza. Esse ato pode requerer diligência por parte do cliente – a aplicação, a paciência e a perseverança são alguns dos segredos que o adivinho pode dar ao consulente que veio saber quais medidas tomar para ser rico. Em alguns casos, o adivinho pode recomendar sacrifício (*ebo*) para atrair fortuna ao cliente e apaziguar a divindade em sua família, como no verso da poesia de Ifá, Obara Meji:

> Ifa pe ire fun eleyiun. Ori ola lori e. yoo la,
> Yoo si obi laye. Osun kan n be nii dile e,
> bi o ba si Osun, Ko beere nibi won gbe da Ifayii fun un:
> kosi loo bo Osun ohun tori ilodo Osun nigbogbo ire ti o
> nii laye Otiwa. Omo Osun ni ohun paapaa (Oladiti;
> Oyewale, 2017, p. 57-72).

O adivinho prescreve *ebo* (sacrifício) à divindade Oxum como medida para trazer riquezas ao cliente no verso de Ifá. Os adivinhos são fundamentais para a acumulação de riquezas e fortuna nas comunidades iorubás em razão de suas ideias de criação de riqueza e do uso da adivinhação de Ifá. Os adivinhos mantêm-se relevantes em muitas sociedades africanas, em especial nas comunidades iorubás, por seus conhecimentos e por sua perícia em gestão e criação de riqueza desde a era primordial até o presente.

Adivinhos e ideias relativas à segurança pessoal

Os adivinhos preparam medidas de segurança e instrumentos para as pessoas que os consultam por muitos motivos. A segurança, bem como a proteção contra forças físicas e espirituais, é uma das especialidades dos adivinhos. Eles têm ideias quanto a medidas de proteção pessoal durante viagens para fora da cidade, ataques a residências e agressões imprevistas. Esses dispositivos de proteção e segurança são confeccionados para manter as pessoas seguras contra danos físicos e espirituais. Eva-Marita Rinne escreve:

> Para evitar um infortúnio, as pessoas usam muitos tipos de amuletos e talismãs. Podem ser carregados visíveis ou invisíveis como colar, ou podem ser usados em volta de um braço, escondidos nas roupas ou guardados dentro de um bolso. Podem também ser amarrados nas portas ou nas soleiras das casas, enterrados no solo perto de uma soleira, de uma casa ou de uma loja, pendurados no teto de uma casa, suspensos em um pote acima da porta ou fixados nas paredes de uma casa. Além disso, um amuleto pode ser algo para comer, como uma combinação de folhas, raízes e outros materiais moídos juntos; um preparado para ser esfregado no corpo, especialmente na cabeça ou nos braços; um remédio tradicional misturado com "sabão nativo" para ser usado para lavar-se ou banhar-se; um anel de prata com sinais místicos gravados nele; ou algum remédio que é inserido em um colar, em uma cinta ou em uma pulseira (Rinne, 2001, p. 41-65).

Os adivinhos usam essas medidas de segurança com ideias obtidas de seu treinamento e de suas experiências. Na preparação de amuletos como *igbadi* (amuleto de cintura) e *ifunpa* (amuleto usado no braço), os adivinhos combinam conhecimento de componentes espirituais e de ingredientes físicos ou naturais para confeccionar esses dispositivos de segurança para as pessoas. Assim como o colete à prova de balas moderno, conhecido como "ayeta", os adivinhos também confeccionam os amuletos tradicionais que impedem a penetração de balas para as pessoas que deles necessitam. Rinne elucida ainda que os amuletos são usados como dispositivos protetores para impedir que bruxas e espíritos malignos entrem em uma casa ou ataquem uma pessoa; para prevenir a varíola; para assegurar-se contra acidentes, como as colisões de automóveis mencionadas anteriormente; para anular as tentativas nocivas de inimigos ou de feiticeiros; e para impedir que ladrões invadam a casa de alguém. O mais das vezes, obtém-se um amuleto de um curandeiro ou de um adivinho depois que foi especialmente preparado para a pessoa ou para a família. Depois de preparar o amuleto, o babalaô em geral apresenta um capítulo de Ifá e pede a ajuda de Orumilá para torná-lo eficaz para o propósito para o qual foi preparado (Rinne, 2001, p. 51). Os adivinhos são semelhantes a especialistas em segurança que fornecem medidas para a proteção pessoal e comunitária.

Pessoas de diferentes idades e de condições consultam adivinhos para que lhes forneçam equipamentos de segurança. Caçadores que talvez necessitem dessa proteção durante suas expedições de caça na floresta, onde animais selvagens perigosos espreitam e podem atacar, podem adquirir Egbe, um amuleto conhecido por suas habilidades de desaparecer. Esse amuleto os ajuda a escapar desses ataques de animais e de ataques provenientes de outras fontes nocivas. Os adivinhos detêm e geram esses tipos de dispositivos de segurança e de proteção. Ademais, os adivinhos fornecem encantamentos que também funcionam como medidas de segurança. Os adivinhos geram diversos versos encantatórios para diferentes propósitos; esses versos são úteis quando o mal ou o perigo espreita. As pessoas podem adquirir esses amuletos e versos encantatórios para proteção contra agressores conhecidos e contra desconhecidos.

Adivinhos e ideias de antropologia iorubá

Os babalaôs detêm ideias quanto à origem, à natureza e ao destino dos seres humanos na cosmologia iorubá. Os adivinhos detêm conhecimento do povo iorubá e de seus antepassados, cuja origem se estima ser Ifé, de onde o povo iorubá se espalhou para outras partes do mundo. Os babalaôs extraem do conhecimento de seus antepassados e de seus mestres, os quais transmitem conhecimento antropológico do povo iorubá por meio de histórias memorizadas ao longo de anos de prática. Packer observa que a habilidade dos adivinhos sugere que um babalaô é habilidoso, responsável e dominou um corpo de conhecimentos tradicionais, bem como a habilidade prática de consultar e realizar adivinhações (Packer; Sierra, 2012, p. 362).

Os adivinhos são uma das fontes mais confiáveis da história e da antropologia iorubá devido à detenção do *Corpus de Ifá* como guia e manual para a vastidão da cosmologia iorubá. Van der Meer opina que, embora a prática de Ifá/Orixá iorubá esteja fundamentada em mito, também contém referências históricas ou marcadores relativos à verdadeira história iorubá (cf. Van der Meer, 2017, p. 32). Os versos de Ifá entoados pelos adivinhos são poesia histórica que ilustra o conhecimento da origem do povo. Van der Meer observa também que esses poemas de Ifá afirmam e corroboram dados históricos, desde nomes de lugares e pessoas até listas de ferramentas e de utensílios antigos (Van der Meer, 2017, p. 33).

Ao explicar a existência dos antepassados que também são divindades iorubás, Van der Meer observou que Odudua é reconhecido como o governante do primeiro local de assentamento, Ifé. Ele enunciou ainda que o legado de Odudua como progenitor do povo iorubá está enraizado em seu sistema de crenças tradicional. Seu legado está fundamentado em Ifé, bem como no Império Oió por meio de seu neto Oraniã (Van der Meer, 2017, p. 34-35). As manifestações antropológicas das divindades e dos antepassados iorubás e como foram transpostas estão codificadas no *Corpus de Ifá*, ao qual os adivinhos podem acessar por meio de sua memorização auditiva e assimilação dos textos.

Além disso, Van der Meer observou que a história e as origens do sistema de crenças Ifá/Orixá iorubá são uma narrativa complexa tecida com mitos, lendas e contos populares. Têm uma epistemologia filosófica e ética complexa que está enraizada na vida cultural e na natureza iorubá. Conectam o mundo natural com o mundo sobrenatural e as forças benevolentes com as forças malévolas. A natureza, os animais e os humanos estão ligados e personificados como um só. As divindades e os antepassados são colocados em destaque por terem papéis significativos na vida de todos os seres humanos (Van der Meer, 2017, p. 35).

Peek enuncia o papel da adivinhação e dos adivinhos na expressão e na articulação da epistemologia africana ao propor que

> O adivinho em outras culturas é central para a expressão e a implementação de suas verdades culturais, à medida que são revisadas no contexto das realidades contemporâneas. A localização de uma sessão de adivinhação no tempo e no espaço, os artefatos culturais usados (objetos, palavras, comportamentos), o processo de interação social e os usos feitos do conhecimento oracular demonstram os fundamentos da cosmovisão e da harmonia social de um povo. Os sistemas de adivinhação não refletem simplesmente outros aspectos de uma cultura; são os meios (bem como o fundamento) de saber que sustentam e validam todo o restante. Os africanos contemporâneos, tanto em ambientes urbanos quanto rurais, continuam a confiar na adivinhação, e os adivinhos desempenham papel crucial como mediadores, especialmente para culturas em rápida transição (Peek, 1991, p. 2).

O adivinho desempenha papel primordial na disseminação das ideias antropológicas dos iorubás e de seus benefícios para o povo. Alguns exemplos de ideias antropológicas e de conhecimentos detidos pelos adivinhos são de onde o povo iorubá se originou e como se espalhou para outros assentamentos ao longo do tempo. Os adivinhos também detêm ideias dos diferentes grupos étnicos de ascendência iorubá e das marcas de identificação que diferenciam uns dos outros.

Conclusão

Neste capítulo, demonstrou-se que os adivinhos detêm conhecimento em vários assuntos, desde segurança pessoal até governança, e do sagrado ao mundano. Os adivinhos ocuparam posições preeminentes na era sem escrita em muitas sociedades africanas, particularmente nas comunidades iorubás, em que suas ideias e seus conhecimentos de medicina, ervas e plantas são muito apreciados e empregados de forma proveitosa. Os adivinhos empregam o conhecimento da tradição oral com seu treinamento como sacerdotes para tornarem-se filósofos em suas sociedades. Este capítulo estabeleceu de várias maneiras que os adivinhos geram e detêm ideias e conhecimentos nos campos da medicina, da psicologia, da psiquiatria, das tradições e cultura africanas, da religião tradicional, das narrativas orais, da literatura etc. Os adivinhos geram uma miríade de ideias quanto à sabedoria e à moralidade a partir da tradição oral nativa, tais como lendas, folclore, poesia panegírica, poesia laudatória etc.

De fato, os adivinhos não são apenas personificações do conhecimento ou repositórios de um sistema de conhecimento, mas também são considerados autoridades espirituais. Na verdade, na África pré-colonial, e mesmo em ambientes africanos tradicionais, o conhecimento que detinham em problemáticas de espiritualidade africana os tornava forças que não se deve subestimar, de modo que suas contribuições à política traduziam-se em exercer forte poder político. Com seu conhecimento e poder de adivinhação, suas palavras eram tratadas como sagradas, não apenas pelos africanos, como também por seus governantes. Este capítulo demonstrou, é claro, como os adivinhos não apenas surgem, mas também como transmitem suas habilidades de adivinhação a seus aprendizes. De fato, acima de tudo, a reflexão contida neste capítulo concentrou-se na perspectiva do praticante que, como resultado, exerceu poder espiritual aliado à influência política. Em suma, a produção de conhecimento a partir da adivinhação era não apenas válida nas ideias e práticas de espiritualidade, mas também muito influente no âmbito político, especialmente durante tempos turbulentos considerados para além do controle mortal.

O seu conhecimento provém de seu treinamento como jovens aprendizes e adultos que continuam a buscar conhecimento em vários assuntos junto a pares e superiores. O conhecimento dos adivinhos quanto à metafísica, aos provérbios, à ética e à filosofia iorubá é vasto, razão pela qual são reverenciados como homens e mulheres sábios que empregam metáforas, provérbios e epítetos ao tratar de assuntos de alto risco com diplomacia e tato. Os adivinhos são conhecidos por serem diplomáticos e precisos no uso das palavras e da linguagem devido à natureza de sua profissão e dos assuntos de que tratam. Assim como a ideia ocidental de sigilo médico, os adivinhos devem manter as problemáticas pessoais de seus clientes para si mesmos, como profissionais vinculados ao sigilo do culto de Ifá. Não é tão surpreendente que o termo "babalaô" signifique "pai dos segredos", pois eles juraram manter os segredos do culto e de sua arte.

Os papéis que os adivinhos ocupavam na era sem escrita em muitas comunidades africanas parecem caminhar gradualmente para a extinção; a introdução de religiões estrangeiras reduziu a importância de seu ofício, sobretudo na esfera pública. Alguns africanos percebem as consultas a adivinhos como bárbaras e primitivas devido às projeções ocidentais dos sistemas de conhecimento africanos, mormente do tipo nativo, que podem ou não ter prova ou base empírica. Do capítulo precedente, é imperativo elevar o estudo desses especialistas e profissionais, isto é, adivinhos, como fontes de conhecimento centrado na África, fontes essas pertinentes à resolução de problemas africanos. O estudo visa a chamar a atenção para as ideias de conhecimento geradas e detidas pelos adivinhos no espaço africano, bem como a instigar a pesquisa destas ideias. Este capítulo não esgota a colheita de ideias que os adivinhos detêm e como essa fonte de conhecimento pode ser explorada.

Não se pode enfatizar suficientemente que os adivinhos no espaço africano, e sobretudo no meio iorubá, têm recursos de conhecimento não aproveitados que ainda não foram plenamente explorados por pesquisadores no continente africano e até mesmo fora deste. Portanto, há necessidade de esforços mais rigorosos para estudar esses profissionais, que receberam pouca ou nenhuma pesquisa extensa para explorar as ideias de conhecimento que detêm e geram. Os adivinhos têm-se provado indispensáveis nas sociedades iorubás que não têm escrita, e ainda são consultados, embora de modo muito reduzido; contudo, eles detêm ideias de conhecimento que ainda não foram plenamente exploradas e investigadas como outras profissões modernas.

2

Xamanismo como sistema de conhecimento

Introdução

Uma tentativa de fornecer uma conceituação abrangente e definitiva do xamanismo pode ser impossível devido à proliferação de trabalhos em antropologia, em religião, em sociologia e em história, todos os quais o definiram, respectivamente. Na perspectiva de Krippner, o xamanismo é um procedimento para obtenção de informações pelos xamãs (Krippner, 2007, p. 17-24). Ele teoriza que eles são os primeiros profissionais a alcançar um campo diversificado de conhecimento que trata até mesmo de fisioterapia, de psicologia, de artes dramáticas, de meteorologia, de folclore e de desempenho. Wynne, que o promoveu como uma prática que "se estende por continentes e está profundamente enraizada na cultura de muitas tradições diferentes", trouxe o cosmopolitismo do xamanismo à tona (cf. Wynne, 2001).

Esse sistema de conhecimento, entretanto, segundo Franz, tem sido pejorativamente condensado em cinco aspectos:

> xamãs como magos ou charlatães; xamãs como sujeitos psicologicamente diferentes ou distintos; xamãs como praticantes religiosos universais; xamãs como geograficamente definidos e limitados ao território siberiano; e xamanismo como uma tradição regional-cultural na qual os xamãs podem existir ou inexistir (Franz, 2019).

Apesar disso, essa categorização não diminuiu a potência do conhecimento no xamanismo.

Marovic e Machinga afirmam que o xamanismo é um sistema de teletransporte para o mundo espiritual para que se logre conhecimento para curar membros dentro do mesmo grupo (Marovic; Machinga, 2019, p. 31-44). É uma prática e um sistema que envolve uma transição consciente para um espaço metafísico em que ocorre comunicação e interação entre humanos e espíritos. Este sistema e prática está espalhado por diferentes partes do mundo, embora Marovic e Machinga notem que o xamanismo se originou de um grupo de pessoas conhecido como os Tungus (cf. Marovic; Machinga, 2019, p. 31-44). Isto também é afirmado por Bock, ao reiterar que o xamanismo pode ser rastreado até os siberianos que percebiam o xamã como um profissional que detém conhecimento místico (cf. Bock, 2005). O xamanismo tem sido ligado a várias comunidades no período primevo que usaram este sistema para que lograssem conhecimento em benefício da sociedade, pois este conhecimento é de suma autenticidade; por conseguinte, dependiam dele para a sobrevivência.

O xamanismo é mais do que uma simples prática – referir-se a ele como tal o reduziria a uma atividade primitiva. Constitui um sistema organizado de operação pelo qual se obtêm sabedoria religiosa, secular, espiritual e psicológica para a estabilidade da comunidade. Dito de outro modo, trata-se de um corpo integral de conhecimento que abrange alternância interativa entre os âmbitos físico e não físico em busca de respostas específicas. Na era primordial, e mesmo no tempo presente, as atividades dos curandeiros nativos, dos fitoterapeutas, dos líderes religiosos etc. estão sob a alçada e a jurisdição de um xamã. Isso denota, pois, que o xamanismo abrange vários aspectos e campos do conhecimento nativo e moderno.

O xamanismo é um sistema praticado em diversos lugares do mundo e conhecido por diferentes nomes e títulos. No sul da África, onde constitui uma prática tradicional comum, os xamãs também versados em cura recebem diferentes denominações (Bock, 2005, p. 34). Quer lhes deem nomenclaturas diferentes em diferentes lugares, quer não lhes deem, isso não altera o aspecto básico e fundamental, bem como a essência da sua exportação de conhecimento; a produção de sabedoria nativa e contemporânea que conecta passado, presente e futuro. O xamanismo é uma instituição importante na sociedade, pois a crença, as práticas e os rituais, bem como os especialistas que sustentam essa crença e realizam as práticas, são fontes de informação que contribuem para o corpo de conhecimento acerca da cosmologia da sua comunidade.

Isso levou Bock a sugerir que os xamãs ocupam posições de poder como líderes que se comunicam com espíritos e influenciam as atuações dos seus adeptos ou clientes em consequência disso (Bock, 2005, p. 5). É esclarecedor que Bock argumente que uma delimitação do xamanismo ainda não foi concebida; em vez disso, trata-se de uma noção em termos pejorativos para práticas nativas que envolvem misticismo, espíritos e magia (Bock, 2005, p. 5). Algumas das atividades que os xamãs realizam incluem ritos, cerimônias, iniciação, cura etc., que permeiam diferentes aspectos da religião, das crenças, dos costumes, das tradições e da cultura em nível individual. Yang oferece ainda outra definição de xamanismo

> uma cultura religiosa estruturada ao redor de alguns sacerdotes e de algumas sacerdotisas, que têm muito talento e muito respeito, bem como dispõem da rara capacidade de se comunicar com deuses, com espíritos ou com antepassados – ou de por eles serem tomados –, de entrar em estados de transe ou de enlevo, ou de viajar para outros mundos, seja para o céu acima, seja para o submundo abaixo. (Yang, 2015, p. 52).

A percepção de Yang não apenas estabeleceu que o xamanismo é uma cultura religiosa e um instrumento para que se logre conhecimento, mas também desmistificou deliberadamente o gênero do especialista – neste caso, como homens e mulheres. O xamanismo é um sistema de conhecimento em que a distinção entre homens e mulheres que têm poder e conhecimento é nivelada. Para ter uma compreensão substancial desta noção, Eliade percebe o xamanismo como relativo à possessão por espíritos, algo que emergiu do fenômeno do transe (Eliade, 1961, p. 152-186).

Com base no exposto, pode-se presumir que o xamanismo opera mediante vários intermediários, tais como o transe e a possessão, bem como os sistemas de consciência alterada do mundo físico para os mundos místicos. Esse conhecimento envolve a interação entre forças não ordinárias e seres humanos para alcançar uma síntese de corpo, mente e alma. Eliade afirma ainda: "O êxtase é a característica distintiva do xamanismo que o diferencia de outras formas de sistemas espirituais" (Eliade, 1961, p. 152-186). Esta discussão do xamanismo como sistema de conhecimento nos introduziria ao que os xamãs fazem e como o conhecimento é adquirido.

Xamãs e o conhecimento

Antes de discutir os papéis dos xamãs e sua função na comunidade, é imperativo saber quem são. Singh define os xamãs como "praticantes que entram em transe para prestar serviços" (Singh, 2018, p. 1-17). A descrição de Singh dos xamãs como pessoas que oferecem trabalho ou uma mercadoria por meio do transe é inadequada e reducionista, visto que um xamã ocupa uma profissão distinta e tem um vasto corpo de informações. Seu papel excede o de "prestar serviços", e é nesse sentido que a concepção de Krippner do termo "xamã" seria examinada com vistas a ampliar o conhecimento das atividades de um xamã e do sistema de crenças que incentiva suas atuações.

As funções dos xamãs são numerosas nas sociedades tradicionais, comunidades e ambientes urbanos, e eles ocupam uma posição especial. Em consonância com esse argumento, Krippner julga que "o termo xamã é uma construção social que descreve uma pessoa que atende às necessidades psicológicas e espirituais de uma comunidade" (Krippner, 2007, p. 16). Embora desempenhem as funções supracitadas, seu trabalho ultrapassa o âmbito psicológico e espiritual e abrange necessidades físicas, médicas, culturais, religiosas e sociais. Um xamã pode ser um praticante do sexo masculino ou feminino que tem a capacidade e o acesso para obter um amplo espectro de conhecimento em diversos assuntos, os quais as pessoas podem buscar para consulta pessoal. Eles desempenham diferentes funções e seus papéis variam de uma sociedade para outra a depender da área de especialização do xamã. Krippner analisa com brevidade a função de um xamã da seguinte forma:

> Um estudo transcultural recente do xamanismo concentrou-se em praticantes mágico-religiosos, indivíduos que ocupam um papel socialmente reconhecido que tem como base uma interação com as dimensões não ordinárias e não consensuais da existência. Essa interação envolve conhecimento especial de entidades espirituais e de como se relacionar com elas, bem como poderes especiais que permitem a esses praticantes influenciarem o curso da natureza ou dos assuntos humanos de maneiras que não são ordinariamente possíveis (Krippner, 2007, p. 16).

É possível, portanto, postular que os xamãs também têm poderes e habilidades mágicos para realizar atos não convencionais que são tipicamente impossíveis de alcançar fisicamente. A realização de magia é um domínio especial no xamanismo que envolve o conhecimento do cosmos e a ciência de combinar essa sabedoria para produzir um resultado esperado. A magia e os magos empregam o conhecimento da metafísica com o mundo espiritual e físico para criar realidades extraordinárias. Os xamãs podem realizar magia; contudo, nem todos os magos podem ser chamados de xamãs devido ao estado alterado de consciência que esses profissionais devem alcançar. Os xamãs também realizam atividades religiosas como rituais, orações, mediação, intercessão etc.

Segundo Krippner, há diferenças em seu modo de operação quando comparados com especialistas no campo exato em que os xamãs também atuam. Por exemplo, em suas palavras, "os xamãs-curandeiros especializam-se em práticas de cura, ao passo que os curandeiros tipicamente trabalham sem as alterações dramáticas de consciência que caracterizam os xamãs e os xamãs-curandeiros" (Krippner, 2007, p. 17). Essa diferenciação entre um curandeiro e um xamã-curandeiro denota que o xamanismo se baseia na capacidade de entrar em um estado alterado de consciência. A habilidade e o controle que o xamã tem para entrar e sair do estado xamânico de consciência é o que distingue o xamanismo de qualquer outra prática religiosa e espiritual.

Witzel também identifica vários papéis-chave que os xamãs executam na comunidade: "curandeiros, adivinhos, conselheiros políticos; eles preservam suas tradições tribais individuais por meio da narração de histórias e do canto de canções" (Witzel, 2011, p. 39-61), os quais são essenciais para o desenvolvimento da comunidade. Outras funções incluem mediar, presidir sacrifícios e atuar como sacerdotes. Ele afirma ainda que

> um xamã também determina as características da sociedade – tais como os movimentos de tribos nômades. Ele atua, assim, como o transmissor do conhecimento tribal tradicional, até mesmo do conhecimento das "origens" da tribo ou "do xamã" como tal, conhecido apenas em certa medida pela maioria dos anciãos (Witzel, 2011, p. 39-61).

Esses papéis não apenas mostram as funções dos xamãs em uma sociedade, mas também exemplificam a indispensabilidade do papel do xamanismo e do conhecimento dele derivado na sociedade.

Âmbito e estrutura deste capítulo

Este capítulo se concentrará no xamanismo como sistema de conhecimento mediante o exame das formas, da natureza, da aplicação e da relevância deste conhecimento na África[16]. Tentará também definir o conhecimento no xamanismo por meio da delineação da noção de conhecimento por diferentes pesquisadores. Esta conceituação do conhecimento no xamanismo nos levará a compreender as características do conhecimento, o modo como este conhecimento é concebido e as dimensões de seu crescimento na África. Ao discutir sua natureza, este capítulo atentará também à sua forma e aos seus tipos como um ramo da epistemologia que é amplo e abrangente. Discutir-se-ão os indivíduos bem como os grupos de pessoas responsáveis pela criação, pela manutenção, pela produção, pela gestão, pela disseminação e pela transmissão deste conhecimento.

Ao contrário do que é dito na assaz proliferante bibliografia existente acerca do xamanismo como conhecimento meramente tradicional, este estudo propõe que o xamanismo como sistema de conhecimento é tanto científico quanto tradicional, o que significa que os xamãs são cientistas tradicionais e modernos que produzem conhecimento científico nativo e moderno. Não é apenas um sistema de conhecimento; é um que se mostra relevante para o desenvolvimento de diferentes aspectos da civilização africana nativa e moderna. Revela-se igualmente crucial para a compreensão das crenças e das práticas existentes das sociedades tradicionais africanas. Este capítulo conclui que uma reavaliação e reapropriação deste sistema de conhecimento é primordial na

16. Há vários países na África que ainda praticam ativamente o xamanismo, como África do Sul, Quênia, Congo e Togo. Com efeito, Eric James Montgomery crê que "pode haver mais 'xamãs' na África Subsaariana do que em qualquer lugar da Terra". Montgomery (2016, p. 65-92). Ademais, as estatísticas mostram que 4,7% dos cidadãos do Congo praticam etnorreligiões, isto é, animismo e xamanismo (cf. The ARDA, 2020). Na África do Sul, denominam-se "sangomas brancos" em alguns setores da população (cf. Kleinhempel, 2018, p. 143-173). Por último, como exemplo, há o famoso xamã Malidome Some (cf. Russell, 2015).

busca por soluções africanizadas para alguns problemas nativos, enquanto algumas dessas práticas ainda poderiam ser aplicadas à África contemporânea.

O xamanismo como sistema de conhecimento nativo

O xamanismo originou-se de um ramo da epistemologia conhecido como conhecimento nativo – primariamente de um grupo ou comunidade nativa de pessoas – o qual é empregado para propósitos variados e específicos para o crescimento e o bem-estar da sociedade. Este conhecimento no xamanismo foi e continua a ser parte da sociedade e da sabedoria tradicionais. O xamanismo é o emprego compósito de formas religiosas, espirituais, nativas e diversas outras formas de conhecimento. Marovic e Machinga percebem-no como um encadeamento interconectado de religião, cultura, espiritualidade e sistemas de cura (Witzel, 2011, p. 33). O conhecimento tradicional, ou nativo, é concebido como um sistema de conhecimento que é desenvolvido e encontrado entre membros de comunidades nativas. Esta sabedoria é teorizada a partir de crenças, de cultura, de experiências e de tradição.

O xamanismo reflete as vidas e a cosmologia, as artes e os ofícios, a filosofia, a história e a ecologia do povo. O xamanismo é um sistema nativo de conhecimento que abrange o modo como as pessoas compreendem sua existência em relação a suas divindades, antepassados, espíritos e deuses. A língua, a literatura, a música, a dança etc. refletem-se neste sistema de conhecimento. Define também a identidade do povo; a consciência individual e coletiva de cada membro da comunidade entretece-se neste sistema de conhecimento.

O conhecimento no xamanismo: natureza e definição

A natureza do conhecimento xamânico é holística; esta sabedoria abrange todos os aspectos da sociedade, tais como educação, administração e governança, política, entretenimento, religião, casamento, família etc. O conhecimento nativo no xamanismo abraça a totalidade da existência social africana e tem discernimento acerca de cada atividade, visto que sua prática permeia a cosmologia tradicional. Intrinsecamente, o conhecimento xamânico desposa a sabedoria no próprio âmago e essência do povo. Essa natureza holística do conhecimento no xamanismo assegura cada faceta do passado, do presente e do futuro nativos: a sabedoria de seus antepassados aumenta a produtividade máxima de seus sucessores, porquanto é um conhecimento que conhece o futuro a partir do passado. É também atemporal. É um sistema de conhecimento que pode ser rastreado até o início da existência humana e está presente em muitas sociedades atuais.

Cabe repetir que uma das características do conhecimento no xamanismo é a oralidade; o conhecimento que se originou do povo nativo da África foi transmitido por boca a boca de uma geração de guardiães do conhecimento para a próxima geração por meio de aprendizagem. Este modo de adquirir informação durante os tempos primevos era primariamente oral, e os guardiães deste conhecimento ensinavam-no aos neófitos que o passariam adiante para sua geração subsequente também. Ademais, o conhecimento no xamanismo é tanto esotérico quanto não esotérico, visto que é inteligência reunida da comunicação com entidades místicas. O conhecimento esotérico é obtido por guardiães profissionais que alcançaram o tempo e a experiência necessários para ter tal sabedoria. O conhecimento não esotérico é obtido por meio de treinamento, de experiência reunida ao longo do tempo e do trabalho com problemáticas recorrentes que exigem conhecimento xamânico básico. Por exemplo, um xamã que é também fitoterapeuta não necessariamente precisa de sabedoria esotérica para curar problemas de saúde comuns ou leves como constipação, disenteria, dores de dente e dores no corpo. Ele pode aplicar unguentos, bálsamos, óleos e misturas ou até mesmo massagear o corpo.

Produtores de conhecimento no xamanismo

O conhecimento no xamanismo é, em essência, produzido por diversos meios por especialistas treinados, conhecidos sobretudo como xamãs. Esta pessoa torna-se guardiã e produtora deste conhecimento mediante o envolvimento com forças extraordinárias e a capacidade de comunicar e interpretar a sabedoria daí derivada. Joshi discorre acerca do papel do xamã como uma pessoa que detém um dom único de alcançar o reino místico por meio de transe. Afirma, ainda, que:

> A capacidade dos xamãs de entrar em transe, aliada ao voluntarismo, pode ser identificada como o marcador diagnóstico do xamanismo. Assim, os xamãs são indivíduos que têm a capacidade de entrar em transe à vontade. Aqui, o transe é o estado de consciência xamanístico, um estado em que o xamã exibe movimentos físicos (tremor do corpo, cabeça, mãos etc.), transformação da fala e, com frequência, comunicação com os poderes divinos postulados culturalmente. Além disso, o estado de transe do xamã é marcado por aguda lucidez e imagética espontânea (Joshi, 2010, p. 254-257).

Os xamãs, profissionais da sabedoria nativa, são peritos em criar inteligência tradicional mediante o transporte ao mundo metafísico de espíritos e seres para adquirir dimensões de conhecimento que permanecem ocultas às pessoas comuns. Marovic e Machinga (2017, p. 33) notam que os xamãs são pessoas muito reverenciadas, com conhecimento e percepção extrassensoriais, que detêm o poder e a capacidade de comungar com entidades espirituais extraordinárias e, além disso, podem manipular atividades humanas. O que é mais importante, os xamãs acumulam as funções de curandeiros, de psicólogos, de psicoterapeutas, de fitoterapeutas, de farmacêuticos e de conselheiros. Suas funções são importantes, pois servem de elos para corpos ancestrais e para divindades. Seus papéis e experiências ajudam a criar e manter o equilíbrio; mantêm e preservam as práticas culturais, as crenças e o culto de seres místicos e espirituais. Uma função saliente e importante dos xamãs como produtores de conhecimento é a purificação e estabilidade que criam entre o mundo físico e os espaços metafísicos, além da interação que estabelecem entre esses espaços e o indivíduo (Marovic; Machinga, 2017, p. 33).

O propósito desta seção é examinar quem são os xamãs, como são treinados, o tipo de formação que recebem, suas obrigações e a importância que têm para a disseminação deste conhecimento tradicional. Não está claro como os xamãs são chamados a este sistema, se envolve um processo de seleção, uma escolha ou decisão voluntária, ou se é herdado. Para alguns, o conhecimento e a prática podem ser transferidos a um membro da família que esteja qualificado ou tenha sido escolhido para a responsabilidade (cf. Marovic; Machinga, 2017, p. 33). Não há dúvida de que é um sistema que prospera na transferência de poder místico e de conhecimento, de modo que há a possibilidade de transferência de deveres a outro membro da família. Joshi examina o papel dos xamãs na sociedade e afirma que são pessoas com a capacidade de aproximar-se de poderes místicos por meio de um "estado alterado de consciência" (Joshi, 2010, p. 254-257). A capacidade de alternar entre dois reinos e infundir conhecimento em seu corpo físico distingue essas pessoas dos curandeiros comuns. Joshi vai mais longe ao explanar a utilidade principal da obra dos xamãs ao afirmar:

> Os xamãs desempenham múltiplas funções; a função primária é a de adivinho, de conselheiro e de terapeuta. Usam e manipulam os códigos culturais, as metáforas e os símbolos em sua interação com os clientes. A função de adivinho é usada para localizar e contextualizar o problema. O xamã pode "enxergar além" ou usar meios mecânicos como o lançamento de grãos, a observação de sementes e inúmeros outros meios para chegar à adivinhação do problema (Joshi, 2010, p. 255).

O rol mencionado de funções indispensáveis não apenas mostra que os xamãs são essenciais aos sistemas de crença de suas sociedades nativas, mas também que representam a cultura do povo e a crença na sabedoria tradicional. Os xamãs transitam por papéis semelhantes e às vezes distintos para adquirir conhecimento de diferentes tipos e dimensões. Como discutido acima, o xamã é um adivinho que usa treinamento e conhecimento em geomancia para decifrar a causa de um problema, ao mesmo tempo que assume o papel de curandeiro para administrar o conhecimento logrado e resolver o problema do cliente. A mudança de papéis de adivinho, de curandeiro e de conselheiro para o de terapeuta é um testemunho da diversidade de funções de um xamã. As habilidades interpretativas empregadas durante a atuação xamânica atestam como os xamãs se envolvem, analisam e aplicam conhecimento a diferentes situações. Joshi afirma isso ao opinar que um diagnóstico está sujeito à habilidade dos xamãs de comunicar e de interpretar para transmitir seu entendimento ao cliente de forma clara e distinta (Joshi, 2010, p. 255).

O xamã é criado também pela aceitação do chamado ao xamanismo por herança, aflição ou recuperação súbita de uma enfermidade crônica, possessão espiritual ou intrusão, mediante visões e sonhos, ou por habilidades e comportamentos extraordinários (Bock, 2005, p. 11-12). Krippner corrobora essa ideia e acrescenta que, enquanto algumas pessoas entram na profissão por herança, outras apresentam características incomuns como

> polidactilia, albinismo ou uma marca de nascença incomum; atuações incomuns como convulsões ou padrões comportamentais culturalmente associados ao gênero oposto, ou experiências estranhas como sensações de saída do corpo e sonhos vívidos ou lúcidos (Krippner, 2007, p. 17).

Esses vários métodos de responder ao chamado do xamanismo diferem de pessoa para pessoa e dependem de sua personalidade. Essas fortes reações físicas ao chamado do xamanismo devem-se à resistência encontrada por forças espirituais, ao passo que outras reações são leves se o herdeiro está aberto a acolher o chamado, que se manifesta em sua visão ou sonhos. Alguns estão receptivos ao chamado xamânico porque seus antepassados e ancestrais estiveram no sistema e foram preparados para herdar ou assumir tal profissão. Pessoas que têm experiências perturbadoras, tais como epilepsia, desmaios, comportamento psicótico, convulsões e outras experiências estranhas, passam a aceitar sua responsabilidade quando um xamã experiente as assiste ou as trata.

Bock, contudo, observa que, para além das pessoas "escolhidas", há também as que voluntariamente decidem submeter-se a treinamento xamânico ou atuar à luz da tutela de um xamã profissional para que se tornem um. Embora ainda não haja consenso quanto à faixa etária para o chamado à prática do xamanismo, Krippner sugere que o sistema de prática e de tradição de cada sociedade pode determinar a idade em que as pessoas podem ingressar na arte (cf. Krippner, 2007, p. 17). Ademais, pode parecer que, quando uma criança é escolhida para assumir esta profissão, ela precise receber treinamento e adquirir algum conhecimento comum da prática. Fazer isso pode ser um processo rigoroso, de modo que a criança possa crescer em seu entendimento e assumir responsabilidade quando estiver madura e com conhecimento suficiente. A respeito do processo de treinamento, Krippner observa que:

> Em algumas sociedades não há plano formal de treinamento, já em outras o processo de formação pode durar vários anos. Os mentores podem ser xamãs mais velhos ou até entidades espirituais, até mesmo os próprios ancestrais, espíritos da natureza e animais de poder que podem dar instruções por meio dos sonhos do neófito (Krippner, 2007, p. 17).

É claro que algumas dessas pessoas recebem educação de um xamã afamado que as prepara para a prática (Bock, 2005, p. 12). Quer sejam "escolhidas", quer sejam voluntárias, durante o treinamento, ambos os grupos são iniciados na experiência de um transe, uma vivência fora do corpo que se assemelha a uma "morte e renascimento" (Bock, 2005, p. 12). Essa jornada pode ser vivenciada ao longo do treinamento e depois da conclusão da educação. Bock reconhece que existem processos realizados com o aprendiz para que ele adquira a capacidade de atingir este estado de êxtase.

Esses processos, que incluem indução de dor, jejum extremo ou abstinência de comida e de água, estimulação sonora, como canto e percussão, restrição de movimento e isolamento, são métodos usados no aprendiz de xamã para alcançar o estado de transe. O treinamento do neófito pode variar entre diferentes sociedades e culturas. No entanto, elementos comuns do treinamento incluem

> diagnóstico e tratamento de doenças, contato com entidades espirituais de dimensões não ordinárias, supervisão de rituais sagrados, interpretação de sonhos, previsão do tempo, conhecimento de ervas, profecia e domínio da autorregulação das funções corporais e dos estados de atenção (Walter; Fridman, 2004, p. 206).

Essas habilidades estão entrelaçadas e exigem disciplina para que o aprendiz tenha sucesso, já que a profissão se envolve com a humanidade e o conhecimento para sua preservação.

Bock afirma que, ao longo do treinamento, o aprendiz é levado a aprender aspectos físicos e metafísicos da profissão, tais como o recebimento de visões, a interpretação de sonhos, a consulta a entidades espirituais e a busca de informações de recursos socioculturais em voga como filosofias, crenças, ritual e ritos (cf. Bock, 2005, p. 13-14). Parte do treinamento inclui o aprendizado da tradição da profissão xamânica e sua aplicação em diversas situações, clientes, pacientes e eventos. É durante essa educação que o neófito xamã aprende características psicológicas e metafísicas da transformação da mente, isto é, aprende o desenvolvimento mental por meio da interação com seres místicos.

A capacidade de dominar a alternância da consciência do físico para o mundo inferior é a realização máxima da prática xamânica (Bock, 2005, p. 14).

De modo similar, a habilidade de permanecer entre duas realidades – isto é, a física e a hiperfísica – e reunir conhecimento com o propósito de ajudar as pessoas caracteriza o xamã como um importante produtor de conhecimento nativo. Além de dominar a entrada e a saída do estado alterado de consciência, existem outras habilidades que devem ser adquiridas, as quais incluem a obtenção de motivos culturais, símbolos, canções e poemas, movimentos corporais, cantos, mitos e histórias. A importância dessa educação distingue a profissão e prática xamânica das de outras religiões, pois os xamãs conseguem movimentar-se, dançar, cantar, entoar, imitar e adivinhar em sincronia e com facilidade. Depois da conclusão do treinamento, o aprendiz é plenamente iniciado na prática, e pode decidir criar uma prática separada. Krippner observa que "algumas tribos organizam uma festa especial quando o iniciado é aprovado em uma fase crucial de seu treinamento" (Krippner, 2007, p. 17).

A aquisição de conhecimento no xamanismo

Conforme se notou até aqui, o conhecimento é adquirido no xamanismo por diversos intermediários, um dos quais é o aprendizado com a orientação de um xamã praticante. Assim como o método de adquirir conhecimento na sociedade ocidental ocorre por educação e por treinamento, também a consecução de sabedoria no xamanismo se dá dessa forma. Algumas das técnicas exigidas na formação de um xamã preparam o aprendiz para ser capaz de alterar o próprio estado e interatuar efetivamente com seres espirituais. Essas técnicas ajudam a alinhar a mente do xamã ao reino místico e asseguram sua receptividade ao conhecimento revelado nesse domínio. Dentre as ferramentas de que o xamã dispõe, pode-se citar, por exemplo, instrumentos de percussão (tambores, gongos), vestimentas e a mastigação de plantas e ervas tradicionais, que servem para induzir um estado alterado de consciência (Bock, 2005). O uso de canto, da dança e dos tambores é eficaz para conduzir o xamã à "jornada xamânica" (cf. Bock, 2005, p. 15) e dela fazê-lo retornar. O propósito da jornada é "trazer de volta conhecimento e poder para curar e para regenerar os indivíduos e a comunidade" (Bock, 2005, p. 15). À luz dessa aquisição de conhecimento, Walter e Fridman argumentam que:

> Entidades espirituais assim chamadas precisam ser contatadas para diferentes propósitos. Se estão insatisfeitas, é necessário propiciá-las; se uma pessoa morre sem deixar um testamento, o espírito do falecido precisa ser contatado para determinar a disposição da propriedade; se o espírito de um falecido está causando problemas, é preciso apaziguá-lo (Walter; Fridman, 2004, p. 206).

É verdade que o mundo espiritual é um caminho processual para a aquisição de informações ocultas que são úteis na resolução de problemáticas dos clientes.

Formas de conhecimento

Nesta seção, serão listadas e discutidas de maneira explícita as diferentes ramificações e formas de conhecimento no xamanismo. Aqui, extrairemos esse tipo de conhecimento de diversas práticas culturais, crenças e atividades no xamanismo em várias sociedades na África.

Conhecimento da psicoterapia no Xamanismo

A psicoterapia é um campo de conhecimento que se abrange e converge no xamanismo. Caracteriza-se pela capacidade de diagnosticar a causa da aflição do cliente e de adquirir métodos para solucionar seu problema mediante instrução mística. Assim, a psicoterapia encontra equilíbrio entre o estado psicológico ou inato perturbado do cliente e seus problemas físicos. Joshi confirma que xamãs tratam "casos de doenças, muitas das quais exibem distúrbios comportamentais" (Joshi, 2010, p. 255). É crença muito comum nas sociedades africanas relacionar problemas a causas e origens não físicas que geram tensão ou manifestam problemáticas no estado físico. Aprendizes de xamãs têm regras que devem cumprir, dentre as quais estão restrições alimentares, hábitos, higiene e relacionamentos com outras pessoas (cf. Joshi, 2010, p. 255). Essas restrições e regras impostas aos xamãs podem dever-se à sua importância como intermediários de divindades e de espíritos, o que exige que estejam em estado "sagrado" para poder comungar com o reino espiritual.

Aspectos da psicoterapia abrangem o diagnóstico de causas psicológicas para uma enfermidade física, a reconexão da essência espiritual do cliente com seu corpo físico e o equilíbrio entre sua saúde física e mental (cf. Bock, 2005, p. 28). Algumas das técnicas usadas na psicoterapia são: "visões em vigília, sonhos arquetípicos, trabalho relativo à *imago* e experiências corporais" (Bock, 2005, p. 28). Ao comparar a teoria psicológica de Jung com o xamanismo, Bock encontrou semelhanças, como "a cura e o crescimento da mente" (Bock, 2005, p. 28). Esses dois campos de conhecimento buscam compreender o estado psicológico e a mente para sanar manifestações desagradáveis no físico. Outra peculiaridade entre o xamanismo e a teoria junguiana é que "ambas as metodologias mantêm a premissa da existência de uma esfera à qual a mente tem acesso" (Bock, 2005, p. 28).

O xamã, na condição de profissional, aproxima-se de um cliente mediante a conexão de sua mente com o âmbito místico, ao passo que os psicólogos buscam compreender um paciente por meio do reservatório inconsciente da existência e de sua mente. Bock afirma também que "a terapia junguiana e o xamanismo almejam uma experiência direta com o mundo interior"

(Bock, 2005, p. 29). Os xamãs entram em transe e adentram o estado xamânico de consciência para acessar conhecimento, enquanto os psicólogos exploram imagens inconscientes nos sonhos de um cliente a fim de avaliar informações necessárias para o tratamento. Tanto o xamanismo quanto a psicologia extraem de uma experiência transpessoal subsídios para diagnosticar, tratar e curar seus pacientes.

Na psicologia transpessoal, as divisões tripartites da psique humana, quais sejam, as partes física, psicológica/mental e emocional, harmonizam-se em prol da saúde integral (cf. Bock, 2005, p. 29). Bock relaciona também a prática do xamanismo com a psicologia transpessoal e alvitra que:

> À semelhança do xamanismo, alguns psicoterapeutas transpessoais consideram que cuidar da alma constitui elemento fundamental no trabalho com um cliente. O terapeuta pode muito bem integrar técnicas terapêuticas tradicionais junto de métodos resultantes de disciplinas espirituais. A consciência, contudo, é considerada não apenas o meio para mudar o comportamento e os conteúdos da consciência, mas também o próprio objeto de mudanças. Como no xamanismo, afirma-se a vida em harmonia com os outros e com o ambiente. A relação do cliente com a sociedade e com o ambiente natural é considerada um aspecto da saúde e do desenvolvimento de um indivíduo (Bock, 2005, p. 29).

O trabalho de um psicoterapeuta e de um xamã entrecruzam-se pela aplicação do expurgo mental para curar o corpo físico exterior. No caso do xamanismo, a conexão da psique com o ambiente e o tratamento da alma são vistos como um todo unificado.

As técnicas usadas pelos psicoterapeutas para curar incluem "tratar a saúde física por meio de movimentos corporais, catarse emocional, investigação existencial, imagens e trabalho com sonhos, meditação, exercícios de desidentificação, confissões e estados alterados de consciência" (Bock, 2005, p. 29). Da comparação feita por Bock entre as técnicas do xamanismo e da psicologia transpessoal, conclui-se, sem presunção, que o xamanismo é um conhecimento tradicional que exibe e que incorpora métodos científicos; a análise dos sonhos como textos mentais, a interpretação de visões e os estados de transe xamânico para tratamento têm natureza científica. O xamanismo retrata a Modernidade como sistema nativo de conhecimento que apresenta atributos de ciência, tais como combinar, misturar e analisar conhecimentos para problemas existenciais, bem como se apropriar desses conhecimentos para tais problemas.

Conhecimento da psiquiatria no xamanismo

O conhecimento da saúde mental e do estado psíquico é objeto de meticulosos estudos e práticas xamânicas. No xamanismo, a saúde física e mental é percebida como uma "unidade"; portanto, segundo Krippner, "não há divisão nítida entre doença física e mental" (Krippner, 2007, p. 19). Pessoas com problemas mentais, como loucura, psicose, esquizofrenia etc., são examinadas e tratadas pelos xamãs devido ao seu conhecimento da psique e à sua conexão com o reino espiritual. Doenças e instabilidades mentais podem ser causadas por problemáticas físicas, sociais e psicológicas que provocam erupções, colapsos e perda total do controle das faculdades mentais de alguém.

Quando ocorrem experiências traumáticas, como estupro, abuso e acidentes, os xamãs podem tratar os pacientes e os auxiliar a enfrentar seus pesadelos e eventos que desencadeiam desequilíbrios mentais. Não é estranho, nem incomum, ouvir relatos de forças malévolas, como bruxas, espíritos e gênios, que causam alguns desses problemas mentais. Nesse caso, o xamã trata o paciente que sofre de loucura por meio da separação e remoção forçada da entidade ofensiva. Eles também atendem pessoas com colapsos mentais para ajudá-las a expurgar energias negativas ou malignas por meio da indução do paciente a um estado de transe no qual pode desvincular sua mente de manipulações maliciosas.

Medicina tradicional

Em muitas sociedades pelo continente africano, o conhecimento tradicional da medicina encontra-se no xamanismo. Essa sabedoria resulta da combinação de habilidade, prática e capacidade de diagnosticar, tratar e curar diferentes tipos de males nas comunidades nativas. O sistema de conhecimento no xamanismo produziu uma riqueza de compreensão para diagnosticar causas de problemas de saúde sintomáticos e assintomáticos, de modo que proporciona manutenção do bem-estar físico, cura doenças tanto físicas espirituais como físicas, previne colapsos mentais e psicológicos etc. Não há limite nem fim para adquirir informações da medicina na sabedoria xamânica. Um dos métodos que os xamãs usam para que logrem conhecimento da medicina é por meio do transe (Marovic; Machinga, 2019, p. 31-44). Plantas medicinais, procedimentos e tratamentos são desenvolvidos pelos xamãs para a cura.

O conhecimento de ervas e plantas

O conhecimento no xamanismo também se estende ao uso de plantas medicinais e ervas para o tratamento de uma gama de problemas de saúde. Os xamãs são às vezes conhecidos como "homens-medicina" ou "mulheres-medicina"; contudo, nem todos os curandeiros são xamãs. Devido aos múltiplos papéis e funções, os xamãs podem também deter compreensão da aplicação e uso de ervas para pacientes com condições de saúde tratáveis. Esse conhecimento nativo é fundamental na prática do xamanismo, especialmente antes do advento da ciência moderna; portanto, as pessoas dependiam desse sistema para seus problemas de saúde. O uso da medicina aiurvédica para tratar enfermidades e doenças também se encontra no xamanismo.

O conhecimento de ervas, de plantas, de terapia, de quiropraxia, de homeopatia, entre outros, constitui uma medicina alternativa à qual os xamãs têm acesso para o tratamento de doenças.

O xamã adquire conhecimento de medicina alternativa ao curar os nativos por meio da sabedoria e da crença nas propriedades medicinais de plantas e de ervas. Algumas práticas médicas alternativas no xamanismo adotam um conhecimento do corpo que se usa na cura pela quiropraxia. Depois de diagnosticar o paciente, o xamã pode sanar o mal por meio de massagem nas articulações, músculos, ossos e ligamentos. Essa terapia pode ser seguida pela aplicação de uma mistura e pomadas de ervas na parte afetada do corpo.

Esse conhecimento baseia-se na crença em ervas e em plantas como produtos para a cura física, mental e emocional. O uso de práticas de cura xamânicas (no sentido moderno) aumentou nos

> Estados Unidos, visto que quase 83 milhões de pessoas usam uma das dezesseis terapias alternativas, que abarcam técnicas de relaxamento, fitoterapia, massagem, quiropraxia, cura espiritual, terapia megavitamínica, grupos de autoajuda, visualização, dietas comerciais, remédios populares, dietas de estilo de vida, cura energética, homeopatia, hipnose, retrocontrole e acupuntura (Bock, 2005, p. 34).

O conhecimento de medicina alternativa é a especialidade do xamã, pois ele combina conhecimento de geomancia, de terapia, de ervas e de plantas, bem como de psicologia, em sua prática.

As ervas, raízes, fibras, caules e cascas de plantas podem ser secados, cozidos e moídos até virarem pó para uso. O xamã também pode usar seus conhecimentos de medicina alternativa para transformar ervas em óleos, unguentos ou xaropes para o paciente. O xamanismo é um sistema de conhecimento nativo que oferece cura holística do corpo, da mente e das emoções. Em muitas comunidades nativas, a confiança e a crença completa no xamanismo baseiam-se em sua acessibilidade, eficácia e sincronicidade com a fé das pessoas. Mesmo com o advento da medicina ocidental, muitos africanos ainda consultam xamãs para seus problemas, devido à capacidade destes de detectar e curar aquilo que a medicina moderna pode não compreender.

Sabedoria espiritual e aconselhamento

Os xamãs obtêm sabedoria de vida de sua interação com entidades místicas e celestiais, o que é eficaz para lidar com as realidades da vida. Esta sabedoria é acumulada em razão de anos de treinamento, experiência na resolução de problemas e aplicação prática de conselhos. Os xamãs agem como conselheiros para as pessoas em comunidades nativas. O xamanismo é um sistema de conhecimento tradicional que explora a sabedoria dos antepassados, das divindades e dos seres celestiais, da ecologia, da cosmologia e da filosofia do povo. Muitas pessoas em comunidades nativas consultam xamãs para aconselhamento e orientação porque creem que estes indivíduos detêm sabedoria acerca dos desafios da vida, do desenvolvimento emocional e de problemáticas conjugais, profissionais e espirituais. Os xamãs não precisam usar necessariamente a própria inteligência, uma vez que podem contar com as divindades para obter conselhos para certos problemas. O xamã adivinha para obter clareza e orientação adequadas para auxiliar os clientes a resolverem problemáticas que lhes são confusas. O conselho pode vir na forma de provérbios direcionados ao problema filosófico que o cliente talvez vivencie no momento.

Os xamãs podem atuar como conselheiros a serem consultados por governantes tradicionais e líderes da comunidade durante uma crise. São fonte de sabedoria, treinados para lidar com problemáticas com calma, com paciência e com concentração, de modo que descubram o cerne de um problema para encontrar uma solução duradoura. Os xamãs podem empregar diferentes métodos e técnicas ao aconselhar seus clientes conforme o problema apresentado. Escutam seus clientes e fazem perguntas apropriadas para compreender o problema em pauta, o que lhes permite oferecer soluções. O aconselhamento xamânico usa conhecimento nativo para enfrentar os desafios da vida e, por meio de diálogo e questionamento, os xamãs podem encontrar soluções para o problema do cliente. O aconselhamento xamânico pode ser aplicado a casos de "trauma, abuso, dependências, ansiedade, depressão, obsessões, fobias, psicose etc." (Bock, 2005, p. 38). Essas sessões de aconselhamento podem revelar traços hereditários e hábitos que influenciam o problema do paciente. A orientação espiritual pode ser acompanhada de aconselhamento adicional para facilitar uma solução a longo prazo e prevenir uma recaída.

Como se prescruta o conhecimento na prática, na crença e na filosofia do xamanismo

O conhecimento é perscrutado por meio de diversas crenças, pensamentos, filosofias e práticas no xamanismo, algumas das quais serão discutidas adiante. Witzel lista algumas dessas crenças como segue:

> (a) Todo o mundo circundante é animado, habitado por espíritos que podem influenciar a vida humana; (b) há interconexões gerais e recíprocas na natureza, as quais abrangem os seres humanos; (c) os seres humanos não são superiores, mas iguais a outras formas de vida; (d) a sociedade humana mantém conexão estreita com o cosmos; (e) é possível aos seres humanos adquirir certas qualidades de um espírito e visitar os outros mundos; (f) o objetivo da atividade religiosa é defender e tornar próspero um pequeno grupo de companheiros (Witzel, 2001, p. 39-61).

Conhecimento no transe xamânico

No xamanismo, o transe é uma prática que permite aos xamãs lograrem conhecimento tanto para a comunidade quanto para o indivíduo. Para ilustrar a função e a importância do transe no xamanismo, Riboli observa:

> O transe é uma parte importante do xamanismo, uma vez que o xamã atua como intermediário entre o mundo dos humanos e o do sobrenatural. Em geral, estados alterados de consciência permitem

> a comunicação com o mundo não humano (Riboli, 2004, p. 250-251).

O transe torna-se o vínculo que conecta as pessoas no mundo dos vivos ao mundo não humano. Esse nível abrange duas realidades de existência às quais os xamãs podem adentrar por vontade própria para adquirir conhecimento. Esse transe xamânico auxilia o espírito do xamã a comunicar-se com entidades místicas em nome do cliente ou da comunidade.

Talvez a função mais importante do transe xamânico seja a conexão com corpos extraordinários nos quais visões acerca do conhecimento são compartilhadas das divindades para o xamã e depois deste para o cliente (cf. Riboli, 2004, p. 252). Há várias maneiras de o xamã entrar em transe: ingestão de estimulantes, como plantas com propriedades alucinógenas; estimulação auditiva por meio de tambores, cantos e entoações; e comportamentos extremos como jejum, isolamento e meditação. O conhecimento é adquirido no estado de transe pelo xamã por meio da interação com os espíritos, com as divindades e com os antepassados. Riboli concorda com esse argumento ao afirmar que

> os xamãs entram em transe em diferentes ocasiões, sobretudo para determinar a causa de uma doença ou alguma forma de calamidade que acometeu toda a aldeia ou um único indivíduo e estabelecer a cura ou a solução mais apropriada para este último (Riboli, 2004, p. 253).

O transe é um meio poderoso que exige compreensão do outro mundo, controle do estado físico e mental, domínio da comunicação, atenção às informações e uma memória retentiva para a recordação. Há dois tipos de transe: possessão espiritual e jornada da alma (cf. Riboli, 2004, p. 254). No caso de possessão espiritual, o espírito de um parente ou antepassado falecido pode possuir o xamã, e este passa a atuar como o espírito encarnado. No segundo tipo de transe, o espírito do xamã entra no mundo místico em uma jornada para adquirir informações.

Teletransportar-se de um estado físico consciente para um espaço hiperfísico é um dos intermediários em que os xamãs se fiam para obter informações úteis e gerar conhecimento. O transe, também conhecido e referido como estado alterado de consciência, é um procedimento para aquisição de conhecimento ao qual os xamãs recorrem com o propósito de angariar sabedoria.

A hipnose na prática de conhecimento xamânico

No xamanismo, o conhecimento é perscrutado na prática da hipnose em pacientes. A hipnose é parte essencial do xamanismo e exige um condicionamento psicológico da mente e da imaginação do paciente durante os atos xamânicos (cf. Overton, 2004, p. 149-152). Overton perscruta o papel e a função da hipnose:

> Essa estreita relação entre o xamanismo e a hipnose pode ser observada com clareza em pelo menos duas áreas do complexo xamânico. Primeiro, tanto o xamanismo em seus rituais de cura quanto a hipnose em seu encontro terapêutico dependem, em essência, da manipulação habilidosa da imaginação do paciente para alcançar os benefícios terapêuticos desejados (Overton, 2004, p. 149-152).

A hipnose é uma técnica e prática que os xamãs empregam em pacientes com problemas específicos de saúde. A experiência de um estado alterado de consciência que o xamã vivencia para adquirir informações e conhecimento tem semelhanças com a hipnose (cf. Overton, 2004, p. 149-152).

Rituais e sacrifício no xamanismo como instrumento de conhecimento

Na prática do xamanismo, o ritual é um aspecto e prática importante que produz conhecimento em muitas comunidades nativas. Diferentes sociedades o praticam com variados sistemas e razões. Na execução do ritual xamânico, diferentes aspectos dele, como canto, dança, entoações etc., incorporam uma crença em sacrifícios, ritual, ritos, iniciação, encantamento e possessão. No decorrer de um ritual, o xamã invoca forças místicas e traz à consciência a presença delas. Maskarinec afirma que "todo ritual de cura xamânica conclui-se com um sacrifício, o mais das vezes com uma oferenda de sangue, exigida pelos espíritos familiares com os quais os xamãs trabalham ou, no mínimo, um substituto temporário que adia essa oferenda" (Maskarinec, 2004, p. 137-142). Rituais e sacrifícios têm importância significativa no xamanismo; servem como vínculos e estabilizadores da relação entre humanos e seus antepassados e divindades, de modo que mantêm vivos os canais de comunicação. Os itens para ritual e sacrifício variam de uma cultura ou comunidade para outra e podem portar um significado simbólico à divindade e ao antepassado a quem as oferendas são apresentadas.

Em essência, a prática de ritual e sacrifício no xamanismo servia para prover oferendas aos espíritos místicos em troca de conhecimento. Os antepassados dependiam de relações humanas em ritual e em sacrifício, e os humanos também dependem de entidades extraterrenas para informação e, consequentemente, sobrevivência, visto que o conhecimento é essencial para a sobrevivência. Os materiais para ritual e para sacrifício podem abranger animais como pombos, porcos, ovelhas, cabras, carneiros, galinhas, itens alimentícios, óleos etc. Cada um desses itens é significativo para o ritual e para o sacrifício às forças espirituais, pois podem representar a continuação da vida em uma troca de vida animal por vida humana, uma renovação de pactos ou de promessas e o fortalecimento de relações. Sacrifícios e rituais são também técnicas de invocação de espíritos para auxiliar durante uma atuação xamânica. Schiller conclui: "Informações úteis referentes às condições sociais, políticas e econômicas em contextos nos quais o xamanismo é praticado podem ser obtidas ao se entender a natureza das oferendas apresentadas" (Schiller, 2004, p. 197-200). Além disso, ritual e sacrifício proporcionam comunicação não verbal entre humanos e espíritos. Trata-se de um canal de comunicação mútuo para a recepção de conhecimento.

A filosofia do xamanismo

Em comunidades africanas onde se pratica o xamanismo, há muitas ideologias e filosofias que produzem conhecimento. Uma dessas filosofias no xamanismo é que o mundo se compõe de três camadas: a terra, o firmamento ou céu e o hiperfísico em que o xamã pode transitar (cf. Bock, 2005, p. 15). Essa cosmologia sustenta a destilação de poder e conhecimento em outros domínios não humanos e a crença de que, quando o xamã se aproxima de um desses domínios, ele pode conectar-se às informações ali disponíveis. Esses três níveis do mundo estão interconectados, e cabe ao xamã mediar esses níveis de realidade. Os povos nativos acreditam nessa cosmovisão; por isso, a condição e a função do xamanismo são altamente reverenciadas e apreciadas como meio de adquirir conhecimento. Essa crença permite um fluxo eficaz de poder e de conhecimento, de modo que, quando a sabedoria concedida por entidades divinas é aplicada, uma solução certamente ocorre. Os seres humanos habitam a terra e, depois da morte, transformam-se em espíritos, como os antepassados, para auxiliar seus descendentes.

As divindades e os antepassados ocupam o nível hiperfísico e são poderosos o suficiente para auxiliar os humanos, enquanto o céu abriga o Deus supremo ou Ser supremo, que é soberano nos demais níveis do universo. De fato, no nível hiperfísico, os espíritos podem ser benévolos ou manipuladores e são em geral consultados para auxílio (cf. Bock, 2005, p. 16). Esses espíritos, no entanto, podem manipular os assuntos humanos na terra; podem também ser procurados para obter informações acerca de certas matérias, como o futuro, o caminho profissional, a escolha do matrimônio e as decisões relativas à vida. A comunicação pode ocorrer aqui com um parente falecido, antepassado ou alma. Por essa razão, Bock afirma que

> um indivíduo em muitas sociedades xamânicas tem duas ou mais almas... uma alma estava situada na cavidade torácica e morria quando o corpo físico morria, e a outra era teoricamente localizada na cabeça, sendo imortal e sobrevivendo à morte (Bock, 2005, p. 17).

A crença de que uma alma humana dual pode ser encontrada no espaço hiperfísico é fortemente difundida entre praticantes e adeptos nativos do xamanismo. Essa dualidade da alma explica como o xamã pode mover-se entre os reinos, por exemplo, quando entra em transe (Bock, 2005, p. 17). Essa noção de múltiplas almas relaciona-se à ideia de que a perda de uma dessas almas pode afetar o corpo físico e, assim, resultar em enfermidade, doença e morte. Essa filosofia oferece conhecimento de como a alma afeta a saúde física junto das almas dos xamãs que entram em estado xamânico para obter informações. Trata-se de um sistema de conhecimento que enfatiza a pluralidade das almas e sua capacidade de continuar a viver no espaço hiperfísico da existência.

A crença na possessão ou intrusão espiritual

A intrusão espiritual ocorre quando um corpo humano é invadido e ocupado à força por um espírito ou entidade maléfica. Essa noção é propagada nas práticas xamânicas como a condição em que um indivíduo é dominado por uma força externa, denominada espírito, que leva a pessoa possuída a exibir comportamentos incomuns, tais como fala rápida, balbucio incoerente, força e poder extraordinários, enfermidades estranhas etc. Esse fenômeno de intrusão espiritual pode ser causado por um espírito familiar ou por uma entidade estranha com a intenção de causar dano ao hospedeiro. O xamã determina se o espírito é benéfico para o hospedeiro e, caso não seja, o espírito deve ser expulso e desconectado do corpo do possuído. Esse espírito indesejado e nocivo é exilado pelo xamã, que entra em estado de transe para exorcizar o espírito maligno (cf. Bock, 2005, p. 19). Eliminar a entidade intrusa implica uma separação, seja por invocação para que o espírito saia, seja por apelo para que deixe o indivíduo pacificamente. O espírito pode falar pelo hospedeiro para exigir propiciação, como sacrifício a ser oferecido antes de deixar o paciente.

No transe xamânico, o xamã pode estar exposto à possessão por um espírito quando se encontra no reino místico. A intrusão espiritual durante uma prática xamânica pode ser induzida pela queima de incenso, instrumentos percussivos e realização de ritos e rituais. A possessão e a intrusão espiritual são referidas como "intermediação", em razão da qual o xamã é tomado para receber e transmitir conhecimento (Bock, 2005, p. 20). No entanto, há uma diferença entre a intrusão espiritual e o estado xamânico; a primeira é involuntária na maior parte das vezes e requer esforço de assistência profissional, ao passo que o segundo é acessado por escolha e exige esforço consciente para entrar no espaço místico e dele sair.

A adivinhação como conhecimento

O xamanismo, discutido anteriormente, é um sistema sincronizado que emprega diversas técnicas com o propósito de adquirir sabedoria para o bem da comunidade. Há diferentes tipos de geomancia que existem pelo continente africano e pelo universo. Esse sistema tem o conhecimento em seu cerne e funciona ao usar contas ou correntes de adivinhação, tabuleiros ou panos, ossos etc. para inquirir das divindades a sabedoria que é desconhecida dos humanos. A adivinhação no xamanismo é usada para diagnóstico, investigação, prescrição, cura e outros propósitos existenciais. O xamã é também um adivinho que consulta divindades, antepassados, espíritos e deuses para que logre conhecimento de um problema específico que exija intervenção divina.

Quando um xamã adivinha, ele recebe clareza acerca de um problema que abrange, entre outros, as causas do problema, o efeito, a solução ou remédio, o ritual ou sacrifício a oferecer, instruções de como realizar o sacrifício propiciatório etc. Em alguns casos, o xamã usa uma conta de adivinhação, que lança em um tabuleiro ou pano para buscar sabedoria do outro mundo, a fim de compreender o problema do cliente. Ele pode, então, proceder a entoar encantamentos ou poemas de adivinhação para obter ilustração de um incidente anterior semelhante ao presente. Quando o xamã lança a corrente de adivinhação, ele a movimenta algumas vezes e lê os sinais e formas dos ossos e das contas para desvendar o mistério.

No transcorrer de uma consulta, o xamã opera com o conhecimento de adivinhação para realizar ritos e rituais em benefício do cliente. A adivinhação é um sistema de conhecimento para o qual os xamãs são treinados, o que lhes permite receber informações suficientes acerca de sua prática xamânica. Na adivinhação, o conhecimento é fornecido por meio de comunicação com sinais e símbolos exibidos em ossos ou contas de adivinhação, que são então analisados, desmistificados e adequados ao problema do cliente. Segundo Winkelman, "a adivinhação 'diz respeito à aquisição de informação'" (Winkelman, 2004, p. 78-82). Essa informação é adquirida de forma "divina", o que a torna um sistema de conhecimento extraordinário. Quando discute a importância da adivinhação, Winkelman explica:

> A adivinhação reflete as funções do xamanismo: diagnóstico das causas das doenças; prognóstico quanto à recuperação do paciente; determinação dos interesses e intenções das forças espirituais; localização de animais para a caça; conhecimento da condição de membros de

família separados; planejamento do movimento futuro do grupo ou de seus inimigos; determinação das intenções e paradeiro de outros; e profecia (Winkelman, 2004, p. 78-82).

Para além das funções mencionadas da adivinhação como conhecimento no xamanismo, mencionou-se anteriormente que a comunidade é estabilizada por sua atuação. A estabilidade da comunidade provém do uso que a adivinhação faz do *ethos* cultural, dos mitos, dos costumes, das tradições e da cosmologia para funções sociais como prever o futuro de uma criança, escolher e coroar um governante tradicional, afirmação de decisões etc. Com efeito, o conhecimento na adivinhação representa a sociedade, educa a comunidade acerca dos costumes e da cultura, bem como regula as atuações do povo (cf. Winkelman, 2004, p. 78-82).

Psicologia no xamanismo

A prática do xamanismo revela e explicita o conhecimento da psicologia como meio de compreender a ação oculta por trás de um acontecimento ou de uma situação. Os xamãs que também atuam como psicólogos dominam o conhecimento esotérico e não esotérico dos povos africanos por meio de uma sabedoria intrínseca que conecta dois espaços – o físico e o metafísico. Esse conhecimento é usado para determinar, diagnosticar, tratar, administrar e curar problemas psicológicos. Por meio da ciência mística, o xamã examina o paciente, o qual pode ou não ter consciência de que apresenta matérias psicológicas que exigem auxílio xamânico. O xamã é capaz de diagnosticar esta enfermidade mediante consulta às forças místicas, o que, então, conduz à descoberta da causa ou do agente do incômodo.

O conhecimento psicanalítico do xamã abrange a indução do paciente a ver visões e ter sonhos como parte de sua turbulência interior, a qual se manifesta em suas atuações e decisões.

A turbulência interior reprimida irrompe em atuações físicas e comportamentais, tais como personalidade dissociativa, confusão, transtorno de identidade e crise de identidade. O xamã sabe que, para cada perturbação física, existe um desequilíbrio ou problema psicológico subjacente. Por conseguinte, eles fariam perguntas, comparariam imagens e informações dos sonhos do paciente para curar ou tratar a condição. Em alguns casos, os xamãs podem dedicar tempo ao estudo do comportamento do paciente e de sua interação com as pessoas para determinar a turbulência inata.

O conhecimento nas canções xamânicas

A música é um dos mais antigos meios de preservação dos sistemas de conhecimento dos povos nativos, os quais produzem diferentes tipos de sabedoria. Os xamãs usam a atuação e a música para obter o discernimento que não está acessível às pessoas comuns. A música e as canções são ferramentas poderosas de conhecimento e podem codificar a compreensão espiritual e esotérica de diferentes tipos. As canções são empregadas como dispositivos mnemônicos e como meio para conduzir os xamãs ao estado de espírito e à disposição mental adequados para que o conhecimento seja recebido. Trata-se também de um código que os xamãs usam para transmitir suas intenções e indagações às forças místicas. As canções executadas durante uma experiência xamânica são, ao mesmo tempo, fonte de conhecimento e meio de codificação e transmissão de conhecimento.

Com as novas descobertas nas tradições e no conhecimento nativos, o xamanismo tem sido o foco de muitas pesquisas, especialmente no que diz respeito à sua função e à natureza da produção de conhecimento que foi útil nos períodos pré-literários e modernos. As canções são uma ferramenta lúcida e lírica para transmitir mensagens a pessoas que podem ou não compreender a cultura ou a língua em que a canção é escrita, de modo que alcançam um público mais amplo em redor do mundo sem conhecimento de sua origem. As canções são, portanto, usadas nas práticas xamânicas para elucidar e codificar o conhecimento.

O lugar e a importância da música no xamanismo são essenciais, visto que ela é um canal de interação entre e dentre as forças envolvidas, isto é, o xamã e as entidades místicas (cf. Walker, 2003, p. 40-48). Esse argumento é válido porque os rituais são acompanhados por canções ou por música para abrir a comunicação e a transposição dos recursos de conhecimento por meio de ferramentas sônicas ou líricas. Walker esclarece ainda que as canções ou a música são "poder e conhecimento aos quais o xamã tem acesso a partir do mundo espiritual" (Walker, 2003, p. 40-48). O ritmo, o tom e a letra da canção irradiam conhecimento e poder místicos; o xamã usa a estimulação musical enquanto os espíritos também respondem ao seu chamado. Além da acentuação da música como uma poderosa ferramenta epistêmica para interação, as canções xamânicas também têm a qualidade única de estimular, estabilizar e produzir conhecimento no xamanismo. Como referência, as canções podem despertar o xamã para que ele seja receptivo ao conhecimento proveniente de entidades metafísicas. Assim, a música e as canções tornam-se condutoras para a transferência de conhecimento nativo no xamanismo. A extensão em que as canções e a música constituem conhecimento no xamanismo é diversa e será explorada no restante deste capítulo. É por isso que Walker opina que

> No ritual xamânico, a música expressa a integração entre mente, corpo, espírito e emoção na cosmologia dos povos nativos, bem como a relação destes povos com a terra na condição de fonte da vida e da cultura, as ligações sutis entre o mundo físico e o mundo espiritual na perspectiva nativa, e a natureza dinâmica do conhecimento tradicional. (Walker, 2003, p. 40-48).

Essa conceituação das canções no xamanismo como conhecimento significa a ponte e as ligações que as canções têm nas práticas xamânicas, tais como a capacidade das canções de alterar o estado de espírito durante um ritual. A música é a sabedoria de combinar diferentes camadas de consciência e de existência para produzir uma experiência significativa. Os povos nativos, mormente os de descendência africana, são conhecidos por usarem canções e música para discutir suas crenças, sua fé, sua religião e, mais importante, seu conhecimento nativo. Com este entendimento, é importante observar que as canções são, e tornam acessível, a sabedoria nativa no xamanismo. As canções em qualquer tipo de religião e cultura são poderosas e desempenham um papel fundamental na disseminação do *ethos* da comunidade.

Elas representam um sistema nativo e moderno de codificação do conhecimento, sobretudo entre as sociedades nativas. Os cânticos e as canções usados pelos acólitos e pelos xamãs são sabedoria incorporada em poemas e canções encantatórios, uma vez que comunicam problemáticas presentes aos espíritos e aos seres, e podem receber validação ou soluções para esses problemas por meio de códigos líricos. As canções xamânicas levam a sabedoria de um nível básico para ser codificada em notas e sons que invocam espíritos para liberar conhecimento ao xamã. Estas canções não são apenas canções ordinárias compostas na comunidade.

Em vez disso, são códigos que exigem extremo cuidado, porquanto são usados para invocar os espíritos. As canções nas sociedades africanas desempenham uma miríade de funções, desde educar a geração mais jovem até disseminar ideologias, celebrar ideias, pessoas, eventos, arte, até propósitos psicoterapêuticos de acalmar bebês, pacificar pessoas ofendidas e curar pessoas com diferentes problemáticas psicológicas. No caso do xamanismo, as canções são códigos de conhecimento em si mesmas, tanto para xamãs quanto para espíritos. O conhecimento e as informações esotéricas são codificados em canções xamânicas que servem como acompanhamento durante ritos e rituais xamânicos, uma vez que propiciam um ambiente apropriado no qual a transferência de informações e de sabedoria pode prosperar.

O conhecimento auditivo em canções xamânicas, poemas e encantamentos contém propriedades curativas. As canções são aspectos vitais nas práticas xamânicas para liberar energia a fim de conectar espaços físicos e hiperfísicos. As canções têm efeitos curativos em pessoas que sofrem de desequilíbrio psicológico, pois acalmam suas mentes e psiques perturbadas. A mente é reconectada ao seu estado pacífico por meio do zumbido, do canto e da mímica. As canções têm funções calmantes e terapêuticas ao servirem como bálsamo para nervos agitados. Podem ser usadas em pacientes com problemas neurológicos para induzi-los ao sono. Podem também ser usadas em pessoas com distúrbios do sono para ajudá-las a relaxar e, possivelmente, adormecer. Se um paciente é atormentado por um espírito malévolo, canções xamânicas são entoadas para exorcizar o espírito de seu hospedeiro.

O conhecimento xamânico em tambores e percussão

Os tambores e a percussão são também componentes importantes do xamanismo que contêm conhecimento e informações simbólicos. Walker explora o papel de ambos quando profere com entusiasmo:

> A voz do xamã, o tambor e outros sons percussivos produzidos por peças metálicas presas às vestes do xamã, sinos ou chocalhos – tudo isso se combina com o movimento de seu corpo e as borlas e franjas em suas vestes para produzir uma ponte sonora rítmica que facilita a viagem para o outro mundo em busca de conhecimento que beneficiará as pessoas neste mundo (Walker, 2003, p. 40-48).

A atuação e a linguagem dos tambores no xamanismo liberam códigos velados que encapsulam informações para o xamã e para o cliente. Tambores e percussão no meio africano têm uma linguagem que pode ser criptografada e decodificada por profissionais para transmitir informações que não exigem expressão verbal.

O argumento aponta para o uso de tambores e de percussão como sistemas de conhecimento que os xamãs usam durante sua atuação para facilitar a obtenção de material epistêmico. Para fundamentar ainda mais seu argumento, Walker afirma que a "ponte sonora é um condutor para a transmissão de conhecimento, poder, inspiração, consciência ou intenção entre mundos ou consciências" (Walker, 2003, p. 40-48). A percussão é mais do que apenas um instrumento para o conhecimento; é informação criptografada, pois tem um sistema e um padrão para codificar e decodificar informações.

Sonhos e visões como conhecimento no xamanismo

A interpretação de sonhos é outra técnica na prática xamânica para que se logre conhecimento do mundo hiperfísico. Os xamãs recebem conhecimento de visões e de sonhos que, quando interpretados, revelam informações do assunto.

Eles codificam conhecimento que está sujeito à interpretação xamânica que explora significados ocultos que são benéficos para o sonhador ou pessoa a quem o sonho é dirigido. A função dos sonhos e das visões é transmitir informações às pessoas quando a expressão verbal pode não ser necessária. Sonhos e visões são conhecimento pictórico que pode estar em ordem cronológica ou não linear e, às vezes, pode ser confuso para aquele a quem o sonho é revelado, o que exige, assim, o serviço de um xamã para elucidar e dar significado às imagens. Krippner considera que o conhecimento que deriva de sonhos e de visões é fonte vital do estado físico e mental de alguém (Krippner, 2012. p. 72-79). Os símbolos e as metáforas que são representados em sonhos e em visões são desvendados para expressar códigos ocultos de conhecimento benéficos para a melhoria da situação do cliente.

Sonhos e visões são parte da experiência e da técnica do xamã para adquirir conhecimento tanto antes como durante seu chamado para a profissão. São formas para os xamãs se comunicarem e reunirem sabedoria para seu paciente ou cliente. Sonhos atuam como canais de comunicação que os xamãs recebem no decorrer de um sono breve ou profundo. Neste estado de sono, eles permanecem conscientes o suficiente para receber lampejos ou imagens repentinas que são diferentes do que percebem na visão cotidiana. Degarrod explica que

> os discursos xamânicos que tratam de sonhos e de visões em muitas sociedades são valorizados não apenas por seus diferentes significados curativos, religiosos ou políticos, mas também por seu valor estético, já que essas narrativas não são transmitidas apenas pelos próprios xamãs, mas também por outros narradores (Degarrod, 2004, p. 89-95).

Os sonhos e as visões exibem símbolos e sinais que trazem informações codificadas para aquele que sonha ou para a comunidade. Esses símbolos e sinais funcionam como metáforas cuja análise, exame e interpretação se fazem necessários a fim de que se determine seu sentido e com o intuito de que seja possível apropriar-se deles na comunidade ou para o indivíduo visado. Alguns símbolos presentes nos sonhos, tais como chuva ou animais, podem submeter-se a técnicas interpretativas diferentes.

Degarrod observa que existem dois métodos de interpretação: as técnicas "metafórica" e "literal" (cf. Degarrod, 2004, p. 90). Ambas as técnicas exigem conhecimento. Tanto a interpretação de sonhos e de visões por meio da lente metafórica a qual aplica um sistema de representação simbólica de imagens como significados quanto a interpretação direta e literal, a qual carece de conotação mais profunda, constituem sistemas de conhecimento no xamanismo. O xamanismo emprega-os para diagnosticar e curar clientes enfermos. Degarrod esquadrinha justamente esse assunto quando afirma que

> Os sonhos são meios frequentes de diagnosticar o mal que aflige uma pessoa enferma. Se a fonte for um ser malévolo ou uma pessoa humana que deseja o mal

> da vítima (como na feitiçaria), o sonho pode revelar a identidade de tal ser ou pessoa. Ademais, o sonho pode ser usado para identificar a natureza dos medicamentos a serem empregados com a pessoa enferma. Esses medicamentos são, o mais das vezes, plantas. O tipo de planta, a sua localização e o momento em que deve ser colhida podem ser fornecidos a um xamã ou curador por meio dos sonhos (Degarrod, 2004, p. 90).

Os sonhos e as visões são aspectos importantes do conhecimento em virtude de sua inestimável função no xamanismo e para o xamã. Eles são intermediários ao convocar um indivíduo para o ofício e uma técnica de receber conhecimento.

A magia como conhecimento no xamanismo

A magia é um aspecto basilar de conhecimento – a ser cuidadosamente examinado no capítulo subsequente – que os xamãs exploram em seu ofício com o fito de obter sabedoria e mensagens místicas diversas. Ao treinar um xamã, Krippner observou que

> Aprende-se atuações da magia de um tipo ou de outro, até mesmo a prestidigitação, o aproveitamento de eventos sincrônicos ou o uso do que os ocidentais denominam "fenômenos parapsicológicos", dentre os quais figuram a percepção extrassensorial e a psicocinese (Krippner, 2007, p. 17).

A atuação da magia é tanto uma habilidade quanto um conhecimento que os xamãs adquirem durante a sua educação e que se emprega para criar um efeito dramático desejado para o seu cliente. A magia e a atuação da magia no xamanismo são uma exibição de conhecimento inerente à prática. Os xamãs demonstram o seu conhecimento da magia por intermédio da mudança da forma humana para a animal e vice-versa, do saltar no fogo sem se ferir ou se queimar, dos atos de desaparecimento etc., que se realizam por meio do poder mágico.

Este poder mágico confere ao xamã a capacidade de transformar-se e empreender atuações extraordinárias que são impossíveis de executar apenas com a capacidade humana e os auxilia a realizar atos em seus pacientes e clientes. Algumas dessas atuações abrangem a remoção de objetos prejudiciais em seus corpos, a cura instantânea, o exorcismo etc. A magia pode ser demonstrada no uso de feitiços e amuletos; durante um ataque, o xamã pode conjurar uma medida de segurança mágica para escapar de tal agressão.

As pessoas também consultam o uso da magia de um xamã para proteção, segurança, vingança, riqueza etc. A magia é a ciência de criar uma realidade extraordinária a partir de uma ordinária. A magia no xamanismo é a combinação de conhecimento da cosmologia, do poder, da metafísica e da autoridade da cultura para causar um evento incomum. O xamanismo, assim, é um sistema de conhecer e de usar o poder mágico das plantas, dos poemas encantatórios e da manipulação metafísica da energia e dos recursos espirituais. Há uma forte crença na magia e no poder mágico nas comunidades em que se pratica o xamanismo.

O conhecimento da cura no xamanismo

As adições de cura aos poderes e às atuações xamânicos foram mencionadas até aqui. Nas comunidades nativas africanas, a cura ou a saúde perfeita é concebida como a conexão das três divisões da existência humana: o corpo físico, a entidade psicológica da mente e o componente espiritual (espírito). Quando o corpo físico está enfermo, isso significa que os outros componentes estão afetados ou causaram a manifestação física no corpo. Essa crença é amplamente sustentada nas sociedades xamânicas, visto que os xamãs entram em transe para se conectarem com espíritos ou seres místicos a fim de obterem informações ou por meio da adivinhação, a qual, como um meio, conecta-se a corpos simbólicos espirituais de conhecimento para obter códigos de informação, tais como a cura para enfermidades e doenças. Essa visão de mundo é o que torna o xamanismo diferente da medicina ocidental ou da cura alopática. No xamanismo, o xamã conecta a crença do paciente à causa originária da doença física e espiritual, de modo que extrai as soluções necessárias de sua comunicação com seres celestiais. Vuckovic *et al.* reiteram que durante o tratamento os xamãs precisam estabelecer dois fatores:

> Dois tipos principais de fatores espirituais podem contribuir para a doença ou causá-la: (1) a perda de uma energia espiritual que é importante para o bem-estar do paciente (a perda da alma pessoal e a perda do espírito guardião estão entre as principais) e (2) a presença de um espírito ou força energética que é prejudicial ao bem-estar do paciente (por exemplo, intrusões espirituais, possessões involuntárias) (Vuckovic *et al.*, 2007, p. 18-29).

Este diagnóstico é importante para o tratamento e a cura do problema de saúde de um paciente, porquanto ajudará o xamã a reconectar o cliente ao seu bem-estar espiritual e a alcançar a síntese perfeita da constituição física, espiritual e psicológica. A conexão dos xamãs com seres místicos por meio do transe, também conhecida como "estado xamânico de consciência" (cf. Vuckovic *et al.*, 2007, p. 18-29), produz conhecimento que não é acessível ou atingível na forma consciente humana. A cura começa de dentro para fora por meio desta conexão com forças espirituais. Estes profissionais obtêm conhecimento atemporal ao penetrarem no espaço místico e no real para se comunicarem com espíritos poderosos (cf. Vuckovic *et al.*, 2007, p. 18-29). O conhecimento da cura no xamanismo é adquirido ao entrar no estado xamânico, o qual é alcançado por meio do transe e da estimulação pelo canto, pela percussão e pela dança. Schneider *et al.* opinam que

> A cura xamânica é interativa. Ela permite aos indivíduos recuperarem seu "poder" e participarem de sua

> própria cura, caso assim o desejem. Dessa forma, o tratamento pode envolver auxiliar o paciente a integrar os efeitos da cura xamânica por meio de mudanças no comportamento, na dieta ou no estilo de vida, participar de aconselhamento ou incorporar práticas rituais ou espirituais (por exemplo, aprender a fazer jornadas por si mesmos) em sua vida (Vuckovic *et al.*, 2007, p. 18-29).

Esse processo participativo torna o xamanismo um sistema de conhecimento que implementa a vontade e a contribuição do paciente para alcançar sua própria cura por meio do canto, da dança e da entrada voluntária em transe, o que o torna, assim, suscetível à conexão com poderes místicos de cura. Algumas das enfermidades são "perda da alma", "perda de poder", "intrusão espiritual" e "desânimo ou baixa energia" (cf. Vuckovic *et al.*, 2007, p. 18-29). Essas enfermidades são tratadas com o conhecimento da cura xamânica por meio de sua conexão com a crença do paciente no xamanismo, da participação em rituais, dos cantos e das danças. A cura no xamanismo não é um evento isolado, mas uma conexão de fé e de confiança no sistema.

Conhecimento cirúrgico

Nas sociedades em que se encontram práticas xamânicas, os xamãs são consultados para realizar ritos de passagem. Seu conhecimento da tradição, da cultura, das normas e da sabedoria xamânica da comunidade é requisitado para atividades e ritos como circuncisão, maioridade, vida adulta, morte e ritos funerários. Em caso de acidentes, complicações no decorrer do parto, circuncisão, doenças e enfermidades, os xamãs podem ser convocados como cirurgiões tradicionais para operar o paciente. No caso da circuncisão, o xamã, seja homem, seja mulher, realiza esse rito em bebês ou adolescentes, meninos ou meninas, conforme o costume da comunidade. Na ocorrência de afecções como furúnculos ou outros crescimentos no corpo, o xamã pode ser chamado para decifrar a causa e então realizar a cirurgia no paciente.

Na cirurgia xamânica, demonstra-se uma constelação de conhecimentos no tratamento de pacientes com partes do corpo quebradas e mutiladas, como mãos, dedos, pernas, ossos etc. O seu conhecimento de anatomia humana e adivinhação, que revela como o procedimento será realizado, manifesta-se na cirurgia xamânica. No transcorrer da circuncisão, o xamã sabe como e qual parte do órgão genital deve ser cortada e como é cuidadosamente tratada para evitar infecções. O xamã opera seus pacientes com instrumentos que podem consistir em facas e tesouras de diferentes tamanhos. Isso também é acompanhado de produtos fitoterápicos para esterilizar o equipamento, pois podem ser usados em várias crianças. Ervas podem ser administradas à criança ou à parte do corpo para reduzir a dor e o sofrimento durante a cirurgia. Rituais ou ritos podem ser realizados antes da circuncisão para assegurar uma cirurgia e um processo de cura bem-sucedidos.

Este conhecimento de cirurgia xamânica pode ser simples e complexo, pois há casos em que o xamã pode cortar e cauterizar partes do paciente que podem estar infectadas com doenças ou infecções. A amputação da parte infectada é realizada com o uso de anestesia nativa para prevenir dores excruciantes, às vezes devido à duração e à gravidade da cirurgia. O xamã pode requerer a assistência de outros xamãs, homens ou mulheres. Depois da cirurgia, o xamã continua a tratar a ferida do paciente até sua completa recuperação. Outros tipos de cirurgias que os xamãs realizam são a remoção de membros, dentes e dedos excedentes etc. O xamanismo é um sistema de conhecimento que contém a dualidade da sabedoria científica moderna e nativa no tratamento e na operação de doenças.

Conhecimento de arte no xamanismo

A arte, os desenhos, as gravuras, os esboços e as pinturas da Era Paleolítica mostraram que os xamãs e o xamanismo contribuíram com seu conhecimento para as artes e os padrões criativos. Hoppal teoriza que "com base no material de arte rupestre de diferentes territórios, o estabelecimento de contatos entre os desenhos, gravuras ou pinturas e as crenças mágico-religiosas" (Hoppal, 2013, p. 41) expressa a prática do xamanismo e do ritual. A conexão entre arte e xamanismo é extraída de uma série de gravuras, desenhos e pinturas artísticos encontrados em rochas e cavernas em sociedades primitivas. Hoppal, ao estabelecer a conexão entre xamanismo e arte, opina que

> Do que não há dúvida, pelo menos na Sibéria, o *locus classicus* do xamanismo, é que existe uma possibilidade teórica de encontrar as primeiras expressões de rituais e símbolos xamânicos nas rochas da Ásia Central e Setentrional. Ademais, a arte rupestre siberiana poderia ser vista como os documentos mais antigos de que dispomos da pré-história do xamanismo eurasiático ou, para usar uma expressão mais precisa, esses dados poderiam lançar luz nos complexos de crenças religiosas dos quais o xamanismo siberiano emergiu e começou a desenvolver-se (Hoppal, 2013, p. 41).

O resumo de Hoppal quanto ao xamanismo expresso por meio de imagens artísticas em rochas e em cavernas ilustra que os xamãs também desenvolveram um método de documentar sua arte, sua existência e seu conhecimento por meio desses desenhos e pinturas.

Confiar no exemplo da arte rupestre siberiana para tirar conclusões quanto ao início do xamanismo conduz a uma negligência, pois esses desenhos de rituais e de prática xamânica são representações de um conhecimento artístico nativo no xamanismo. Ao determinar a existência do xamanismo, Hoppal usa figuras de pinturas antropomórficas nas cavernas como sinais que confirmam seu argumento de que o xamanismo existira por mais tempo do que o consenso geral. Como os hieróglifos do Egito, a arte em cavernas e rochas que retrata práticas xamânicas representa um sistema de escrita e de conhecimento artístico do xamanismo na Era Paleolítica. O xamanismo exibe um sistema de conhecimento avançado até mesmo em comunidades tradicionais para mostrar seu potencial de expansão do conhecimento na Era Moderna.

Hoppal afirma, a respeito do xamanismo e da arte rupestre, que as figuras na rocha têm semelhanças com imagens na vestimenta do xamã siberiano (cf. Hoppal, 2013, p. 52). Esses desenhos revelam práticas e conhecimentos xamânicos, os quais são sinais de um sistema de conhecimento. Esse sistema exprime-se no uso da arte em pinturas, gravuras, desenhos e padrões em rochas, cavernas, casas e vestimentas em comunidades nas quais se realizam práticas xamânicas. É nessa perspectiva que Hoppal assevera que "um ponto de partida mais construtivo seria considerar os sítios de gravuras rupestres como algo mais do que apenas uma coleção de imagens" (Hoppal, 2013, p. 53).

Essas imagens são mais do que apenas arte. São sinais e símbolos do xamanismo por meio de sua representação desse sistema de conhecimento antigo. As pinturas demonstram o ato do ritual, do sacrifício, do culto aos antepassados, e da veneração. O xamanismo usa a arte para expressar conhecimento por meio da comunicação da crença em ritual. Sacrifícios e ritos gravados em rochas mostram como eles interagem e cultuam suas divindades.

Conhecimento do futuro

Um dos principais atributos do xamanismo é a capacidade de obter informações acerca do futuro. Esse conhecimento dificilmente é uma sabedoria comum facilmente acessível às pessoas, sobretudo quando há necessidade de canalizar recursos e força para preparar-se para ele. O xamanismo desvenda o mistério do futuro ao trazer o passado, o presente e o futuro a uma perspectiva. Os xamãs usam a adivinhação dentre muitos métodos para obter discernimento acerca de uma ocorrência futura específica para clientes que buscam elucidação. O xamanismo emprega mais de uma única técnica para angariar conhecimento do futuro, pois os xamãs podem entrar em estado de transe.

Eles também podem receber visões e sonhos que são objeto de interpretação e análise para extrair provas conclusivas acerca do futuro. Em algumas comunidades africanas em que se realizam práticas xamânicas, os nativos amiúde buscam o auxílio de um xamã seja para ver o que o futuro lhes reserva, seja para indagar em nome de seus tutelados e filhos. Por vezes, os nativos desejam saber se um empreendimento comercial, uma profissão, uma união ou parceria será lucrativo, pacífico, recompensador; daí uma visita ao xamã torna-se uma opção.

Antevidência como conhecimento no xamanismo

A antevidência é um sistema e uma técnica no xamanismo que produz conhecimento de comunicação com os mortos. A percepção e a comunicação com entidades metafísicas é um sistema de conhecimento que os xamãs têm. Quando os xamãs são consultados para desvendar a fonte de um problema, é prática comum que eles comunguem com os antepassados do cliente, pois estes têm conhecimento dos vivos e, acredita-se, vigiam seus descendentes. Essa percepção extrassensorial permite ao xamã fazer uma investigação extensa de um problema específico pela comunicação com esses corpos.

Os xamãs também são considerados profissionais capazes de ouvir vozes, pois "as vozes são sempre uma expressão de seres, antepassados, espíritos, elementais, anjos etc. Portanto, os xamãs buscam relacionar-se e empenhar-se com antepassados ou espíritos como seres integrais" (Lambrecht, 1998, p. 4). Parentes mortos podem ser contatados no xamanismo com base no conhecimento de que os xamãs podem conversar, invocar e ver esses seres místicos. As informações que eles recebem de sua conversa com tais "seres" são, então, analisadas para decifrar a causa e a solução para o problema que exigiu comunicação com um parente falecido.

A antevidência não é apenas uma técnica no xamanismo; é um sistema de conhecer o passado, o presente e o futuro desconhecido. Em comunidades em que se pratica o xamanismo, os nativos creem nesse conhecimento de lograr sabedoria de seus antepassados mortos para ter uma melhor compreensão de como conduzir suas vidas. O xamã pode ouvir a voz do antepassado e esclarecer o cliente, ou o antepassado pode falar por meio do xamã ao possuí-lo. A antevidência no xamanismo produz conhecimento do outro mundo que é, então, aplicado a situações no mundo dos vivos. Lambrecht fornece uma ilustração de como o conhecimento é obtido:

> No contexto sul-africano, os xamãs ouvem seus antepassados em sua cabeça ou do exterior, bem como oferecem seus corpos aos antepassados para que possam usar o xamã como um instrumento, uma voz para comunicar-se com a comunidade ou o cliente [...]. Vale mencionar, contudo, que as vozes dos antepassados são ouvidas durante a adivinhação, são expressas por meio do corpo do xamã enquanto dança e são vistas e ouvidas em sonhos ou visões (Lambrecht, 2020, p. 4).

É seguro concluir, portanto, a partir do exposto, que o sistema xamânico mantém aberta a linha de comunicação entre dois ou mais níveis de existência com o propósito de produzir conhecimento. Esse conhecimento não é o único subproduto da antevidência no xamanismo, pois também se alcança uma relação funcional e comunicacional. Os xamãs também são concebidos como profissionais que dominaram a possessão espiritual, pois podem controlar sua comunicação com eles e apropriar-se das informações obtidas adequadamente (Lambrecht, 2020, p. 9).

Alguns dos conhecimentos obtidos por meio da antevidência e da audição de vozes espirituais no xamanismo abrangem a causa de doenças, orientação para preparações medicinais, regime de cura etc., todos essenciais para o crescimento e a estabilidade da comunidade e das pessoas.

Conhecimento do clima

Outra especialidade dos xamãs é sua capacidade e conhecimento do clima. Na sociedade tradicional, os xamãs são uma fonte comum de informação e conhecimento do clima e de como ele pode ser direcionado para favorecer as pessoas. Em algumas sociedades, eles têm a reputação de ter o conhecimento da fabricação de chuva ou a capacidade de pará-la e redirecioná-la para outros lugares. O conhecimento do clima fundamenta-se no xamanismo porque essa informação pode servir aos agricultores nativos para o bem de sua terra e das colheitas. Esse conhecimento pode ser adquirido no xamanismo por adivinhação ou pelo estudo das nuvens. As previsões e os ditos feitos pelos xamãs são levados a sério pelos locais que têm fé no sistema como uma fonte confiável e autêntica de informação. Porque os xamãs podem ver visões, estudar as nuvens e a atmosfera, medir o movimento do vento, aprender a posição da Lua e do Sol e notar mudanças na atmosfera, eles podem prever chuvas, secas, fomes e outros eventos sazonais.

Conhecimento sociopolítico e cultural

Apesar de tudo o que se disse acerca do xamanismo, ele não funciona como um sistema isolado; incorpora as características sociais, políticas e culturais da sociedade. O xamã é um especialista em problemáticas e em eventos socioculturais e políticos, de modo que pode ser consultado em razão de seu conhecimento adequado de assuntos que afetam a comunidade. Em algumas comunidades nativas, os xamãs também atuam como conselheiros do governante ou do líder tradicional em todos os assuntos devido a seu extenso conhecimento de vários temas. Eles atuam como repositório de discernimento cultural e político, pois podem adquirir sabedoria não facilmente acessível ao público. Em tempos de crise, o xamã pode intervir para evitar tais pandemias ou indagar por que tais calamidades ocorrem. Quando o xamã faz a indagação, ele pode prescrever um ritual a ser realizado em nome de toda a comunidade. Eles também aconselham chefes e líderes tradicionais em assuntos de importância nacional.

É sempre essencial para o xamã ter domínio da mitologia de sua cultura a fim de transmitir o conhecimento de costumes e de tradições à próxima geração (cf. Krippner, 2007, p. 17-24). Isso também é corroborado por Yang, que afirma que os xamãs servem como especialistas culturais quando declara que "na Dinastia Han, os xamãs continuam a ser usados na corte como especialistas em rituais, adivinhos e curadores na religião estatal" (Yang, 2015, p. 55). A extensão das funções e dos papéis dos xamãs é ampla e extensa devido à gama de sabedoria em sua profissão. Em algumas comunidades, os xamãs são usualmente consultados antes da tomada de posse de chefes, governantes e líderes tradicionais para buscar o consentimento dos deuses e verificar a legitimidade dos candidatos escolhidos. Os xamãs servem como guardiães dos costumes e das tradições da comunidade porque o xamanismo é uma constelação de *ethos* cultural, de cosmologia, de religião e de tradições.

Conhecimento de atuação no xamanismo

A relevância do sistema de conhecimento do xamanismo na África encontra-se em sua natureza peculiar e em suas atuações, as quais podem ser estudadas. Os xamãs podem ser vistos como artistas pelas várias formas segundo as quais realizam práticas xamânicas que exibem características e aspectos de atuação. O método e a cadência de tocar tambores, o cantarolar e o cantar, o balançar e os movimentos do corpo conforme a música podem ser estudados como elementos de conhecimento e de significado no xamanismo. Os tipos de tambores, o ritmo, o número de batidas e o significado dos tambores que conduzem o xamã a um estado alterado de consciência são características de conhecimento que precisam ser exploradas para gerar significado. Parte dessa significação deve-se ao papel que desempenham na cura e no tratamento durante um ritual xamânico.

Kister, na avaliação do ritual xamânico como atuação, julga que

> a sua atividade mimética, os prodígios, a música e a dança tornam os deuses diretamente presentes diante de nossos olhos. Ele leva ao palco o encontro intrinsecamente dramático entre os seres humanos e os deuses e os espíritos, encontro este que constitui a crença central de uma comunidade xamanista (Kister, 2004, p. 82-89).

A atuação traz à tona os elementos de conhecimento como drama; o xamã é o artista que usa sua habilidade para maximizar a exibição de sabedoria. O xamã é visto como um artista no palco que demonstra poder e cura pelo uso de sua capacidade física (cf. Kister, 2004, p. 82-89). Cada aspecto do xamanismo pode ser estudado como atuação: a dança, os cânticos, os ritos e o ritual, e os participantes são elementos de drama. Cada parte da prática xamânica – ritual, transe e cura – apresenta uma atuação dramática. Por vezes é teatral, pois o xamã realiza magia diante de uma audiência que se maravilha com a exibição de poder sobrenatural.

O ritual xamânico é um conjunto de atuação em que o xamã veste seu traje. O transe é uma personificação do espírito. Ele dança, balança, salta e move-se conforme o rufar de tambores e a canção de uma maneira que transmite significado. A conversa entre o xamã (artista) e o cliente (audiência) é um diálogo. Por vezes há um monólogo dramático quando o xamã conversa com o espírito. Nos casos em que o xamã conversa com um antepassado ou parente falecido, ele assume o comportamento e a conduta do morto, o que se torna dramático à medida que fala daquela maneira correspondente.

Relevância do conhecimento derivado do xamanismo para a África

Na África, o conhecimento derivado do xamanismo é relevante para o futuro, seu crescimento e avanço. Esse conhecimento precisa ser identificado, documentado e codificado para fins de pesquisa. Para avançar esse conhecimento, as práticas xamânicas em diferentes regiões do continente devem ser cuidadosamente estudadas para averiguar semelhanças ou variantes em estados ou em comunidades em que se pratica o xamanismo. Um conhecimento desse tipo é relevante para a ciência e para a tecnologia, assim como para a medicina, para a literatura, para a educação, para a religião e a economia africanas.

Pesquisa de variantes africanas do conhecimento xamânico

Visto que há várias sociedades fora da África em que se pratica o xamanismo, uma comparação e pesquisa acadêmica da prática xamânica africana podem ser realizadas. Esta pesquisa investigará e explorará vários aspectos do conhecimento, da filosofia, das práticas e dos sistemas xamânicos em diferentes regiões do continente. Nesta exploração, o conhecimento derivado de cada região pode ser codificado e documentado para lançar luz nas semelhanças e dessemelhanças nas práticas, nas filosofias, nas crenças, nos trajes e nas atuações. O conhecimento derivado do xamanismo pode ser documentado e codificado para ser ensinado em escolas e em estabelecimentos xamânicos para a preservação desse sistema. O conhecimento, especialmente o desse tipo, precisa ser preservado da extinção para que as gerações futuras o construam e o aprimorem. A criação de uma base de dados para a sabedoria derivada do xamanismo é imprescindível para o crescimento do continente africano. Vários aspectos dessa prática precisam ser codificados e documentados para referência e para pesquisa a fim de assegurar que esse conhecimento seja aprimorado e promovido.

Conhecimento aplicado a problemáticas sociopolíticas na África

O conhecimento derivado do xamanismo pode ser aplicado a problemáticas e a problemas nativos que o continente africano enfrenta. A sabedoria no xamanismo pode ser documentada como uma filosofia e como uma crença do povo africano em livros e outros formatos para distribuição às diferentes partes do mundo. A África vivencia muitos desafios sociopolíticos que podem ser resolvidos com o uso do conhecimento derivado do xamanismo. A filosofia, a epistemologia e a cosmologia xamânicas e africanas, reunidas com base na sabedoria esotérica e não esotérica, podem ser teorizadas para problemáticas sociopolíticas africanas comuns. A bibliografia do conhecimento derivado do xamanismo africano poderia produzir filosofias, crenças, costumes e práticas relevantes para a África e para seu povo na atualidade. A dependência do conhecimento ocidental para resolver problemáticas africanas será substituída por soluções e por métodos africanos.

Desenvolvimento da economia africana

O conhecimento derivado das práticas xamânicas na África pode estimular um movimento ascendente na economia do continente. A produção de conhecimento derivado do xamanismo na bibliografia de todos os tipos impulsionaria a economia. Esse desenvolvimento econômico pode ser alcançado por meio do cultivo, do armazenamento e da disseminação do conhecimento xamânico. As informações acerca da antevidência, da adivinhação, da astrologia, da meteorologia, da ecologia etc. devem ser codificadas a fim de evitar furto e apropriação indevida. A riqueza de conhecimento no xamanismo africano aumentará a produção de recursos que gerarão benefícios estrangeiros, subvenções, empréstimos e apoio de várias organizações internas e externas. O plantio, o cultivo, o processamento e a venda de raízes, plantas, ervas e materiais para empresas farmacêuticas impulsionarão a economia dos estados africanos. O montante gasto em medicamentos ocidentais pode ser usado para desenvolver outros setores ou a medicina tradicional africana a fim de facilitar a expansão e o crescimento na economia.

Bibliografia xamânica africana

A produção e a colaboração interdisciplinar de conhecimento em xamanismo e atuação, arte e fotografia, tecnologia, computadores, estudos de língua e de literatura, e muitos outros poderiam ser realizadas. Este trabalho em pesquisa interdisciplinar aprimoraria a produção e a multiplicação de obras que tratassem do conhecimento africano. A produção de artes xamânicas, de filmes, de fotografia, de provérbios, de folclore, de mitos etc. são exemplos que versam acerca da relevância do conhecimento derivado do xamanismo na literatura e na educação africanas. Esta relevância torna-se diversificada e dinâmica quando um novo conhecimento é produzido por meio do estudo do xamanismo africano e de outros campos africanos de epistemologia. Nos estudos literários, aspectos de literariedade podem ser estudados no folclore xamânico, nas histórias, nos mitos, nos provérbios e no uso metafórico da linguagem. A extensão e o âmbito da relevância do conhecimento derivado do xamanismo têm uma amplitude que ultrapassa o âmbito deste capítulo.

Estabelecimento da medicina africana

O conhecimento de ervas e de plantas derivado do xamanismo pode ser aprimorado e desenvolvido ao lado da medicina ocidental. O progresso da medicina xamânica levará ao desenvolvimento e ao crescimento da medicina alternativa na África. Vegetação diversa, árvores, plantas e ervas que são, quer medicinais, quer usadas para o tratamento de diferentes enfermidades, podem ser cultivadas, preservadas, processadas e armazenadas. O aprimoramento da medicina alternativa reduzirá a dependência da medicina ocidental e, por conseguinte, promoverá o desenvolvimento da África. Esse conhecimento derivado do xamanismo poderia ajudar na criação e no estabelecimento da prática da medicina mediante o uso de técnicas e ciência xamânicas africanas. Este conhecimento poderia ser ensinado em escolas e em instituições de ensino superior como um campo profissional e acadêmico de conhecimento. A cura, o tratamento e a preservação de vidas por meio do conhecimento derivado do xamanismo na África não só produzirão especialistas neste campo, mas também abrirão caminhos para a colaboração entre a medicina ocidental e a africana.

Ademais, o conhecimento derivado do xamanismo na África permitirá a sustentabilidade do xamanismo africano como campo de epistemologia. A extinção e a perda de conhecimento peculiar ao meio africano serão evitadas, e esse conhecimento será preservado, arquivado e promovido. A valorização e o estabelecimento desse conhecimento africano estimularão a juventude africana a estudar e a usar essa sabedoria. Esse conhecimento é relevante para os sistemas cultural, político, religioso e educacional. A promoção e a participação em práticas culturais africanas, ensinamentos espirituais e religiosos, ideologia política e bibliografia acerca do xamanismo promoverão a estabilização e a continuidade do futuro do continente.

Conclusão

Este capítulo examinou o xamanismo como um sistema de conhecimento e de crença que os povos nativos da África consultam a fim de resolver seus problemas. Explora, ademais, algumas conceituações dessa noção para saber e adquirir informações que não são acessíveis pela inteligência humana comum. Na discussão do xamanismo como forma de obter sabedoria, a pesquisa realizada também explorou como o conhecimento é adquirido e quem são os produtores. O xamã é reconhecido como o produtor de conhecimento, pois se torna o principal vínculo com os seres místicos. O papel e a função dos xamãs como mediadores, curadores, fitoterapeutas, psicólogos, magos e atuantes são ilustrados e discutidos. O xamã é imbuído de conhecimento por meio do treinamento e da experiência acumulada durante seu chamado à profissão.

Mais importante ainda, embora este capítulo se diferencie do anterior no tema de estudo – arte e práticas xamânicas, diferentemente dos "adivinhos" no capítulo anterior –, ele também trata de como a produção de conhecimento permite aos praticantes exercerem poder espiritual e político. Optei por usar práticas xamânicas para explorar a produção de conhecimento neste capítulo. Isso já sugere que, seja adivinhação/xamanismo ou adivinhos/xamãs, os resultados são quase os mesmos, sujeitos apenas ao nível de sua aceitabilidade em comunidades africanas específicas. Nas comunidades africanas em que a prática era prevalente e amplamente aceitável, os xamãs eram amiúde consultados pelos governantes africanos quando o mal se avizinhava – a fim de obter sorte. Ademais, dada a crença em sua capacidade de se comunicar com o mundo hiperfísico, sempre lhes era concedido um assento durante os conselhos críticos de tomada de decisão, e seus avisos amiúde não deveriam ser menosprezados. De fato, suas habilidades de invocar espíritos, de comungar etc. já lhes conferem grande poder, temor e um mínimo de controle político.

Outrossim, uma discussão de sua definição, juntamente com a natureza e a forma de conhecimento no xamanismo, é então explorada ao examinar sua natureza oral de transmissão e de disseminação feita pelos guardiães da informação para as gerações seguintes de aprendizes e de descendentes. Esta exploração da natureza do xamanismo como sistema de conhecimento leva às formas de conhecimento na prática xamânica. O xamanismo é ilustrado por meio da adivinhação, um sistema de geomancia que os adivinhos, que também são xamãs, empregam para buscar respostas a vários problemas. Outras formas de conhecimento no xamanismo são obtidas por meio do transe – também conhecido como estado xamânico ou estado alterado de consciência –, cantos xamânicos, percussão, hipnose etc. O âmbito do conhecimento no xamanismo é extenso, e este capítulo apenas arranhou a superfície.

À guisa de conclusão, o xamanismo é um sistema de conhecimento para adquirir informações acerca de vários aspectos da religião tradicional africana nativa, tais como cosmologia, ecologia, crenças, tradições e costumes. Este sistema de conhecimento é em sua prática, a um só tempo, tradicional e moderno.

3

Magia e bruxaria

Introdução

A etimologia da palavra *magia* provém do vocábulo grego *magike*, que se refere à arte e ao ofício dos tempos antigos e foi categorizada em diferentes formas (cf. Walace, 2015, p. 23-51). No grego antigo, *goetia* significava encantamentos, feitiçaria ou invocação de demônios, enquanto *theourgia* se referia à magia elevada e benevolente ligada ao âmbito sobrenatural. Estudiosos africanos também definiram a magia em consonância com o contexto africano. Segundo Ki-Zerbo, pode-se entender a magia como a gestão de forças, uma atividade neutra sem valoração ética. Presume-se que a expressão da magia, pela vontade do mago, tenha um resultado positivo ou negativo (maléfico) (cf. Ki-Zerbo, 1990).

Do mesmo modo que na Grécia antiga, a magia na África tinha relação íntima com outras práticas, como medicina, bruxaria, rituais e adivinhação. De fato, conforme mencionado no capítulo anterior, também compartilha afinidades próximas com o xamanismo, embora este não seja reexaminado neste capítulo. Contudo, a cultura africana antiga costumava discernir a diferença entre a magia e esses conceitos, e o desejo de separá-los nasceu da necessidade de apreciar a magia de maneira integral. É o que este capítulo se propõe a ampliar ainda mais, com foco em seu sistema de conhecimento, e exposição até mesmo das formas e da natureza variadas segundo as quais esse conhecimento pode ser visto. Por exemplo, Bonmgba considera que a bruxaria e os oráculos entre os zandes são responsáveis pela desvalorização da magia e, assim, impediram que seu estudo se tornasse um conceito definido (cf. Kiernan, 2006).

Apesar da categorização, é necessário estudar conjuntamente os conceitos de magia, bruxaria, rituais, religião e práticas afins para compreender plenamente sua epistemologia e evolução ao longo dos anos. Embora exista farta literatura acerca da magia, grande parte dela, mormente no que concerne à magia africana, fixa-se numa narrativa defeituosa que a reduz a um instrumento de dano, de trevas e de destruição. O foco concentra-se, amiúde, em aspectos negativos baseados em estereótipos eurocêntricos sombrios do continente africano. Conquanto diversos estudos antropológicos tenham sido realizados na África a fim de explicar as visões de mundo e crenças africanas, sobretudo no que diz respeito à epistemologia africana da magia, muitos deles, infelizmente, não passam de discussões teóricas ou são subservientes a descrições históricas eurocêntricas já existentes.

Nessas narrativas eurocêntricas, a magia é frequentemente reduzida a meros truques – exibições criativas que visam a enganar o público e, nos piores casos, à extorsão. Os magos são vistos como indivíduos que brincam com a inteligência das pessoas para criar ilusões. Isso se retrata melhor no popular ditado "quanto mais se olha, menos se vê". Por conseguinte, a persistência dessa crença erroneamente concebida tem impedido a compreensão adequada do sistema de conhecimento da magia e de como dela surgiu um forte sistema de crenças que explica a existência de praticantes e adeptos. Isso também corrói o impacto da magia e suas contribuições para o que se poderia considerar "ciência africana".

Não obstante esses equívocos, os estudos demonstram que a magia constituía uma prática séria na África antes do contato com os exploradores ocidentais e com os subsequentes colonizadores. Suas formas variam da simpática à contagiosa e podem enquadrar-se na tradição artesanal em vez de na tradição teórica e erudita. Em outras palavras, trata-se de uma arte considerada parte da cultura africana e não um conceito estranho. De acordo com Emedolu, "Por mais que haja tantas interpretações errôneas da magia, bem como equívocos quanto a ela, não desejamos vê-la, ao menos, à luz antropológica da mentalidade distintiva do 'primitivo'" (Wiener, 2004, p. 10-11). Isso explica que a magia, em seu sentido original, não é primitiva nem distante. É uma cultura – uma que, de fato, continua a evoluir como um sistema de conhecimento que influencia sua prática.

Para compreender adequadamente a magia na África, é de suma importância considerar as práticas religiosas tradicionais em todas as sociedades africanas, as quais servem de base aos processos dianoéticos e às crenças africanas fundamentais. Isso envolverá invariavelmente o conceito de bruxaria, que foi reduzido a uma análise ingênua e, segundo Emedolu, não passa de um grau especial de magia. A compreensão de tudo isso colocará em melhor perspectiva o discurso da magia e também proporcionará clareza ao discutir seu lugar na ciência africana para eliminar, de maneira holística, o cancro da negatividade ocidental em relação à prática da magia. Isso se tornará possível mediante o exame da epistemologia das práticas mágicas na África e de sua relação com a ciência ocidental.

Conceituação da magia na África e desconstrução dos equívocos

A existência da magia e de outras práticas, tais como a bruxaria, os rituais etc., na África, não é mais objeto de debate. No entanto, o ponto de divergência surge quando se trata de determinar o propósito e o conhecimento dessas práticas, os quais são mal interpretados. Diversos textos literários tentam argumentar que não há nexo causal entre a magia africana e a evolução da ciência na África. Esse argumento estende-se ao fato de que, embora o fenômeno da bruxaria possa ter existido na Europa, ele pertencia à Era Medieval – essencialmente, ao passado. Esses argumentos insinuam em grande parte que a ciência não teve relação alguma com práticas místicas como a magia e a bruxaria. Todavia, essa concepção errônea da magia africana e das práticas associadas falha, pois não explica a crença e a adesão contínuas à prática na África. Além disso, é uma das bases fortes para a aspersão absurdamente primitiva lançada na África como um continente de ignorantes.

Entretanto, quando vista sob o prisma da história, essa concepção resistirá ao teste de um interrogatório cruzado objetivo que leve em conta a perspectiva, a compreensão e a interpretação africanas desse fenômeno? Enquanto este capítulo busca avançar a discussão a partir da perspectiva da influência religiosa das práticas mágicas na África, ele explorará a via de comparação com a ciência para afirmar primeiro a existência da magia africana e, em seguida, demonstrar como ela influencia as crenças e práticas na África.

Na própria tradição europeia, a magia era considerada a "matriz de uma experimentação verdadeiramente científica" (Mcneill, 1935, p. 342-344). Isso foi igualmente afirmado por John Henry em *Magia e origens da ciência moderna*:

> Sem a tradição da magia europeia, a ciência e a medicina científica dificilmente teriam se desenvolvido com tanto êxito quanto o fizeram [...] assim, a história revela que a ciência moderna só pôde realizar avanços tão rápidos no século XVII graças à pilhagem da magia natural (Henry, 1996, p. 583-596).

A afirmação de Henry não apenas assevera que a magia de fato existiu na Europa, mas sua importância histórica pode ser vista ainda mais claramente, pois lhe é atribuído o crédito de ter estabelecido o ritmo para o progresso da ciência. Em outras palavras, pode-se inferir logicamente que a magia proporcionou uma via para a ciência empírica moderna, tal qual um precursor ativo. Somente mais tarde os dois conceitos – magia e ciência – tornaram-se distintos nos domínios da Modernidade. A lógica por trás dessa distinção deliberada, de acordo com Emedolu, é que "enquanto a ciência aumentava gradualmente, a magia diminuía rapidamente até que o interesse por ela se desvaneceu no alvorecer do século XIX" (Wiener, 2004, p. 10-11).

Isso criou uma lacuna entre a mescla de ciência e de magia. Paul Feyerabend descreve isso precisamente ao explicar que a ciência emprega meios ideológicos para extrair de outras formas de vida, particularmente por meio da bruxaria e de outros tipos de magia, usando-os para se expandir (cf. Feyerabend, 2011). Ao fazê-lo, outras formas de vida, tais como a magia, tornaram-se gradualmente redundantes. Tudo isso demonstra que não há separação na origem da ciência em relação à magia. A evolução das duas está entrelaçada e seria compreendida por qualquer pessoa que apreciasse suficientemente bem a história. Não há dúvida de que a magia e a bruxaria desempenharam um papel significativo no desenvolvimento da ciência e da tecnologia, remontando ao antigo Egito. Para apreciar isso, faz-se necessário um exame cuidadoso dessa história que liga a África.

Martin Bernal, eminente egiptólogo, discutiu quanto a ciência europeia moderna deve à antiguidade africana. Ele descreve o médico hermético do século XVI, Paracelso (1439-1541), da seguinte maneira:

> Ele [Paracelso] estava apenas próximo do início de uma tradição que continuou até Newton, inclusive, na qual os cientistas justificavam recorrer à experimentação como um meio de recuperar a sabedoria do Egito e do Oriente que os gregos e romanos não haviam conseguido preservar (Bernal, 1991).

Os textos [sagrados] do médico egípcio continham o que Bernal chamou de *prisca theologia* e *prisca sapientia* (cf. Bernal, 1991), que são predominantemente pensamentos religiosos, mágicos e sapienciais acerca da realidade. Assim, pode-se dizer que grande parte do texto tratava de magia. Como argumenta Emedolu, "alguns dos reflexivos pensadores europeus da Renascença ficaram de tal modo fascinados por estes textos lendários e importantes que fizeram incursões em seu estudo. Por esta via, a ciência ocidental moderna pôde estabelecer os seus princípios a partir dos vestígios da ciência africana da antiguidade" (Emedolu, 2015, p. 68-88), a qual, é claro, envolvia magia e outras formas de práticas místicas.

Podemos dizer, então, que os textos sagrados do Egito contribuíram não apenas para a prática da ciência africana, mas também para a evolução da ciência europeia? Para corroborar isso ainda mais, pode-se fazer referência à declaração de James, na qual, ao falar no contexto da antiguidade egípcia, ele explica: "Deve-se [...] notar que a magia era aplicada à religião ou ao método científico primitivo" (James, 1954). Corroborando isso ainda mais, Awolalu postula que "é uma arte humana, que envolve a manipulação de certos objetos que se acredita terem poder para fazer um ser sobrenatural produzir ou impedir um resultado particular considerado não obtenível por meios naturais" (Awolalu, 1979, p. 75).

Isso parece contradizer a crença amplamente difundida de Karl Popper de que a ciência primitiva começou na escola jônica de filosofia na Grécia e não no Egito: "Os primeiros começos da evolução de algo como um método científico podem ser encontrados, aproximadamente, na virada dos séculos VI e V a.C., na antiga Grécia" (Popper, 2021). Certamente, esta é uma visão eurocêntrica que visava a deslocar o Egito como ponto focal de referência no discurso da ciência primitiva. Reenfatizando a origem egípcia da ciência, T. U. Nwala apresenta brilhantemente:

> A Academia de Alexandria [no Egito] era o centro intelectual do mundo entre 300 a.C. e 400 d.C. O que se chama de Ciência Grega a partir de 300 a.C. [...] era, na verdade, ciência alexandrina. A Academia de

> Alexandria abrigou alguns dos mais eminentes filósofos-cientistas que lançaram as bases da ciência e da filosofia modernas (Nwala, 1992, p. 1-60).

De fato, a magia africana é mais do que demônios e entidades espirituais, como frequentemente se proclama. Um exemplo disso foi quando Santo Tomás de Aquino advertiu contra a aquisição desmedida do conhecimento "do futuro por meio de demônios" (Tomás de Aquino, 1999); pois algumas dessas verdades estão "acima da capacidade da própria inteligência (do homem)" (Tomás de Aquino, 1999). A magia pode ser nociva ou não, e isso não é exclusividade da África. Em todo o mundo, os princípios nos quais se baseiam a magia nociva e outras formas dela são os mesmos. Ambas são regidas por princípios intuitivos muito profundos da magia simpática. É esse aspecto das práticas mágicas que influenciou negativamente a visão das pessoas que acreditam em sua existência, pois lhes incute paranoia, garantindo, assim, um fio cauteloso – afetando o padrão de comportamento sociocultural dos africanos, como também em outros lugares do mundo.

Segundo Frazer, a magia simpática envolve dois princípios dominantes – lei do contágio e lei da similaridade – que caracterizam as práticas mágicas em todo o mundo (cf. Frazer, 1993). Para Nemeroff e Rozin, a lei do contágio refere-se à crença implícita e generalizada de que "o contato físico entre [um objeto fonte] e [um objeto alvo] resulta na transferência de algum efeito ou qualidade (essência) da fonte para o alvo" (Nemeroff; Rozin, 2000, p. 1-34). Essencialmente, isso se refere a quando uma ação em uma parte – como mechas de cabelo – pode afetar o todo, isto é, o dono do cabelo. Uma explicação ontológica encontraria referência em vários filmes de Nollywood com temas como esse, em que itens obtidos de um alvo (para fazer o mal), como uma mecha de cabelo, uma peça de roupa, um acessório ou qualquer coisa com a qual o alvo certamente entrará em contato, são usados para prejudicá-lo. No entanto, a lei da similaridade ou homeopatia acredita que "coisas que se assemelham superficialmente" – como uma boneca vodu que se assemelha a uma pessoa – "também compartilham propriedades mais profundas" (Nemeroff; Rozin, 2000, p. 1-34). Um exemplo é quando uma boneca pode ser manipulada de tal forma que qualquer coisa feita a ela afetará o alvo que foi replicado.

Os princípios supracitados orientam o uso malicioso da magia ou de outros meios. A magia nociva não é peculiar a nenhum continente. A incapacidade de distinguir entre a magia verdadeiramente demoníaca e a magia natural foi preeminente na Europa em certa época; a magia branca tão prejudicial que as bruxas eram queimadas na fogueira (cf. Emedolu, 2015, p. 68-88). De fato, até supostas mentes científicas livres encontraram destino semelhante, com Giordano Bruno queimado na fogueira em 1600 (cf. Emedolu, 2015, p. 68-88) e Galileu submetido à inquisição desde a década de 1630 até sua morte em 1642 (cf. Emedolu, 2015, p. 68-88). Portanto, quando submetida a análise crítica, a prática da magia nociva – seja genuinamente prejudicial ou baseada em percepções sociais – constitui um problema pertinente à prática da magia em todo o mundo e não se restringe a uma peculiaridade africana. Uma vez estabelecido isso, torna-se mais viável argumentar em favor do papel das crenças magias na sinalização da inovação e da ciência na África e em outras partes do mundo.

Ademais, a magia desempenhou função semelhante à da tecnologia nos tempos modernos ao proporcionar facilidade na vida e acesso a oportunidades que de outro modo não existiriam. A esse respeito, Uduagwu discutiu um conceito entre os ibos da Nigéria que soa muito como teletransporte. Ele explica da seguinte maneira:

> Entre os ibos, os mágicos executam algumas de suas artes a fim de criar a ilusão de desaparecimento e reaparecimento mediante o uso da estrutura física por eles construída. Criam a impressão de fazer as coisas

> desaparecerem e reaparecerem, embora, na realidade, isso não ocorra. As estruturas arquitetônicas que usam auxiliam-nos a tornar essa ilusão aparentemente real. Entretanto, com o tempo, o avanço no método deu origem ao que os ibos denominam *ikwu-ekiri*. Isso se assemelha às ideias ocidentais modernas de ficção científica acerca do teletransporte ou da viagem no tempo. O *ikwu-ekiri* carrega a mesma ideia de desaparecimento e reaparecimento de corpos presente na magia, mas, nesse caso, é real, e não ilusório. Pode-se afirmar que a ideia mágica elementar avançou suficientemente para a ciência (Uduagwu, 2016, p. 74-78).

Em vista do exposto, o argumento de que algumas características da magia africana e da bruxaria africana não podem ser vinculadas à ciência ou não a influenciaram torna-se inquietante. Nesse discurso, é importante examinar a análise comparativa de Robin Horton em *Patterns of Thought in Africa and the West: Chapters on Magic, Religion and Science* [Padrões de pensamento na África e no Ocidente: capítulos acerca da magia, da religião e da ciência]. No estudo, ele comparou, quer a magia africana, quer a bruxaria africana, com a ciência ocidental e demonstrou que a ciência africana sempre foi considerada uma alternativa rudimentar à ciência ocidental e raramente era reconhecida ou mencionada. A negligência deliberada ou a grosseira interpretação equivocada, quando mencionada, parece decorrer do desejo demoníaco secular de minimizar tudo o que é africano. James Frazer chega a afirmar que "a magia é um sistema espúrio de lei natural, bem como um guia falacioso de conduta" (Frazer, 1993), o que é bastante controverso. Frazer conclui ainda que "a magia nunca é uma ciência" ou que é "uma falsa ciência", que "é sempre uma arte" ou "uma arte abortiva" (cf. Frazer, 1993).

Essa atitude de menosprezo à ciência africana pode ser depreendida também dos padrões e critérios simplificados com os quais o Ocidente determina o que constitui conhecimento. Atribui-se importância não apenas à organização e à sistematização do conhecimento, mas também à capacidade de demonstrá-lo.

Essa demonstração – determinada em grande parte pela capacidade de apresentar validação lógica – exclui cuidadosamente a magia africana, que constitui uma forma de conhecimento mais observacional e experimental. Isso evidencia a necessidade de adotar padrões mais peculiares para avaliar o que constitui conhecimento na África, a fim de que este não se perca por não se enquadrar em uma definição ocidental do termo.

Em essência, quer a magia africana, quer a bruxaria africana, por si sós constituem convenientemente um corpo de conhecimento que não necessita de validação externa. Essa verdade encontra referência também no mundo ocidental, constituindo, portanto, uma das indicações cruciais de similitude entre a ciência ocidental e a africana. Como essa verdade encontrou boa aceitação no Ocidente pode ser visto em uma declaração de Glanvill, o filósofo da Royal Society, quando considerou "a bruxaria como o paradigma do raciocínio experimental" (Lakatos, 1978). Com segurança, podemos concordar que o corpo de conhecimento encontrado na magia africana é um raciocínio experimental completo. Esse corpo de conhecimento serve de base às práticas científicas dos africanos e à capacidade destas de oferecer soluções de cura existentes para alguns dos problemas "médicos" no cenário tradicional africano.

Uma apreciação da bruxaria e do sistema de crenças africano por trás da prática

A bruxaria, conceito intimamente unido à magia, ou concebido qual outra manifestação desta mesma arte, alcança tamanha preeminência em África que não se poderia deixar de apreciá-la por seu justo valor nas letras filosóficas. Numerosos debates versam acerca da realidade da bruxaria, isto é, disputam se esta arte verdadeiramente se manifesta no mundo. Dentre os estudiosos e os filósofos que expendem suas razões nesta matéria, os escritores europeus particularmente negam a validade da bruxaria, pois a arte mágica não se conforma aos seus processos lógicos de escrutínio. A ironia dessa descrença é vista em aventuras ontológicas ocidentais como *Merlim*, *Legend of the Seeker*, entre muitas outras em que os bruxos são retratados como detentores de poderes mágicos para o bem e para o mal[17].

Wilson (1951) explica que a bruxaria constitui um fenômeno utilizado para preservar a ordem social em comunidades pequenas mediante o aproveitamento da crença das pessoas nesta noção e da obtenção de aquiescência delas (cf. Wilson, 1951, p. 307-313). Contudo, alguns antropólogos não acreditam que a bruxaria exista de fato, mas concordam que a crença no conceito de bruxaria é real, o que explica as atuações e comportamentos dos seguidores africanos. Isto deve ter provavelmente inspirado os primeiros antropólogos a realizar pesquisas acerca do conceito de bruxaria na sociedade africana.

Bongmba cita dois fatores que poderiam explicar por que alguns antropólogos não creem na bruxaria: (1) ela não se enquadra em sua visão de racionalidade (cf. Bongmba, 2001), e (2) é apenas uma "maneira de moralizar terminologias" (Bongmba, 2001). Entretanto, essas perspectivas, expressas por diferentes estudiosos, baseiam-se em pesquisas etnográficas realizadas em diferentes populações africanas. Depois avaliar todos esses pontos de vista, Bond e Dane chegam a quatro conclusões:

> Primeiro, que as crenças na bruxaria são reais; segundo, que não existem bruxas, mas tão somente a crença em sua existência; terceiro, que as bruxas podem ou não existir, e novas investigações iluminarão esta matéria; quarto, que, para o estudo da bruxaria, as

---

17. *Merlim* é um programa televisivo britânico de drama fantástico e de aventura exibido de 2008 a 2012, e *Legend of the Seeker* (também conhecido como "*A primeira regra do mago*") é uma série televisiva estadunidense – baseada na série de romances *Espada da Verdade* –, exibida de 2008 a 2010 e distribuída nos Estados Unidos pela Disney-ABC Domestic Television. Ambos retratam amplamente a crença na bruxaria, embora em tempos pré-modernos; o primeiro estabelece até mesmo vínculos com a modernidade.

> conclusões anteriores carecem de pertinência (Bond; Ciekawy, 2001).

Dada a extensão da crença africana na bruxaria, poder-se-ia afirmar que esta constitui uma das razões pelas quais o continente africano não abraçou plenamente a Modernidade e o avanço tecnológico. Por exemplo, alguns africanos ainda atribuem as causas de suas enfermidades e doenças a ataques de bruxaria e forças espirituais e preferem buscar adivinhação para a cura a dirigir-se a um hospital. Os iorubás na parte ocidental da Nigéria costumam dizer "O ni owo aiye ninu" (que significa literalmente "a 'mão do mundo' está envolvida") quando alguém adoece, especialmente quando a enfermidade desafiou o tratamento médico. Essa expressão demonstra que eles pensam que alguém com intenção maliciosa escolheu ferir outrem. Em outras palavras, na mentalidade africana, toda tragédia ou doença é atribuída aos espíritos dos antepassados, à magia maligna, à feitiçaria ou à bruxaria (cf. Magela, 2014).

Lume, em *The Cosmology of Witchcraft in African Context* (A cosmologia da bruxaria no contexto africano), compartilha experiência semelhante acerca do VIH/SIDA:

> Lembro-me muito bem de quando uma de minhas parentes contraiu o vírus da imunodeficiência humana (supostamente transmitido pelo marido), o que levou à sua morte. Entretanto, mesmo depois da morte do marido em virtude dessa doença, o que poderia ser considerado prova da existência do vírus, alguns ainda afirmavam que a causa de sua morte fora um feitiço. Para agravar a situação, quando ela estava enferma, soube que um parente a levou a um médico-bruxo para receber tratamento tradicional. Tive de intervir e levá-la ao hospital para diagnóstico, apenas para confirmar que ela sofria de VIH/SIDA. Este estudo de caso ilustra o fato de que a crença na bruxaria frequentemente não reconhece a realidade científica; consequentemente, torna algumas acusações de bruxaria uma crença sem fundamento (Lunwe, 2017, p. 83-94).

Isso demonstra que, às vezes, a crença na bruxaria obscurece outras perspectivas e pode ser prejudicial à sociedade e à vida humana. Não obstante, isso não elimina o conceito de bruxaria, especialmente o processo dianoético que forma a base de sua existência.

A bruxaria na África: a perspectiva mundial

Sem um sistema de crenças, a bruxaria não existe na África. Ayisi (1979), Harries (2010), Kirwen; Mbiti (2011), entre outros estudiosos que pesquisaram os costumes, a religião e a filosofia africanos, sustentam de maneira constante que a bruxaria no cenário tradicional africano é principalmente um fenômeno de cosmovisão. Essa cosmovisão é a verdade africana; é a lente pela qual os africanos veem o mundo. De acordo com Geoffrey Parrinder (1962), "tudo na natureza é vivo, ou ao menos pré-vivo, e não existe matéria absolutamente morta". Isso implica que uma infinidade de espíritos existe no mundo, o que demonstra que o modo como os africanos veem seu ambiente imediato lhes é peculiar. A maioria dos acadêmicos concorda que não existe "morte" no conceito africano, uma vez que o reino espiritual está inextricavelmente ligado à terra dos vivos (cf. Parrinder, 1962). Mbiti argumenta também que "o mundo espiritual dos povos africanos é muito densamente povoado por seres espirituais, por espíritos e por mortos-vivos" (Mbiti, 2011).

O conceito de causalidade é um dos princípios básicos nos quais a bruxaria continua a prosperar. A bruxaria baseia-se na ideia de que, quando coisas ruins acontecem, elas devem ser resultado de uma força invisível. Para Mbiti, esta "crença na função e nos perigos da magia maligna, da feitiçaria e da bruxaria está profundamente enraizada na vida africana e, a despeito da educação moderna e de religiões como o cristianismo e o islamismo, é muito difícil erradicar essa crença" (Mbiti, 2011). Este conceito orientador continua a ser fundamental para elucidar a razão de os desastres ocorrerem na África. Essa ideia é compartilhada por diversos grupos étnicos africanos, cada um com sua manifestação distinta.

Toda prática assenta em certos processos dianoéticos. Estes processos servem de fundamento à permanência da prática em exame no seio de determinada sociedade, pois, quando a indagação acerca das causas se ergue, estes mesmos processos constituem a base à qual cumpre referir a resposta. Este raciocínio aplica-se ao conceito de bruxaria na África. Conforme argumenta Mwalwa: "Estou convencido de que a bruxaria *não* é imaginária nem irreal. Ela ainda é uma força poderosa na África" (Manala, 2004, p. 1.491-1.511). Isso provém de uma busca por compreender por que os africanos creem no que creem, independentemente de isso contrariar as metodologias depreciativas adotadas pelos missionários e pelas instituições religiosas estrangeiras que chegaram à África – metodologias depreciativas que lhes criaram ainda mais problemas. Na África contemporânea, nenhuma orientação particular é necessária para crer na bruxaria. Este fato permaneceu inalterado pelo desenvolvimento da ciência e da educação ocidentais. Isso explica por que as inclinações à bruxaria persistem mesmo nas áreas urbanas (cf. Drucker-Brown, 1993, p. 531-549). De acordo com Haar, "mudar as crenças das pessoas é tarefa árdua, em especial quando essas crenças têm raízes tão fundas na cultura quanto ocorre com as crenças na bruxaria na África" (Lunwe, 2017, p. 83-94).

Os estudiosos debateram ainda acerca do processo dianoético que poderia ter influenciado a prática da bruxaria. De acordo com Evans-Pritchard, em seu estudo dos zandes no sul do Sudão, a bruxaria era a filosofia natural deles e uma ubiquidade cultural que se manifestava em toda a sua vida (cf. Evans-Pritchard, 1991, p. 83-88). Ele acreditava que a mentalidade africana, conforme demonstrada pela bruxaria entre os zandes, era tão lógica quanto o sistema de pensamento europeu e que a prática da bruxaria servia como elemento unificador para muitas facetas da cultura africana. Ademais, ele disse que o valor da prática da bruxaria zande reside em sua capacidade de dar sentido à singularidade da tragédia (c. Evans-Pritchard, 1991, p. 83-88). Seus argumentos contradisseram a asserção de Levy-Bruhl de que a mentalidade dos africanos era mística e pré-lógica quando comparada à mentalidade especulativa e lógica dos europeus (cf. Igwe, 2017).

No estudo de Gluckman acerca dos zulus na África do Sul, o argumento que ele apresenta é deveras diferente. Para compreender o raciocínio por trás da prática da bruxaria, ele sustentou que a crença, a qual atribuía somente aos filhos de África o infortúnio, enquanto aos demais continentes reservava saúde e prosperidade, muito contribuiu para o florescimento da arte mágica (cf. Gluckman, 1956). No que concerne aos revezes da fortuna, Gluckman alçou duas indagações de suma gravidade, a saber: "primeiro, de que modo estes males se manifestavam; segundo, por que motivo se manifestavam" (Gluckman, 1956). Ele argumentou que, ainda quando o bom senso e a observação empírica explanassem o modo da ocorrência das desgraças, cabia à bruxaria explanar a razão pela qual certas pessoas padeciam desastres específicos em momentos determinados. Isso invariavelmente nos leva de volta à noção de que na África, quando o infortúnio ocorre, é percebido como causado por poderes invisíveis. Isak Niehaus, no entanto, ampliou o escopo dos pensamentos que elucidam a bruxaria na África. Especificamente, tomando a África do Sul como estudo de caso, ele argumentou que o processo histórico de realocação populacional e a implementação de esquemas exploratórios de melhoramento agrícola forneceram o contexto social para a concepção da bruxaria.

O problema começou quando a intrusão dos brancos alterou o modo como os africanos possuíam terras. A Lei de Terras Nativas de 1913 impôs um sistema de arrendamento de mão de obra nas fazendas de propriedade dos brancos. O chefe da família africana, ou seus filhos, trabalhava para o proprietário branco por três meses a cada ano sem remuneração. No decorrer do resto do ano, eles cultivavam suas próprias terras e cuidavam de seu próprio gado (cf. Harries, 1989, p. 82-117). Os agentes fundiários monitoravam o movimento entre diferentes terras agrícolas, coletavam impostos das pessoas e ordenavam a prisão daqueles que se movimentavam sem obter permissão dos senhores europeus, agravando a situação para os nativos (cf. NASA, 1933).

Depois do início da Segunda Guerra Mundial, houve uma grave crise alimentar na África do Sul. As famílias não conseguiam colher as safras, e os suprimentos de alimentos eram inadequados devido às restrições do tempo de guerra. As pessoas desmaiavam de fome, e uma criança foi esmagada até a morte durante a correria por comida em uma loja de mercadorias gerais (cf. Burns, 2000). Essas situações criaram tensão e ressentimento, pois aos africanos não apenas se negava o produto de seu trabalho, mas também boas condições de vida. A segregação social e a disparidade ocasionaram a necessidade de buscar um instrumento para lidar com o que os residentes percebiam como injustiça. Assim, Niehaus afirma:

> Esses processos de declínio agrícola formaram o contexto social da bruxaria. Meus informantes idosos puderam recordar 27 casos de acusação de bruxaria que ocorreram em Impalahoek durante as décadas de 1940 e 1950. 13 ocorreram entre vizinhos, 10 entre parentes por casamento e 4 entre cognatos. Em todos os casos, dizia-se que a bruxaria fora motivada por sentimentos de inveja, ganância e ressentimento. As acusações articulavam tensões resultantes de colheitas desiguais, relações conturbadas entre sogras e noras acerca do trabalho doméstico e disputas entre parentes pela herança de gado (Niehaus, 2012, p. 41-58).

Claramente, da longa narrativa apresentada, vemos que diversos fatores podem ser atribuídos à existência da bruxaria. Desde aqueles que argumentam que ela originalmente faz parte da cultura africana até aqueles que argumentam que ela foi formada como resposta à opressão e à exploração, o fato é que certos sistemas de pensamento subjazem à noção de bruxaria. Isso torna sua existência mais compreensível e mostra o defeito nos tratamentos depreciativos dos missionários na África. Isso explica por que, mesmo em lugares onde o cristianismo derrubou a religião tradicional africana, não foi uma derrubada completa, pois os residentes ainda praticavam suas crenças originais em segredo.

Fontes dos poderes de bruxaria

Acredita-se que um bruxo "tem um poder inerente para prejudicar outras pessoas" (Mitchell, 1977). Crê-se que os bruxos são indivíduos capazes de funcionar em muitas formas, até mesmo como animais (aves e répteis), e podem esconder-se dos humanos ao adotar essas formas. Isso contrasta com um feiticeiro que usa objetos e outros apetrechos para causar dano. Em consequência, Bellamy sustenta que, enquanto a feitiçaria é praticada conscientemente, os bruxos fazem bruxaria subconscientemente (cf. Bellamy, 2004). De acordo com a crença popular, a bruxaria é um poder exclusivo do mundo espiritual e "disponível para uso por qualquer pessoa que saiba como acessá-lo" (Magesa, 2014). Contudo, apenas algumas pessoas na sociedade podem ter as "habilidades de como acessar, controlar e usar essas forças [...]. Essas forças místicas do universo não são em si mesmas nem boas nem más, são como outras coisas naturais à disposição do homem" (Mbiti, 2011).

Na classificação de Mbiti do conceito africano de ordem e de poder no mundo, a principal fonte do poder de bruxaria na África pode ser encontrada no que ele denomina "ordem mística" (cf. Mbiti, 2011). Ele prossegue dizendo que esse poder de bruxaria está ligado a Deus, o que explica por que ele é "oculto e misterioso ao mesmo tempo" (Mbiti, 2011). Esses poderes são usados ou para o benefício de outros ou para destruir vidas. Os médicos-bruxos usam seu próprio poder para ajudar as pessoas; enquanto os bruxos são aqueles que usam seu poder para prejudicar os outros. O médicos-bruxo tem a tarefa de mitigar os efeitos da bruxaria (cf. Miller, 2012). Como resultado, vemos que os poderes de bruxaria em si mesmos são realmente apenas poderes. É o praticante quem determina o propósito ao qual eles servirão. Isso nos leva de volta à definição apropriada de Asare Opoku de que a bruxaria é "o exercício ou emprego do poder esotérico para um propósito definido, bom ou mau" (Bauer, 2017, p. 1-12). Em outras palavras, esses poderes podem servir a ambos os propósitos nas mãos da pessoa certa ou errada.

Os poderes mágicos e as práticas de bruxaria podem ser obtidos de várias maneiras: aquisição por habilidade sobrenatural, admissão como membro em uma sociedade de bruxos, herança dos pais e vários outros meios (cf. Miller, 2012). Ciúme, ódio e pura maldade são algumas das razões pelas quais os bruxos atacam as pessoas (cf. Harries, 1989, p. 82-117). Com esse conhecimento, fica claro por que os bruxos são as pessoas mais temidas em uma sociedade devido ao mal potencial que se acredita serem capazes de causar com o poder que têm. No entanto, uma vez que já estabelecemos que o poder da bruxaria pode cair nas mãos de bruxos ou de médicos-bruxos, cabe discutir casos em que a bruxaria é positiva. Isso ajuda a moderar a narrativa que a representa apenas como um instrumento de destruição.

Valores positivos dos poderes da bruxaria na África

Não obstante os equívocos que encontra, a bruxaria tem sido empregada para melhorar a vida das pessoas e resolver desafios decorrentes. Um lugar fundamental em que isso se reflete é na libertação das pessoas da doença e na cura de enfermidades. Lumwe discute uma prática a esse respeito entre o povo mijiquenda encontrado no Quênia, ao afirmar:

> Os *mijiquendas* (grupo étnico ao qual pertenço e que habita o litoral queniano) usam um feitiço protetor

> denominado *fingo*. O fingo se compõe de ervas medicinais e raízes pulverizadas de árvores, as quais se colocam em um pote sagrado. Este pote pode ser enterrado no centro ou em um dos cantos da propriedade. Seu propósito principal consiste em proteger a propriedade e os membros da família contra homens perversos. Este costume nasceu da prática dos primeiros colonos mijiquendas que viviam em densas florestas. Eles punham o fingo no centro da propriedade a fim de proteger as pessoas contra invasores. Acreditavam que o feitiço tornava o assentamento invisível ao inimigo invasor, além de poder neutralizar quaisquer poderes mágicos usados contra eles ou causar confusão entre os que os atacassem. Ademais, criam que os poderes do fingo podiam levar os invasores a revelarem suas intenções ao provocar-lhes alguma forma de loucura (notas de campo colhidas durante meu estudo etnográfico entre os digos em 2009) (Lumwe, 2017, p. 83-94).

Práticas como essa consolidam a importância atribuída ao uso do poder da bruxaria para proteger as comunidades não apenas contra invasores, mas também contra doenças que homens perversos possam invocar. Esta crença adquire maior relevância quando se considera o universo literário da África; afinal, a literatura encontrada em um continente reflete a realidade de suas comunidades. Em *O mundo se despedaça*, obra de Chinua Achebe, da Nigéria, foi um médico-bruxo quem Okonkwo convidou para libertar sua filha Ezinma do espírito *ogbanje* que a possuía. Isto retrata a crença nos poderes dos médicos-bruxos e sua importância em diferentes comunidades da África. Os médicos-bruxos são aqueles que detêm imenso conhecimento de assuntos espirituais e podem comunicar-se com o mundo sobrenatural para salvar, e não para destruir. Ao descrever os médicos-bruxos, Robert Priest escreve:

> Nas sociedades que atribuem o infortúnio e a morte a agentes humanos identificados como feiticeiros ou bruxos, existe amiúde outra categoria de praticante mágico-religioso que age com aprovação social para

combatê-los. Termos nativos para esta outra categoria de praticante mágico-religioso têm sido frequentemente traduzidos para o português como "curandeiro tradicional", "médico-bruxo", "adivinho", "xamã". Na maioria das sociedades que historicamente tinham tanto o "bruxo" (*mchawi*) quanto o "médico-bruxo" (*mganga*), considerava-se que o "bruxo" agia com fins antissociais – para prejudicar os outros, e o "médico-bruxo" ou "xamã" com fins pró-sociais – para curar os outros. E, antes da presença do cristianismo, na maioria das sociedades acreditava-se que tanto o "bruxo" maligno quanto o "médico-bruxo" benéfico extraíam seu poder da mesma fonte ou fontes – as quais não eram intrinsecamente malignas nem intrinsecamente benignas (Priest, 2012).

Conforme descreve Kohnert, um exemplo clássico do poder da bruxaria é o de Nicephore Soglo, ex-diretor do Banco Mundial. Soglo disputou a presidência do Benim em 1991 e, próximo ao fim de seu mandato, adoeceu gravemente de uma enfermidade que Kohnert afirma ter sido supostamente induzida por "enfeitiçamento" perpetrado por seu então adversário político (cf. Kohnert, 1996, p. 1.347-1.355). Apesar de ter sido levado para tratamento no hospital militar Val-de-Grâce, em Paris, sua saúde não melhorou até a intervenção de um poderoso voduno dotado de tremendo poder. Soglo foi ressuscitado e, subsequentemente, começou a recuperar-se (cf. Kohnert, 1996, p. 1.347-1.355).

Ademais, a bruxaria facilita a proteção da vida, razão pela qual as pessoas engolem feitiços, usam talismãs, amuletos e feitiços ao redor do pescoço e dos órgãos genitais, entre outros – todos os quais são preparados pelo poder da bruxaria. Estas práticas são amplamente observadas entre guerreiros e pessoas cujas vidas correm perigo. Com base no exposto, Bauer escreve pormenorizadamente:

Um dos pressupostos da visão de mundo africana que permite aos cristãos continuar a buscar o auxílio de adivinhos e de médico-bruxos é a concepção de que

> os poderes da bruxaria podem ser usados para o bem na sociedade. Essa visão sugere a possibilidade de que poderes místicos positivos possam continuar a ser úteis na proteção daqueles que supostamente fizeram um compromisso total com Jesus Cristo. A crença leva alguns cristãos a continuar a usar feitiços e amuletos, a tomar remédios ou a ter a mistura prescrita esfregada em seus corpos [...]. Alguns também continuam a guardar ossos secos, serpentes e pássaros nos telhados de suas casas ou pôr marcas em partes íntimas de seus corpos. Tal duplicidade de lealdade entre os cristãos fundamenta-se no pensamento religioso africano que considera o mundo metafísico como "amoral". As forças espirituais, tradicionalmente, não eram vistas como intrinsecamente boas ou más, embora seu poder pudesse ser canalizado para propósitos morais ou imorais (Bauer, 2017, p. 1-12).

Por fim, a bruxaria tende a reduzir o crime na sociedade. Mesmo nesta época moderna, muitos de nós estamos familiarizados com a noção de que os deuses da bruxaria distribuem justiça mais rapidamente do que os deuses do cristianismo ou do islamismo. Na cultura iorubá, existe Ogum, o deus do ferro, conhecido por derrubar o culpado assim que o espírito é invocado. Isto é frequentemente usado entre os crentes de Xangô para fazer justiça devido à sua imediatez. A respeito de tal sistema de crenças, Kombo afirma:

> As pessoas comuns não desejam atrair a atenção dos bruxos ao atuar de modo extraordinário. As áreas em que as crenças e práticas de bruxaria são comuns não experimentam altas taxas de crimes e imoralidade. Aliás, algumas pessoas, até mesmo cristãos comuns, argumentam que, sem os bruxos, seu mundo social careceria de um mecanismo de controle social [...]. E visto que se acredita que todas as pessoas têm acesso aos bruxos, as pessoas não subestimam a capacidade de seus vizinhos de se vingarem em caso de transgressões sociais, políticas e econômicas (Kombo, 2003, p. 73-85).

Outras práticas religiosas tradicionais na África

As práticas religiosas tradicionais são abundantes na África, até mesmo os rituais, os milagres e diversas outras variações. Uma avaliação cuidadosa dessas práticas demonstra o estilo de vida dos africanos e os sistemas de crenças gerais dos quais outras práticas derivam. É essencial discutir a origem da crença em Deus na África antes de nos aprofundarmos nas práticas que caracterizam o sistema de culto dos africanos. Há diferentes visões do conceito de Deus na África. Alguns creem que a religião surgiu do medo. As pessoas viram a grandeza do cosmo, bem como os relâmpagos, trovões e outros fenômenos do universo e, por conseguinte, criaram confiança em uma deidade superior que as protegeria desses eventos. Embora haja visões variadas da origem de Deus, pode-se dizer que existem três:

(1) Os africanos começaram a crer em Deus como resultado de sua percepção do mundo. Isto alude às tentativas dos africanos de compreender os mistérios em seu redor, o que resultou no desenvolvimento de um sistema de crenças que fornecia uma explicação. Em seu livro, *Introduction to African religion* [Introdução à religião africana], Mbiti observa que deve ter levado muito tempo para chegar a essa posição, e que "deve ter havido muitos mitos e ideias que tentaram explicar esses mistérios do mundo" (Mbiti, 2011, p. 40).

(2) Como consequência de perceberem suas próprias limitações, os africanos começaram a confiar em Deus. Este modo de ver baseia-se nas limitações do homem e em seus desejos insaciáveis. Os africanos, por conseguinte, foram compelidos a admitir que deve haver um ser supremo mais poderoso do que eles. Segundo Mbiti, "esta ideia tornou lógico e necessário que o homem dependesse daquele que era mais poderoso do que as pessoas" (Mbiti, 2011, p. 41).

(3) As forças da natureza também contribuíram para a crença do homem em Deus. À medida que os africanos se tornaram mais conscientes das forças naturais, sua reverência pela

> natureza aumentou, assim como sua crença na presença de Deus. O homem adorava a natureza e sentia-se compelido a compreender sua existência. Portanto, Mbiti argumenta que esta pode ser a razão "pela qual Deus é tão associado ao céu e aos firmamentos" (Mbiti, 2011, p. 41).

Embora os africanos reconheçam um Deus, eles também reconhecem diversas divindades em sua ontologia religiosa. Vários estudiosos se referiram a essas divindades como "deuses", "semideuses" etc. Mbiti explica que o termo "abrange a personificação das atividades e manifestações de Deus, os chamados 'espíritos da natureza', heróis deificados e figuras mitológicas" (Njoku, 2002). Na África, a ideia de divindades é amplamente difundida. Há numerosas divindades semelhantes na África Ocidental, onde a ideia é bem articulada. Idowu, por exemplo, argumenta que há tantas quanto 201, 401, 600 ou 1700 divindades no panteão iorubá (cf. Njoku, 2002). Mbiti relata que, em Edo, na Nigéria, há tantas divindades quantos são os desejos, atuações e experiências humanas, e os cultos dessas divindades são reconhecidos como tais. Em suas palavras: "Uma [divindade] está relacionada à riqueza, fertilidade humana e provisão de filhos (Oluku); outra é o ferro (Ogum), outra da medicina (Osu) e outra da morte (Ogiuwu)" (Ekeke; Chike; 2010, p. 209-218). Com base no conceito de Deus e de divindades, práticas como rituais encontram referência e serão agora discutidas.

Um ritual, assim como a religião, é uma noção que não pode ser definida por consenso. Foi submetida a muitas interpretações por vários antropólogos. Assim, concentrar-se no que um ritual faz, em vez de no que ele é, torna menos difícil apreciá-lo como a forma de expressão religiosa que é. As religiões africanas caracterizam-se por relações harmoniosas com o ser supremo ou as divindades. Para esse fim, um ritual serve como a ferramenta mais importante para negociar uma relação responsável em uma comunidade humana com os antepassados, deuses e outras divindades. É um instrumento de negociação e comunicação para aplacar os deuses e obter discernimento dos cursos de ação necessários.

Neste âmbito dos rituais, a adivinhação destaca-se como uma das ferramentas mais importantes que impulsionam a religião africana. A adivinhação busca clareza e revelação por meio da leitura de sinais, de objetos, de um lançamento aleatório de búzios, de nozes-de-cola etc. É uma prática pela qual arranjos físicos aleatórios podem ser lidos para interpretar mensagens do reino espiritual. Os africanos sentem a necessidade de comunicar-se com o mundo espiritual a fim de promover uma relação harmoniosa entre os dois mundos. Isto também os ajuda a compreenderem os acontecimentos em seu mundo imediato.

Conforme observado no capítulo 2, uma das práticas de adivinhação mais proeminentes na África encontra-se entre o povo iorubá. Chama-se Ifá, é praticada pelos babalaôs – pais dos segredos – e é classificada como "sabedoria, adivinhação" (cf. Grillo, 2012, p. 112-126). Os babalaôs são altamente treinados na interpretação de sinais aleatórios que evoluem do lançamento de nozes-de-cola. Os sinais podem produzir 256 conjuntos denominados Odus. Há versos associados aos sinais por meio dos quais são invocados. Embora esses versos estejam abertos à interpretação, o conjunto de Odus de Ifá é fechado e imutável (cf. Grillo, 2012, p. 112-126). Além da adivinhação da sabedoria, os rituais são empregados para curar pessoas doentes e prevenir aflições. Na Zâmbia, entre o povo ndembo, Isoma é um ritual curativo muito preeminente (cf. Grillo, 2012, p. 112-126). Esta prática é documentada por Victor Turner em seu livro denominado *The ritual process* (*O processo ritual*). Isoma refere-se a "escapar de um lugar de aperto" e é invocado para ajudar as mulheres a resolverem o problema da infertilidade (cf. Grillo, 2012, p. 112-126).

As práticas religiosas tradicionais africanas também se estendem ao conceito de máscaras e mascarados, muito comuns em diferentes culturas na África. Este é um exemplo típico de pensamento religioso manifestado em ritual. Diz-se que entidades espirituais habitam as máscaras e interagem por meio delas. Entre os iorubás, assim que um mascarado inicia sua atuação, passa a ser chamado de *ara orun* – alguém do reino espiritual. É notável, entretanto, que, embora os mascarados sejam desdobramentos de rituais, o conceito de trajes e máscaras de mascarados não existe sem razão. São, em grande parte, representações da ordem cósmica. Por exemplo, diz-se que a máscara Sirge dos dogons do Mali, que contém um desenho em zigue-zague, representa a natureza entrelaçada do mundo (cf. Grillo, 2012, p. 112-126).

Essencialmente, o que tudo isto indica é que as práticas na África são explicáveis, ainda que possam ser difíceis de entender, sobretudo para não africanos. Há um sistema de crenças, e este influencia as atuações, as práticas e as relações dos africanos. O tratamento adotado, o qual começou por explicar a relação da magia com a ciência, busca reenfatizar a necessidade de compreender a *africanidade* dessas práticas a fim de apreciar plenamente o conhecimento derivado da cultura.

Conclusão

A magia e a bruxaria na África existem há muito tempo e, de fato, não foram interrompidas pela modernização. É significativo que sejam usadas tanto para o bem quanto para o mal, conforme quem as usa. Isso, por si só, já explica onde reside o poder ou de onde provém. Em consequência, os mágicos, as bruxas e os bruxos eram muito temidos em suas respectivas comunidades. Esse temor traduzia-se em poder para eles, sobretudo para aqueles considerados do mais alto nível no conhecimento da magia e da bruxaria. Eram considerados poderosos não só pelas comunidades a que serviam, mas também pelos governantes tradicionais das sociedades africanas, que ficavam felizes em se aliar a eles.

Os iorubás, em particular, referem-se aos reis carinhosamente como "oko awon aje", que se traduz como "o marido das bruxas". Os reis sempre se esforçavam para não ofender essas pessoas por causa de seus poderes espirituais e conhecimento dos acontecimentos presentes e futuros.

A crença na eficácia de seus proferimentos – seja maldição ou bênção – serve como outra grande fonte de seu poder político, derivado do conhecimento espiritual. De fato, mesmo quando esses proferimentos provavelmente não ocorriam, a crença neles influenciava os africanos, máxime os adeptos. Além disso, é especialmente importante o fato de que os proferimentos – as palavras faladas – são centrais para a invocação na magia e na bruxaria, bem como na adivinhação e no xamanismo. Com efeito, muitas vezes se acredita que proferimentos errados, deslizes ou erros de pronúncia etc. poderiam invocar o indesejável.

Não obstante a suma importância destes poderes na sociedade africana, bem como a sua contribuição para a ciência africana, estes mesmos poderes não logram alcançar o reconhecimento da ciência europeia, porquanto os parâmetros que determinam a constituição do conhecimento científico se cingem à compreensão que desta matéria cultivam os europeus. Daqui se segue, por conseguinte, a necessidade de a África estabelecer seus próprios critérios, a fim de determinar o que é o conhecimento. Reconhecem os próprios estudiosos no continente europeu que a magia franqueou os caminhos à ciência, a qual em nossos dias se pratica com tanta amplitude. Impõe-se-nos, portanto, indagar quando a magia na África foi erroneamente tachada de ser unicamente maléfica, o que lhe privou de contribuir para o desenvolvimento daquilo que bem poderíamos denominar ciência africana.

O problema com a narrativa africana no que diz respeito a suas práticas começou com os escritos de estudiosos de gabinete que fizeram suas submissões em grande parte com base em descobertas antropológicas de outros, em oposição à aprendizagem experiencial e à compreensão da cultura por si mesmos. Essa noção recusa-se a levar em consideração o processo dianoético que respalda várias práticas na África e, como tal, torna-se muito defeituosa ao descartar essas práticas. Essa concepção errônea persistiu até que acadêmicos africanos nativos, como John S. Mbiti e E. Bolaji Idowu, propuseram-se, nas décadas de 1970 e 1980, a refutar algumas das falsas afirmações acerca da religião africana. Há sistemas de crenças que toda prática pressupõe, e são esses sistemas que devem ser estudados para obter uma visão da perspectiva dos africanos. É na sequência desse esclarecimento que faz sentido afirmar o sistema de conhecimento derivado da magia, primeiro o da ciência, e então compreender como ele influencia a crença dos africanos, bem como serve de base a suas práticas e atuações.

Entretanto, uma preocupação fundamental ainda permanece: como as práticas e os conceitos africanos são descritos. Há necessidade de promover um paradigma afrocêntrico na pesquisa das experiências africanas de uma óptica africana, como olhar para a história, a religião e a filosofia africanas por meio de uma lente africana. Esse paradigma tornou-se essencial, visto que a maioria das experiências africanas foi documentada de um modo de ver eurocêntrico. Logo, os colonizadores europeus ditaram a tendência religiosa, política, social e econômica do mundo, e numerosas terminologias, tais como selvageria, mandinga, fetichismo, animismo, magia, paganismo, gentilismo e culto aos antepassados, desenvolveram-se para difamar a espiritualidade africana. Em sua maior parte, o eurocentrismo existiu como um sistema de ideias que põe a Europa no centro e, por sua vez, relega à periferia todos os outros modos de pensar ao estabelecer critérios pelos quais sua realidade pode ser avaliada (cf. Shohat; Stam, 2013). Assim, os estudiosos eurocêntricos são vistos como agentes de uma conspiração básica para negar as contribuições dos africanos à civilização (cf. Rodney, 1972). Portanto, a modificação das perspectivas e o recontar de nossa prática são as maneiras pelas quais estabelecemos verdadeiramente o lugar da magia africana, dos poderes de bruxaria e de outras práticas tradicionais na evolução da ciência.

Parte II
Islã

4

O sufismo como sistema de conhecimento

Introdução

Abul Amide Algazali, um afamado sufi, definiu o sufismo como "gosto" (cf. Zalta, 2007). Sua explicação é simples e profunda: o sufismo pode ser resumido como o "conhecimento direto de verdades transcendentes, mais próximo de uma experiência dos sentidos do que do conhecimento mental". O sufismo aspira a ser um sistema de conhecimento que se vivencie melhor como um sentimento ou como uma experiência notavelmente diferente da experiência geral de aquisição de conhecimento.

Na África Ocidental, o sufismo está estreitamente ligado ao misticismo islâmico. Permanece uma manifestação poderosa e popular do Islã, e "constitui a expressão institucional mais comum do Islã místico na região" (Seesemann. 2010, p. 606-614). O sufismo é mais do que um ramo místico da crença islâmica, de modo que não deve ser confundido com o misticismo islâmico. No entanto, desde o cinturão saariano da África Ocidental ao norte até o Golfo da Guiné ao sul, e das costas do Oceano Atlântico a oeste até as encostas das montanhas Mandara e Adamawa a leste, existe uma forte correlação entre o sufismo e o misticismo islâmico. Os estudiosos traçaram as origens do sufismo na África à introdução e à prática do Islã. Como sistema de conhecimento, ele permeia aspectos espirituais e não espirituais da vida africana.

O sufismo é considerado uma filosofia para a compreensão das verdades desconhecidas ou ocultas do Islã. Embora muitos estudiosos tenham questionado a ideia de que o sufismo é misticismo islâmico, este capítulo concentra-se na importância do sufismo como ferramenta intelectual para a análise, a teorização, a verificação, a discussão e a validação de problemáticas socioculturais, espirituais, seculares, políticas e existenciais que afetam todos os seres humanos. Este trabalho examina como o sufismo afeta as atuações, crenças e práticas na África.

O conhecimento do eu e do ambiente circundante é um objetivo perpétuo para a humanidade, e o sufismo é um aparato ontológico para discutir e explorar o conhecimento acerca do universo e da existência de Deus. O impulso humano para compreender o eu e seu lugar no mundo alimentou esforços de desenvolvimento desde o dogma religioso até a filosofia e as ciências empíricas. Embora grandes avanços tenham sido feitos na compreensão da natureza humana, muitas problemáticas permanecem insolúveis. Os livros islâmicos, o Alcorão e a Suna, servem como conceitos fundamentais para a epistemologia do sufismo. No entanto, o conhecimento do sufismo concentra-se não apenas nos textos religiosos, mas também nas percepções pessoais do toque divino e na comunicação com os corpos celestes. O sufismo é um conceito dinâmico que abrange as experiências espirituais individuais e coletivas dos muçulmanos.

A espiritualidade é praticada há eras em todos os tipos de religiões, as quais afirmam responder a perguntas não resolvidas. A espiritualidade compõe parte importante da maioria dos sistemas de crenças, em todas as culturas e religiões, para as pessoas que vinculam sua espiritualidade à sua existência diária. O sufismo oferece um estrado genuíno para a busca de significados mais profundos, de modo que se alcança um reino de espiritualidade no qual as pessoas creem poder encontrar as respostas que procuram.

O sufismo é, por vezes, considerado uma ciência. A compreensão que o sufismo tem dos mundos natural e espiritual está fundada em fatos analisados e confirmados por observações e experiências. As teorias, doutrinas, ética e cosmologia sufis são, ao mesmo tempo, empíricas e espirituais (cf. Hanif, 2018, p. 19). Antes de discutir o sufismo como filosofia mística e científica da sabedoria, será útil apresentar um breve panorama do passado do sufismo para examinar seu significado, suas características e seus agentes do conhecimento. Também é proveitoso considerar os sufis como intermediários e canais para este sistema de conhecimento. Este capítulo examinará o sufismo como sistema de conhecimento e suas diversas expressões nos contextos da África Ocidental, com especial atenção aos modos como os ensinamentos e doutrinas sufis influenciam as pessoas, ao poder que esses ensinamentos carregam e a como o sufismo trata o conceito de espiritualidade.

Este capítulo enfatizará o que o conhecimento significa para o sufismo e explorará a verdade e a sabedoria inseridas nas diversas seitas e práticas sufis, especialmente na África. Concluir-se-á o capítulo com uma análise da relevância que este sistema de saber tem para a África e o seu povo.

Origem do sufismo

O islamismo surgiu em 610 d.C., principalmente entre árabes cristãos e pagãos, a partir dos ensinamentos do Profeta Muhammad, os quais se afirmava terem sido revelados por Deus por intermédio do Arcanjo Gabriel (cf. Armstrong, 2001). O surgimento do sufismo, como prática mística do Islã, foi influenciado pelas interações entre as culturas muçulmana e cristã durante os anos formativos do islamismo. O sufismo originou-se sobretudo das tradições islâmicas estabelecidas no Alcorão. Algumas escolas de pensamento islâmicas consideram o sufismo heresia (cf. Dehlvi, 2010). Entretanto, os pilares do sufismo – a ideia de Deus, a possibilidade de sabedoria esotérica e os modos de acesso a Ele pela autopurificação mediante a oração, o jejum e o arrependimento – encontram-se todos no Alcorão e nos ensinamentos do profeta Muhammad.

O sufismo era originalmente uma busca individual. Os sufis viviam em reclusão e praticavam a autoflagelação. O sufismo identifica-se com a ideologia e a prática da comunhão direta com Deus; não se tornou parte da história islâmica senão gerações depois dos *tabi'un* (os seguidores ou sucessores dos companheiros do profeta) e dos *zahids* (os eruditos e devotos que vieram logo depois) (cf. Hoque, 2012, p. 197). O primeiro espiritualista que se identificou como sufi foi o Xeque Abu Hashim Kufi (cf. Hoque, 2012).

A origem do termo *sufismo* não é clara. Os sufis creem que o termo deriva da palavra árabe *safa*, que significa pureza. Outros creem que proveio da palavra árabe *suf*, que significa lã, em referência à aparência dos místicos que renunciavam ao mundo físico e vestiam roupas de lã. Há ainda a sugestão de que sufismo é modificação da palavra árabe relacionada *saff*, que significa linha ou fileira, descrevendo aqueles companheiros do profeta que ocupavam a primeira fileira durante as orações. A palavra sufi pode ter-se originado também da palavra *suffah*, que significa varanda, em referência aos companheiros sem-teto do profeta que, como se sabia, residiam no alpendre de sua mesquita (Khanam, 2011, p. 21-34).

O sufismo tem origens pouco claras quanto ao termo, mas é óbvio que os sufis eram descendentes diretos dos associados próximos do Profeta Muhammad; quase todos os relatos apontam para uma relação semelhante. A disciplina sugere um grau mais elevado de devoção, quer por vestimentas especiais, quer por mais tempo passado com o profeta, quer por sua residência no alpendre da mesquita do profeta. Estas alegações de devoção extraordinária talvez sejam as razões das associações do sufismo com espiritualidade elevada. A origem do nome dos praticantes do misticismo islâmico está envolta em mistério.

As origens do sufismo estão ligadas às origens do islamismo; o Profeta Muhammad é considerado o primeiro sufi do Islã.

A crença central da disciplina é que as revelações divinas que o profeta recebeu têm duas dimensões – uma que toma a forma das palavras escritas do Alcorão, e a outra é a inspiração divina do coração e da mente do profeta (cf. Geoffroy; Gaetani, 2010). Cada dimensão refere-se a uma forma diferente de palavras sagradas – uma escrita em textos, e a outra escrita nos corações.

O surgimento do sufismo e dos espiritualistas sufis iniciou-se no século X, quando o declínio dos *mu'tazila* e das ideologias racionalistas abriu caminho para novas ideias filosóficas baseadas na teologia islâmica. Os *mu'tazila* racionalistas, influenciados de maneira profunda pela filosofia grega, usaram o poder político para promover a teologia islâmica baseada na razão e para perseguir aqueles que se opunham a eles. Os *mu'tazila* foram acusados de usar a razão para promover o ceticismo e o ateísmo, ao argumentar que a filosofia islâmica do monismo significava ver Deus e o mundo criado como semelhantes. De acordo com os elementos ortodoxos do islamismo, as crenças *mu'tazila* levaram à heresia por não reconhecerem a diferença entre o Criador e o criado (cf. Melchert, 2015, p. 3-23).

Os muçulmanos ortodoxos empregaram repressão contínua, resistência e auxílio das autoridades políticas contemporâneas para dizimar os *mu'tazila*. Os tradicionalistas vitoriosos criaram quatro escolas de lei islâmica. A Escola Hanafi, muito liberal, difundiu-se entre os turcos orientais que mais tarde migraram para a Índia e fundaram impérios (cf. Yıldız, 2017, p. 283-304). O nascimento do sufismo como uma "ideologia espiritualista moderna" pode ser diretamente associado a esses desenvolvimentos (cf. Glover, 2007).

A prática do islamismo tem três componentes: *iman*, ou crença nas palavras de Deus; *ita'ah*, obediência ao credo islâmico; e *ihsan*, o cultivo dos hábitos de verdade e de virtude (cf. Towghi, 1991). O sufismo dá a maior ênfase em *ihsan*, a prática da virtude, da sinceridade e da piedade. Na prática, isto é reconhecido como um nível de devoção em que um muçulmano está completamente absorvido na adoração a Deus.

O sufismo também é considerado uma extensão do ascetismo pré-islâmico que incorporou as doutrinas islâmicas. Havia muitos grupos ascéticos no Oriente Médio antes do advento do islamismo, e esses grupos acreditavam na emancipação do eu. Eles consideravam o corpo uma prisão que é a fonte do mal e da miséria da vida, e a renúncia ao prazer mundano é vista como o único caminho para deles escapar. Depois que abraçaram o islamismo, alguns membros desse grupo mantiveram sua ideologia ascética anterior e a fundiram com a doutrina islâmica (cf. Melchert, 2015, p. 3-23). Essa história levou alguns a afirmar que o sufismo não é uma ramificação legítima do islamismo; o sufismo existe como uma mistura de princípios islâmicos e não islâmicos.

A ideologia do sufismo passou por uma série de mudanças institucionais por volta do século XIII; essas mudanças efetivaram alterações organizacionais e doutrinárias, introduziram escolas místicas e desenvolveram técnicas e práticas que tentavam sistematizar o misticismo (cf. Shahi, 2019, p. 250-275). Essa reestruturação e institucionalização levaram ao crescimento do sufismo e ao desenvolvimento de escolas místicas nas quais sistemas bem definidos de exercícios espirituais eram praticados sob a tutela de um xeque ou mestre.

Os textos islâmicos – o Alcorão e a Suna – são fontes fundamentais para a epistemologia do sufismo. Contudo, o conhecimento no sufismo abrange experiências pessoais de contato divino e comunicação com corpos celestes. O sufismo é considerado um termo dinâmico para a experiência pessoal e coletiva da espiritualidade no islamismo; os sufis esforçam-se para atingir um nível de espiritualidade em que vivenciam ver Deus. Acreditam que somente a *niyyah*, uma oração inspirada por intenções verdadeiras, pode produzir o resultado desejado (cf. Knysh, 2015, p. 270-273). Uma oração importante para os sufis foi popularizada pelo grande sufi andaluz, Abenarabi: “Introduz-me, ó Senhor, nas profundezas do oceano de tua unidade infinita” (Lings, 1975).

Como outros muçulmanos, os sufis consideram o Profeta Muhammad o perfeito emblema das ideias e das crenças islâmicas. A vida do profeta fornece um exemplo para o sufi seguir. As narrativas de sua vida estão repletas de relatos de sinceridade, de abnegação, de devoção profunda, de submissão total à vontade de Deus, de inspiração divina e de proximidade com Deus. Os sufis também enfatizam a purificação, pela aderência às palavras do Alcorão (91:9-10): "Quem a conserva pura, será bem-aventurado! Quem a corromper, ficará perdido!" (cf. Tousi, 2012, p. 49).

Segundo os ensinamentos do Alcorão, Deus teria feito a alma humana perfeita, com compreensão do certo e do errado. No entanto, os humanos na Terra têm a propensão de escolher o que é errado, razão pela qual corrompem as próprias almas (cf. Asani, 2003, p. 40-51). A purificação é necessária para restaurar a natureza intocada da alma. Os sufis creem que o ato de purificação agrada a Deus. Os primeiros sufis também eram conhecidos por abraçarem a pobreza, pois acreditavam que posses materiais os distraíam de focalizar em Deus; esta crença provavelmente origina-se de seu passado ascético.

Caminhos da senda e ordens do sufismo

Do século VI ao XI, a forma universal do sufismo expandiu-se nas culturas árabes e islâmicas, proliferou e alcançou influência. No início do século XI, o sufismo desenvolveu-se em *turuq sufis* (ordens ou caminhos) e definiu-se como uma forma religiosa popular e uma forma de expressão social (cf. Chittick, 2010). A via sufi foi reconhecida e modificada de diversas maneiras, todas fundadas na fundamental "estrada" ou "ordem" sufi. Estas abrangem seus aspectos componentes, procedimentos instrucionais e morais, padrões para alcançar e atingir objetivos, e a autoridade e a influência que exerce nos indivíduos.

A evolução histórica do sufismo tomou vários desvios, e novas direções emergem quando o sufismo chega a uma nova sociedade ou cultura. Em seus primeiros anos, o sufismo tinha uma cultura independente fundada na experiência espiritual pessoal e era dominado por uma comunidade elitista de pessoas que buscavam aproximar-se de Deus e rompiam seus laços com a sociedade e com o mundo físico. Depois do século V, essa natureza individualista transformou-se em uma manifestação social mais difundida (cf. Shah, 2004).

J. Trimingham definiu a *tariqa* ou caminho sufi da seguinte forma:

> Uma *tariqa* é um caminho prático que guia o buscador ao definir um modo de pensar, sentir e atuar que o conduzirá por uma sucessão de estações espirituais ou "maqamat", em integral associação com experiências psicológicas às quais se dá o nome de "estados espirituais" ou de "ahwal", a fim de experimentar a Realidade ou Verdade Divina. Inicialmente, uma tariqa significava simplesmente um método progressivo para o misticismo contemplativo e de libertação da alma, com círculos de discípulos que se reúnem em torno de um mestre reconhecido do "caminho" e buscam treinamento por meio de associação ou companheirismo, mas não ligados a ele por qualquer laço iniciático, pacto ou voto de fidelidade (Trimingham, 1998).

Uma *tariqa* sufista é composta por um erudito que detém autoridade espiritual devido à sua educação ou à capacidade de discernir logicamente o que é correto do modo de ver islâmico, incluindo estudantes ambiciosos que desejam conhecimento da tariqa sufista (cf. McLoughlin; Khan, 2006, p. 289-307). A direção dos estudantes é estabelecida pelos métodos educacionais e instrucionais, ensinamentos e práticas de adoração da ordem, que eles seguem em sua fé, devoção, palavras e atuações.

Acredita-se que a primeira ordem sufi que surgiu de maneira estruturada, com atributos e características distintos, tenha emergido no século VI ou no início do século XII. Esta ordem é caracterizada por três aspectos distintivos: um xeque fundador que serve como ponto de referência para os seguidores; uma tariqa (ou doutrina) prescrita pelo xeque fundador; e relações especiais que unem os membros do grupo (cf. Geoffroy; Gaetani, 2006, p. 289-307). A fusão dessas três características determina cada ordem sufi, arrábita ou xecado, conferindo-lhe personalidade, coesão e poder distintos. Isso se estende a qualquer um de seus membros como um sentimento ou emoção que proporciona uma sensação de proteção, coesão e autoridade.

As ordens sufis diferem do sufismo primitivo por assumirem personalidades e técnicas distintas para alcançar o *fana* (aniquilação do eu) e o *shudud* (testemunho direto de Deus). As ordens sufis são de natureza governante, mandatória e proibitiva. Seu poder flutua em resposta às condições sociais e políticas cambiantes, ascende e descende conforme o grau de apoio, de número de seguidores e de financiamento que recebem, bem como a personalidade e influência de seu xeque ou fundador. A posição do sufismo e seus avanços subsequentes durante os períodos otomano e colonial fundamentaram-se na noção de que os líderes sufis têm habilidades paranormais e de que se exigia que realizassem milagres a fim de alcançar a posição de xeque ou ancião (cf. Abdelaziz Mohamed; Mohamed Mosaad, 2015, p. 41-66).

Antes da invasão mongol de 656 A.H. (1258 d.C.), existiam várias ordens sufis. Depois desse evento, elas floresceram e se espalharam por todo o mundo islâmico durante o século XIV. Em Bagdá, "Abdalcáder Guilani foi o primeiro a advogar por uma ordem e estabelecê-la" (Lewisohn, 2003, p. 229-251). As características e a sinergia de uma ordem sufi são cruciais nos mundos árabe e islâmico, especialmente em áreas e épocas fraturadas por famílias governantes em luta pelo poder. Desavenças religiosas e teológicas poderiam romper laços em razão de conflitos culturais e de poder que ocorriam entre famílias governantes, povos e regiões, o que criaria uma atmosfera tensa.

Em tais cenários, valorizava-se grandemente uma comunidade na qual as relações se formavam e se baseavam na unidade espiritual; isso ajudava a aliviar parte da pressão imposta pelas circunstâncias externas.

Segundo Hammer, em "Sufismo para ocidentais", uma ordem sufi amiúde honra seu fundador ou xeque mais famoso ao adotar o nome dessa pessoa (cf. Hammer, 2004, p. 139-155). A filiação desses indivíduos às suas ordens ajuda a imortalizar seus nomes. Essas decisões podem ser tomadas com base na erudição, no compromisso, no trabalho árduo ou no serviço à ordem – aspirantes, alunos, discípulos e devotos fazem essas escolhas independentemente da influência, pedido ou exigência do fundador. A filosofia e as práticas dos fundadores, bem como seu conhecimento, diligência, modos excelentes e caráter moral, têm efeito direto na ordem e em como seus rituais são conduzidos e qual é a boa usação que eles fazem das fontes.

Fundamentos do sufismo

Desde o princípio, a filosofia sufista centrou-se no conceito de Deus e nas formas e essência da comunhão com Ele (cf. Chittick, 2010). Os primeiros sufis entendiam Deus em estrita conformidade com o Alcorão como infinito, eterno, imutável, todo-poderoso, compassivo e o criador e a causa de toda a vida. Os sufis veem a alma como um meio de comunicação com Deus. Eles creem que a alma superior é composta pelo coração (*qalb*), espírito (*ruh*) e consciência (*sirr*), e que ela é produzida antes de os seres humanos nascerem e antes de desenvolverem a capacidade de conhecer Deus. Para muitos sufis, a consciência representa o "santuário secreto do próprio Deus, no qual Ele conhece o homem e o homem pode conhecê-lo" (cf. Al-Sarraj, 1914, p. 70-75). O sufismo também confere primazia ao *qalb*, visto que nele se localiza a chave para a consciência espiritual, uma confirmação da declaração de Deus de que "Eu, que não caibo em todos os céus, tampouco em todas as terras, caibo no coração do crente sincero" (cf. Frager; Fadiman, 1999).

Nos ideais do sufismo, o Profeta Muhammad desempenha um papel especial. Diz-se que a iluminação espiritual, ou a ascensão da alma superior até Deus, ocorre como resultado de uma sequência de transmissões para Muhammad – a comunhão com Deus só é possível por intermédio dele. Os sufis afirmam que a ascensão só é possível pela purificação da alma, que é o caminho (*tariqa*) (cf. Nūrbaḫš, 1992). Os sufis buscam a consciência espiritual e a comunhão com Deus por meio da sabedoria encontrada no Alcorão (*ilm*) e da prática islâmica do Islã (*amal*). O desenvolvimento da filosofia sufista resultou em uma mudança de paradigma acerca de Deus, que passou de ser considerado a fonte de toda a vida a ser visto como a única existência real (cf. Smith, 1995). Esta crença baseia-se na afirmação de Muhammad de que "a primeira coisa que Deus criou foi minha luz, que se originou de sua luz e derivou da majestade de sua grandeza" (Dehlvi, 2010).

O sufismo tem aspectos demais para acompanhar individualmente. Ele tem implicações sociopolíticas significativas, apesar de sua ênfase na santidade ultramundana. Os santos do Islã serviram como conselheiros e desafiadores dos sultões, às vezes endossavam o governo legítimo e outras vezes reivindicavam autoridade divina em relação aos líderes políticos da época (cf. Dallal, 1993, p. 341-359). Os sufis mediaram conflitos com êxito em culturas tribais ao se colocarem acima dos interesses clânicos, e servem como figuras morais em aldeias e cidades. Seu distanciamento da política corrompida permite-lhes servir como uma ponte entre a sociedade e o governo, em razão da qual conectam o Estado aos cidadãos locais. Os seguidores de um santo atuam como parte de um domínio separado com o qual grupos governamentais e não governamentais devem negociar, para além de atuar para equilibrar interesses e princípios dentro da sociedade (cf. Clancy-Smith, 1994). Em seu livro, *O papel político do Islã*, Ngala Chome escreveu:

> É verdade também que o sufismo tem sido um agente muito bem-sucedido para o reavivamento religioso da sociedade muçulmana, um tema que ainda não foi explorado a fundo. Esta asserção aplica-se particularmente às comunidades nas quais predomina o analfabetismo, porque a tarefa de reaproximar os fiéis dos caminhos divinos não se realiza mediante a distribuição de textos. A reaproximação ocorre mediante a atuação de figuras santas que representam a santidade na própria pessoa, nas palavras e nos atos, a fim de que todos a vejam, até mesmo os menos instruídos. O papel do sufismo em revigorar a cultura muçulmana com ideais islâmicos e o espírito da profecia, tal como carregado pelo santo, não se limita a nenhuma época do Islã, mas a existência generalizada do fenômeno nos séculos XVIII e XIX despertou o interesse acadêmico nos últimos anos e rendeu muitos frutos eruditos (Chome, 2019, p. 150-161).

O Alcorão menciona não apenas profetas, mas também santos, que são descritos como amigos ou aliados de Deus (cf. Heck, 2007, p. 148-164). Uma vez aceito Muhammad na qualidade de último profeta, resolveu-se em larga medida a doutrina do profetismo. A essência e o propósito da santidade, entretanto, permanecem ainda eivados de ambiguidades. Se algum sentido há de ter o sufismo, este sentido reside necessariamente na compreensão de que a santidade constitui o ápice do caminho divino principiado pelo Alcorão; desta maneira, estabelece-se o conceito de santidade no âmago do sufismo. A santidade abrange várias formas de sacralidade, conforme definido nos *manaqib* (literatura hagiográfica), observado durante visitas a santuários (*ziyarat*) e comemorado em canções e processões em dias de festa (*mawalid*) (cf. Heck, 2007, p. 148-164). Os santos têm sido mendicantes, taumaturgos e até guerreiros que foram comemorados por sua erudição, ascetismo e perícia em aconselhamento, mediação e pacificação.

Os fundadores do sufismo enfatizaram que obedecer às ordens de Deus não era suficiente – tais atuações podem ser realizadas com hipocrisia, não pela causa de Deus, mas para obter aceitação da comunidade (cf. Hoffman, 1995). A fé pode facilmente degenerar em uma transação comercial, que espera recompensas por obedecer às ordens de Deus e castigo por desobedecê-las. O sufismo opôs-se às práticas religiosas hipócritas e à comercialização da religião. No sistema de valores do sufismo, é importante combinar a adesão aos padrões islâmicos – ação ritual e moral – com uma análise da alma.

O sufismo primitivo mesclou aspectos do ascetismo e do misticismo. Seus adeptos sentiam que uma conexão estreita com o mundo físico era oposta ao objetivo espiritual de orientar-se por completo no outro mundo. Como o Alcorão havia proclamado, o prêmio final a ser conquistado era o desapego ascético do mundo e de seus caminhos (cf. Hoexter, 2002, p. 109-118). O universo era visto como uma ameaça à redenção de alguém, e era necessário renunciar a ele como fonte de tentação.

O Alcorão descreveu os seres humanos como tendo sido criados frágeis, com espíritos inclinados a praticar o mal. O mero desapego do ambiente não era suficiente; era crucial manter um senso de separação de si mesmo. Isso era concebido como autoaniquilação em Deus; começa como guerra espiritual, ou jiade contra o mal, e termina com a completa identificação da alma com Deus. Como Heck explica:

> Somente quando o eu desaparecesse e apenas Deus existisse nos recessos íntimos do coração é que se poderia ter certeza de atuar sem preocupação consigo mesmo. Práticas espirituais, tais como a recitação incessante (*dhikr*) dos nomes de Deus conforme encontrados no Alcorão até que se inscrevessem na alma, o treinamento da alma – de acordo com um hádice canônico – para concentrar-se apenas em Deus, para ver somente Deus em tudo, provocavam a absorção mística da alma em Deus, comunicada por proferimentos extáticos como uma intimidade amorosa com o divino, eram provocadas por práticas espirituais (Heck, 2007, p. 148-164).

O sufismo expandiu-se para além de suas origens ascéticas para trazer valor religioso ao mundo mais amplo. Sem o Islã, seu crescimento não teria sido possível – a teologia do sufismo esforça-se por reconciliar os valores do Islã com os fatos do mundo. As raízes teológicas do sufismo permitem-lhe transpor diferenças potencialmente intransponíveis entre valores religiosos e realidades seculares, entre muçulmanos e não muçulmanos, e entre nações e culturas que têm interesses políticos aparentemente irreconciliáveis.

Os manuais sufis dos séculos X e XI mostram que seus adeptos consideravam seu caminho superior às formalidades legais e às reivindicações religiosas (cf. Lewis, 2014). Como manifestação viva e expressão absoluta do Islã, o sufismo era a solução para enfermidades físicas como doenças cardíacas e a resposta a problemáticas que nenhuma quantidade de argumentação religiosa ou debate filosófico havia sido capaz de resolver. A prova mística proporcionada pelo sufismo e seus santos era crucial para a verdade do Islã, não apenas para sua missão moral.

Os sufis extraem razões para a existência do mundo do impulso de Deus em revelar-se, consoante o hádice: "Eu era um tesouro oculto que ansiava ser conhecido, então criei o mundo" (Mojaddedi, 2001). O sufismo assenta-se nas perspectivas duais do "conhecimento" (*ma'rifa*) e do "amor" (*mahabba*). Cada uma dessas maneiras de lidar com o divino reforça a outra. Os sufis empregam amor e sabedoria em conjunto ou separadamente, mas muitos concordam com a afirmação de que são idênticos. A crença é de que não se pode amar a Deus sem conhecê-lo, e não se pode conhecer a Deus sem amá-lo.

O método sufista de investigação espiritual fundamenta-se na inspiração e no "desvelamento". Afirma-se que as mensagens de Abenarabi e a poesia de vários mestres sufis foram influenciadas por Deus (cf. Katz, 2012, p. 190). Existe, contudo, uma distinção entre inspiração e revelação. Embora se creia que apenas os profetas possam receber revelação, todos os sufis acessam o mundo espiritual por meio da inspiração ou do desvelamento. Diz-se que o ato de desvelar remove a cegueira espiritual que o corpo mortal experimenta no mundo material. Geoffroy e Gaetani explicam:

> Amiúde descrito como um raio que ilumina a consciência e nela se fixa por meio de seu lampejo intenso e de sua clareza, esse "desvelamento" conduz à visão da certeza (*yaqīn*) e à percepção direta (*'iyān*) das realidades espirituais, a qual evapora a dúvida associada às ciências especulativas. Fundamenta-se particularmente no versículo alcorânico 50:21: "Tu estavas indiferente a isso! Nós tirámos-te o véu e hoje a tua vista é aguda" (Geoffroy; Gaetani, 2010).

O conhecimento obtido dessa inspiração não se restringe às pessoas letradas; quase qualquer indivíduo disposto a receber "o conhecimento que vem de Deus" pode acessá-lo. Isso explica a ampla aceitação do sufismo na África Ocidental; simples agricultores e comerciantes podem aprender diretamente de Deus por meio da inspiração ou do desvelamento, o que os coloca em pé de igualdade com os maiores santos. Os mestres sufis enfatizam que a sinceridade e a pureza de intenções são muito mais importantes do que a alfabetização ou a posição para qualquer pessoa que aspire à inspiração.

Os sufis perseguem muitos objetivos com base em suas diferentes experiências espirituais. Em geral, seus adeptos respondem à degradação moral que aflige a humanidade – e a si próprios – desde o princípio dos tempos (cf. Netton, 2000). Os sufis creem que a única maneira de manifestar um caráter nobre (*khuluq*) e uma conduta correta (*adab*) é por meio da devoção à purificação da alma (*tazkiyat an-nafs*) (cf. Taji-Farouki, 2007). Suas ideias de virtude ou de caráter nobre são essencialmente idênticas às das virtudes islâmicas predominantes, mas os sufis dão ênfase especial a trazer essas virtudes à vida dentro de si mesmos. Alguns sufis buscam um conhecimento profundo de Deus a fim de adorá-lo melhor. Nesse tratamento, considera-se a purificação um meio para um fim, mas não o fim em si. Independentemente de seu objetivo, a inspiração e o desvelamento são necessários para o fim último do sufi de unir-se a Deus.

Os ritos sufis classificam-se como sistemas e como formas de conhecimento (cf. Al-Tawil, 2017). O ato de purificação é, a um só tempo, um sistema de limpeza de si mesmo dos desejos mundanos e uma forma de conhecimento tanto de si mesmo como de Deus. Outro desses ritos é o sistema de recitação. A recitação sufista de textos religiosos se concentra o mais das vezes em uma expressão ou frase específica que é repetida continuamente para enfatizar e assimilar sua revelação verdadeira. A recitação de palavras e de versos repetidos evoca meditação e significado para os sufis, iluminando o reconhecimento da sabedoria e da verdade. Recitação e invocação são análogas à prece, que é um rito sufista que professa o conhecimento de Deus; o ato de recitação repetitiva baseia-se na ideia de que Deus criou o mundo por meio da fala, e essa fala consiste em fórmulas sagradas que evocam conhecimento profundo.

O ascetismo é outra tradição sufista fundamental, a qual envolve severa autodisciplina e o evitar de todas as formas de indulgência para preparar-se para a imersão espiritual (cf. Hill, 2009, p. 1-26). O conhecimento no sufismo é alcançado pelo autocontrole, o que torna o ascetismo uma prática muito importante. Os sufis se esforçam para obter sabedoria por meio da metodologia e dos métodos do ascetismo. Essas práticas facilitam a conversão espiritual do corpo e da mente, permitindo uma consciência de Deus e obediência à sua vontade.

O ascetismo do sufismo foi comparado a uma limpeza profunda do coração a fim de receber conhecimento. Acredita-se que o estilo de vida ascético dos sufis seja uma maneira de viver sua essência e de encontrar a realidade para o bem maior da humanidade (cf. al-Ba 'uniyyah, 2014). Esse compromisso de buscar, disseminar e ensinar informações para elucidar atividades mais profundas e fundamentais da vida resultou em atitudes estritas.

Os sufis distinguem-se por sua abstenção de posses mundanas e práticas desperdiçadoras, tornando seu conhecimento sacrossanto e sagrado. Como Rachida explica:

> O ascetismo do sufismo fundamenta-se em três princípios: a brevidade e a transitoriedade da vida; a existência de esferas duráveis de vida fora do mundo material; o afastamento do prazer. Julga-se que tais princípios auxiliam as pessoas a não se absorverem em uma vida mundana tediosa, a qual não lhes trará realização. Esses princípios sufis são extensões da crença de que os seres humanos não têm posses e, verdadeiramente, nada têm. Uma vez que o objetivo do sufismo é o autoconhecimento, as práticas ascéticas põem à prova a coragem, a inteligência e a vontade de uma pessoa. Empiricamente, não se pode avaliar plenamente a consciência de seu mundo e de si mesmo a menos que se negue a si próprio qualquer coisa de que se tenha desfrutado ou que se tenha detido anteriormente (Chih, 2007, p. 21-38).

O sufismo progrediu por distintas fases, pois foi inicialmente uma forma solitária e evoluiu para a prática e filosofia da sabedoria espiritual. Organizou-se, por fim, em sistemas sociais de *tariqa* cujos líderes santos com frequência se tornam pontos focais de devoção popular em massa. Esta transformação é evidente nas doutrinas proeminentes difundidas pelo sufismo (cf. Ryan, 2000, p. 208-224).

Principais ensinamentos e doutrinas sufis

A doutrina sufista inclui diversos pontos de vista acerca da realidade fundamental, alguns dos quais podem contradizer-se quando considerados exclusivamente à luz de sua estrutura lógica. Um mestre sufista pode negar um argumento doutrinário apresentado por outro mestre, embora respeitem mutuamente a autoridade do outro. Na obra *Al-Insan al-Kamil* [O homem universal], baseada nos ensinamentos de Abenarabi, Abd al-Karim al-Jili rejeita a afirmação de Abenarabi segundo a qual o Conhecimento Divino, como toda ciência, depende de seu objeto (cf. Lumbard, 1994, p. 261). A rejeição fundamenta-se no argumento de que tal asserção levará qualquer pessoa a crer que o Conhecimento Divino está condicionado àquilo que é relativo. A respeito disso, Idries Shah explica:

> A filosofia sufista tem muitas divisões, com dois domínios principais: as verdades universais (*al-Haqiq*) e as fases humanas e pessoais do caminho (*ad-daqiq*), ou metafísica e "ciência da alma", respectivamente. Esses domínios não estão, evidentemente, divididos em compartimentos estanques. A metafísica abrange tudo, mas no sufismo é amiúde concebida pela lente da realização espiritual (Shah, 1999).

Além dos domínios de al-Haqiq e ad-daqiq, existem três domínios doutrinários principais: metafísica, cosmologia e psicologia espiritual (cf. Shah, 1999). Estes abarcam a tríade de Deus, a terra macrocósmica e a alma microcósmica. Conquanto a cosmologia deva envolver a verdade cósmica da alma em sua criação plena, nenhuma psicologia metafísica pode separar a alma dos conceitos cósmicos. De acordo com o profeta, "Quem conhece a si mesmo (*nafisahu*) conhece seu Senhor", e a disciplina sufista é um caminho rumo ao autoconhecimento (cf. Anwar, 2006). Isso se estende à essência única, ou o eu imutável (*al-huwiyah*), que transcende qualquer ótica cosmológica ou psicológica. O conhecimento de si deve envolver uma ciência da alma, em nível relativo, a fim de que se dirija à própria existência humana.

Os requisitos gerais da inspiração (al-wrid) podem ser usados para demonstrar de que modo os conceitos cosmológicos motivam o discernimento da alma. A inspiração – no sentido de compreensão súbita suscitada por práticas espirituais – não deve ser confundida com a inspiração profética, a qual pode advir de diversos lugares, até mesmo de um "anjo" e de outras forças ligadas a Deus.

Os impulsos da alma, sejam individuais ou coletivos, concentram-se em um objeto de desejo, ao passo que a influência satânica usa provisoriamente o atrativo da paixão; a influência satânica busca a negação implícita da realidade espiritual, razão pela qual o diabo desvia a discussão mediante a mudança do "tema" toda vez que um argumento é questionado (cf. Basharin, 2018, p. 119-138). Satanás argumenta meramente para agitar o homem, enquanto a sequência racional de uma alma que experimenta a paixão pode canalizar seus impulsos para vias legítimas por meio de argumentos suficientemente convincentes. Os impulsos satânicos devem ser descartados em sua totalidade.

O conhecimento é o principal objetivo do caminho sufista, e o foco eterno em Deus é a única condição para alcançá-lo. Pode parecer inusitado que os eruditos sufis discutam as virtudes neste contexto, mas nenhum modo de consciência pode ser considerado exterior ao conhecimento absoluto – ou exterior à verdade – e nenhuma atitude interior pode ser considerada neutra. O coração não pode receber a verdade divina quando a alma mantém uma atitude negacionista em relação a essa verdade, seja ela consciente ou não. É ainda mais difícil evitar esse conflito porque o reino da alma, *an-nafs*, é dominado por uma ilusão egocêntrica que cria um ponto cego (cf. Chittick, 1984).

A estratégia sufista envolve tornar a alma acessível ao influxo infinito. A propensão da alma a fechar-se em si mesma só pode ser neutralizada por um movimento no mesmo plano; esse movimento é a virtude. Em seu estado natural, a verdade metafísica é impessoal e imóvel. A virtude torna-a acessível em um modo "pessoal". Alguns sufis manifestam seu desdém pelo mundo vestindo-se com roupas maltrapilhas, ao passo que outros afirmam a mesma atitude interior com trajes suntuosos. A afirmação da pessoa de um sufi é apenas uma concessão à verdade impessoal que ele incorpora; a modéstia reside na distinção de uma glória que não lhe pertence (cf. Sirriyeh, 2014).

As virtudes sufis parecem semelhantes às virtudes religiosas, mas delas diferem em virtude de sua natureza contemplativa. Para a maioria dos crentes (cf. Arberry, 2002), a virtude da gratidão baseia-se na recordação dos benefícios recebidos de Deus, o que significa que se crê que esses benefícios são mais verdadeiros do que o sofrimento que se suportou. Esse sentimento sustenta o objetivo do contemplativo. As virtudes espirituais atuam como apoios e reflexos da verdade divina (*al-haqqah*) na humanidade (cf. Graham, 1977). Por exemplo, a sinceridade (*al-ikhlas*) e a veracidade (*al-sidq*) são manifestações da liberdade do espírito em relação aos impulsos psíquicos. A nobreza (*al-karam*) é um reflexo humano da grandeza divina (cf. Basharin, 2018, p. 119-138). A inversão dessas virtudes "positivas" está no modo, não na matéria, o que significa que estão "saturadas" de modéstia.

O conhecimento nas doutrinas sufis

A maioria dos ensinamentos e postulados doutrinários sufis tem o conhecimento como fundamento. Uma dessas doutrinas é a aniquilação, conhecida em árabe como *fana*, que é um estado de "realização espiritual" (cf. Arberry, 1977). Os sufis aspiram a alcançar esse estado a fim de que possam obter o conhecimento de Deus; a aniquilação do eu engendra o reconhecimento de Deus e a sabedoria. Este é o alicerce das doutrinas sufis, o qual também é identificável nas frases "Não há deus senão Deus" e "Muhammad é o Mensageiro de Deus" (cf. Burckhardt, 2008). No sufismo, a aniquilação busca revelar que não há conhecimento exceto pela aceitação total de Deus como a principal fonte de conhecimento. Esse conhecimento é concedido àqueles que buscam conhecer Deus e somente a Deus. O sufismo também é considerado um sistema de conhecimento que explora a jornada pessoal de autoaniquilação e a busca do conhecimento por meio da dedicação e da veneração a Deus.

O sistema de conhecimento sufista deriva do dito "Não há deus senão Deus". Este é o fundamento da doutrina sufista da unidade divina, conhecida como *tawhid* (cf. Ogunnaike, 2015). Ogunnaike explica de que modo ela é percebida e explorada como conhecimento no sufismo:

> O primeiro estágio corresponde ao versículo "Lā ilāha illā Huwa", "Só Deus é Deus e nenhum outro existe além d'Ele" (2:255), no qual Deus é descrito pelo pronome da terceira pessoa do singular. Neste nível, Deus está em algum lugar lá fora, e cremos que há somente um dele, mas não se vai muito além disso. Isto é chamado de casca do *tawhid*. Contudo, à medida que o noviço sufi progride, ele alcança o estágio de "Lā ilāha illā Anta", "Não há outro Deus senão Tu!" (21:87). Neste nível de *tawhid*, o sufi põe-se diante de Deus como o faz na oração ritual, em que diz a Ele: "Somente a Ti adoramos, somente em Ti confiamos" (1:5). Mas neste estágio, o sufi dirige-se a Deus assim o tempo todo, não apenas na oração. Ele confia somente em Deus, e quando fala, fala somente a Deus, e quando ouve, ouve somente a Deus. Este é o cerne do *tawhid*. Então, se continua, ele chega à aniquilação em Deus e há apenas "Lā ilāha illā Anā", "não há deus além de mim" (21:27) (Ogunnaike, 2015)[I]

Os sufis são impelidos a buscar uma compreensão da realidade, do conhecimento e da vontade de Deus por causa desta doutrina, a qual mostra que Deus é um. A doutrina é uma metáfora para o entendimento de que Deus é sabedoria, e a sabedoria é Deus. Ela explica invariavelmente que "Deus é vida e tudo é Deus", também conhecida como "unicidade do ser" ou "unidade da natureza", que afirma que a existência humana depende de Deus e que nada pode existir sem Ele. Os seres humanos são uma manifestação da criação de Deus, e tudo o que existe é Deus.

Como sistema de conhecimento, o sufismo também pode proporcionar conhecimento sensorial ou racional significativo para a África e para seus povos (cf. Polat, 2017, p. 806-814).

Ele explora o conhecimento místico expresso por métodos sensoriais e extrassensoriais. A interpretação dessa sabedoria transcende o físico para acomodar o transcendente. O sufismo é importante na educação porque influencia a compreensão, a qual não está limitada pela ciência lógica ou empírica.

Dedutivamente, crê-se que a educação ou os enquadramentos educativos permeados de metodologia sufista para adquirir conhecimento promovem o intelecto, a sensibilidade e o compromisso com a obtenção de um conhecimento extenso e de vasto âmbito – esta é uma alternativa aos métodos ocidentais do conhecimento, otimizados e de cariz cúltico. Como filosofia do conhecimento, o sufismo pode ser contextualizado no sistema educacional africano, o que resulta em uma estratégia inclusiva e universal para a busca do conhecimento na África.

O sufismo manteve-se relevante como sistema de conhecimento na África por muitas razões. Observou-se que

> "o misticismo sufista sempre desempenhou um papel importante nos países africanos, e as qualidades particulares do aspecto de atuação das organizações sufis tiveram um impacto significativo na história social e política do continente"

(Bruinessen, 2003, p. 62). Como sistema de conhecimento, ele influenciou a produção de conhecimento sociopolítico na África. Ao discutir a relevância do conhecimento para a África e para os seus povos, o sufismo apresenta uma plataforma dinâmica de resistência ao imperialismo colonial.

O sufismo não apenas proporciona uma plataforma dinâmica para a emancipação, mas também significa uma epistemologia viável e nativa; ele permite que a África e os seus povos desenvolvam um sistema de governança que atenda a suas distintas necessidades físicas, sociais, políticas e espirituais. O objetivo do sufismo é a busca do conhecimento de Deus. A purificação e o evitar a autocomplacência são virtudes importantes para a coexistência pacífica com pessoas de diferentes crenças e orientações. Esses aspectos do sufismo tornam-no relevante para a promoção da paz, da estabilidade política, da tolerância e da independência em relação aos imperialistas que pretendem controlar o conhecimento e o poder. Woodward *et al.* explicam de que modo o sufismo tem sido instrumental para a emancipação física e mental:

> O sufismo ético remonta aos primeiros séculos da era islâmica. Começou como um protesto moral contra o triunfalismo político, o legalismo rígido e a piedade ritualística nos primeiros períodos da história islâmica. Seus temas mais básicos são a renúncia à vontade individual e a tudo o que não seja Deus (Woodward *et al.*, 2013, p. 58-78).

O sufismo é relevante no clima político da África quando se consideram as regiões assoladas por conflitos. A doutrina sufista preconiza o amor, a tolerância, a paz, a flexibilidade e a inteligência emocional. Essas qualidades importantes facilitam a independência, a soberania e a unidade entre diferentes comunidades.

Viabilidade econômica (e sanitária) do sufismo

A relevância do sufismo como sistema de conhecimento para a África pode ser observada em seu potencial econômico. O conhecimento pode gerar crescimento econômico para o continente africano; a teorização do conhecimento proveniente dos mestres e das ordens sufis africanos pode ser patenteada e documentada para pesquisas ulteriores, o que proporciona, em última análise, independência econômica. O desenvolvimento de teorias, de escolas de pensamento, de ética, de códigos e de símbolos deve ser registrado a fim de evitar a perda de dados, o roubo de conhecimento e a apropriação indevida.

O sufismo, como sistema de conhecimento semelhante ao Ifá, recebeu amplo reconhecimento como misticismo islâmico.

O desenvolvimento de sua teoria do significado, da ética e da filosofia pode enriquecer outros campos do conhecimento na África, tais como a psicologia, a psicanálise, a saúde mental e a teoria social. Isto criaria diversas vias para o crescimento econômico e para a expansão do conhecimento. Além de seu domínio primário como religião, o sufismo pode ser aplicado como sistema de conhecimento para problemáticas médicas ou psicológicas por meio de suas práticas, bem como utilizado como sistema nativo alternativo de diagnóstico, tratamento e recuperação para alguns problemas médicos.

O conhecimento do sufismo pode desmistificar problemáticas de saúde para os africanos que creem que seus problemas têm dimensões espirituais, pois "a espiritualidade é aceita como um dos determinantes definidores da saúde, e não permanece mais uma prerrogativa exclusiva da religião e do misticismo" (Nizamie; Katshu; Uvais, 2014, p. 215-223). Este conhecimento deve ser estudado como tratamento psicoterápico para alguns transtornos e enfermidades mentais. A necessidade de combinar técnicas modernas de cuidados de saúde com a medicina africana e o conhecimento sufista é primordial para o desenvolvimento de um sistema de saúde nativo africano. O desenvolvimento e a codificação do conhecimento, das crenças e das práticas sufis para profissionais de saúde podem ampliar o conhecimento africano no campo da saúde mental.

A saúde mental, a psicologia, as ciências clínicas, a psicoterapia e a medicina na África podem ser aprimoradas pelo sufismo – este sistema de conhecimento tem semelhanças com a medicina tradicional africana, em especial a crença na cura espiritual. As interpretações de experiências místicas, tais como visões, sonhos e transes, são relevantes como experiências psíquicas para o diagnóstico, o tratamento e o manejo de assuntos psicológicos, o que é pertinente para o estabelecimento de um sistema de saúde confiável e eficiente na África. O desenvolvimento paralelo da medicina africana e da medicina sufista estimulará a proliferação do conhecimento na África e acerca dela.

Interpretação sufista de conceitos alcorânicos e islâmicos

A doutrina do sufismo é essencialmente um comentário esotérico do Alcorão que reflete a natureza interior do Islã. O Profeta Muhammad forneceu meios de compreender a exegese alcorânica na pregação e no ensino que são autenticados pela concordância (cf. Mohammad Zarasi, 2018). As palavras do profeta que são centrais para o sufismo foram enunciadas não como um legislador, mas como um santo contemplativo. Essas declarações foram dirigidas aos companheiros que viriam a tornar-se o primeiro grupo de mestres sufis. Há também "proferimentos sagrados" (*hadith qudsiyah*), nos quais Deus fala diretamente ao profeta na primeira pessoa. Embora tenham o mesmo nível de inspiração que o Alcorão, não têm o mesmo estilo "objetivo" de revelação. Primordialmente, eles estabelecem verdades destinadas à contemplação, em vez de ao grupo religioso inteiro. Isto constitui a base da interpretação sufista do Alcorão.

O profeta afirmou que cada parte do Alcorão contém diversos significados (cf. Burckhardt, 2009). Esta característica é compartilhada por todos os textos revelados; o processo de revelação assemelha-se à manifestação divina, pois envolve várias etapas. A natureza simbólica dos objetos descritos e os múltiplos significados das palavras são usados para interpretar os sentidos "interiores" do Alcorão. Toda língua antiga, até mesmo o árabe, o hebraico e o sânscrito, tem um caráter sintético. Essas expressões verbais implicam todas as formas de um conceito, do concreto ao universal (cf. Burckhardt, 2009). Abdul Hamid El-Zein acrescenta:

> Poder-se-ia dizer que a epistemologia tradicional do Alcorão toma as expressões em seus significados diretos, ao passo que a exegese sufista desvela seus significados transpostos, ou que, enquanto o exoterismo as compreende convencionalmente, a interpretação sufista concebe o seu caráter direto, original e espiritualmente essencial. Quando o Alcorão declara, por exem-

> plo, que quem quer que siga a orientação de Deus será dirigido "para si mesmo" (*linafisihi*) e que quem quer que se recuse a seguir a orientação de Deus será ignorante "sobre si mesmo" (*ala nafisihi*), a compreensão exotérica limita-se ao conceito de recompensa e de punição (El-Zein, 1983, p. 251-268).

O comentário filosófico acerca do Alcorão parece, de início, objetivamente superior ao próprio texto; a linguagem do Alcorão é religiosa por natureza, o que a torna ligada à emotividade humana e ao relativismo cultural imaginativo, e o comentário enuncia explicitamente verdades universais. Contudo, a exegese padece das desvantagens da linguagem abstrata. O texto sagrado beneficia-se do símbolo concreto, ou da existência sintética de uma única forma concisa que abarca ampla gama de significados.

Os comentadores sufis reconhecem que o texto sagrado não apenas satisfaz uma necessidade prática de comunicar-se com os corações das pessoas, mas também se relaciona com o processo de manifestação divina, pois o Espírito ama revestir-se de formas básicas e tangíveis.

A ideia sufista da criação

A ideia de criação compartilhada pelas três religiões monoteístas parece contradizer a ideia da unidade essencial de todos os seres. Argumenta-se que a criação tende a negar a preexistência da essência divina. Contudo, essas duas noções tornam-se mais compatíveis quando consideramos que o significado metafísico do "nada" (*udum*) do qual o Criador "extrai" pode ser apenas o "nada" da "não existência", isto é, da não manifestação do estado principal. As possibilidades inerentes à essência divina são indistinguíveis até que se manifestem no mundo (cf. Ewing, 1983, p. 251-268). Essas possibilidades nem sequer "existem" (*mawjud*) porque a vida implica uma condição inicial e a existência de uma distinção possível entre "conhecedor" e "conhecido".

O ato de "criar", no sentido árabe da palavra "*khalaqa*", equivale a "atribuir a cada coisa sua medida apropriada". Isto se refere à primeira determinação (*taayyun*) do intelecto divino que mede as possibilidades quando traduzidas para a ordem metafísica. A "criação" precede logicamente a "produção para a existência" (*ijad*) dessas mesmas possibilidades, de acordo com esta interpretação de *khalq* (cf. Bruinessen, 2003).

A partir dessas perspectivas, o universo é a manifestação de Deus por si mesmo. O dito sagrado (*hadith qudsi*) afirma: "Eu era um tesouro oculto; desejei ser conhecido (ou conhecer) e criei o mundo" (cf. Green, 2012). Esta perspectiva demonstra de que modo os sufis equiparam o mundo a um conjunto de espelhos para a autocontemplação como uma extensão de Deus (cf. Heck, 2006, p. 253-286). O ser afirma a essência, ao passo que as principais possibilidades são redutíveis ao ser por meio de uma espécie de negação; elas são meramente restrições, na medida em que podem ser logicamente distinguidas do Ser.

> Todas as possibilidades (*mumkinat*) são principalmente redutíveis à não existência (*udum*), e não há Ser (ou existência) senão o Ser de Deus, que seja exaltado, (revelando-se) nas "formas" dos estados que resultam das possibilidades como são em si mesmas em suas determinações essenciais (Ibn Arabi, *apud* Burckhardt, 2008, p. 51).

Doutrinação no sufismo

O sufi é aquele que busca a sabedoria ou gnose e opta por abdicar dos prazeres mundanos em troca de uma modesta e contida comunhão e companheirismo com Deus; o aprendizado constitui sua única motivação. A busca por uma relação com o ser supremo e o conhecimento deste têm precedência em relação a qualquer outra posse material. Os sufis são religiosos que praticam a abnegação absoluta por meio de um estilo de vida minimalista, o qual se pauta pelos ensinamentos e preceitos sagrados do Alcorão. No sufismo, cumpre ao místico aspirar a uma vida digna da busca pela sabedoria (cf. Shah, 1978).

Consideram-se sufis aqueles que vivem segundo os ensinamentos do profeta e seguem seu modo de vida. São reconhecidos pelo conhecimento profundo do Alcorão e da sabedoria de Deus (Alá). O treinamento sufista costumava seguir uma estrutura de mestre e aprendiz, até que seu sistema educacional evoluiu para as ordens sufis, também conhecidas como *tariqas* (cf. Tan, 2012). A *tariqa* centra-se em um mestre ou santo sufi cujos acólitos codificam o ensino e o treinamento para que outros o sigam. Esse sistema de treinamento simplifica a transferência de conhecimento e garante a redução da complexidade do ensino por meio de estruturas e de modos de vida preexistentes. Uma ordem é liderada por um xeque, ou instrutor espiritual, responsável pelo treinamento e iniciação dos noviços por métodos designados de aquisição de conhecimento. O xeque também passou por esse processo, o que cria uma cadeia de transferência de conhecimento místico que se conecta à fonte original – o Profeta Muhammad (cf. Burckhardt, 2009). Essa sequência de transmissão de conhecimento, denominada *silsilah*, sustenta a ordem sufista.

A importância do conhecimento para a humanidade e para o sufismo manifesta-se nas crenças dos sufis e nos aspectos de seu ofício como hábeis manipuladores do conhecimento. "O sinal de um sufi sincero é que ele se sente pobre quando tem dinheiro, modesto quando tem força e secreto quando tem fama", diz Shahida (Kugle, 2011). A ênfase na modéstia quanto à riqueza material e ao caráter é o que marca um adepto sufi como alguém que merece o título de rei místico.

As características sufis devem ser proporcionais a seu intelecto espiritual e à sua condição de líderes. A obediência absoluta, o autocontrole, a abstinência dos prazeres e a profunda devoção à busca do conhecimento são algumas das virtudes atribuídas aos sufis. Shahida também enumera os princípios éticos sufis, os quais incluem a submissão ao mestre e a Deus, a devoção à adoração de Deus, o arrependimento e o temor a Deus (cf. Kugle, 2011). Essas características são essencialmente aspectos da natureza de Deus que os sufis podem imitar.

Os sufis somente podem ostentar seus títulos depois de receberem a devida educação em uma escola ou instituição que ensine autocontrole, meditação, modéstia e ascensão espiritual na busca do conhecimento. Isso o mais das vezes implica estudar com um instrutor e um grupo de buscadores sufis que aderem às tradições de uma ordem sufista (cf. Sirriyeh, 2014). O conhecimento deles exige um fórum adequado para o debate e a instrução a fim de alcançar a dependência absoluta e o contato com o Ser Divino.

Diversos cânticos podem acompanhar as ladainhas sufis. O xeque recomendará o isolamento de várias distrações para ensinar aos noviços o ato da meditação e da ascensão espiritual. No transcorrer desses retiros, os aprendizes aprendem a recitar versos por um tempo determinado para cumprir o objetivo do isolamento (cf. Bilqies, 2014, p. 55-72). No sufismo, a sabedoria gera-se no isolamento, principalmente no que concerne à invocação. Depois que os aprendizes concluem a formação, são iniciados na ordem ou *tariqa* na qual foram treinados.

A iniciação é a etapa final antes de um aprendiz tornar-se adepto e ingressar na ordem sufista para a obtenção da sabedoria espiritual. Foi descrita como a "transmissão do poder divino" que um colega mais antigo ou xeque confere a um aprendiz na arte sufista (cf. Ul-Haq; Khan, 2018, p. 833-865). Cada ordem sufista desenvolve seu próprio ritual ou rito de iniciação; pode envolver fazer votos ou receber um manto.

Sufismo e política

Governos, comentaristas e muitos sufis promoveram o sufismo como uma alternativa pacifista e apolítica ao fundamentalismo islâmico e ao extremismo violento. Há uma longa tradição sufista de evitar a política e encontrar a paz, e os radicais islâmicos de hoje são antissufis enérgicos (cf. Sanneh, 2016). Contudo, afirmações gerais acerca de uma existência sufista apolítica ignoram seu envolvimento político secular. As figuras sufis foram mobilizadoras singularmente influentes de forças sociais e políticas em muitas partes do mundo graças à sua posição cultural estabelecida. Governantes locais e funcionários coloniais frequentemente consideraram os líderes sufis ora como seus aliados mais poderosos ora seus maiores inimigos.

Os adeptos sufis vinculam sua prática espiritual a ideais de reforma social e política. Exemplos podem ser encontrados na África do Norte e Ocidental colonial e pós-colonial, e alguns movimentos contemporâneos de reforma islâmica começaram com raízes sufis. Os líderes sufis eram vistos como o principal obstáculo às tentativas francesas e britânicas de dividir e conquistar a África do Norte e Ocidental (cf. Gellner, 1969, p. 61-69). Os líderes sufis tinham uma capacidade singular de unir comunidades conflituosas por causa de sua capacidade de transcender identidades tribais e étnicas.

Os sufis também participaram de campanhas ostensivas de reforma islâmica, até mesmo as que aparentemente se opunham a práticas sufis generalizadas. Muitos movimentos islâmicos foram formados por sufis, ou adotaram tradições e ideias sufis, ainda que muitos dos membros atuais tenham se afastado do sufismo em direção à piedade literalista e ao ativismo político. A Sociedade dos Irmãos Muçulmanos e o movimento educacional *Deobandi* são dois desses movimentos (cf. Ahmed, 2008, p. 229-246).

As redes sufis sempre foram transnacionais. O desenvolvimento das viagens aéreas, da cultura global, da internet e dos telefones inteligentes permitiu que se tornassem ainda mais. Os papéis sociais do sufismo, seus modos de organização e disseminação evoluíram de maneiras desvinculadas de seu declínio ou ressurgimento na era global. Alguns países podem ter visto o sufismo perder sua posição outrora inquestionável como componente teológico do Islã, mas muitos movimentos e sociedades sufis prosperaram ao adotar reformas.

As mulheres assumiram posições mais visíveis como líderes e seguidoras em muitas ordens sufis ao redor do mundo, e isso aumentou desde o final do século XX. Exemplos de mulheres sufis pré-modernas notáveis abrangem Rabia de Baçorá, a prolífica poeta e autora damascena Aisha al-Ba'uniyya (1456-1517) e a filha de Usmã dã Fodio, a escritora e líder de mulheres do norte da Nigéria, Nana Asma'u (1793-1864) (cf. Dwyer, 2013, p. 585-598). Contudo, muitas mulheres começaram mais recentemente a comportar-se com mais liberdade como líderes sufis, liderando outras mulheres ou grupos mistos de homens e mulheres.

Outra tendência recente é a aceitação, adaptação e apropriação do sufismo em vários contextos fora das culturas muçulmanas que o praticam – isso amiúde envolve apagar ou enfraquecer os vínculos históricos do sufismo com o Islã (cf. Babaei, 2013, p. 585-598). O pensamento, a prática e a cultura sufis foram incorporados independentemente em círculos não muçulmanos ocidentais desde o início do século XX. Às vezes, foi retratado como um tipo de sabedoria oriental que transcende qualquer religião específica. Os praticantes ocidentais do sufismo desenvolveram o pensamento "tradicionalista" ou "perene", uma vez que afirmaram que todas as religiões, apesar de suas diferenças externas, compartilham uma única realidade esotérica. Yalda observa:

> O sufismo tem elementos de atuação que podem ser explorados como instrumento para um método moderno para o estudo das atividades religiosas enquanto domínios de atuação. Diversas práticas peculiares no sufismo que podem ser estudadas por sua oralidade, por sua literariedade e por sua atuação peculiares são as experiências místicas que os sufis vivenciam durante seus rituais, suas cerimônias, seus festivais e suas tradições. Tais práticas de transe no sufismo podem ser estudadas como atuação, pois envolvem outros

> elementos de dança, canto, percussão, música, recitação etc. O sufismo, como sistema de conhecimento, tem elementos dramáticos de atuação, como na recitação repetida de ladainhas, as quais se crê serem invocações de Deus ou de espíritos místicos (Babaei, 2013, p. 585-598).

Esses monólogos dramáticos visam a transformar a pessoa que os recita por meio da intervenção mística. Os movimentos do corpo, em resposta à recitação rítmica das ladainhas, são técnicas mnemônicas que auxiliam o recitador sufi a entrar em transe. A introdução do sufismo em diferentes regiões africanas acrescentou elementos à atuação africana que se originam no sufismo. Um estudo analítico comparativo da atuação africana e da atuação sufista foi pouco explorado. De acordo com a descrição de Shai:

> As associações dançam, movem-se e cantam, e, ao dançar, induzem o transe e a possessão. Essa possessão ou transe é próxima, embora não idêntica, à forma de adoração nas associações espirituais suaílis, as chamas, e conhecida em toda a costa. As chamas são altamente institucionalizadas e usam certos tipos de ofícios de possessão, amiúde chamados de bruxaria (Shahi, 2020, p. 1-14).

Essa observação sugere que elementos de atuação em comunidades africanas poderiam influenciar as atuações sufis, o que cria uma forma dinâmica de atuação e de conhecimento. A relevância do sufismo como sistema de conhecimento se refletiria no estudo dos elementos de atuação sufista que afetaram a atuação africana, com o reconhecimento de que seu estudo e atuação na África influenciaram a produção de música, dança e atuações sufis. É uma oportunidade para fundir diferentes campos do conhecimento.

A música africana e os instrumentos musicais que acompanham a dança e o canto das canções sufis são importantes para a busca do estado de transe. As agências de diferentes tipos de tambores africanos e o andamento em que são tocados podem ser estudados para determinar como induzem transes. Cada aspecto da atuação nos rituais do sufismo é essencial para a experiência do êxtase. O *dhikr* do sufismo é uma das práticas e atuações que se usa e se adapta em domínios seculares, o que intensifica "o uso público crescente da música de transe sufista em festivais e eventos turísticos" (Kirkegaard, 2012, p. 203-212).

Um exemplo é "a atuação do *maulidi* em festivais populares em Zanzibar", o que demonstra como as tradições podem transformar-se e relaxar seus requisitos estritos para acomodar outras funções sociais e propósitos religiosos (cf. Fargion; Guennec-Coppens; Mery, 2002, p. 203-212). Na África, a atuação sufista envolveu o reconhecimento e a promoção da arte, dos artistas e do conhecimento africanos. Também fez suas próprias contribuições à arte africana, e a força econômica da região poderia aumentar por meio do estudo, da pesquisa e da promoção dessa forma cultural singular.

Sufismo e cultura africana

Como sistema de conhecimento, a história e a atividade diversas do sufismo em diferentes regiões do continente tornaram-no relevante para a produção da epistemologia e do *ethos* cultural africanos. Nesta era de globalização, o conhecimento molda a cultura e frequentemente recria subculturas dentro das culturas existentes. O sufismo teve contato com diferentes aspectos da vida em toda a África, até mesmo cultura, tradição, casamento, educação, religião e política. Isso se exemplifica no impacto cultural do sufismo em Ilorin, uma cidade no estado de Cuara, na Nigéria. O ensinamento sufista guia as pessoas em seu comportamento, pensamentos e relações mútuas na sociedade (cf. Solagberu, 2012, p. 400-410). O conhecimento dinâmico do sufismo foi infundido em suas atividades cotidianas, o que se vê em sua religião e atos de adoração.

Solagberu explorou o impacto do sufismo no estabelecimento de grupos e organizações religiosas, os quais são conhecidos, em Ilorin, como "grupos *alasalatu* (pessoas que buscam a bênção de Deus para o Profeta Muhammad)" (Solagberu, 2012, p. 400-410). Ele observou:

> Nesses grupos e nessas organizações, as tradições sufis de recitar ladainhas e orações são estruturadas na ordem de adoração. Essas organizações cresceram a partir da influência da orientação e do séquito dos mestres e dos professores sufis na região. A disseminação desses grupos religiosos por todo o país é modelada segundo diferentes ordens sufis no país. A adoção de alguns ritos sufis, tais como as orações de perdão; as orações ao profeta; a lembrança de Deus e a recitação dos textos e versos religiosos por um número específico de vezes, são também influências do sufismo nas pessoas e nos seus atos de veneração (Solagberu, 2012, p. 400-410).

O sufismo tem sido influente nas cerimônias de casamento em Ilorin. Esses eventos refletem costumes locais, e observadores identificaram práticas sufis, tais como a participação da noiva, do noivo e de suas famílias na realização da oração do Magreb e na recitação de alguma "poesia islâmica" (cf. Bang, 2004). Esses poemas "refletem um princípio dentro do pensamento sufista conhecido como Zhud (o abandono do desejo mundano)" (Bang, 2004).

O sufismo também influenciou a nomeação de crianças entre o povo de Ilorin, que comumente escolhe os nomes de mestres sufis. Temas sufis foram identificados na música nativa de Ilorin. Poemas locais ilustram a doutrina sufista da intercessão ao invocar os nomes de sufis na comunidade; nomear crianças segundo adeptos sufis busca a bênção de Deus na esperança de que a essência sufista lhes seja concedida (cf. Solagberu, 2012, p. 405-406).

O sistema de conhecimento sufista é relevante para desenvolver uma teoria social para estudar sua história e suas influências em costumes, tradições, cultura, religiões e sociedades africanas que se engajam em práticas similares do sufismo. O estudo das adaptações africanas do conhecimento sufista, em diferentes contextos culturais, pode ser desenvolvido e aplicado em teorias sociais e culturais para resolver problemas socioculturais no meio africano. No folclore e na música, o sufismo criou um subgênero musical que integra aspectos de espiritualidade, secularismo, entretenimento, educação e cultura – criou uma teoria epistêmica multidimensional do discurso da música, da atuação, da cultura e da religião. O estudo do sufismo e da cultura africana apresenta um campo empolgante de conhecimento que permite examinar o folclore, a tradição, os costumes africanos e as práticas sufis. Instalações e recursos adequados devem ser dedicados ao estabelecimento desse campo de investigação.

A relevância do sufismo na África é também evidente em suas incursões linguísticas e nas variações em diferentes línguas africanas e em diferentes obras escritas. Dicções e definições sufis foram aculturadas em línguas africanas para misturar códigos linguísticos; palavras sufis e línguas africanas interagem para criar vocabulários. A língua é um fenômeno dinâmico, e forças como a globalização, a migração e a aculturação aceleraram seu uso, desenvolvimento e disseminação.

Palavras e ditos sufis apareceram em outras línguas, como o hauçá, em que passam por modificação, transformação e adaptação. Palavras e frases com origens sufis estão presentes em palavras e significados africanos, até mesmo *madrasa* para escola e *alfa* para professor. No campo da semântica, signos e símbolos sufis podem ser estudados em línguas africanas, nas quais podem ser analisados e interpretados com o uso da semiótica. Diversas teorias de significados, como a semiótica, podem ser aplicadas a interpretações de ditos sufis, o que produz uma epistemologia africana do tema do sufismo. Como sistema de conhecimento, o sufismo foi relevante para o desenvolvimento de ortografias, línguas e fonologia africanas. A proliferação de palavras e de ditos sufis em línguas africanas pode ser estudada para traçar a história e o dinamismo do sistema de escrita africano e sua ortografia.

Sufismo na África Ocidental

No contexto da África Ocidental, o sufismo é denominado "misticismo islâmico" (cf. Seesemann, 2010, p. 206-214). As ordens sufis mais importantes na África Ocidental são a Qadiri, que deve seu nome a Abdalcáder Guilani (morreu em 1166 em Bagdá); a Tijani, fundada por Ahmad al-Tijani (morreu em 1815 em Fez, Marrocos); e a ordem sufi muridista, estabelecida no final do século XIX pelo xeque senegalês Amadú Bamba (morreu em 1927) (cf. Hanif, 2018, p. 19).

Os administradores coloniais criaram a documentação fundamental do sufismo na África Ocidental. Seu vasto corpo de escritos visava a ajudar os governos coloniais francês, britânico e alguns portugueses a administrar os súditos muçulmanos africanos. A alegada fusão da religião africana "tradicional" e algumas crenças e práticas sufis era o mais das vezes denominada "Islã africano". Os escritores franceses viam essa forma de Islã como menos ameaçadora a seu projeto colonial do que o Islã "árabe", o qual eles consideravam "xenófobo" (cf. Vikør, 2000, p. 441-476). Essas visões coloniais contribuíram para o rebaixamento do sufismo como forma legítima de Islã, mas também encorajaram a disseminação do sufismo por toda a África Ocidental, especialmente à medida que os movimentos de resistência anticolonial se desenvolveram.

O sufismo chegou à África Ocidental no século XVIII, embora indícios anteriores de práticas sufis tenham sido identificadas em partes do Saara Ocidental e Central, mais notavelmente em Tombuctu e nas Montanhas de Air do Níger moderno (cf. Abdullah, 2010). Cumpre notar, não obstante, que o sufismo se manifestava amiúde na qualidade de devoção pessoal – não está claro o quanto essa influência sufista inicial contribuiu para a gradual islamização da África Ocidental. Os grupos sufis desenvolveram-se em forças formidáveis por meio de uma combinação de influência social, econômica e política, em vez da influência do sufismo como religião mística.

Sidi al-Mukhtar al-Kunti (1729-1811) e Usmã dã Fodio (1754-1817) foram dois dos mais famosos praticantes sufis da África Ocidental na virada do século XVIII (cf. Batran, 2001). Embora ambos fossem xeques sufis Qadiri realizados, seus legados são muito diferentes. Dã Fodio, um fula por nascimento, é mais conhecido por sua jiade contra líderes locais hauçás em regiões que agora são conhecidas como o sul do Níger e o norte da Nigéria. Os muçulmanos no Níger e na Nigéria continuam a comemorar a jiade triunfante de dã Fodio que fundou um Estado islâmico, e muitos o consideram o "renovador" (*mujaddid*) do Islã durante seu tempo.

A criação de comunidades religiosas baseadas em identidade sufista e comum vincula-se diretamente a Sidi al-Mukhtar al-Kunti. Ele pertencia aos cuntas, raça saariana ocidental de origem árabe que chegou à região no século XVI. A experiência de Sidi al-Mukhtar refuta a crença generalizada de que o sufismo na África Ocidental é sobretudo ético, e não metafísico. Sidi al-Mukhtar atribuía grande valor às experiências espirituais e atuava como guia para seguidores que desejavam percorrer o caminho sufista (cf. Batran, 2001).

Movimentos liderados por esses grandes sufis contribuíram significativamente para a difusão do Islã em muitas partes da África Ocidental, mas os oeste-africanos apenas começaram a adotar valores e práticas islâmicas em maior escala depois do domínio colonial europeu. O Islã obteve seus maiores avanços na África entre as décadas de 1880 e 1930, o que alarmou funcionários dos governos coloniais europeus. Suas políticas haviam auxiliado inadvertidamente a difusão do Islã, em vez de suprimi-lo (cf. Behrman, 2013).

As interações do sufismo com outros tipos de espiritualidade levaram ao surgimento de novas práticas sufis na África Ocidental em processo semelhante ao modo como outras manifestações do sufismo se modificaram depois de viagens para novas regiões. Novos estilos de liderança sufista emergiram no Mali urbano, por exemplo, transcendendo a estrutura organizacional das ordens sufis para esculpir um nicho em um mercado religioso em expansão (cf. Soares, 2007, p. 76-91). Apesar da complexidade e da diversidade das experiências sufis na África Ocidental, analistas políticos ocidentais repetidamente descreveram os sufis oeste-africanos como muçulmanos "bons", vistos como aliados potenciais na "Guerra ao Terror" logo em seguida aos ataques extremistas de 11 de setembro de 2001.

O sufismo tijani na África Ocidental

A maior parte da filosofia e da teologia do sufismo de Ahmad al-Tijani originou-se de Abenarabi (1165-1240), o maior místico surgido na Espanha muçulmana medieval. Abenarabi exerceu influência significativa nas gerações posteriores de místicos muçulmanos (cf. Abun-Nasr, 1965). Três elementos de seu sufismo, também encontrados no pensamento Tijani, fluem de um para o outro como água em cascata por um declive. Seesemann destaca esses elementos da seguinte forma:

> O primeiro elemento é a veneração de Muhammad – semelhante ao Verbo pré-existente no Evangelho de João – *al-haqiqatal-muhammadiyyah* (o coração de Muhammad), como a fonte da qual todas as coisas criadas se originam. O segundo elemento concentra-se na veneração de Muhammad, conforme prescrito para toda a tijani pela influência santificada de Ahmad al-Tijani, que reivindicou o título de *qutb al-aqtäb* (o polo supremo da santidade) ou *khatm al-awl jyli'* (o selo dos santos). Isso reconhece a fonte transbordante de toda a proximidade humana, tanto com Deus quanto com Muhammad, não apenas para sua própria geração, mas para toda a genealogia. O terceiro elemento é a ligação e o respeito a um propagandista místico (*muqaddam*) na Tijani que canaliza os benefícios espirituais derivados de Ahmad al-Tijani, do Profeta Muhammad e de Deus para o membro individual (Seesemann, 2010, p. 606-614).

As declarações aparentemente exageradas feitas durante as orações supererrogativas especiais de Ahmad al-Tijani e de seus seguidores os distinguiram de outros sufis e muçulmanos desde o início da Tijani. A filiação a múltiplas ordens místicas era popular no noroeste da África no final do século XVIII, e o próprio Ahmad al-Tijani pertencera a quatro ordens sufis distintas, até mesmo à Qadiri e à Khalwati, mas ele acabou por proibir tal pluralismo e ecletismo entre seus seguidores (cf. Ryan, 2000, p. 208-224).

Sufismo e psiquiatria

Fenômenos espirituais ou psíquicos ocorrem em culturas e religiões em todo o mundo. Apesar da falta de pesquisas específicas acerca do sufismo, levantamentos averiguaram que 20% a 45% de todas as pessoas afirmam ter vivenciado encontros psíquicos. Ocorrências específicas variam conforme o tempo, o sexo, a fé e outros fatores (cf. Bhugra, 1997). Apesar das diferenças nos comportamentos, nos valores e nas sociedades em que ocorrem, essas interações compartilham muitas características. Os encontros psíquicos podem ocorrer nos domínios do pensamento, da percepção ou do sentimento (uma experiência perceptual dinâmica), e todos compartilham características semelhantes. Essas experiências são imediatas, normalmente fugazes, inefáveis, inanalisáveis, e envolvem associação íntima com outro eu específico que transcende o tempo, o espaço e a individualidade. De acordo com relatos sufis, esses encontros são sentidos como uma profunda sensação de bem-aventurança (cf. Iqbal, 2013).

Experiências psíquicas foram anteriormente associadas a experiências divinas, possessão demoníaca, heresia e até insanidade. Ao longo do tempo, várias interpretações foram afetadas pelo sexo do declarante, pela condição social, pela natureza das interações em relação às normas políticas e religiosas estabelecidas e por outros fatores. Eventos foram interpretados para apoiar ou para refutar teses políticas específicas ou para justificar alegações de insanidade. Almançor Alhalaje e Bajazeto de Bastã são dois sufis bem conhecidos que alegaram ter tido experiências místicas intensas (cf. Attar, 2007). Ambos deixaram legados conflitantes, considerados grandes sufis que também foram condenados à morte por heresia.

Os sufis creem que as experiências psíquicas são fontes de sabedoria absoluta porquanto transcendem o ordinário (*marifa* ou *gnose*) (cf. Iqbal, 2013). A possibilidade de tais interações produzirem informações válidas foi contestada de pontos de vista metafísicos e científicos. Kant rejeitou a ideia de sabedoria última como algo para além do escopo da experiência humana e, portanto, irrazoável (cf. Engstrom, 1997, p. 16). Pensadores sufis propuseram que tais experiências poderiam ser uma extensão das experiências humanas ordinárias. Por exemplo, Fakhruddin Iraqi, um preeminente filósofo sufista, considerava que era possível que essas experiências ocorressem em diferentes ordens de tempo e de espaço devido a mudanças na consciência humana (cf. Attar, 2007). A essência subjetiva das experiências psíquicas, que se opõe à natureza classicamente objetiva da ciência, tem sido o maior impedimento para o estudo dessas experiências.

Como fenômeno, as ilusões sufis podem ser semelhantes a alucinações ou delírios psicóticos. Com base nessa semelhança, a essência espiritual desses encontros e o conhecimento que produzem foram questionados. Algumas propostas afirmam que a insanidade é a fonte de todos os encontros paranormais e crenças religiosas, o que implica que todos os fenômenos psicóticos são anormais. Alucinações e delírios são demasiado comuns na população em geral e durante encontros espirituais aparentemente inócuos (cf. Fulford; Jackson, 1997, p. 41-65). No entanto, outros afirmaram que nem todos os fenômenos psicóticos são patológicos, o que sugere que o termo "anormal" deve ser redefinido.

O sufismo, como outras manifestações de fé, ressurgiu nas culturas orientais e ocidentais. As tradições sufis tornaram-se parte cada vez mais importante dos sistemas de crenças para um número crescente de pessoas, seja dentro, seja fora do mundo muçulmano. No entanto, o aumento dramático de matérias relacionadas à saúde mental nos últimos anos significou que um número crescente de pessoas necessita de serviços de saúde mental (cf. OMS, 2001). Quando pessoas da fé sufi encontram esses prestadores de serviços, surgem preocupações em vários níveis. Os valores e as tradições sufis estão arraigados nos sistemas de crenças da maioria dos muçulmanos, sobretudo para um número crescente de pessoas na África. O sufismo fez contribuições importantes para a interpretação da revelação – a raiz do conhecimento religioso no Islã e em outras religiões semíticas – e teve um impacto profundo na saúde mental de seus adeptos e de seus praticantes.

Conclusão

O sufismo é um sistema de conhecimento que oferece um modo dinâmico de obter uma experiência pessoal e direta com a sabedoria. Originou-se do misticismo islâmico; o Alcorão e o hádice são as fontes comuns de seu conhecimento. Este capítulo explorou o sufismo como um sistema espiritual e racional de conhecimento que os sufis afirmam obter por meio da meditação acerca de escritos e versos religiosos. Os sufis recitam repetidamente versos e frases que invocam elementos metafísicos, prática que lhes foi recomendada como ato de veneração.

O sistema sufista de conhecimento busca explicar a concepção e a estrutura do cosmos conforme reveladas nas filosofias e metafísicas do conhecimento nos textos islâmicos. O sufismo busca provar o conhecimento de que Deus existe como Luz refletida em todas as outras criações. Estudiosos do sufismo elevaram o conhecimento místico ao ponto em que o colocaram em oposição à lógica.

Este capítulo tratou, com mais profundidade, da produção de conhecimento no sufismo e como ela influenciou grande população de crentes muçulmanos. O conhecimento derivado do sufismo era poder em si, o que é evidente em seus milhões de adeptos ao redor do mundo. O sufismo foi capaz de penetrar na África e reunir enorme séquito de crentes que aceitaram ideias que foram escritas e posteriormente pregadas e interpretadas, o que será examinado nos capítulos seguintes. O conhecimento espiritual escrito foi traduzido em influência e poder político nas mãos de pessoas que assumiram posições de liderança para conduzir as pessoas por um caminho que acreditavam ser verdadeiro e correto.

Este capítulo concentra-se nas práticas religiosas do sufismo. Suas várias atividades traduziram-se em poder exercido por indivíduos que podiam curar, guiar e influenciar grandes massas de pessoas. Acreditava-se que eles eram capazes de amaldiçoar ou de abençoar pessoas. Seu conhecimento de ocorrências místicas também tornou astutos os seus praticantes – que também eram líderes sufis – um ponto de contato com o mundo místico, oferecendo soluções para problemas considerados além dos olhos mortais; eles eram amiúde consultados por sua sabedoria. Esse conhecimento servia de fundamento para as crenças e para as atuações dos adeptos sufis.

Este capítulo argumentou que o sufismo, como sistema de conhecimento, é tanto místico/espiritual quanto empírico. O empirismo lida com a verificação do conhecimento por meio de observação e de testes. O conhecimento no sufismo é lógico e usa faculdades humanas para adquirir sabedoria, mas esse modo de conhecer transcende a racionalidade. Ele oferece uma validação do conhecimento racional e empírico do mundo físico. O domínio do sistema de conhecimento do sufismo é multidimensional e dialético; combina faculdades físicas e racionais para alcançar conhecimento extrassensorial.

O sufismo é relevante como sistema de conhecimento devido ao seu tratamento interdisciplinar da ciência, da filosofia, da religião, da ética, da psicologia, da sociologia e de outros campos de investigação. O sufismo tem o potencial de produzir conhecimento na África e acerca dela devido à sua influência em diferentes regiões do continente.

5

Pensamentos políticos e intelectuais de Usmã dã Fodio

Introdução

Os capítulos anteriores examinaram o sistema de conhecimento que está evolvido em torno da origem de práticas e de crenças. Neste capítulo e no seguinte, haverá a exceção de examinar as crenças e práticas da ótica da liderança e do poder. Dito de outro modo, o foco recairá em como líderes religiosos do Islã esposam este sistema de conhecimento interpretado do sagrado Alcorão e como eles interpretam (de maneira diversa) os seus dizeres para provocar movimentos na África com ideologia, crença e, consequentemente, atuações distintas. Este capítulo principia com o intelectualismo, os ensinamentos, as crenças, as atuações e os movimentos engendrados por Usmã dã Fodio.

O pensamento político e intelectual de dã Fodio no Islã encontrou justificativa e fundamento nos movimentos intelectuais e políticos e nas jiades dos dias do Profeta Muhammad, bem como no ambiente sociopolítico da parte setentrional da Nigéria. Houve um aumento do interesse no estudo dos pensamentos políticos e intelectuais islâmicos em tempos recentes. Estudiosos aceitaram o desafio de explorar o seu conteúdo, contexto e significado, assim como sua importância dentro do Islã e para a humanidade em geral (cf. Black, 2002; Lewis, 1988). Por meio de filósofos influentes, conceitos e movimentos religiosos em todo o mundo islâmico, o pensamento político e intelectual islâmico impactou comunidades religiosas, seculares e acadêmicas. Dada esta importância intelectual e prática, a necessidade de compreender plenamente a dinâmica e o desenvolvimento do pensamento político e intelectual islâmico é necessária, sobretudo por causa da tensão gerada em todo o globo – em particular no mundo islâmico – acerca de quais deveriam ser as descrições da composição e das virtudes de uma sociedade ideal.

Este capítulo procura examinar o papel e o impacto desse pensamento político e intelectual nas regiões da África Ocidental ocupadas pelos muçulmanos. Embora tenham ocorrido vários movimentos islâmicos na África Ocidental pré-colonial, a jiade de Usmã dã Fodio foi excepcional por estabelecer um vasto Estado islâmico na região que durou um século. Dã Fodio, como líderes de outros movimentos islâmicos, levantou problemáticas cruciais concernentes à religião, à política, à justiça, à educação, às mulheres, à economia e à sociedade que moldaram o desenvolvimento da Terra Hauçá no século XIX. O descontentamento crescente com a liderança política na Terra Hauçá foi um fator que contribuiu para a jiade de dã Fodio, pois serviu de convite para a *intelligentsia* da época questionar as bases da filosofia que governava as operações dos governantes hauçás na região.

A história do pensamento político e intelectual na Terra Hauçá islâmica está associada às obras intelectuais do Xeque Usmã dã Fodio, bem como à ofensiva de sua campanha de jiade na região. A religião islâmica proporcionou o impulso para um maior empenhamento entre a umma (fiéis islâmicos), os jiadistas e os governantes hauçás que existiam como entidades políticas, sociais e econômicas exigidas para funcionar apropriadamente na Terra Hauçá dominada pelo Islã[18]. Portanto, é apropriado que este texto localize o fundamento do sistema de conhecimento do Xeque Usmã dã Fodio no contexto do Islã.

---

18. Nas páginas subsequentes, menciona-se que dã Fodio procurou corrigir a prática errônea do Islã na Terra Hauçá.

A evolução do pensamento político e intelectual no Islã principia com as atividades do Profeta Muhammad enquanto estava em Meca e em Medina. Embora não desenvolvido[19], o impacto das atividades do profeta lançou as bases para o desenvolvimento do pensamento político e intelectual em todo o mundo islâmico. O mundo islâmico desfrutou de um fluxo considerável de conhecimento, produzindo eruditos que expandiram com amplitude as fronteiras do conhecimento islâmico. Esta cultura de produção de conhecimento também deu à luz reformistas que transformaram a paisagem sociopolítica, econômica e religiosa de diferentes territórios muçulmanos em vários momentos ao redor do mundo. As obras intelectuais produzidas no mundo islâmico e a natureza do contato que os muçulmanos tiveram com o mundo exterior levaram ao crescimento e à expansão do Islã e do seu conhecimento por toda a África, bem como em outros lugares. A difusão da literatura islâmica e das reformas políticas, quer violentas, quer pacíficas, também contribuiu para a propagação de ideias revolucionárias pelos territórios islâmicos, facilitada pelo comércio na África Ocidental e na Terra Hauçá em particular.

Os comerciantes uangaras, mercadores bem conhecidos no comércio transaariano, foram os principais atores na introdução do Islã e da literatura (cf. Clarke, 1982, p. 60) islâmica na Terra Hauçá. Como mercadores, os uangaras entraram em contato com diferentes culturas no Norte da África, no Sahel e no Saara. No Norte da África, onde o Islã já estava estabelecido, eles obtiveram obras eruditas e outros itens valiosos de comércio. Na África Ocidental, o seu contato com a Terra Hauçá resultou na importação de textos islâmicos, que eles levaram consigo para

19. A busca por mudança empreendida pelo profeta era religiosa e não política; assim, embora o que se seguiu tenha tido grandes implicações na definição da natureza da política e do sistema político no mundo muçulmano, essencialmente, as atividades do profeta eram estritamente religiosas. Este capítulo se concentrará no aspecto político e intelectual da Jiade de Socoto, em vez de em suas prescrições religiosas.

Bornu e outras partes da região do Sahel na África Ocidental. É imperativo afirmar que o contato que a Terra Hauçá teve com os uangaras não mudou significativamente muitos aspectos da cultura e das tradições do povo hauçá: as estruturas políticas, sociais e econômicas do povo hauçá continuaram a basear-se nos princípios preexistentes da cultura do povo e não nos ensinamentos do Islã. Embora o Islã estivesse estabelecido na Terra Hauçá, uma população substancial do povo e de seus aristocratas permaneceu não crente, ou como comumente chamados, pagãos[20].

À luz da composição intelectual, a comunidade hauçá estava dividida em duas tradições. A primeira especializou-se na pregação por meio da língua local por causa de seu fraco domínio da língua árabe. Ademais, a sua relação com os textos islâmicos restringiu-se à pesquisa de problemáticas teológicas e da condição dos pecadores. Eles eram politicamente famosos por recrutar escravizados fugitivos para o Islã e por formar comunidades islâmicas radicais. A segunda tradição tinha um vasto empenhamento com a língua árabe clássica; enquanto alguns serviam sobretudo como professores, outros eram pregadores. Eruditos desta tradição especializaram-se em jurisprudência islâmica (*fiqh*) e estudos jurídicos, o que exigia o estudo de uma ampla gama de livros, bem como de sofisticação internacional, e era também importante para mercadores e *cádis* que mediavam disputas comerciais.

Os estudantes da segunda tradição tinham uma boa apreciação das funções da governança islâmica, especialmente ao julgar quando os governos operavam de acordo com os ensinamentos islâmicos e quando iam contra as leis islâmicas. Esta tradição exibia tendências revolucionárias. Esta tradição intelectual explica a origem imediata da metodologia revolucionária do Xeque Usmã

20. Este termo não é usado aqui pejorativamente, mas sim para descrever pessoas que não compartilham uma prática religiosa comum com uma religião intrusa.

dã Fodio (cf. Last, 2008, p. 147-155). Dã Fodio usou suas obras literárias, escritas em árabe, para reformar os pregadores, e ele pregava para as pessoas durante seus sermões de sexta-feira, proferia discursos acerca de diferentes assuntos e ensinava os fundamentos do Islã. Dã Fodio classificou amplamente as pessoas da Terra Hauçá em três categorias: aquelas que acreditavam no Islã; os idólatras que acreditavam na adoração animista de pedras, árvores e outras partes do mundo natural; e aquelas que combinavam o Islã com outras formas de adoração pagã (cf. Sulaiman, 1986, p. xvi-xviii).

Essa compreensão e classificação definiram o tipo de mensagem que era transmitida a cada grupo, fosse relacionada à política, à religião, à sociedade ou mesmo à jiade que era realizada naquela época. Para dã Fodio, a necessidade de persuadir a todo instante a *umma* (comunidade) em direção ao caminho certo para o Islã era o objetivo primário a ser alcançado primeiro. Contudo, a educação do povo era uma parte essencial da mudança que ele tentava propagar pela sociedade. Assim, o *fiqh*, que era anteriormente reserva exclusiva dos pregadores (*ulemás*), foi primeiro apresentado para as pessoas aprenderem e praticarem. Dã Fodio tinha um profundo conhecimento da ciência islâmica e da literatura árabe, pois sua primeira ocupação era como escritor dedicado até que a jiade começou. Por meio de seus escritos, como líder da jiade, ele foi capaz de guiar os jiadistas em diferentes problemáticas por toda a região.

Os ideais da jiade eram intelectuais e acadêmicos porque muito do que foi posto em prática eram coisas ensinadas nas escolas islâmicas, e as ideias de dã Fodio foram em grande parte extraídas de sua educação formal (cf. Smith, 1979, p. 245-246). O movimento político foi apoiado com escritos eruditos que justificavam veementemente a necessidade da jiade. Por exemplo, dã Fodio esmiuçou acusações trazidas contra os governantes hauçás acerca de seus desvios do Islã, contidas no *Kitab Al-Farq* [O livro da distinção] e no *Wathiqat al-ikhwaan*

[O documento dos irmãos] (cf. Hiskett, 1960, p. 558-579; Balogun, 1973, p. 271-292). Estes textos condenavam os eruditos venais hauçás, enquanto o *Ihya-us-Sunnah Nur-al Bab* [A revivificação da tradição e a luz do capítulo] e o *Bayan al bid'ah al shaydaniyya* [A explicação das inovações diabólicas][21] discutiam a necessidade de reforma islâmica no território, e o *Tamyiz ahl-Sunnah* [A distinção do povo da tradição] foi escrito para exortar os muçulmanos a se unirem.

Muitas outras obras literárias escritas pelo jiadista, tais como *Masail Muhimma* [Problemáticas importantes], *Bayan Wujub al Hijrah alal-Ibad* [A explicação da obrigatoriedade da migração para os servos], *Ta'alim al-Ikhwan* [Os ensinamentos dos irmãos], *Tanbih allkhwan* [A advertência aos irmãos], *Amr bil-Maaruf* [A ordem do bem] e *Wathiqat ahl-Sudan* [O documento do povo do Sudão], foram disponibilizadas para a educação da comunidade e em preparação para a iminente reforma. Há mais de 100 textos registrados creditados ao Xeque dã Fodio de antes e depois da jiade (Balogun, 1981), mas, neste capítulo, concentrar-se-á naqueles que lidam com a produção de conhecimento e as crenças manifestas na religião, na política, nas mulheres, na educação, no direito e na jurisprudência.

Povo, política e economia dos reinos hauçás antes da jiade

Os hauçás vivem atualmente no norte da Nigéria, no noroeste do Níger, em Gana, no Chade e em outras partes da região do Sael, na África Ocidental. Antes da jiade de Usmã dã Fodio, o povo hauçá era formado por reinos poderosos, porém desunidos, que exerciam grande influência nas rotas comerciais da África subsaariana, com vastos centros comerciais como Cano (cf. Hunwick, 2005, p. 103-136). Antes da introdução do Islã,

21. Essa obra é descrita por I. A. B. Balogun como a obra-prima de dã Fodio (cf. Balogun, 1981, p. 49).

a terra dos hauçás havia desenvolvido um sistema político complexo que centralizava o poder e o controle sob os Sarakuna (aristocracias governantes). Mudanças dinásticas e institucionais ocorreram entre os séculos IX e XI, produzindo uma cultura política conhecida como sistema de chefatura (*Sarauta*) e, posteriormente, assistiu-se ao surgimento das sete cidades-estados hauçás (Hausa Bakwai): Birama, Daura, Gobira, Cano, Catsina, Zaria e Rano (cf. Usman, 1981)[22].

Esses Estados não eram formalmente unificados e, embora fossem dilacerados por guerras fratricidas no âmbito político, cresceram de modo robusto na economia, agindo de forma independente e cooperando quando necessário. Birama, por exemplo, foi a primeira sede administrativa das cidades-estados, enquanto Gobira fornecia os soldados,

> Cano e Rano cultivavam algodão e produziam tecidos. Eram também conhecidas por seu valioso e belo corante índigo, que usavam tanto em arte quanto para tingir seus tecidos. Elas comerciavam esses produtos com os outros estados hauçás, como Zaria, que fornecia escravizados e grãos. Catsina e Daura tinham acesso direto às caravanas transaarianas e, assim, trocavam os produtos produzidos na terra dos hauçás por mercadorias estrangeiras, como sal. O Islã viria a tornar-se parte importante da cultura hauçá. A religião parece ter aparecido na região por volta do século XI, trazida por mercadores e peregrinos, mas a conversão foi lenta. Reis e governantes foram atraídos pela nova religião, talvez pelo prestígio que lhes conferia aos olhos de outros grandes Estados islâmicos. O povo comum adotou o Islã de forma gradual e, em geral, praticava-o junto com os antigos costumes religiosos hauçás. Ainda assim, a escrita árabe foi adotada para escrever a língua hauçá. Muhammad Almaguili, erudito e missionário islâmico, é tido como responsável

22. Esses arranjos foram mais tarde transformados em um sistema de emirados logo depois da jiade de Usmã dã Fodio.

> por converter os hauçás ao Islã no final do século XV. Foi provavelmente por essa época que o Islã se integrou de forma sólida na sociedade hauçá, embora o politeísmo fosse comum na região até o século XIX (Saylor, 2012).

O sincretismo, neste contexto, a prática do Islã e o uso de poderes místicos incorporados à religião tradicional, proporcionou aos governantes uma dupla oportunidade de controle político de seus súditos (que agora são muçulmanos ou pagãos). A adoção do árabe como língua do exercício religioso no Estado foi também uma oportunidade de expandir as relações regionais e internacionais dos reinos hauçás, bem como o comércio com o mundo islâmico mais amplo. Apesar dessa aceitação do Islã, os governantes hauçás tradicionais não viram necessidade de desvincular-se dos sistemas de crenças tradicionais e empenharam-se para garantir a preservação e sustentação da religião tradicional, algo que prezavam como parte de seus costumes e tradições nativos. A relação profana entre a nova religião e a antiga continuou, embora estranhas entre si; coexistiram apenas por um tempo.

O aumento da educação islâmica levou a um crescimento na população de sábios muçulmanos e novos convertidos, que se tornaram a elite instruída e então desaprovaram a intromissão dos Estados e as atividades corruptas não islâmicas[23]. Por exemplo, uma das práticas corruptas pelas quais o governo pré-jiade era conhecido era a venda de justiça ao maior licitante. Segundo dã Fodio:

> "Se se tem um adversário (em juízo) e ele os procura antes, e lhes dá algum dinheiro, então sua palavra não será aceita por eles, mesmo que saibam com certeza de sua veracidade, a menos que se lhes dê mais do que seu adversário deu" (Hiskett, 1960, 558-579).

23. O Rei de Gobira operava um sistema político opressor que não respeitava os princípios islâmicos de justiça e equidade. Seus súditos estavam ressentidos pela exploração social e econômica, como a imposição de tributos não canônicos. As críticas de Dã Fodio contra tal sistema opressor conquistaram os corações de muitos muçulmanos e de muitos não muçulmanos.

Com a exposição das injustiças por Usmã dã Fodio e suas tentativas revivalistas por meio do ensino e da pregação, o Islã cresceu e tornou-se muito forte, enquanto novos centros de educação islâmica foram estabelecidos em todos os reinos hauçás; esses centros ganharam renome pela promoção dos ideais islâmicos ao mesmo tempo que expunham os males sociais, políticos, religiosos e econômicos na sociedade hauçá. A cultura de professores e estudantes muçulmanos que se deslocavam de um lugar para outro para educação religiosa e atividades comerciais ajudou a desenvolver muitas comunidades nos reinos hauçás e construiu um senso de identidade. Os governantes hauçás, já imersos em atividades venais, não conseguiram subjugar a crescente população muçulmana que havia tomado consciência e estava pronta para mudar seu destino. Foi essa condição que deu origem a ideias revolucionárias e a reformadores como Usmã dã Fodio.

O nascimento de um revolucionário: o Islã e a educação de Usmã dã Fodio

Usmã dã Fodio pertencia a uma família do grupo étnico fula que migrou da região de Futa Toro, no atual Senegal, e se estabeleceu na área nigeriana. Nascido em Marata em dezembro de 1754 (cf. Balogun, 1981), Usmã dã Fodio viveu em Gobira até 1802, quando suas ideias reformistas contra o líder da cidade, o rei de Gobira, o obrigaram a conduzir seus seguidores para fora de Gobira rumo a Deguel. Foi educado sob a orientação de seus pais segundo o sistema tradicional de educação fula, no qual às crianças eram primeiramente ensinadas normas e valores sociais antes de aprenderem com outras forças de socialização. Recebeu educação adicional em uma escola islâmica, em que aprendeu a ler e a escrever em árabe e a memorizar e a traduzir o Alcorão e outros manuscritos árabes.

A influência de Jibril Umar, que era seu professor, moldou de maneira marcante a educação de dã Fodio. Jibril Umar fez duas viagens a Meca e a Medina, terras sagradas do Islã. Naquela época, Medina era o epicentro dos ilustres eruditos islâmicos e o núcleo do movimento para que os estudantes muçulmanos retornassem às fontes originais do Islã, o Alcorão e a Suna (cf. Sulaiman, 1986, p. xvi-xviii). Como parte de sua educação, dã Fodio adquiriu conhecimento do hádice, da jurisprudência islâmica, da gramática e da aritmética. Ele também recebeu amplo conhecimento da Xaria de seus tutores: seu tio materno, o Xeque Abderramão, filho de Hammadah; Usmã Binduri; Muhammad Sambo; Muhammad, filho de Rajabe; e Jibril, filho de Umar. Embora não se saiba se dã Fodio alguma vez visitou o Hejaz, a maioria de seus professores foi formada em Medina, e vários eram discípulos de Al-Sindi (cf. Sulaiman, 1986, p. xvi-xviii).

Aos 20 anos, dã Fodio iniciou sua carreira como professor itinerante para instruir o povo na prática adequada do Islã. Posteriormente, o foco de seu ensino e de seus escritos transformou-se de assuntos religiosos para problemáticas sociais e políticas relativas ao *fiqh*. Fiqh é a palavra árabe para "regras de Deus" e refere-se a como as pessoas são obrigadas a seguir as leis. Isto abrange respeitar o que é *wajib* (obrigatório), *mahzur* (proibido), *mandub* (recomendado), *makruh* (desaprovado) ou apenas *mubah* (permitido) (Khaldun, 1978, p. 14); o abuso do sufismo; a sacralidade de uma única escola islâmica de jurisprudência como base para a interpretação da justiça na sociedade; a ignorância da verdade e da lei do Islã; e a exploração geral dos *talakawa* (massas). Os ensinamentos e pregações de dã Fodio tinham por objetivo educar seus seguidores como primeiro passo para prepará-los para a revolução que se seguiu. Em 1774, iniciou a obrigação religiosa de ensinar e pregar em sua cidade natal, Deguel, e realizou ali várias missões itinerantes com seu irmão Abdullahi.

Dã Fodio também se deslocou, na companhia de seus seguidores, para o leste e o oeste; Cabá foi seu primeiro ponto de parada. Embora Deguel fosse sua base, ele e seu grupo expandiram suas atividades religiosas para outras comunidades vizinhas, onde pregavam e ensinavam mensagens religiosas de libertação. Sua exposição intelectual da jurisprudência islâmica e dos hádice visava essencialmente a educar seus alunos e o público quanto à distinção entre as práticas não islâmicas que prevaleciam no Estado hauçá e sua implicação para o Islã como modo de vida. Dã Fodio concentrou-se na empreitada religiosa de educar e de treinar seu povo conforme o ensinamento islâmico e a suna do Profeta Muhammad (que a paz e as bênçãos de Deus estejam nele).

Foi declarado que "a transmissão da ideia de renovação (revolução) a seus alunos e o fato de envolvê-los no processo de renovação como parte necessária da educação foi, talvez, a maior contribuição do Xeque Usmã nos reinos hauçás" (Khaldun, 1978, p. 22). Preocupado com a má interpretação e a deturpação dos ideais islâmicos na sociedade, ele advertiu a comunidade muçulmana de que qualquer decisão na jurisprudência islâmica que se opusesse ao Alcorão, à suna ou ao consenso dos jurisconsultos deveria ser rejeitada. Para esclarecer essa posição, dã Fodio escreveu Wathiqat al-Ikhwan [Documento dos Irmãos] para que a comunidade muçulmana fosse adequadamente instruída quanto à jurisprudência islâmica e ao Alcorão. Sua formação intelectual estava ancorada no desenvolvimento espiritual dos alunos e da comunidade muçulmana, e este foi o tema de sua obra Umdat al-Ubbad [A Base dos Adoradores]. O sufismo (teologia) era recomendado para a purificação interna e o treinamento espiritual. Segundo Abdullahi, que era irmão do xeque, o xeque instou o povo a reavivar a fé, o Islã e as boas atuações, e abandonar práticas contrárias (cf. Shagari; Boyd, 1978, p. 72).

Enquanto dã Fodio tentava preparar o povo, encontrou forte oposição dos eruditos, que se opunham às suas visões da jiade e decidiram aliar-se aos governantes para preservar a ordem vigente, pois seu poder e autoridade nos tribunais da aristocracia e entre os cidadãos declinavam rapidamente. Dã Fodio chamou essa categoria de eruditos de "eruditos do mal", cujo único interesse era manter as estruturas de poder existentes (cf. dã Fodio; Masri, 1978, p. 9). Ao tornar-se claro, quer que a autoridade política dos governantes hauçás diminuía, quer que o xeque comandava um número significativo de seguidores, alguns governantes hauçás, como o Rei Bawa, decidiram oferecer-lhe "propostas de paz apoiadas por ofertas de ouro", mas dã Fodio "em vez disso pediu [ao Rei Bawa] que libertasse os prisioneiros e não sobrecarregasse os súditos com impostos" (Ibn Fudi; Masri, 1978, p. 10-11). Houve cinco exigências específicas que dã Fodio fez ao Rei Bawa de Magami entre 1788 e 1789:

> 1. Permitir que ele convoque o povo a Deus em sua terra.
> 2. Não impedir ninguém que pretenda responder ao seu chamado.
> 3. Tratar com respeito qualquer pessoa que use turbante.
> 4. Libertar todos os prisioneiros políticos.
> 5. Não sobrecarregar os súditos com impostos (Ibn Fudi; Masri, 1978, p. 23).

Segundo Masri, "essas exigências tinham claramente implicações tanto políticas quanto religiosas, e Bawa, tendo atendido a todos os seus pedidos" (Ibn Fudi; Masri, 1978, p. 23), sabia que, mais cedo ou mais tarde, seu território estaria sob a liderança de Usmã dã Fodio. Ambos sabiam que a comunidade havia se tornado dominada por um movimento político-religioso que favorecia Usmã dã Fodio (cf. Ibn Fudi; Masri, 1978, p. 23). Com esse sucesso, em 1793, Usmã dã Fodio escreveu sua obra-prima, *Ihya' al-sunna* [O reviver da prática profética e a erradicação da falsa inovação], um guia para introduzir práticas islâmicas ideais significativamente diferentes das práticas ofensivas do passado relacionadas ao sincretismo.

Os iniciadores da guerra santa de Socoto moldaram seu trabalho como um movimento intelectual e seus objetivos como reorientar a sociedade para tornar-se islâmica. A guerra não visava a produzir uma sociedade secular. Smith declarou:

> Todos os ideais são intelectuais, mas os ideais da guerra santa de Socoto eram também acadêmicos [...] no sentido educacional, tendo a ver com o que se ensina nas escolas, nas academias [...] os combatentes em Socoto extraíam suas ideias de literaturas eruditas, de uma tradição de aprendizado. Eles eram essencialmente estudantes e professores, não políticos ou guerreiros (Smith, 1979, p. 245-246).

O Islã forneceu o apoio ideológico para o desenvolvimento das ideias revolucionárias que Usmã dã Fodio defendeu como reformador intelectual e político.

Um revolucionário de talento: os escritos intelectuais de Usmã dã Fodio

Os trabalhos de pregação, ensino a homens e mulheres e escrita acerca de diferentes assuntos por Usmã dã Fodio o distinguiram de alguns de seus contemporâneos e o marcaram como um erudito notável. Sua metodologia e uso de fontes foram congruentes e sistemáticos, o que permitiu que a autoria de suas obras fosse determinada com grau considerável de certeza por suas características gerais[24]. Usmã dã Fodio tinha vasto conhecimento, e sua habilidade multilíngue permitia que ele navegasse facilmente por culturas diversas, o que lhe possibilitava atrair muitos seguidores. Uma das ferramentas poderosas que usou foi o grande número de poemas que escreveu, compostos em hauçá, fula, árabe e adjami (uma variante local da escrita árabe). Esses poemas eram recitados por seus seguidores e apreciados

24. Masri, na introdução da versão traduzida de Bayan Wujub Al-hijra Ala-l-Ibad [A explicação da obrigatoriedade da migração para os servos] em 1978, discutiu como o estilo e o padrão de Usmã dã Fodio são ditados pela maneira como ele inicia e conclui seus escritos.

por muitos devido às suas instruções extraídas do Alcorão, da tradição do Hádice e do consenso comunitário (cf. Saidu, 1979, p. 196-216).

O Xeque Usmã dã Fodio escreveu mais de 100 livros, que contêm seus pensamentos acerca da cultura, do governo, da economia e da sociedade, embora haja uma lista de 115 obras conhecidas (cf. Balogun, 1981, p. 43-48), até mesmo capítulos ou seções de volumes coletados. Outras obras parecem ser repetitivas; por exemplo, Suleiman observou que a obra de Usmã dã Fodio, "*Bayan al-Bid'ah al-Shaytaniyah* [A explicação das inovações diabólicas], é, em grande parte, idêntica à seção de inovação de sua obra "Ihya al-Sunnah wa Ikhmad al-Bid'ah" [A revivificação da tradição e a extinção da inovação] (cf. Balogun, 1981, p. 49), e também "lembra a obra 'Ihya ulum al-din' [Reviver as ciências da religião] de Algazali, na qual ele se baseia em grande medida" (cf. Ibn Fudi; Masri, 1978, p. 23). "Ihya al-Sunnah wa Ikhmad al-Bid'ah" [A revivificação da tradição e a extinção da inovação] ressalta "a necessidade de aderir à tradição profética e evitar a inovação (inovação pagã), bem como a natureza e os requisitos da fé". Além desses tópicos, o livro concentra-se em grande medida em assuntos de jurisprudência.

A contribuição de Usmã dã Fodio para a jurisprudência islâmica

Uma das maiores contribuições de Usmã dã Fodio foi na área da jurisprudência islâmica. Suas visões em relação às diferentes escolas de direito eram amplas e não restritivas, como será examinado adiante. A sua exposição acerca de numerosas problemáticas de importância islâmica estava em consonância com o Alcorão e com o Hádice, não obstante algumas interpretações se fundamentassem no rito maliquita, outras fossem extraídas de outras escolas, tal como a hanbalita. Usmã dã Fodio sustentava que não era ideal seguir um único rito, pois seria uma aberração que o povo agisse de acordo com Hádices aos quais um determinado rito não atribuía importância (cf. Ibn Fudi; Masri, 1978). Ele acreditava que as diferentes escolas de jurisprudência islâmica disponíveis aos muçulmanos garantiam às pessoas uma variedade de opções para encontrar o que lhes convinha mais, sem necessariamente confiná-las a um dogma legal específico.

Ele preferia usar diferentes prescrições de várias escolas para esclarecer, no contexto, problemáticas em que havia teorias concorrentes, embora sustentasse que os juristas devem basear seus julgamentos em uma escola dominante. Segundo El-Masri, a visão que Usmã dã Fodio tinha da jurisprudência islâmica foi um passo significativo em direção à liberalização da lei islâmica, pois o pensamento independente acerca da jurisprudência islâmica por juristas muçulmanos, depois do século X, dependia das conclusões dos líderes das escolas jurídicas islâmicas. Isso demonstra a razão pela qual ele estabeleceu o Califado de Socoto e como pôde consolidá-lo por meio de seu conhecimento das leis islâmicas, o que o levou a estabelecer a Xaria como a base do direito prático e a guiar o processo de construção da Casa do Islã. Ele odiava os costumes anteriores à jiade, sobretudo o pagamento de tributos como o imposto do gado; portanto, aboliu as práticas antigas e as substituiu, para além de aprovar tributos muçulmanos e fazer do *zakat* (dízimo) o mais importante. Para prevenir a corrupção e poder exercer o controle administrativo máximo, "o xeque manteve o número de funcionários do Estado no mínimo: um vizir, um juiz, um chefe de polícia e um oficial de imposto territorial" (Last, 2008, p. 147-155).

Na teoria de Estado de dã Fodio, a justiça, mais do que qualquer outra virtude no governo, é enfatizada, em vez de se ter múltiplos aparatos governamentais desprovidos de justiça. A concepção de dã Fodio acerca de um Estado próspero baseia-se nos princípios da justiça, razão pela qual ele pregava amiúde que uma das maneiras mais céleres de destruir um reino é dispensar tratamento preferencial a pessoas dentro de um Estado em detrimento de seus compatriotas. Por mais que se preocupasse com as problemáticas de incorreção religiosa e revivalismo, sustentava que um Estado pode sobreviver à descrença, mas não à injustiça (cf. Ibn Fudi; Masri, 1978, p. 14).

O Islã proporcionou a base para o desenvolvimento de uma erudição sólida a Usmã dã Fodio; o comprometimento de seus mestres, a submissão deles ao Islã e a dedicação ao aprendizado foram essenciais aos princípios gerais e à prática da erudição pela qual ele era conhecido. Usmã dã Fodio escreveu vinte e uma obras de jurisprudência islâmica (cf. Ibn Fudi; Masri, 1978, p. 14). Ele exorta os fiéis a cumprirem os preceitos da jurisprudência islâmica[25], que são: *wajib* (obrigatório), *mahzur* (proibido), *mandub* (recomendado), *makruh* (desaprovado) e *mubah* (permitido). A jurisprudência islâmica era tão importante quanto o sufismo, pois o sufismo era uma fonte importante da lei da Xaria.

Como erudito religioso, ele reproduziu obras de jurisprudência islâmica e de sufismo para que seus seguidores lessem, a fim de compreenderem as incongruências do sistema de governança hauçá, que supostamente deveria funcionar com base na jurisprudência islâmica, mas que, em vez disso, apresentava uma prevalência de práticas não islâmicas. Conforme já mencionado, os escritos de Usmã dã Fodio foram fortemente influenciados pelas práticas venais na terra dos hauçás; assim, suas contribuições direcionaram-se principalmente a evidenciar os males inerentes à sociedade e a defender soluções para corrigir esses males em conformidade com as prescrições islâmicas. Por exemplo, o quinquagésimo capítulo de *Bayan Wujub Al-hijra Ala 'L-Ibad* [A explicação da obrigatoriedade da migração para os servos] concentra-se "na lei concernente aos bens das pessoas desaparecidas e ao período de espera de suas esposas; e na lei concernente ao lavar dos mártires, ao seu envolvimento em mortalhas e às orações por eles". Referindo-se às leis de Algarnati, Usmã dã Fodio

25. Para uma definição específica de jurisprudência islâmica, cf a página 10.

sustenta que há quatro casos relevantes para as esposas de maridos desaparecidos, que são:

1. desaparecido em território muçulmano;
2. em território inimigo;
3. em combate em território inimigo;
4. desaparecido enquanto os muçulmanos estão envolvidos em conflito civil.

Para a pessoa perdida em território muçulmano, se sua esposa apresentar o caso perante o juiz, ela deverá fornecer provas concretas da ausência do marido. "O juiz buscará informações acerca dele e, se estiver vivo, será obrigado a retornar ou a divorciar-se dela" e, se recusar, ela será divorciada dele. Se não houver informações a seu respeito em resposta às indagações do juiz, "ela tem um prazo de quatro anos, se o marido for livre, e dois anos se o marido for escravizado [...] mas em caso de morte, ela deve observar o período de espera, depois do qual poderá casar-se" (Ibn Fudi; Masri, 1978, p. 135). Quanto às problemáticas relativas à lavagem e à mortalha dos mártires, afirma-se que, "se um mártir morreu no campo de batalha da jiade, ele não é lavado nem envolvido em mortalha nem recebe orações. Mas se é morto injustamente em outro lugar ou é retirado vivo do campo de batalha quando seus ferimentos não eram fatais, então morre posteriormente, ele é lavado e recebe orações, de acordo com a opinião aceita, seguindo Al-Shafi'i" (Ibn Fudi; Masri, 1978, p. 137). Usmã dã Fodio comparou diferentes modos de ver de eruditos árabes que haviam discorrido a respeito de problemáticas de mártires, de suas mortes e de como poderiam ser preparados antes do sepultamento, comparação que resultou na observação de que "quem é morto no campo durante a batalha contra muçulmanos [rebeldes] é lavado e recebe orações. Mas se o mártir está em estado de impureza ritual maior, há uma disputa quanto a se ele deve ser lavado ou não" (Ibn Fudi; Masri, 1978, p. 137).

Uma contribuição diferente discute a "obrigação de nomear um imã e a obrigação de obediência a ele e a ilegalidade de rebelar-se contra ele e depô-lo por qualquer razão que não seja a descrença", a qual ilustra – como parte de sua responsabilidade de construir e sustentar o Estado recém-criado – como as obras de dã Fodio eram relevantes para organizar a sociedade, bem como para sua sobrevivência (Ibn Fudi; Masri, 1978, p. 137). Ele foi guiado pelas disposições do Alcorão e por suas experiências sob o extinto Estado hauçá e pela crença de que eles haviam governado seus súditos com injustiça, embora guiados por princípios sólidos do Estado de direito.

Seguindo a tradição do profeta, dã Fodio afirmou que a nomeação de um imã era essencial para salvaguardar os interesses do povo e o desenvolvimento da sociedade, especialmente de acordo com os ditames e as disposições da lei islâmica. Os seguidores foram instados a não permanecer obedientes à autoridade constituída ilegitimamente, especialmente imãs, califas e vice-regentes, embora ele advertisse que não deveria haver mais de um imã em um lugar. Revoltar-se para depor um imã pode dispersar a comunidade, mas era permitido depor um sempre que exibisse práticas de descrença (cf. Ibn Fudi; Masri, 1978, p. 137). Em todo o seu trabalho, dã Fodio ofereceu uma filosofia política com um elemento marcante de dissimilaridade entre o que era praticado durante o reino hauçá e o novo califado.

Mulheres e educação

Uma das reformas políticas e intelectuais do Xeque Usmã dã Fodio dizia respeito às mulheres e à educação. Ele contestou os maus-tratos a mulheres e sua posição na sociedade, em que sua educação era negligenciada, deixando-as privadas de seus direitos à herança de seus pais, filhos e maridos falecidos. Sob o domínio da aristocracia hauçá, tudo o que era deixado por um indivíduo falecido era assumido pelo membro masculino mais velho da família, de modo que as mulheres eram excluídas. As mulheres eram submetidas à escravidão em seus lares matrimoniais, e a necessidade de ser modesta na aparência era uma norma imposta. Despir mães que amamentavam e lavá-las em público, bem como vestimentas indecentes e aparências seminuas, eram comuns tanto entre homens quanto entre mulheres[26].

Além disso, Usmã dã Fodio se opunha à ideia de que os eruditos restringissem a aquisição de educação apenas a estudantes do sexo masculino, sem estender essas oportunidades às mulheres. Para ele, a educação de homens e mulheres era parte essencial do desenvolvimento da sociedade; portanto, as mulheres deveriam ser educadas de forma igual a seus pares masculinos, e uma mulher deveria ser autorizada a sair em busca de conhecimento sempre que seu marido não pudesse ensiná-la – o que implica que a educação de uma mulher era uma das responsabilidades exclusivas de um homem. Para demonstrar sua paixão pela educação de todos, Usmã dã Fodio dedicou-se a ensinar e pregar a congregações compostas por homens e mulheres. Em uma de suas reuniões religiosas, ele foi confrontado por um erudito, Al-Mustafa Gwoni, que desafiou Usmã dã Fodio por acomodar homens e mulheres juntos com o propósito de atividades religiosas, embora houvesse espaço considerável entre os dois gêneros. Usmã dã Fodio pediu a seu irmão Abdullahi que respondesse às acusações de Al-Mustafa, e este escreveu:

> Ó vós, que viestes para nos guiar corretamente. Ouvimos o que dissestes. Escutai o que dizemos [...] Com efeito, demônios, se vêm a nossa reunião, espalham palavras malignas, ultrapassando todos os limites! Não tivemos relações promíscuas com mulheres, como poderia ser isso! Advertimos a outros contra isso; pelo contrário, disse que concordamos. Que era assim. Mas não concordo que deixá-las sozinhas para

26. Quem quiser mais pormenores, pode cf. as traduções de alguns de seus poemas em Saidu (1979, p. 197-216).

> seguirem livres na ignorância seja bom, pois cometer o mal menor tornou-se obrigatório. A ignorância perdoa, mesmo que fosse desobediência. Encontramos o povo de seu país que se afogava na ignorância; impediremos que compreendam a religião? (Abdullahi dã Fodio, 1963, p. 87).

A declaração de Abdullahi revela o perigo de negligenciar a educação das mulheres e permitir que permaneçam na ignorância. Na prática, as mulheres sem filhos, e aquelas que não podiam ter filhos devido à menopausa, eram abandonadas ou divorciadas. Ao que dizem Boyd e Last,

> parece que no meio urbano, em contraste notável com as economias agrícolas e pastorais do campo, a capacidade reprodutiva das mulheres era muito mais valiosa do que o trabalho feminino e, em consequência, um tipo de poliginia em série, na qual mulheres pós-menopáusicas, em particular se não tinham filhos, eram descartadas e divorciadas, tornou-se a norma mesmo entre a classe abastada de eruditos-mercadores (Boyd; Last, 1985).

Já dã Fodio sustentava a crença de que essas mulheres deveriam ser educadas para que, uma vez além da idade fértil, pudessem ser professoras de ensino islâmico em seus lares, em vez de serem rejeitadas como se não fossem úteis. A busca pela educação das mulheres era pessoal para dã Fodio, dado que provinha de uma cultura e uma tradição de aprendizado, e ele assegurou que sua filha Asma'u recebesse educação.

Em seu livro *Kitab Nar ul-Albab* [O Livro da Luz dos Intelectuais], Dan Fodio, que observou o tratamento desumano dispensado às mulheres que ficavam sem educação ou orientação, escreveu:

> Eis um capítulo que versa acerca dos infortúnios que assolam estas terras dos hauçás, calamidades que dia a dia se multiplicam e cuja influência perniciosa já alcança

> outros domínios. Dentre estas desgraças, cumpre assinalar o procedimento indigno de muitos doutos desta terra, os quais abandonam suas esposas, filhas e escravas à própria sorte, qual se fossem animais privados de razão, sem lhes ministrar os ensinamentos que Deus prescreveu acerca das abluções, das preces, do jejum e de outras matérias de igual gravidade. Tampouco se dignaram estes doutos a instruí-las nas matérias que lhes foram permitidas, sejam estas as transações mercantis, sejam outras semelhantes. Eis aqui um erro mui grave e uma inovação condenável! Tratam estes homens suas mulheres qual se fossem baixelas que se utilizam até quebrarem-se, para depois lançá-las aos monturos ou a qualquer lugar imundo. Demasiado estranha se nos afigura esta conduta, pois deixam suas esposas, filhas e escravas nas trevas da ignorância, enquanto se dedicam a instruir seus discípulos pela manhã e pela tarde! Nada mais expressam com tal proceder senão seu próprio desvario, porquanto ensinam a seus alunos tão somente a vanglória e a presunção. Grave equívoco cometem estes homens, pois a educação das esposas, filhas e escravas constitui obrigação inescapável, ao passo que o ensino dos discípulos não passa de matéria facultativa (Usmã dã Fodio, *apud* Quick, 2002, p. 195).

O ousado ataque de dã Fodio ao tratamento dado pela comunidade hauçá à condição das mulheres sinalizou a necessidade de mudança para tornar obrigatória a educação feminina. Para assegurar que a oportunidade de educação para as mulheres fosse alcançada, dã Fodio reservou dias especiais para que elas aprendessem e fizessem perguntas relativas a seus problemas. Dedicava-se com ardor à instrução das mulheres, de modo que criticava os homens e incitava as mulheres em uma de suas declarações:

> Ó mulheres muçulmanas, não presteis ouvidos às palavras perniciosas destes enganadores transviados que vos iludem, ao vos prescrever obediência aos vossos maridos sem primeiro ordenar-vos obediência a Deus e ao seu Mensageiro – que a paz e as bênçãos

> de Deus recaiam perpetuamente em sua sagrada pessoa. Proferem estes homens que a felicidade da mulher cifra-se na sujeição ao marido, quando nada mais expressam nestas palavras senão o desejo de alcançar seus próprios intentos, ao exigir de vós aquilo que nem Deus nem o seu Mensageiro jamais estabeleceram qual obrigação — seja o preparo dos alimentos, seja o asseio das vestimentas, seja quaisquer outras tarefas que tão somente a eles aprazem. No mesmo passo em que vos impõem estas obrigações mundanas, descuram de exigir-vos aquilo que Deus e o seu Mensageiro verdadeiramente vos prescrevem na obediência a Deus e ao seu Mensageiro (Usmã dã Fodio, *apud* Quick, 2002, p. 195-196).

Dã Fodio contestou a condição degradante das mulheres, suas responsabilidades e as supostas responsabilidades dos homens para com elas em uma sociedade que se professava islâmica. Seu enfoque em relação às mulheres centrava-se na educação como dimensão imprescindível para o desenvolvimento do capital humano em uma sociedade. A discriminação que beirava a negação do provimento das exigências para o desenvolvimento feminino era reprovada por dã Fodio, pois ele sustentava que era ruim permitir que as mulheres permanecessem na ignorância. Além da educação das mulheres, dã Fodio as encorajava a envolver-se em atividades econômicas que as capacitariam financeiramente, embora as admoestasse a serem obedientes a seus maridos, que ele considerava serem a base da felicidade delas.

Abdullah Hakim Quick sustentou que, embora o incentivo de Usmã dã Fodio ao aprendizado das mulheres e à participação nos negócios visasse a

> mudar a qualidade do relacionamento entre homens e mulheres, [isto] não deveria ser interpretado como um tipo de libertação revolucionária da mulher no sentido ocidental da palavra. O xeque (Usmã dã Fodio) foi muito cuidadoso ao temperar a maioria de seus tratados acerca deste tópico com um lembrete de que a mulher deveria ser obediente a seu marido (Quick, 2002, p. 197).

Suas declarações revolucionárias tinham o propósito de mudar a condição das mulheres na sociedade africana hauçá, pois considerava necessário desenvolver um conhecimento que criticasse essa condição devido à ganância, ao paganismo e à violação dos padrões da lei islâmica, a qual exigia a educação e o desenvolvimento das mulheres. A sede das mulheres por educação foi despertada pelas pesquisas de Usmã dã Fodio durante e depois das guerras revolucionárias; assim, a educação foi incentivada para mulheres e crianças no califado pós-revolucionário. Em algumas casas fulas, a educação primária era confiada a mulheres idosas. O legado da busca de Usmã dã Fodio pela educação das mulheres foi mantido e continuado por sua filha, Nana Asma'u, que traduziu suas obras para o hauçá quando o uso da língua fula declinou no califado. Em sua esfera pessoal, assumiu a responsabilidade de ensinar as mulheres na casa em que era casada com Gidado dan Laima. Outras mulheres que emergiram do movimento pela educação feminina incluíram Fátima, Maria, Hafsa, Safiya e sua prima Aixa, entre muitas outras. É importante notar que o movimento de reforma política e religiosa de Usmã dã Fodio não visava apenas a erradicar a corrupção religiosa e social dos vários governantes nos reinos hauçás, que ele via como traição aos fundamentos dos ensinamentos islâmicos, mas também estabelecer uma sociedade igualitária baseada no princípio de justiça e igualdade.

Economia e sociedade

As reformas sociopolíticas de Usmã dã Fodio abrangem muitas estruturas. As ideias das propostas do líder para toda a estrutura das relações sociais de produção visavam à equidade, de modo que uma sociedade justa fosse construída com base nos princípios de igualdade e prosperidade para todos. Ele não formulou conceitos econômicos modernos; em vez disso, suas ideias relativas à economia foram influenciadas pelo Alcorão e por obras de estudiosos anteriores, como Ibne Caldune e Ibne

Taimia. Suas teorias orientaram sua compreensão para que ele distinguisse entre o que era economicamente justo e injusto na sociedade em que se encontrava. Ele não ignorava a interação entre as forças de mercado de demanda e oferta e, com isso, pôde postular práticas econômicas baseadas no princípio da equidade.

Para assegurar a equidade nas atividades econômicas, Usmã dã Fodio insistiu que os governantes deveriam nomear supervisores, cuja responsabilidade exclusiva era supervisionar as atividades entre as pessoas nos mercados e salvaguardar o interesse do comprador e do vendedor. Em *A explicação das inovações diabólicas*, Usmã dã Fodio advertiu contra pessoas ignorantes que compram e vendem porque não sabem o que é permitido e o que é proibido. Ele sustentava que, como princípio para incentivar a prosperidade econômica, os governos devem assegurar que aqueles nomeados para regular suas atividades sejam considerados justos, confiáveis, honestos e firmes (cf. Hiskett, 1960). Ele estava ciente de que o sistema preexistente sofria de corrupção arraigada e práticas injustas que não promoviam a igualdade, a justiça e o desenvolvimento econômico do povo.

O modo como ele tratava dos assuntos econômicos estava ancorado no princípio de equidade, ao mesmo tempo em que se resguardava contra qualquer coisa que pudesse trazer de volta os erros do passado. Com esse objetivo, Usmã dã Fodio propôs que se estabelecesse um Tesouro Público para que os governantes o usassem na solução dos assuntos de Estado, o qual seria financiado com um quinto dos despojos, dos impostos da terra, dos impostos *per capita*, dos proventos das terras conquistadas entregues a todos os muçulmanos, dos dízimos, dos bens dos falecidos sem herdeiros e das propriedades perdidas cujos donos não eram conhecidos, mas não o seria com impostos do gado, de multas impostas aos habitantes da cidade, de impostos cobrados das pessoas durante as festividades, do confisco das riquezas de pessoas que sofriam banimento indevido, da coleta forçada de dinheiro dos açougueiros, da apreensão de algodão nos mercados ou da aceitação de subornos e administração da justiça baseada no maior lance (cf. Hiskett, 1960, p. 7-13).

Em suma, ele se opunha ao uso de alta tributação para financiar o Tesouro Público, pois impostos mais baixos forneciam maiores incentivos à prosperidade econômica e à participação dos cidadãos nas atividades econômicas do Estado, e propunha que as pessoas fossem tributadas conforme sua fonte de renda. O Estado que Usmã dã Fodio estabeleceu não tinha constituição escrita, mas era guiado por princípios islâmicos de administração extraídos das disposições do Alcorão. Ele proibia a preguiça entre seus seguidores e os incentivava a adquirir um ofício para garantir o sustento, pois era considerado inadequado consumir alimentos que não tivessem sido obtidos pelo próprio trabalho. O Sultão Muhammad Bello argumenta assim em *Usul al-Siyasat* [Os princípios da política]:

> Para este fim, ele (governante, governador/presidente) deve fomentar os artesãos e preocupar-se com os comerciantes que são indispensáveis ao povo. Entre eles estão agricultores, ferreiros, alfaiates, tintureiros, médicos, mercadores, açougueiros, carpinteiros e todos os tipos de ofícios, que contribuem para estabilizar a devida ordem do mundo. O governante deve estabelecer esses trabalhadores em cada aldeia e localidade. Deve exortar seus súditos a produzir mantimentos e armazená-los para uso futuro. Deve manter as aldeias e o campo habitados, construir fortalezas, pontes, manter mercados, estradas, e proporcionar-lhes tudo o que é de interesse público, de modo que a devida ordem deste mundo seja mantida (Bello, 2013, p. 84-101).

Também desencorajava os governantes a aceitar presentes de seus súditos. Em *Bayan Wujub Al-hijra ala 'l-ibad* [A explicação da obrigatoriedade da migração para os servos], Usmã dã Fodio declarou:

> No tocante à lei relativa aos presentes oferecidos aos governantes, narra-se nas páginas do *Sahih* [Hádices autênticos] de Albucari um relato que versa a respeito de certo homem, Ibn al-Lutbiya por nome, a quem o próprio profeta houvera nomeado governador. Sucedeu, pois, que, ao regressar à presença do profeta, assim pronunciou este servo: "Ó Mensageiro de Deus, esta parte vos pertence em direito, ao passo que esta outra me foi concedida na qualidade de presente". Ante tal declaração, inflamou-se o profeta, que respondeu: "Por qual razão há de um homem, a quem designamos para exercer função em nosso nome, declarar: 'Esta parte vos pertence, aquela me foi dada como presente'?" E acrescentou com severidade: "Por qual motivo não permaneceu este homem na casa de seu pai e de sua mãe, a fim de verificar se lá lhe enviariam presente?" (Ibn Fudi; Masri, 1978, p. 74).

O recebimento de gratificações era abominado por dã Fodio porque os líderes podiam ser induzidos à corrupção por meio dele e as poderosas posições que ocupavam podiam tornar-se menos respeitáveis. Ele enfatizou a necessidade de evitar o acúmulo de riquezas por meios fraudulentos, tais como governadores que recebiam subornos e outros métodos que lhes davam riquezas que não tinham antes de ascender a uma posição de jurisprudência. As riquezas excedentes tinham de ser depositadas no tesouro do Estado, referindo-se à descrição que Maliki faz de como Umar b. al-Khattab confiscou metade das posses de seus governadores quando ficou evidente que tinham mais depois de assumir o cargo do que antes (cf. Ibn Fudi; Masri, 1978, p. 74-75). Ele afirmou:

> Ó meu Irmão, exorto-vos a que vos guardeis da acumulação de riquezas com o fito de exceder os demais; antes vos convém limitar-vos ao que vos baste dentre as cousas lícitas e consumi-las com a intentada serventia a Deus [...]. Os Companheiros do Profeta Muhammad, que recebiam por herança haveres lícitos, despojavam-se deles pelo temor de que tais bens lhes corrompessem os corações.

> Ó meu Irmão, se porventura a acumulação de riquezas com propósito filantrópico se houvesse revelado mais virtuosa do que o despojamento voluntário desses mesmos bens, decerto ninguém haveria superado Muhammad (o profeta) nesta excelsa virtude (Usmã dã Fodio *apud* Quick, 2002, p. 157).

O sábio citou Juz'ai e explicou como o tesouro do Estado (*baytul mal*) deveria ser gasto deste modo:

> A prática dos imames justos, no tocante aos espólios e ao quinto, principia pela fortificação dos lugares perigosos e dos postos fronteiriços, pela preparação dos armamentos e pelo pagamento dos soldados. Se acaso remanescer alguma quantia destes tributos, esta deverá destinar-se aos juízes e aos oficiais do Estado, bem como à edificação de mesquitas e pontes; depois de tais dispêndios, cumpre distribuir o excedente entre os necessitados. Se ainda assim permanecer algum remanescente nos cofres, faculta-se ao imame a escolha entre duas vias: ou distribuí-lo entre os abastados, ou conservá-lo no tesouro público, a fim de acudir aos infortúnios que porventura sobrevenham ao Islã (Usmã dã Fodio, 1978, p. 131 *apud* Gusau, 1989, p. 151).

Outra matéria que despertou o interesse de Usmã dã Fodio foi a gestão de terras. Como um importante método de produção, ele preocupava-se com o modo como poderia influenciar a criação e distribuição de riqueza. Inclinava-se a aceitar as regras costumeiras da jurisprudência islâmica que dividiam as terras em duas categorias: terras usáveis e habitadas, e terras mortas, desocupadas e não cultivadas. Essas divisões também se baseavam em se as terras foram tomadas pela força, por tratado de paz ou pela conversão do proprietário ao Islã, e cada tipo tinha seu próprio conjunto de normas de distribuição, de alocação, de concessões, de dotação e de cercamento. Por exemplo, permitia-se que os governantes concedessem terras cultiváveis ou, onde havia propriedade imóvel de infiéis não capturada pela força, que a concedessem a pessoas de modo permanente ou temporário, enquanto a terra tomada pela força pertencia coletivamente a todos os muçulmanos e só podia ser alocada temporariamente a indivíduos. Por outro lado, as terras tomadas por tratados de paz não podiam ser alocadas pelo governante, pois permaneciam propriedade de seus donos, e um imã não era obrigado a conceder terras que pertenciam a pessoas que abraçaram o Islã enquanto as tinham em sua posse (cf. Gusau, 1989). Como em outros aspectos da religião e da vida, Usmã dã Fodio previu a necessidade de corrigir a corrupção econômica disseminada na sociedade. Por isso, apresentou os princípios do ensino islâmico relativos a esse assunto e os usou para descrever como o Estado poderia assim funcionar de modo apropriado.

O método de apropriação do excedente era feudal; entretanto, os limites econômicos da sociedade sofreram modificações significativas. Os mercados e os negócios livres floresceram com o auxílio de políticas que fixavam preços, pesos e medidas sob a supervisão de um *muhtasib* (supervisor). No Norte, a urbanização desenvolveu-se com rapidez e surgiram várias novas cidades, tais como Yola, Bauchi, Bida, Gombe, Kontagora, Keffi e Nasarawa (cf. Adamu, 1979, p. 59-98).

As ideias econômicas de Usmã dã Fodio contribuíram para a prosperidade do califado, embora outros fatores sustentassem o crescimento econômico no Califado de Socoto, até mesmo seu tamanho e as estruturas de mercado existentes. Por exemplo, Agadez, Catsina e Cano eram importantes centros comerciais nos reinos hauçás antes da jiade (cf. Abubakar, 1979, p. 105-124; Na-Dama 1979, p. 140-164). O califado tinha enormes vantagens econômicas porque tanto os comerciantes de longa distância quanto os produtores locais lhe forneciam parte de suas mercadorias; seu grande tamanho assegurava bom suprimento de diversas matérias-primas a preços competitivos, bem como garantia um mercado interno muito amplo. O califado controlava com facilidade os mercados externos, e a qualidade da mão de obra apresentava habilidades diversas e recursos tecnológicos que eram muito vantajosos.

Política e sociedade

As contribuições políticas de Usmã dã Fodio baseavam-se na essência da justiça e na compreensão da Xaria como fundamento da boa governança e da administração da justiça em um Estado islâmico. Ele não ignorava que as circunstâncias podiam influenciar as pessoas a recorrerem à *Siyasat* (política) para resolver certos problemas judiciais; em *Kitab Al-Farq* [O livro da distinção], anatematizou algumas das práticas políticas acentuadas e imprudentes que eram comuns entre os governantes hauçás. A compreensão que Usmã dã Fodio tinha da natureza da sociedade que desejava construir, bem como da natureza das pessoas nela inseridas, tornava importante para ele que o *modus operandi* fosse estabelecido adequadamente antes de a jiade começar. Um olhar superficial para o revivalismo religioso de Usmã dã Fodio revela uma fusão entre o indivíduo, a sociedade, a religião e o Estado. Já que se diz que o homem é político por natureza, era impossível a Usmã dã Fodio evitar esse atributo, apesar de suas intenções de promover o renascimento do Islã nos reinos hauçás.

A relação entre Usmã dã Fodio e o Islã era tão relevante e poderosa que se pode descrever suas ideias políticas como inspirações derivadas do conjunto de leis reveladas por Deus. A jiade de 1804, embora fundada em ideais islâmicos, é difícil de ser dissociada das inclinações sociais e políticas da população e da necessidade de mudar a trajetória dos reinos hauçás, os quais surgiam da decadência no sistema que sustentava a estrutura política e social das relações na sociedade hauçá. Especificamente, as ideias políticas de Usmã dã Fodio derivavam das fontes de lei islâmicas, até mesmo o Hádice e a Suna. Essas fontes se combinam para formar a Xaria e, assim, a ideia islâmica de um Estado e seu aparato de governança é guiado pelas disposições da lei da Xaria.

Embora isso seja importante para a gênese das ideias que formaram o pensamento político de Usmã dã Fodio, havia também obras de seus predecessores, tais como Ibne Caldune, Ibne Taimia, Algazali e Almaguili, cujos trabalhos que tratam do Islã, da política e da sociedade o influenciaram de modo significativo. As mudanças político-religiosas almejadas por Usmã dã Fodio eram a emancipação dos muçulmanos e o estabelecimento de um Estado islâmico baseado nos princípios islâmicos da Xaria, mas isso não podia ser alcançado sem o desenvolvimento de um manifesto político concreto que apelasse à consciência do povo. Usmã dã Fodio percebeu a natureza limitada do desenvolvimento teórico e das práticas necessárias para a mudança por parte do povo; por isso, passou a pregar, ensinar e escrever obras relevantes que circularam entre a população.

As obras anteriores de Usmã dã Fodio mencionadas em outras partes deste capítulo são relevantes para suas visões da ideia de política e da ideia de sociedade. Suas obras *Masa'il Muhimma yahtaju ila marifatiha bad d al-Talaba* [Problemáticas importantes que alguns dos estudantes precisam conhecer][27], *Watiqat Ahl al-Sudan* [Documento do povo do Sudão] e, mais importante, *Bayan Wujub Al-hijra ala'l-ibad* [A explicação da obrigatoriedade da migração para os servos], retratam o tratamento que Usmã dã Fodio dá à política e à sobrevivência do Estado islâmico. Por exemplo, no oitavo capítulo de *Bayan Wujub Al-hijra Alal-Ibad* [A explicação da obrigatoriedade da migração para os servos], Usmã dã Fodio mencionou cinco princípios básicos de

27. Quando se tornou claro que a jiade era iminente, dã Fodio escreveu este texto como importante comunicado acerca da lealdade e da necessidade de permanecer fiel às regras de empenhamento. Para conduzir uma guerra bem-sucedida e estabelecer um governo, exige-se lealdade daqueles que juraram tomar parte. No *Bayan Wujub Al-hijra Ala-l-Ibad* [A explicação da obrigatoriedade da migração para os servos], o décimo sexto capítulo foi dedicado às condições que tornam a jiade obrigatória.

liderança segundo os quais um emirado deve funcionar. Primeiramente, ele chamou a atenção para as pessoas que têm desejo excessivo de governar e sugeriu que tais pessoas devem ser evitadas, pois José não reivindicou a realeza; em vez disso, solicitou que o colocassem à frente dos celeiros da terra[28].

As boas obras dos homens devem demonstrar que eles merecem as posições de autoridade, não porque as desejam, mas porque a sociedade os considera nobres, humildes e sempre valiosos para o Estado. Portanto, a necessidade de um processo democrático na escolha de um imã e de estudiosos islâmicos era evidente; estes devem representar o povo como comandantes dos fiéis. Outra característica de um imã adequado é que ele devia ser um homem virtuoso, de mente sã, com capacidade de emitir julgamentos independentes, corajoso e que não temia enfrentar o inimigo ou aplicar as penas prescritas (cf. Ibn Fudi; Masri, 1978, p. 64). O segundo princípio era garantir que os líderes consultassem o máximo possível antes de qualquer decisão. Usmã dã Fodio preocupava-se com decisões erradas que poderiam ter impacto negativo nas vidas dos cidadãos governados pelo rei. Esse conhecimento é muitas vezes benéfico para a tomada de decisões, em particular quando as consultas são feitas com conselhos sábios. Ele compreendia que o Estado não era uma empresa privada e devia ser governado com cuidado e de acordo com os ditames do Islã.

Usmã dã Fodio sustentou: "Uma das piores qualidades do rei é ser dogmático e negligenciar a consulta aos seus conselheiros" (Ibn Fudi; Masri, 1978, p. 65). Em referência ao Alcorão, Usmã dã Fodio afirmou que os líderes devem evitar medidas severas em razão do terceiro princípio, a justiça, e do quarto, a caridade. Usmã dã Fodio declarou que o Estado deve assegurar a justiça

28. Dã Fodio refere-se ao José histórico que depois se tornou líder no Egito. A sua ascensão a uma posição de autoridade deu-se porque ele foi considerado digno e não porque a solicitou.

no cumprimento de seus deveres, de modo que líderes religiosos eruditos deviam ser companheiros do sultão para que ele fosse guiado a garantir a justiça na administração do Estado. Quanto à caridade, Usmã dã Fodio argumentou que os líderes devem compreender que nem todos os governados prosperam por meio da justiça; alguns necessitam também da caridade. De acordo com esses princípios, ele dividiu o povo em três grupos conforme o modo como deveriam ser tratados; escreveu ele o seguinte: "O idoso deve ser tratado como pai, os de meia-idade como irmãos, enquanto o jovem seja tratado como filho".

Os Estados hauçás pré-jiade tinham um governo monárquico, o qual Usmã dã Fodio argumentava que devia basear-se nos princípios da Xaria e na consulta popular, com oficiais eleitos para cargos com base em suas qualidades e qualificações, em vez de aspirarem a eles enquanto mantêm suas virtudes ocultas do público. Usmã dã Fodio educou os habitantes por meio do *Kitab al-Farq* [O livro da distinção] como parte de suas atividades políticas e intelectuais:

> Dentre os costumes de governo que vigoram nas terras dos hauçás, cumpre assinalar dois procedimentos pelos quais se determina a sucessão ao emirado: o direito hereditário, próprio das monarquias, e a força das armas, característica das usurpações militares – excluindo-se, em ambos os casos, a troca de opiniões. Outra prática deste governo consiste em fundar sua soberania em três elementos, a saber: a pessoa dos súditos, sua honra e seus bens materiais. Assim, quando lhes apraz dar morte a alguém, ou lançá-lo ao exílio, ou macular-lhe a honra, ou devorar-lhe as riquezas, executam tais atos movidos unicamente por seus apetites desordenados, sem respeitar os sacros preceitos da lei divina – a Xaria (Dã Fodio *apud* Sulaiman 1986, p. 7).

Uma vez estabelecido o Califado, tornou-se necessário estabelecer um sistema para administrar a justiça que vinha sendo defendida, o que era particularmente imperativo, pois as injustiças de Gobira e outras práticas contrárias ao Islã haviam sido fortemente criticadas por dã Fodio. Com a transferência do poder para ele e para seus homens, exigia-se que pusesse em vigor o seu governo, bem como se sustentasse os princípios de justiça entre os seus súditos. Outro problema era que os partidários da jiade tinham uma gama de motivações diferentes para participar do movimento, de modo que a nova sociedade tinha de determinar a natureza do arranjo político que promoveria a paz e a unidade entre os povos do Estado recém-fundado e o sistema de administração da justiça e outras operações correlatas necessárias para fortalecer os instrumentos de governo. Era mister comprometer-se com a garantia e a manutenção da estabilidade social na nova comunidade e, para este fim, dã Fodio advertiu que:

> A ruína mais célere de um reino vem da preferência dada a uma tribo perante outra, do favor concedido a um grupo em detrimento de outro, da aproximação dos que cumpriria manter distantes, do distanciamento dos que cumpriria manter próximos (Ibn Fudi; Masri, 1978, p. 142).

Dã Fodio observou que nenhuma forma de discriminação deveria ser tolerada, para que não levasse ao caos que poderia causar o colapso do Estado. Argumentou que "Um reino subsiste com a descrença, mas não subsiste com a injustiça" (Ibn Fudi; Masri, 1978, p. 142).

Uma das características distintivas da filosofia política de Usmã dã Fodio era a insistência para que o governo se baseasse nos conceitos islâmicos de justiça para todos e consulta ao povo. Esta última prática permitia a participação igual de todos os cidadãos do Estado como direito humano fundamental. Em termos políticos, a consulta era necessária para a sobrevivência dos emirados e ampliou-se em muitas dimensões com o estabelecimento do califado, e Socoto era frequentemente consultada para esclarecer problemáticas de importância religiosa e administrativa, o que ajudava a preservar e legitimar a autoridade do califado.

O estabelecimento dos emirados expandiu a autoridade política do califado para áreas que até então não faziam parte do movimento revolucionário, mas buscavam o poder militar e político do califado. A criação do califado formou uma grande estrutura política e administrativa centralizada em que os emirados dependentes pagavam tributo a Socoto. Segundo Njuema, os tributos de Yola eram particularmente substanciais, pagos com itens como sal, gado, algodão nativo, vidro, contas, marfim e trabalho (cf. Njuema, 1979, p. 320); mas os tributos não se limitavam a Adamaua, pois outros emirados faziam o mesmo. Os tributos eram necessários, pois demonstravam a lealdade e o compromisso dos emirados para com o califa e o califado como um todo e, em contrapartida, o califado proporcionava a proteção necessária e mediava disputas de sucessão.

Como o movimento se baseava em sua erudição, seus seguidores já estavam cientes do aviso prévio de Usmã dã Fodio quanto à necessidade de serem leais e comprometidos com seus líderes, desde que permanecessem crentes. A jiade de fato inaugurou uma era intelectual marcante nos reinos hauçás e no Sudão Ocidental em geral. Ao longo de suas etapas, foi apoiada por meio de discursos intelectuais ancorados no conhecimento islâmico que ajudaram a estabelecer a estrutura e o *ethos* do califado, o que cumpriu de forma suave as intenções de Usmã dã Fodio e de seus camaradas. A produção de conhecimento por meio de textos, ensino e pregação, sobretudo em diferentes matérias de conhecimento sociopolítico e econômico, conscientizou o povo da necessidade de mudança no sistema político liderado pelos hauçás.

Conclusão

As contribuições de Usmã dã Fodio para a historiografia do pensamento político e intelectual africano não se limitaram a matérias de jurisprudência, de educação feminina, de economia e de política, mas também se estenderam a outros empreendimentos.

A totalidade do que culminou em sua pregação, ensino e escrita de textos relevantes e selecionados; a condução da jiade que liderou e seu sucesso no estabelecimento de um sistema político centralizado com emirados em sua esfera de influência; estavam ancorados em princípios religiosos acerca do governo e da política.

Diferentemente do pensamento político ocidental no qual há uma distinção entre o espiritual e o físico, o eclesiástico e o civil, o religioso e o secular, Usmã dã Fodio forjou uma forma de pensamento político que não buscava se separar dos valores culturais do Islã. O resultado não poderia ser mais bem observado do que na configuração socioeconômica, religiosa e política do norte da Nigéria. Não há prova melhor de como o conhecimento islâmico influenciou e moldou Usmã dã Fodio, de modo que ele influenciou uma revolução que transformou por completo a dinâmica da configuração geopolítica nigeriana. O Califado de Socoto – criado como resultado – funcionou como sede religiosa e política de poder. Até hoje, os emires, considerados líderes religiosos, exercem igualmente poderes políticos. Com efeito, foi a compreensão e o ensino de Usmã dã Fodio que, naturalmente, geraram a revolução da jiade, ao mostrar que, para efetuar as mudanças desejadas, é preciso de fato almejar e conquistar o poder político, no qual reside a autoridade. Ademais, o método de Usmã dã Fodio valida a instrumentalização da jiade para propósitos religiosos e políticos.

Conforme se observa em muitas de suas obras, Usmã dã Fodio tratou não apenas de assuntos de governo, política e Estado, mas também discorreu acerca de matérias de comportamento pessoal aceitável e as responsabilidades éticas tanto do governante quanto dos governados perante Deus. Isso proporciona o impulso para discutir o pensamento político e intelectual de Usmã dã Fodio à luz do vínculo entre religião e política. Foi com base nos fundamentos do Islã e em sua habilidade política que Usmã dã Fodio pôde explorar a falta de liderança religiosa e política dos governantes hauçás para auxiliar no estabelecimento do califado. O desenvolvimento de sua erudição religiosa e a tenacidade de

Usmã dã Fodio em reviver o Islã serviram como ponto de partida para mudar os destinos do Estado hauçá. Ele contribuiu de forma significativa para fortalecer o Islã por meio da educação islâmica ao ampliar o horizonte do povo em relação aos preceitos do Islã mediante a produção de numerosos escritos acerca de diferentes matérias religiosas islâmicas. Por exemplo, os sessenta e três capítulos de sua obra *Bayan Wujub Al-hijra Ala 'L-Ibad* [A explicação da obrigatoriedade da migração para os servos] trataram de matérias amplas de importância religiosa, como a condução da jiade, a nomeação de imãs, a distribuição de espólios e matérias de lei islâmica, entre muitos outros tópicos, que transformaram significativamente o Islã nos reinos hauçás.

O movimento social, político e religioso do século XIX marcou um ponto de inflexão no pensamento político e intelectual, bem como na história da África Ocidental. O Islã tornou-se o meio pelo qual a máquina do Estado operava a civilização dominante por meio de um sistema de documentação e de desenvolvimento da educação islâmica. Devido aos antecedentes históricos das pessoas nas áreas de Socoto, o surgimento de Usmã dã Fodio e seus pensamentos políticos e intelectuais, ligados e derivados do Islã, desenvolveram-se em uma alternativa válida para o povo oprimido dos reinos hauçás. Com o renascimento do Islã e a fundação de um novo Estado, o povo experimentou uma mudança radical em seu modo de vida como povo.

Os pensamentos de Usmã dã Fodio proporcionam uma compreensão da influência da religião nas ideologias individuais e estatais. Sua metodologia na arte de desenvolver e transformar sua sociedade baseava-se essencialmente em formar pessoas pelo exemplo e não pela teoria, mas sua capacidade de combinar teoria e prática fez dele um líder excepcional e assegurou-lhe lugar na história da África Ocidental. Sua pregação e ensinamentos transformaram a erudição e o empreendimento religioso em ação política e estabeleceram com sucesso um Estado em conformidade com os ensinamentos islâmicos.

6

Xeque Amadú Bamba e a Ordem Sufi Muridista

Introdução

Este capítulo dá continuidade à discussão dos sistemas de conhecimento conforme professados por meio da liderança e do poder. Embora isso tenha sido examinado por intermédio da obra e da vida de Usmã dã Fodio no capítulo anterior, este capítulo examinará de que modo a vida e as obras de Amadú Bamba derivaram do Alcorão para professar um sistema de crenças que influenciou seus adeptos. Com efeito, a região da África Ocidental contribuiu para o desenvolvimento e a difusão das literaturas islâmicas na África. Conquanto o islamismo na África seja anterior ao século XIX, sua influência foi ofuscada pelas muitas figuras religiosas e políticas que surgiram no século XIX com diferentes ideologias e movimentos sociais e políticos que impulsionaram os ideais econômicos, sociais e políticos de muitas sociedades africanas. Em alguns climas, as ideologias culminaram em movimentos violentos e, noutros, em não violentos. As decisões dos grupos de tratar das mudanças ideológicas de maneira violenta ou não violenta foram influenciadas por alguns fatores, como o declínio da popularidade dos sistemas sociais existentes, a inferioridade dos sistemas atuais ou sistemas sociais ameaçados por forças externas – forças predominantemente europeias.

Figuras proeminentes que surgiram em vários movimentos e que visavam a assumir o controle do futuro de suas comunidades incluíam o Xeque Amadú Bamba (1853-1927), o Xeque Usmã dã Fodio (1754-1817) e Sekou Touré (1922-1984), para mencionar apenas alguns. Suas contribuições não apenas ajudaram a mobilizar pessoas de diferentes origens ideológicas, mas, além disso, alguns desses indivíduos se dedicaram à produção de literatura que tratava de uma grande variedade de assuntos diferentes. Eles também se empenharam em desenvolver teorias que refletiam a prática da vida real, algumas das quais ainda são evidentes na África atual. Hoje, os manuscritos deixados pela geração de estudiosos do século XIX constituem grandes fontes de conhecimento do passado e de inspiração para muitas sociedades e comunidades de seus seguidores. As contribuições desses indivíduos para o conhecimento também ajudaram a compreender a trajetória dos eventos nas atividades das pessoas da região. Embora haja uma multiplicidade de indivíduos que contribuíram para a preservação do conhecimento, este capítulo se concentrará nas contribuições de Amadú Bamba, erudito islâmico senegalês, na formação e transformação da ordem sufi Muridista no Senegal[29].

O Xeque Amadú Bamba (1853-1927) é tratado de diversas maneiras tanto na literatura como em sua comunidade. Amade ibne Muhammad ibne Habibe Alá (cf. Kimbal, 2009) também é conhecido como Khadimu r-Rasul, ou "Servo do Profeta". Na língua uolofe, é conhecido como Serin Touba, que significa "Homem Santo de Touba". Amadú Bamba nasceu na aldeia de Mbacke, no Reino de Baol, no centro-oeste do Senegal. Seu pai, Momar Anta Sali, era um marabuto de uma das mais antigas irmandades muçulmanas do Senegal – a irmandade sufi Qadiri. Amadú Bamba foi um líder espiritual que produziu obras literárias acerca de diferentes assuntos.

29. Existem basicamente três ordens sufis mais importantes na África Ocidental: a Qadiri, que recebeu o nome de Abdalcáder Guilani (falecido em 1166 em Bagdá), a Tijani, fundada por Ahmad al-Tijani (falecido em 1815 em Fez, Marrocos), e a Muridista, estabelecida no final do século XIX pelo xeque senegalês Amadú Bamba (1853-1927) (cf. Vikor, 1995, p. 441-476).

Bamba é conhecido por sua ênfase no trabalho, virtude que é incutida em seus discípulos, em geral conhecidos por sua engenhosidade. Iniciou sua carreira como professor na escola de seu pai, da qual fora anteriormente aluno. Embora seu pai o tenha nomeado de início como professor assistente, Bamba logo demonstrou sua inteligência e capacidade de transmitir conhecimento na escola. Essa habilidade granjeou-lhe respeito entre seus pares. Conquistou a confiança de seu pai, que posteriormente lhe atribuiu uma função de ensino, entre outras responsabilidades na escola. Continuou a lecionar na escola até o falecimento de seu pai em 1883. A morte deste marcou um ponto de inflexão em suas atividades religiosas, especialmente com a iniciação do novo método de educação espiritual que levou à formação da ordem sufi Muridista. Em seguida, Bamba instituiu uma nova técnica que se concentrou em torno da *khidma* (serviço) para promover a educação espiritual.

No século XIX, os eruditos islâmicos da região, sobretudo entre os uolofes, tornaram-se críticos da contínua decadência da educação islâmica. Perturbavam-se com a natureza da educação alcorânica – que deveria dar muita ênfase às atividades escolásticas caracterizadas pela memorização do Alcorão –, mas que, em vez disso, representava uma total desconexão da *práxis* da sabedoria e a promoção da riqueza e do prestígio em detrimento da religião. Em detrimento da erudição islâmica, às vezes tocavam-se tambores durante os encontros eruditos, prática que reduzia as sérias atividades religiosas a meros encontros religiosos festivos. Tal reducionismo era visto como uma traição ao sistema de valores que produziu os ulemás, pois promoviam tais práticas insalubres entre os uolofes em vez de transmitir conhecimento para a glorificação de Deus e para o bem comum da sociedade.

A competição malsã tornou-se a ordem do dia; a corrupção tornou-se generalizada no sistema educacional; e os pregadores tornaram-se fracos e acríticos em relação à aristocracia que permitia o *ceddo*, um valor que causou um declínio em seu caráter[30]. *Wann* e *lawaan*[31] foram admitidos como prática na qual os estudiosos se opunham uns aos outros em uma demonstração que representava a habilidade intelectual de alguém no domínio do Alcorão. Ademais, esta aparente decadência na sociedade uolofe coincidiu com as atividades das empresas coloniais francesas no Senegal. O'Brien argumentou que "o muridismo originou-se [...] como uma resposta ao imperialismo francês, que (em seus efeitos diretos e indiretos) criou o ambiente social no qual a confraria se enraizou e cresceu" (O'Brien, 1971, p. 286).

Entretanto, o surgimento de Bamba – o "renovador" (*Mujáddid* em árabe) do Islã – deu esperança à sociedade senegalesa. É imperativo notar que Bamba surgiu entre dois períodos históricos devastadores na história do Senegal. Primeiramente, seu surgimento ocorreu na conclusão do tráfico transatlântico de escravizados, seguido pelo início da conquista colonial francesa e dominação dos povos e culturas africanos. Na imposição da dominação colonial francesa, os colonialistas vislumbraram a necessidade de invalidar os sistemas de valores africanos e muçulmanos e substituí-los pelos da França. Isto foi em parte alcançado por meio da introdução do sistema educacional e colonial francês, o qual minou as escolas alcorânicas no Senegal. Ademais, os franceses, para alcançar este objetivo em sua totalidade, empregaram uma estratégia na qual os senegaleses que adotavam a cultura francesa (ocidental) eram promovidos e recebiam direitos iguais e cidadania como franceses.

30. Ceddo é uma cultura uolofe que celebra os valores cortesãos de bravura, orgulho e vida ociosa. Para mais pormenores, cf. Babou (2003, p. 310-327).

31. *Wann* é uma palavra uolofe que significa contar. Era empregada na contagem do som do tambor e na representação do número de vezes que uma palavra aparece no Alcorão. Quem quer que vencesse essa competição era celebrado pelos amigos e pelas moças da aldeia. *Lawaan* é uma cerimônia organizada para celebrar os rapazes que se graduaram no estudo do Alcorão.

Em contrapartida, aqueles que resistiram às potências coloniais foram derrotados na guerra de resistência que se seguiu, ao passo que aqueles que se submeteram ao poder colonial tornaram-se auxiliares dos franceses. As fontes de poder e economia do povo foram destruídas. Por meio disso, os franceses asseguraram que a autoridade dos senegaleses se tornasse unicamente dependente do aparato colonial francês. As comunidades uolofes foram balcanizadas em unidades menores, e seus governantes tornaram-se adjuntos impotentes do governo francês. Depois do fim da autoridade dos líderes uolofes, toda a sua estrutura religiosa e social fragmentou-se e deslocou-se (cf. Creevey, 1979, p. 278-280). Assim, essa situação, aliada à dinâmica interna, prejudicada principalmente pelos professores muçulmanos no ensino alcorânico, contribuiu para a degeneração sociopolítica e econômica da sociedade senegalesa. A oposição violenta à empresa colonial francesa aumentou significativamente em algumas partes do país. Maba Diakhou Bâ e Dammel Lat Dior ganharam preeminência devido à sua resistência violenta contra os franceses.

Entretanto, em vez de recorrer a uma interpelação violenta para confrontar o sistema francês, Bamba adotou uma filosofia não violenta para lidar com a crise. A filosofia não violenta de Bamba precedeu e se equipara à de outros proponentes como Mahatma Gandhi, Abdul Ghafar Khan, Martin Luther King, Jr.[32], e muitos outros. O impacto da filosofia não violenta de Bamba reflete-se na transformação religiosa e política estável e pacífica do país durante e depois do colonialismo. Em 2005, o Instituto da Paz dos Estados Unidos afirma que "o Senegal é uma vívida ilustração de que o Islã político pode ser uma força construtiva e estabilizadora do regime [...] [e] encontrou equilíbrio entre um Estado secular modernizador

32. Pormenores acerca de seu método não violento para a paz serão discutidos nos subtemas subsequentes.

e uma conversação social religiosa encorajada na base [...]. Os grupos sufis do Senegal tornaram-se pilares para as autoridades governantes" (Dickson, 2005, p. 1-9). Embora as ordens sufis Qadiri e Tijani tivessem números maiores, o grupo sufi Muridista fundado por Bamba gradualmente se tornou mais visível na região da África Ocidental e exibe maior influência nas relações de poder e de riqueza[33]. Como erudito, "Bamba desenvolveu seus pensamentos quanto à educação na forma de livros e sermões que foram apresentados como respostas a perguntas feitas por seus adeptos e colegas" (Babou, 2003, p. 310-327). Criado na tradição e na família do aprendizado islâmico, Bamba tinha uma paixão pela educação que ele buscava com diligência.

Para Bamba, a educação é uma parte essencial do processo de aperfeiçoamento que ajuda a facilitar o desenvolvimento de "bons muçulmanos que modelam suas atuações nos ensinamentos do Islã e servem à sua comunidade" (Dummont, 1969, p. 20-24; cf. também Fernandes; Monod; Mauny, 1951). Para ele, o conhecimento abrange tanto as ciências esotéricas ou místicas quanto as ciências exotéricas (disciplinas clássicas). Em uma de suas principais obras, *Masalik al-Jinaan* [Caminhos para o paraíso], concluída por volta de 1884 e 1885, ele escreveu:

> Segundo os Mestres, o conhecimento religioso divide-se em duas espécies distintas: conhecimento exotérico (*Ilm Záhir*) e conhecimento esotérico (Ilm Bátin). O primeiro encarrega-se de aprimorar as atuações do homem, enquanto o segundo trata de seus estados espirituais. Aquele recebeu o nome de *Fiqh* [Lei Islâmica], enquanto este atende pelo nome de *Tasawwuf* [Misticismo] (Bamba, 1885, versos 80-82).

33. Isto não visa a minimizar o impacto da ordem Qadiri como a mais antiga ordem sufi no Senegal ou mesmo na África, mas sim a explicar mais detidamente a influência e o impacto do sufismo na formação de grupos religiosos que, por sua vez, transformaram as paisagens sociopolíticas e culturais de suas sociedades.

Amadú Bamba fundou e fundamentou o Muridismo em pilares educacionais, espirituais e sociais. A *tarbiyya* (educação de criança) foi usada pelo líder muridista como instrumento educacional e espiritual para ensinar a seus seguidores[34]. Ele iniciou um método de ensino que se afastava por completo de apenas memorizar o Alcorão para uma pedagogia que enfatiza valores éticos e espirituais. Ele sustenta que o conhecimento deve ter o propósito de combater a ignorância, libertar a humanidade, enriquecer as ciências religiosas e atuar e viver de acordo com os ensinamentos das ciências. Advertiu, contudo, que quem buscasse as ciências apenas com o intuito de participar de polêmicas, ou em busca de posições e de glória, enfrentaria a ira de Deus (cf. Mbacke, 1988, p. 314).

Islamismo, sufismo e a educação de Amadú Bamba

O islamismo, como fé monoteísta, desempenhou papel fundamental na educação e no desenvolvimento do conhecimento de Deus associado ao Xeque Amadú Bamba. Sua educação foi influenciada primeiramente pela família de que provinha. Seu pai, Maam Mor Anta Saly, era um grande e respeitado erudito islâmico; do mesmo modo, Khaly Majakhate Kala, colega de seu pai, de quem também recebeu ensinamentos. Assim, como vinha de um meio em que se enfatizavam a erudição e o intelectualismo, Bamba tinha uma base sólida para iniciar a sua jornada como professor islâmico. Permaneceu com seu pai e estudou o Alcorão desde tenra idade. Decidiu estudar retórica e lógica com Muhammad al-Karim Bani de Dayman, um erudito mouro, pois era apaixonado pela educação islâmica. No decorrer desse período, Bamba começou a escrever a respeito de uma variedade de

34. A Escola de Formação tinha um número muito maior de alunos em comparação com as escolas convencionais no Senegal. Adultos sem educação islâmica anterior dominavam a escola, o que explica esse fato. Para mais pormenores, cf. Ngom (2009, p. 99-123).

temas, até mesmo jurisprudência islâmica, sufismo, unicidade de Deus, princípios de comportamento moral, linguagem e outros. A busca do conhecimento em seu ambiente imediato era muito valorizada. A cultura de *wann* e *lawaan* promovia debates e competição entre pares que se inspiravam em debates teológicos entre professores islâmicos no Senegal. No passado, o currículo que predominava no ensino islâmico do Saara Ocidental compunha-se do estudo da

> exegese alcorânica (*tasfir*), das tradições do Profeta Muhammad (*hadith*), da jurisprudência islâmica (*fiqh*), do misticismo islâmico (*tasawwuf*), bem como da biografia e da hagiografia do Profeta Muhammad (*siira*). No tocante às ciências arábicas, ensinava-se gramática (*nahwu*), lexicografia (*luqa*), uso da língua (*balaqa*) e poesia (*uruudh*). As ciências antigas eram a lógica (*mantiq*), a astrologia (*ilm al-nugum*) e a medicina tradicional (*tibb taqlidi*) (Babou, 2003, p. 317),

as quais formavam o aprendizado árabe. Isto moldou a educação de muitos estudantes na África Ocidental. O sufismo foi essencial na difusão do islamismo na África Ocidental. Segundo Seesemann, o sufismo é uma devoção individual (cf. Seesemann, 2010, p. 588). Contudo, a sua religiosidade mística não parecia exercer grande influência no povo; pelo contrário, foi a combinação do sufismo com o chamado ao islamismo, juntamente com fatores sociais, econômicos e políticos, que atraiu tanto muçulmanos quanto não muçulmanos (cf. Seesemann, 2010, p. 588). A ordem sufi Qadiri, por exemplo, ensina a prática da vida ascética para a preservação do espírito. Para alguns sufis, o ascetismo[35] é um caminho e processo essencial que permite comungar diretamente com o sobrenatural (Deus).

35. A prática da vida ascética (domar a natureza carnal do homem) conduz os humanos ao reino do extraordinário incomum. Por isso, o recurso a tal estilo de vida era prática comum entre a Qadiri e entre outras ordens sufis.

A capacidade dos sufis de compreender os ensinamentos do profeta, que refletem o conhecimento interior do islamismo e a conquista da calma interior, tem sido, ao longo da história, a maneira mais bem-sucedida de trazer os ideais espirituais do islamismo à realidade. A afiliação de Bamba à ordem sufi Qadiri foi influente em seu caminho para o sufismo. A maioria dos sufis cultiva e ensina a paz, especialmente a paz interior, como o padrão para a espiritualidade. O silêncio e a meditação profunda trazem paz. Somente quando se alcança a paz interior obtém-se a paz exterior. Assim, os adeptos sufis estão integrados sob a visão de paz que se origina em Deus. Como qualquer sufi, Bamba foi educado segundo os preceitos do islamismo, e particularmente as disposições básicas que definem as atitudes e o caminho da submissão total a Deus. São elas: a fé muçulmana, a submissão a Deus e a purificação da alma (cf. Mbacke, 2016, p. 4).

A ordem sufi Muridista foi estabelecida com base nesses princípios. Os pilares eram as ciências práticas religiosas e seculares, as boas atuações e a etiqueta muçulmana. Bamba integrou, em sua concepção do sufismo, as duas dimensões legítimas conforme concebidas no comentário de Ibne Caldune acerca de Algazali: que o sufismo é uma "ciência da *práxis* enraizada na Xaria" e o sufismo como misticismo voltado para a educação do coração (cf. Babou, 2003, p. 310-327). Para Bamba, o sufismo era um aspecto fundamental do islamismo, apenas secundário ao *tawhid* (o conhecimento da unicidade de Deus) e à Xaria (lei islâmica), que ele acreditava constituírem o espírito e o corpo da religião (cf. Mbacke *apud* Babou, 2003, p. 310-327).

Além disso, no pensamento do nafs, o coração dos homens é um espelho pelo qual podem ver as visões de Deus, mas seus desejos e vontades mundanas fazem com que o espelho se torne opaco. Os desejos mundanos são identificados com o nafs[36]. O nafs

36. "Nafs" são a criação invencível no homem que o leva a pecar e que lhe nega a consecução final da paz total e da comunhão com Deus. A batalha para

deve praticar o *muhasaba* (autoexame), o *muraqaba* (meditação, isto é, o amor de Deus por meio da meditação), e desapegar-se do mundanismo. Figurativamente, a prática é conhecida como "viagem" para Deus, e as fases da conquista espiritual são descritas como "estações". Em várias etapas e ao final, o praticante experimenta emoções espirituais conhecidas como "estados". Por conseguinte, os temas da espiritualidade alcorânica, tais como atenção, propósito, disciplina interior, apreço, caridade, responsabilidade pessoal e a luta pela justiça, são apenas alguns dos principais assuntos levantados pela Escritura (cf. Renard, 1944).

Quanto à moralidade, à piedade e à religião, os sufis emulam e buscam inspiração no Profeta Muhammad. A obtenção da sabedoria de Deus é o objetivo da criação do homem, e os sufis acreditavam que o conhecimento genuíno de Deus só pode ser obtido por meio da intuição. Talvez a filosofia sufista tenha guiado Bamba de modo que, quando percebeu a necessidade de alcançar o estado de quietude, meditação e compromisso com o sobrenatural, retirou-se do espaço público para desenvolver comunidades que pudesse moldar conforme os ensinamentos do islamismo e as práticas do sufismo[37].

Com o falecimento de seu pai, Amadú Bamba desenvolveu um sistema de educação alcorânica diferente dos ensinamentos tradicionais na sociedade. O novo sistema lançou as bases para o surgimento da ordem sufi Muridista, bem como do sistema educacional Tarbi a ele associado. As diferenças do sistema Tarbi em relação ao sistema de ensino padrão resultavam de sua mudança de foco. Em vez de se centrar na memorização

---

conter os nafs é considerada entre os sufis como a maior de todas as jiades.

37. Segundo o Xeque Babou, a primeira aldeia fundada por Amadú Bamba chama-se Daaru. O estabelecimento da aldeia atraiu discípulos. A aldeia estava completamente fora da vista dos administradores coloniais e oferecia um ambiente adequado para os retiros místicos e as atividades religiosas do clérigo. Bamba passou dois anos em Daaru, depois se mudou mais para o norte para fundar a aldeia de Touba. Para mais pormenores, cf. Babou (2005, p. 409).

do Alcorão, o sistema Tarbi estava ancorado nos princípios alcorânicos de moralidade, na transformação da vida espiritual individual e na ênfase em obras e práticas religiosas, em vez de estritas persuasões ideológicas defendidas pela Qadiri. A desvinculação de Bamba da prática usual foi motivada pelas exigências da época e pela necessidade de reformar o sistema educacional que rapidamente declinava perante o conhecimento religioso praticado pela ordem sufi.

Amadú Bamba e a origem do muridismo no Senegal

Quando a palavra "murīd" é diretamente traduzida do árabe, significa "aquele que deseja". É um termo usado pelos sufis para se referir a alguém que busca um guia espiritual para Deus. As crenças e práticas muridistas fundamentam a ordem sufi Muridista, que é uma das maiores ordens sufis no Senegal e na Gâmbia atualmente. O desejo de Bamba pelo conhecimento islâmico, em especial a purificação da alma e a consecução da condição que lhe permitirá (à alma) comungar com o sobrenatural, impeliu Bamba a estabelecer a ordem. Esse esforço também foi inspirado pela mudança na dinâmica das relações entre os centros de ensino islâmico e seu mandato para educar as pessoas, que declinava rapidamente.

As atividades coloniais francesas também mudavam o espaço sociocultural e político para o conhecimento islâmico ideal. Tornou-se necessário, portanto, reviver e proteger a cultura do povo de todas as maneiras possíveis. Para cumprir essa responsabilidade, Bamba estabeleceu um movimento intelectual que incutiu disciplina, trabalho árduo e a busca da educação religiosa que lhe granjeou um lugar especial – mesmo hoje – na história do Senegal e, de fato, no mundo. O esforço para estabelecer a ordem Muridista trouxe-o a um confronto direto com os colonialistas franceses, bem como com os governantes locais que estavam nervosos devido à sua crescente influência.

Mencionamos que Bamba serviu como assistente de ensino na escola de seu pai. Sua busca pelo conhecimento islâmico compeliu-o a mudar-se para a Mauritânia, onde aprendeu as práticas de diferentes ordens sufis, sobretudo as de Qadiri, de Tijani e de Chadili. A Mauritânia era um dos centros de educação islâmica com eruditos de diferentes aspectos do conhecimento islâmico. Depois de seu retorno da Mauritânia, alegou-se que Bamba começou a ver o Profeta Muhammad em seus sonhos. Ademais, os profetas deram-lhe diretrizes. Com o falecimento de seu pai em 1883, Bamba assumiu a escola e continuou seu legado[38]. O Xeque Amadú Bamba dirigiu-se aos estudantes e professores na escola na sexta-feira, 27 de Ramadã de 1302 da Hégira (1882-1883) (cf. Mbacke, 2016) para informá-los de que tinha instruções do profeta para educá-los, as quais estão a ele ligadas, a fim de purificar suas almas e alcançar a realização espiritual. Como resultado, Bamba ensinou a seus seguidores a arte da purificação (*tahliya*) como um meio de atingir a perfeição espiritual (*takhlliya*). A partir de então, a educação espiritual fundamentou-se nas atuações e no conhecimento que Bamba propagou.

Embora no início do estabelecimento da ordem muridista, Bamba tivesse a oportunidade de afirmar-se como uma força a ser considerada na política do Senegal, ele nunca manifestou nenhum interesse na política e tampouco ocupou cargo político, seja durante o colonialismo francês ou até mesmo antes dele. Bamba estava preocupado com seus esforços religiosos. Como mencionado em alguns de seus poemas, seu objetivo final era revitalizar a Suna (*tradições*) do Profeta Muhammad, que ele acreditava estar manchada pelas práticas da aristocracia local. Ele ensinou seus discípulos espiritualmente e de acordo com conceitos sufis como tarbi e tarqi, bem como a tradição da Suna. Creevey postula que "Potencialmente mais valiosos como apoio ao argumento de que

38. Ngom Fallou sustentou que, nas fontes hagiográficas muridistas, a morte do pai de Amadú Bamba foi um ponto de inflexão na ascensão de Bamba como um respeitável erudito islâmico. Para mais pormenores, cf. Fallou (2016, p. 58).

o fundador muridista não estava preocupado com a política são seus poemas e livros, tanto publicados quanto copiados à mão" (Creevey, 1979, p. 278-280). Esses documentos mostram que ele estava muito mais interessado em assuntos religiosos do que na política. Contudo, isso não implica que Bamba considerasse a política irrelevante. Sua classificação do conhecimento em esotérico e exotérico indica seus interesses em ambos os mundos. Entretanto, ele acreditava mais no desenvolvimento espiritual dos homens como base para o desenvolvimento de outras esferas do progresso humano, como a política.

O estabelecimento da ordem Muridista coincidiu com o período das atividades coloniais francesas no Senegal. Como é típico das atividades coloniais, os colonialistas franceses destruíram todas as formas de resistência da população nativa. A chamada "missão civilizadora" estava amiúde em conflito com os valores locais. Muitos resistiram com violência e foram mortos pelos colonialistas. Em segundo lugar, como mencionado alhures, o surgimento da ordem Muridista também correspondeu ao declínio do sistema tradicional de educação islâmica, bem como dos valores sociais. Era um período em que o Mujaddid era necessário para reformar o sistema. Enquanto os colonialistas classificavam o Islã como uma religião anticolonial no Senegal, a aristocracia percebia o surgimento de Bamba e sua crescente influência como uma ameaça que destruiria a lealdade e o apoio de que desfrutavam de seus seguidores.

A fim de compreender plenamente o modo de ver de Bamba da política, deve-se examiná-lo de uma perspectiva secular, sobretudo se se quiser entender sua visão da administração estatal, pois envolve tanto políticos quanto grupos políticos. Uma compreensão secular da política trata das maneiras, dos meios e das estratégias para concordar com o poder político e exercê-lo, ao contrário do poder espiritual. Para manter os princípios sufis, líderes muçulmanos, como Bamba, desejavam manter uma distância considerável entre si mesmos e os assuntos não espirituais. Claramente, a visão dos líderes muçulmanos da relação entre política e religião pode ser interpretada de várias maneiras. Entretanto, durante o tempo do Profeta Muhammad, política e religião eram inseparáveis. Bamba, contudo, escolheu que se isolaria, para que alcançasse uma elevação espiritual maior.

Preocupado com a necessidade de estabelecer-se como um erudito islâmico sufi, Bamba fundou *Daaru Salaam* por volta de 1886; e anos depois, fundou *Touba* por volta de 1889. O estabelecimento de Daaru Salaam era essencial para Bamba afirmar sua autoridade e ser capaz de separar-se dos governantes tradicionais, bem como para isolar-se e proteger-se de ser impedido de realizar seu sonho de tornar-se uma força espiritual. Babou afirma que "a fundação de Touba foi importante na construção da condição de Amadú Bamba como santo e líder sufi" (Babou, 2005, p. 410). Embora Bamba não tenha sido o primeiro a procurar Touba, as tentativas passadas de indivíduos religiosos de procurar e encontrar Touba provaram-se infrutíferas. Há uma crença geral entre os muridistas de que Touba é um dos segredos de Deus que é revelado apenas a quem quer que seja próximo a Ele. Bamba encontrou favor de Deus e estabeleceu a cidade que hoje é celebrada como uma cidade santa por todos os muridistas no mundo inteiro.

A cidade evoluiu desde então para uma capital cultural e intelectual para os muçulmanos no Senegal e na diáspora. Em *Matlab ul Fawzayni* [Busca da felicidade nos dois mundos (este mundo e o além)], poema que ele escreveu logo depois de fundar a aldeia, Amadú Bamba orou para que Deus fizesse de Touba um lugar de conhecimento, adoração e misericórdia (cf. Babou, 2005, p. 410). Touba cresceu exponencialmente de tal forma que ficou repleta dos discípulos de Bamba que se casaram e povoaram a cidade. O crescimento de Touba viria especialmente em detrimento de Bamba, pois o crescente número de seguidores ao seu redor resultou na intimidação das autoridades que expressaram preocupação com sua crescente influência e com a possibilidade de Bamba empreender jiade contra o governo colonial, bem como contra os chefes locais. Assim, o governo colonial francês ficou preocupado com a influência de Bamba e decidiu prendê-lo em 1895.

A detenção e o desterro de Bamba assinalaram o início da segunda fase da ordem muridista na história do Senegal. Durante o período de encarceramento, principiou a edificação de uma pedagogia marabútica. Na condição de muçulmano devoto, dedicou-se ao exercício das letras. As ciências sagradas do hádice e do Alcorão, a língua arábica, a gramática, a jurisprudência, a poesia e a arte da didática constituíram objeto de seu interesse. Com fundamento no conhecimento das Sagradas Escrituras da *jiade al-nafs* (a jiade da Alma) ou Jiade al-Akbar (a Grande jiade), conforme declarado pelo profeta, bem como nos ataques malogrados dos jiadistas militantes – especialmente pelos Tijani –, Bamba firmou convicção acerca da incompatibilidade entre a busca da retidão e a conquista do poder. Assim, cabia aos muçulmanos, em sua visão, viver uma vida não violenta. Este princípio das relações humanas foi propagado por Bamba junto com a doutrina do trabalho que se tornou a marca distintiva da sociedade muridista. Hoje, os muridistas no Senegal e na diáspora estão entre os africanos mais filantrópicos devido às virtudes islâmicas que foram difundidas por Bamba.

Todas as tentativas dos colonialistas franceses de silenciá-lo malograram. Bamba tornou-se preeminente no Senegal, na Gâmbia, no Gabão e na Mauritânia, de modo que sua preeminência se derivou de seu nobre caráter e do número de seguidores que comandava, o que, por sua vez, tornou-o um alvo dos colonialistas que o acusaram de sedição e o exilaram para o Gabão. Por sete anos, Bamba viveu no Gabão, onde sua busca pelo conhecimento se aprofundou junto com sua vocação como sufista. Sua filosofia de conhecimento, de adoração e de trabalho se espalhou entre os muridistas que já praticavam essas virtudes e eram bem-sucedidos. Os colonialistas ficaram impressionados com seu trabalho árduo e decidiram, por meio de uma demonstração de benevolência para com seu líder, permitir que ele retornasse. Seu retorno foi celebrado pelos muridistas, e sua influência e poder na população foram de encontro aos desejos dos franceses e dos chefes locais.

Os colonialistas também pensaram que o retorno de Bamba poderia permitir-lhes manter o controle da economia do Senegal e, sobretudo, exercer algum grau de controle nos muridistas, os quais eram, em sua maioria, trabalhadores. Infelizmente para os franceses, não foi isso que aconteceu. Como resultado, e a pedido dos chefes, Bamba foi mais uma vez exilado – desta vez, para a Mauritânia. Sua deportação para a Mauritânia visava a assegurar que Bamba renunciasse à sua posição quanto ao colonialismo francês. Ele recusou-se a ser um apologista porquanto já havia declarado a ordem Muridista como uma ordem sufi separada e estava pronto para acomodar o colonialismo francês, embora de acordo com seus próprios termos (cf. Base de dados global de atuações não violentas, nov. 2020). Ademais, deve-se notar que a África do século XX testemunhou lutas anticoloniais violentas; a sociedade muridista de Bamba concentrou-se em viver pacificamente, ao mesmo tempo em que promovia a necessidade de viver de acordo com as virtudes islâmicas de não violência e de engenhosidade. Os revolucionários muridistas solaparam as aspirações francesas de dominação ao redefinir sucesso, poder e autonomia, de modo que encerraram os esforços para governar o Senegal com intimidação (cf. Base de dados global de atuações não violentas, nov. 2020)[39].

A vida e as obras de Amadú Bamba

Bamba viveu uma vida de espiritualidade, erudição e serviço à humanidade. Ele dedicou grande parte de sua vida em luta

39. David Robinson, por exemplo, também mencionou que os franceses e os muridistas governavam a Bacia do Amendoim em um arranjo semelhante ao sistema de governo indireto presente no norte da Nigéria, de Marrocos etc. Isso sugere um possível acordo pelos muridistas que negou o controle total da Bacia do Amendoim pelos colonialistas franceses. Para mais pormenores, cf. Robinson (1991, p. 149-171).

contra a injustiça e contra a opressão da aristocracia uolofe local e dos colonialistas franceses no Senegal. Para promover a erudição entre seus discípulos, Bamba os encorajou a estudar reverentemente as ciências islâmicas a fim de conhecer todos os elementos necessários de suas práticas religiosas. Por meio de um pacto de lealdade para aprender teologia e ética, ele incentivou a prática da pureza, da oração, do jejum e tudo o que um seguidor deveria saber em sua prática religiosa e comunhão com Deus. Bamba trabalhou para alcançar seus objetivos por meio da pregação, do ensino e da escrita de livros e de poemas. Ele promoveu a ciência religiosa entre seus seguidores.

Além disso, ele promoveu a ordem por meio de seu caráter, de suas atuações e de seus escritos. Bamba enfatizou as ciências, que para ele representam a base na qual a adoração e a conduta ética devem ser construídas. Ele também valorizava a vida de serviço. O serviço (*khidma*) é um dos princípios mais sólidos que Bamba incorporou na Muridista. Khidma é um conceito que incentiva o trabalho árduo, a independência dos outros e a autossuficiência. O conceito desempenha um papel fundamental na propagação da Muridista no Senegal e em toda a região da África Ocidental, onde os muridistas desempenham um papel importante. Ele encoraja os indivíduos a evitarem causar danos aos outros enquanto os conduz à retidão e à piedade, de modo que participam do serviço não apenas para trazer o bem aos outros, mas também para satisfazer a Deus. Bamba promoveu boas maneiras ao longo de sua vida, o que se transferiu para seus ensinamentos aos muridistas, nos quais os incentivou a viver uma vida de bons modos.

A Muridista está intimamente associada à etiqueta impecável. Afinal, a conduta admirável é a essência do sufismo. Cada momento tem seu comportamento adequado; cada condição tem seu comportamento correto; e cada passo tem seu método próprio. Assim, a conformidade com a conduta ética estabelecida em qualquer circunstância é essencial. Os muridistas acreditam que boas maneiras são uma medida que permite avaliar os graus de santidade. No entanto, se alguém ignora a conduta ética estabelecida, sem dúvida estará perdido ou até mesmo rejeitado. Como sufi, Bamba enfatizou a manutenção das alianças, que ocupa uma posição elevada nos princípios e preceitos da Muridista.

O conceito implica a busca de orientação de um xeque que esteja conectado a Deus e que seja dedicado a ampliar a sabedoria divina entre os discípulos e a ensiná-los o Alcorão e a *hikmah* (sabedoria divina). Bamba acreditava que o caminho para a retidão é difícil; portanto, quem se comprometer a trilhar esse caminho sem um guia sábio está condenado à perdição. Com isso, Bamba encorajou seus discípulos a encontrarem um professor religioso a quem pudessem jurar lealdade, assim como os discípulos do Profeta Muhammad fizeram uma vez debaixo de uma árvore. Isso se tornou o princípio orientador do relacionamento entre professores e alunos na filosofia educacional de Bamba nas escolas Daara Tarbi que ele estabeleceu no Senegal. Esses valores foram incutidos tanto nos estudantes quanto em seus instrutores. As virtudes promoveram tanto o amor quanto o desejo de aprender entre os alunos.

Uma das notáveis contribuições de Amadú Bamba reside na sua concepção de religião e de educação. Bamba fundou a Escola *Daara Tarbi* a fim de que transmitisse conhecimento a seu povo. A filosofia educacional de Bamba assenta-se nos pilares do islamismo, na importância do trabalho e na criação adequada das pessoas para o aperfeiçoamento de suas sociedades. Ele foi estratégico ao refletir acerca da direção e do tipo de mudança necessários para reavivar a educação e o islamismo no Senegal. Em Masalik al-Jinaan [Caminhos para o paraíso], obra concluída entre 1884 e 1885, Bamba contribuiu para numerosas problemáticas concernentes à religião, à piedade, ao sufismo ou misticismo, à devoção, à retidão, à educação e a muitos outros temas. Ele dividiu o conhecimento religioso em dois componentes: o esotérico e o exotérico.

Enquanto o esotérico diz respeito ao estado espiritual de uma pessoa, o exotérico trata do aprimoramento das atuações de um indivíduo. De acordo com Bamba, aqueles que se dedicam à educação necessitam frequentemente de certas habilidades e competências que os guiarão. Assim, ele identificou três tipos de professores que devem ser considerados essenciais para a profissão. O primeiro é o xeque de instrução, encarregado do ensino tradicional do Alcorão, bem como da teoria e prática islâmicas (lei, misticismo, tradição do Profeta Muhammad, interpretação do Alcorão e adoração). O segundo é o xeque de educação, cujo objetivo consiste em educar a alma e conduzir os estudantes à perfeição espiritual. O terceiro é o xeque de tarqi ou ascensão. Xeque Anta Babou explica isso da seguinte maneira:

> Primeiramente, ele deve compreender a natureza da alma em seus diferentes estados e dominar os meios de curar seus defeitos. Deve também ser capaz de identificar as fontes das enfermidades que podem afetar a alma e os instrumentos que podem assegurar sua proteção. A fim de cumprir essa tarefa, o xeque precisa combinar percepções eruditas e conhecimento prático derivado da experiência com sua própria alma. Em segundo lugar, exige-se do xeque de educação que compreenda as sutilezas do mundo e as leis práticas e religiosas que governam a existência da matéria e da alma, de modo que possa sempre aplicar o remédio adequado aos diferentes problemas que lhe são submetidos. Em terceiro lugar, para atuar dessa maneira, o xeque deve analisar cada problema sem paixão e sem preconceito. Para tanto, ele precisa temer a Deus e mostrar arrependimento, evitando toda autoglorificação e livrando-se de tudo aquilo que o distancia de seu Senhor (Base de dados global de atuações não violentas, nov. 2020, p. 219).

Exigem-se essas qualidades e convém que sejam seguidas como princípios orientadores da educação por quem quer que escolha essa via. Ele afirmou: “Não há dúvida de que uma quantidade limitada de tempo dedicada ao trabalho científico é preferível a uma vida inteira passada na ignorância" (Bamba, 2020, p. 53). Declarou ainda: "É obrigatório dedicar a mesma atenção ao Alcorão e às ciências religiosas que se dedica à ciência mística" (Bamba, 2020, p. 53). Bamba considera que "a aquisição de conhecimento sem prática é um desperdício de tempo". Entretanto, no verso 86 de Masalik Al-jinaan [Caminhos para o paraíso], afirmou: "Julga-se compulsório para qualquer servo combinar o respeito às Regras de Adoração estabelecidas [*fiqh*] com a preocupação pelos aspectos místicos [*Tasawwuf*] a fim de obter recompensa". Como professor, Bamba preocupava-se com o desenvolvimento e com a proteção da vida do indivíduo como chave para o aperfeiçoamento da sociedade e da religião. Ele identificou o *nafs* como um dos maiores inimigos da humanidade; assim, quando alguém é capaz de superar o *nafs*, pode atingir certo nível de disciplina que o impulsiona a um reino superior. Desse modo, ele mencionou em *Tazawudu shubaan* [*Provisões para a juventude*] alguns dos órgãos que poderiam ser postos sob controle para que a alma se gratifique ao realizar a maior jiade. São estes:

> Em relação ao estômago e aos efeitos adversos que ele pode ter na fé, Bamba adverte contra o consumo de alimentos adquiridos ilicitamente e contra o comer em excesso. Ele argumenta que atuar dessa maneira leva apenas à corrupção do espírito, à aridez do coração e à preguiça. Quanto à língua, deve-se impedir que minta, calunie ou se envolva em controvérsias fúteis. Bamba aconselhou os discípulos a abster-se de buscar prazeres sexuais ilícitos e recomenda a castidade antes do casamento. Os pés devem ser impedidos de andar para cometer atos ilegais ou de visitar governantes injustos. Em vez disso, devem ser usados para frequentar a mesquita e para construir e fortalecer laços entre os membros da comunidade muçulmana. Os olhos devem ser ensinados a não olhar para coisas proibidas, a não ameaçar ou a não envergonhar as pessoas. As mãos devem respeitar o corpo e a propriedade dos muçulmanos, e devem ser impedidas de escrever indecências ou algo de que se

> envergonharia de dizer em público. Quanto aos ouvidos, Bamba recomendou evitar que escutem conversas fúteis, como calúnias e mexericos, ou que violem a privacidade das pessoas (Base de dados global de atuações não violentas, nov. 2020).

Essas virtudes nortearam a filosofia educacional de Bamba e ao mesmo tempo lançaram as bases para as disciplinas encontradas no *Daara Tarbi* e entre os muridistas. A filosofia educacional de Bamba não apenas identifica exigências para os professores, pois espera-se também que os estudantes incorporem certas virtudes que ajudarão a promover a cultura de aprendizado, assimilação e disciplina. Segundo Fallou Ngom,

> "os principais objetivos educacionais de Bamba eram a disseminação de valores como solidariedade, trabalho árduo, autossuficiência, estabilidade política, autonomia cultural e elevação espiritual sufista entre discípulos de diversas origens" (Ngom, 2009, p. 107).

Para os estudantes, Bamba postulou que os alunos devem estar prontos para suportar a fome; devem ter humildade suficiente para aprender com o objetivo de libertar a mente da ignorância em vez de se envolverem em polêmicas. Os alunos devem ser capazes de respeitar seus professores; ele considerava que o direito dos professores estava acima do dos pais, pois julgava a educação do espírito essencial. Os professores cuidam do espiritual, e os pais podem cuidar do corpo (cf. Ngom, 2009, p. 322).

Para Bamba, é importante que uma criança seja educada desde cedo, em vez de precisar recuperar o atraso na idade adulta, quando sua mente já pode estar ocupada com desafios associados à maturidade. Em Tuba, um assentamento fundado por Bamba para o aprendizado por volta de 1888 e de 1889, os discípulos eram exortados a cultivar o conhecimento, a coragem, a disciplina e o trabalho físico. O estudo do Alcorão era fundamental, mas aprender ofícios e outras atividades gratificantes também era incentivado. Em todo caso, a ociosidade não era uma opção em Tuba.

Contudo, é digno de nota que Bamba não é reconhecido apenas por suas contribuições ao desenvolvimento da filosofia da educação. A história do desenvolvimento da escrita ajami no processo educativo e da língua uolofe é uma das contribuições mais importantes de Bamba ao conhecimento. É imperativo observar que a África Ocidental foi uma das primeiras regiões expostas ao Islã. Em particular, o Senegal está próximo de alguns centros de aprendizado no Magrebe, assim como de outros centros desenvolvidos na África em decorrência de certas interações do continente com o Islã. Por isso, o Senegal desempenhou papel importante no crescimento e na disseminação da língua e da escrita árabes, que promoveram a produção de obras literárias, como poemas, em língua árabe. O surgimento de Bamba e da ordem sufi muridista contribuiu para a produção da escrita ajami em Uolofe. Ngom sustenta que a razão para o florescimento do uolofal (ajami uolofe) entre os muridistas é o desejo de autonomia cultural e a pedagogia de Bamba, o fundador da ordem sufi muridista (cf. Ngom, 2009, p. 321).

Enquanto estava no exílio, Bamba escreveu em árabe clássico acerca de suas experiências e de como superou suas tribulações; o material tornou-se popular, foi amplamente lido e traduzido para o uolofe por seus discípulos, bem como distribuído em escritos em árabe clássico. Palavras sagradas emergiram com tremendo poder. As palavras geraram uma literatura hagiográfica usada por seus seguidores como fonte de inspiração e reverência por Bamba (cf. Ngom, 2009, p. 108). O uso do adjami uolofe para disseminar os ensinamentos de Bamba entre os muridistas ajudou na preservação e sustentação da vida intelectual e espiritual das escolas e comunidades muridistas. A escrita também foi usada como meio de comunicação para a disseminação dos ensinamentos de Bamba e para a composição de poemas polêmicos, elogios e outros gêneros literários usados pelos alunos.

Deve-se notar, contudo, que os manuscritos adjami produzidos na África contribuíram para a propagação do Islã no continente. Isso se deve ao fato de que eram o meio dominante de ensino dos textos islâmicos, até mesmo do ensino do Alcorão. Assim, o adjami, que resultou das escrituras árabes clássicas, emergiu entre as crescentes comunidades muçulmanas na África. O que se seguiu foi a produção de obras religiosas e de peças literárias seculares que apoiaram a comunicação e o aprendizado de diferentes problemáticas que preocupavam as sociedades. No Senegal, a ordem sufi muridista é reputada por ter produzido uma proporção significativa de obras em adjami devido à influência do Xeque Amadú Bamba (cf. Ngom, 2016, p. 1-28).

Ademais, Bamba forneceu perspectivas que contribuíram para uma forma não violenta de proselitismo distinta da jiade em seu país. Bamba distinguiu-se por seu compromisso com a resolução de conflitos e a promoção da paz no Senegal e na região da África Ocidental em geral. Isso contrasta com outros jiadistas oeste-africanos celebrados por resistência violenta contra os colonialistas e as aristocracias locais. Essa categoria incluía Usmã dã Fodio, Alhaji Omar Tal e Maba Diakhou, entre outros. Bamba projetou, mais do que qualquer outro na região, uma forma não violenta de proselitismo para lidar com problemáticas políticas e religiosas. Em seu Mafatihu al-jinan wa Maghaliqu al-Jinna [As chaves do paraíso e o ferrolho das portas do inferno], ele discutiu os ideais do jihad al-akbar [Maior jiade/Jiade da alma), também conhecido como *jihad al-nafs*. Aprendendo com a tradição do Profeta Muhammad, que elevou o jihad da alma como o maior de todos, Bamba não apenas escreveu a respeito do *jihad al-akbar*, mas também praticou essa forma de jiade. Sua crença no sufismo forneceu o método para a prática solene do jihad al-akbar.

Assim como o Profeta Muhammad, Bamba acreditava que o mal pode ser destruído pelo bem. Intimidados por sua crescente influência e pela possibilidade de uma jiade violenta contra os colonialistas franceses, os franceses confrontaram Bamba, o qual declarou que sua jiade era a do conhecimento e do temor reverencial. Em *Ya dha'l-Busharati* [Ó Fonte de Felicidade], ele asseverou que a presença de Deus é capaz e suficiente para protegê-lo de todos os ataques. E para aqueles que usam armas e munições contra ele, escreveu: "fazem-no para sua desonra" (cf. Kimbal, 2020). Estava certo de que Deus o ajudaria e que "as criaturas da terra e do mar me seguirão, e eu lhes serei benéfico sem lhes causar dano" (cf. Kimbal, 2020, p. 92).

Bamba é afamado por seu enfoque na ética do trabalho; trata-se de um austero marabuto preocupado em elaborar obras baseadas em meditação, em rituais, em labor e em estudo do Alcorão; e seus seguidores eram conhecidos por sua produtividade. Seus ensinamentos acentuavam os benefícios de uma vida repleta de trabalho árduo e de pacifismo, e influenciaram a vida e a cultura contemporâneas do povo do Senegal. Ele não se propôs a confrontar violentamente os colonialistas franceses, tampouco planejou reformar sua sociedade de forma violenta. É reverenciado como um dos principais líderes espirituais na história religiosa, na econômica e na política do Senegal. No Senegal atual e em outras partes do mundo, a ordem sufi Muridista é um dos quatro movimentos sufis com um número significativo de seguidores. Fundamentados na filosofia sufista tradicional, os muridistas anseiam por uma conexão mais profunda com Deus e insistem que suas vidas sejam modeladas segundo a vida religiosa do profeta.

Amadú Bamba e as atividades nacionalistas no Senegal

Até o século XIX, as atividades coloniais europeias haviam dominado a África com uma administração colonial já estabelecida em outros territórios conquistados pelos europeus. As atividades políticas e econômicas foram reorientadas para servir às companhias metropolitanas europeias, em detrimento dos africanos. Novas identidades culturais foram forjadas em decorrência do surgimento de novas civilizações. Embora o Islã estivesse estabelecido no Senegal séculos antes, a presença dos colonialistas franceses sinalizou uma nova era na reformulação, na desconstrução e na construção de uma nova forma de identidade e de valores culturais determinados pelas potências estrangeiras. Os nativos viram isso como uma interferência em suas normas e valores; assim, muitos decidiram resistir à tentativa de impor-lhes a cultura francesa estrangeira. Muitos decidiram empreender a jiade contra os franceses como demonstração de oposição aos novos arranjos, enquanto outros decidiram curvar-se a seu superior poderio militar. A luta de resistência irrompeu e assumiu diferentes dimensões no Senegal. A batalha foi travada entre o Islã político e o modelo político ocidental francês.

A relação entre o colonialismo francês e o muridismo, particularmente o tema abrangente de uma superpotência colonial *versus* a dominância do Islã na África Ocidental, pode ser caracterizada como dinâmica e difícil. A batalha pela supremacia entre a aristocracia local, que parecia guardar rancor contra o líder muridista por angariar tanta autoridade, exacerbou a crescente animosidade entre o Xeque Amadú Bamba e os franceses. Isso ocorreu porque, apesar de sua falta de interesse por poder e autoridade, uma maioria crescente do povo senegalês considerava Bamba, na época, como o governante legítimo. Apesar de sua aversão à política, os franceses, bem como certas autoridades locais, rotularam-no como um homem religioso com aspirações políticas e um perigo aos interesses franceses. Segundo Diop (Diop, 2006, p. 39), "a diferença entre [Xeque Amadú Bamba] e aqueles que buscam este mundo é comparável à distância entre Oriente e Ocidente". Seu carisma – assim como a popularidade da ordem sufi Muridista que ele acabara de estabelecer – era visto como obstáculo ao colonialismo francês no Senegal. A situação tornou-se tensa por causa do contínuo movimento das populações locais que afluíam para reverenciar o líder espiritual e buscar suas bênçãos. À medida que seu séquito se multiplicava, a suspeita francesa intensificou-se, pois temiam que o surgimento de um novo movimento espiritual prejudicasse seus interesses no Senegal. Subsequentemente, Bamba foi acusado de provocar a jiade (guerra santa), “uma tradição que [ele] nunca abraçou” (cf. Robinson, 2000, p. 187).

Segundo Glover não foram apenas as autoridades coloniais francesas que alimentaram sentimentos de insegurança e de ameaça pelo novo grupo religioso fundado por Bamba, mas também os chefes locais e agentes coloniais, os quais planejaram e coordenaram a difamação – acusações de incitação à jiade – porque viam os muridistas e seu líder como um perigo para a governança eficiente de sua área (cf. Glover, 2007, p. 7). Babou explica a situação assim:

> Os chefes também protestaram que seu poder era minado pelo prestígio dos xeques muridistas, os quais os desprezavam e se vangloriavam de reconhecer somente os comandantes e residentes franceses como autoridades superiores. Afirmaram que os muridistas tentavam criar um Estado dentro do Estado, ideia que foi posteriormente endossada pela administração francesa. Denunciaram também a relutância dos muridistas em pagar impostos, mesmo enquanto doavam generosamente a seus xeques (Babou, 2007, p. 117-118).

Os chefes locais tornaram-se mais temerosos da influência de Bamba; a atenção das autoridades coloniais voltou-se para o muridismo e sua liderança. Assim, as atividades dos muridistas foram submetidas a vigilância. A economia senegalesa sofreu em decorrência da relutância dos muridistas em pagar impostos, ao passo que muitos membros das cortes reais que foram conquistadas pelos invasores franceses uniram-se ao Xeque Amadú Bamba em Uolofe e tornaram-se seus seguidores[40].

40. Bamba tinha um grande número de seguidores que não se restringia aos que ele tinha no leste de Baol. Ele contava com muitos adeptos na maior parte de Uolofe e Cayor, os quais ele havia ensinado ou conhecido no passado, depois da morte de Lat Dior (Lat Dior foi um rei uolofe que resistiu à conquista e à ocupação francesa de seu território) em uma batalha contra os franceses. Muitos viam Bamba como um ponto de convergência. Obser-

A campanha contra Bamba continuou implacável, até que os franceses o prenderam em 1895. Bamba foi levado a São Luís, onde foi julgado e exilado para o Gabão. Viveu no exílio por sete anos. Enquanto exilado, os membros de sua ordem sufi frustraram as atividades econômicas dos colonialistas franceses em seu território, especialmente com sua contínua recusa em pagar impostos. Ao retornar do Gabão em 1902, foi novamente exilado para a Mauritânia de 1902 a 1907, e depois mantido em prisão domiciliar de 1907 a 1912 em Uolofe e de 1912 a 1927 em Diourbel. Em 1912, o líder religioso foi liberado do exílio. Foi levado para Baol – sua terra ancestral – para contrapor sua crescente condição de mártir.

Em contrapartida, os muridistas viam isso como um desenvolvimento positivo que proporcionaria direção à sua crescente população. Ele foi mantido em estrita vigilância em Diourbel, para que não se mudasse para Tuba[41]. Sua permanência em Diourbel foi vista pelos muridistas como uma tentativa dos franceses de frustrar o grupo, porque Diourbel era uma cidade em crescimento, com muita cultura e influência ocidentais, e indesejável para a comunidade muçulmana. Em uma de suas obras, *Matlab ul Fawzayni* [Busca da felicidade nos dois mundos (este mundo e o além)], Bamba sustentou que, embora a cidade possa proporcionar felicidade, a cultura da cidade apenas atrai punição

vou-se que, quando agentes políticos franceses viajaram pelo norte de Cayor em 1889, encontraram entre os seguidores de Bamba antigos tecelões que tinham pouca instrução islâmica e que desbravavam novas terras para cultivo; outros vinham de importantes linhagens de marabus na região, enquanto outros eram ex-escravizados. Muitos foram expulsos dessa região, e Amadú Bamba foi forçado a partir para São Luís, onde foi falsamente acusado de organizar jiade contra o Estado colonial. Para pormenores, cf. Robinson (1991, p. 149-171); Babou (2005, p. 405-426).

41. Tuba é a cidade sagrada da ordem sufi muridista. Bamba foi impedido de ir a essa cidade porque ela tem uma população significativa de muridistas. Temido pelos franceses, a presença de Bamba poderia levar a uma insurreição de proporções inimagináveis que poderiam afetar o projeto colonial na região. Para mais informações acerca da cidade de Tuba, cf. Ross (1995, p. 222-259).

na vida futura (*Matlab ul Fawzayni apud* Babou, 2005, p. 405-426). Uma cidade islâmica deve ser moldada pelos ideais do Islã e pela piedade dos muçulmanos, de modo que seu espaço social e geográfico possa promover as funções espirituais e sociais de sua fé e de sua sobrevivência como seres humanos. As funções espirituais e sociais dos muridistas, segundo Babou, são a educação, a oração e a agricultura. Bamba não se interessava por política; em vez disso, seu foco era o desenvolvimento da mente das pessoas, enquanto lhes ensinava o caminho da retidão. Em vez de participar da política, segundo insinuaram as autoridades, Bamba deixou clara sua intenção quando escreveu ao governador-geral francês que:

> Eu escrevo para dizer-vos o que tenho em meu coração. Quero que saibais que não desejo nada do que buscais neste mundo e que não podeis ajudar-me no que almejo no além. Todos deveis saber que deixei vosso mundo para vós e meu principal objetivo é o rosto do exaltado e grande, Deus. Que vossa alma repouse e vossos olhos se alegrem e regozijem com o fato de que disputo nada pertencente a este mundo com ninguém. Ficai certos de que, quem vos vier com algo diferente do que acabo de afirmar, é mentiroso e não lhe deis ouvidos. A paz esteja com quem segue o caminho da orientação (Babou, 2005, p. 412).

A persistência de Bamba em desmistificar o fato de que não estava pronto para nenhum confronto violento tornou-se ainda mais evidente quando se dedicou às atividades do mundo divino que tanto prezava. Bamba, agitado, sentiu-se impelido a fazer um apelo ao líder dos franceses por independência de espaço geográfico que garantisse suas atividades religiosas e protegesse seus seguidores da avassaladora hegemonia cultural dos franceses. Desse modo, a agitação de Bamba provinha tanto de sua oposição aos sistemas políticos coloniais franceses quanto de sua defesa dos valores culturais de sua sociedade, que estavam seriamente ameaçados pelo colonialismo francês.

Devido ao imperialismo cultural francês, bem como ao imperialismo político francês, Bamba empreendeu uma jornada para incutir em seus discípulos valores tanto espirituais quanto culturais, com o objetivo de promover o renascimento de seu povo. Suas iniciativas eram em detrimento dos franceses, os quais chegaram ao ponto de exigir que os filhos dos líderes locais frequentassem escolas francesas, o que resultou precisamente na criação da "Escola para os filhos dos chefes". No que concerne aos discípulos muridistas, eles abstiveram-se dos sistemas educacionais franceses ao proibir seus filhos de frequentarem escolas francesas por temor de que fossem "assimilés" (assimilados culturalmente pelos franceses). Robinson observa que

> a educação é um campo revelador por causa da ênfase que os franceses colocam em sua língua, em sua cultura e em seu sistema escolar, em suas dimensões metropolitana e imperial, e na estreita relação que supunham entre conhecimento e poder. Os franceses diziam amiúde que um "nativo educado" não poderia ser "fanático", termo com o qual queriam dizer um muçulmano hostil ao imperialismo francês (Robinson, 2000, p. 52-53).

Na perspectiva francesa, a colonização da África ocidental estava associada a um projeto cultural, o qual era uma característica definidora do imperialismo cultural francês. A ambição principal dos franceses era assimilar culturalmente o Senegal mediante o doutrinamento da cultura e da civilização francesas ao povo. Assim, o período na história do muridismo e do colonialismo durante as prisões domiciliares de Bamba foi caracterizado por um processo de pacificação que reconciliou uma relação que antes era hostil, mormente entre o espiritualismo (o muridismo) e o colonialismo. Os colonizadores franceses minimizaram sua agenda de perseguição contra Bamba e passaram a preocupar-se com o desenvolvimento instantâneo da ordem dos muridistas, que era um movimento sociorreligioso local para enfrentar a invasão imperialista francesa do Senegal. Ed Van Hoven observa que as atividades coloniais francesas transformaram a ordem sufi Muridista, que anteriormente era uma ordem "pouco organizada", em "uma hierarquia mais ou menos institucionalizada de líderes espirituais e de adeptos" (Hoven, 2000, p. 225-248). Por volta de 1913, a relação entre os franceses e os muridistas mudou para melhor, de modo que os franceses reconheceram que:

> Nossas relações com Amadú Bamba entraram em um caminho normal, e a atitude dos muridistas tem sido, em geral, muito adequada. Pode-se, portanto, esperar que os chefes dessa poderosa organização, que já aguardam a divisão [do espólio] depois da morte de Bamba, não tentem desviar-se do caminho econômico no qual de fato dão sua contribuição ao desenvolvimento do país (Arquivos nacionais senegaleses *apud* Robinson, 1991, p. 164).

A declaração do governo colonial sinalizou cordialidade, mas a habitual suspeita contra Bamba continuou. Bamba era vigiado em Diourbel, e os franceses não atendiam a seu pedido e desejo de mudar-se para Tuba. Enquanto isso se desenrolava, ocorriam simultaneamente as preparações para a Primeira Guerra Mundial. Os franceses precisavam de apoio humano e material. O homem certo para assegurar o apoio necessário era Bamba, aos olhos da administração francesa. Devido à sua influência, o governo francês contatou Bamba para que declarasse em público seu apoio e lealdade ao governo francês; assim, em 1913, o marabuto declarou que:

> Um dos maiores benefícios do Altíssimo é esta magnífica ordem que preside aos assuntos da terra e que faz com que tudo, oculto e evidente, seja subordinado aos grandes homens do governo francês, os quais receberam sua missão de Deus. Eles estabeleceram justiça e equidade para com o povo (Robinson, 1991, p. 164).

Esta declaração confirma o compromisso e a disposição de Bamba em cooperar com o governo francês. Além disso, os franceses perceberam que precisavam de soldados mais do que de chefes tradicionais. Bamba também parecia ser mais importante, com um enorme séquito, do que os governantes tradicionais que antes se opunham à sua influência. Quando o governo francês fez o apelo por soldados, Bamba forneceu 1.400 tropas. Em retribuição por seu serviço aos franceses, a administração colonial nomeou Bamba para o Comitê Consultivo de Assuntos Muçulmanos em 1916 e ofereceu-lhe a condecoração da Cruz da Legião de Honra em 1918. Os soldados que ele forneceu aos franceses a pedido foram apreciados, assim como a diligência muridista no desenvolvimento agrícola, sobretudo na produção de amendoim.

Ademais, Harrison afirma que Bamba fez uma doação financeira de 500.000 francos aos franceses para auxiliá-los a enfrentarem a desvalorização da moeda; a quantia constituía um quinto da contribuição financeira feita por toda a colônia senegalesa (cf. Harrison, 1988, p. 166). Robinson afirma que, depois de ele fazer essa doação financeira, as autoridades coloniais concederam permissão ao líder muridista para construir sua mesquita em Tuba (cf. Robinson, 1991, p. 164). A desconfiança entre Bamba e o governo francês havia se dissipado – cortesia da desmistificação empreendida por Paul Marty[42] de todos os supostos laços entre Bamba e grupos pan-islâmicos e pan-árabes – restaurando a esperança e a confiança necessárias para construir uma relação mais confiável.

Conclusão

Amadú Bamba permanece como um dos indivíduos mais reverenciados na história do Estado, da religião e do povo no

42. Paul Marty foi um arabista e etnógrafo que desmistificou as acusações e perseguições contra Bamba e seus seguidores como mera campanha de calúnia e inveja contra eles. Contudo, há muridistas que creem que ele esteve por trás de algumas das conspirações contra Bamba e que convenceu o governo colonial dos perigos que este representava.

Senegal. É celebrado como reformador, mestre e embaixador da paz pelos muridistas e entre outros grupos muçulmanos no Senegal e na Gâmbia. Bamba foi alguém que preservou e transmitiu as tradições interiores do Islã mediante seus ensinamentos em relação ao sufismo, "jiade não violenta", coexistência pacífica, conhecimento e ética do trabalho. A influência de Bamba no renascimento cultural e espiritual de seu povo mostra a profunda relevância de suas ideias acerca da paz e da concórdia em longo prazo, bem como o poder das tradições não violentas do Islã. Bamba reuniu conhecimento das experiências anteriores das pessoas para salvaguardar seu próprio futuro. Os jiade violentos de outros estudiosos islâmicos que vieram antes dele foram uma lição moral crítica para evocar uma nova perspectiva nas várias formas existentes de jiade.

Evidentemente, Bamba e dã Fodio são exemplos práticos de liderança de como o poder religioso e espiritual africano se traduz em influência e poder político em suas regiões. Talvez a única diferença entre ambos esteja em sua interpretação de qual método deve ser usado para avançar a causa do Islã, e particularmente o que é o sufismo. Enquanto dã Fodio declarou guerra aos infiéis, Bamba pregou a paz para alcançar o que muitos agora consideram a jiade da mente e da alma – a revolução interior. O estilo e os métodos de Bamba, em especial diante do expansionismo ocidental e cristão em sua região, ainda assim lhe renderam seguidores – adeptos que seguiram seus ensinamentos e os preceitos que pregava. De fato, por seguir seus passos, eles não pegaram em armas e nem empreenderam campanhas violentas. Mesmo os colonizadores europeus reconheceram a liderança e a influência política de Bamba no povo da região, o que explica e justifica o tratamento cuidadoso que lhe dispensaram. Da mesma forma que dã Fodio, ele contribuiu para a produção de conhecimentos acerca do islamismo. Ele exerceu poder político tanto quanto poder religioso, embora os utilizasse de maneiras contrastantes.

De fato, o método de Bamba não deve ser mal compreendido, dado que ele poderia ter realizado uma jiade violenta contra os franceses, pois tinha o séquito necessário; entretanto, Bamba era um sufi pacifista convicto, cujo coração o levou a buscar a paz interior e o conhecimento de Deus. Em vez de recorrer à violência, Bamba tomou um caminho diferente que buscava o conhecimento e a sabedoria como condição necessária para mudar o rumo das coisas. Uma das maneiras como isso foi alcançado foi a sua contribuição ao conhecimento da jiade *al-nafs* e a sua elevação entre a comunidade muçulmana mediante a produção de textos na forma de poesia que definiam sua busca pelo conhecimento. Isso não teria sido alcançado se ele não tivesse primeiro aceitado a responsabilidade de tornar-se assistente de ensino na escola de seu pai, o que impulsionou sua jornada para tornar-se um professor de fé.

A categorização que ele fez do conhecimento em dois componentes proporcionou não apenas a compreensão da existência do mundo humano, mas também das forças que controlam a humanidade na busca de servir ao sobrenatural. Ele elevou o mundo espiritual acima do mundo físico. Sustentou que o *nafs* é um dos maiores inimigos da humanidade. Assim, o *nafs* deve ser suprimido para garantir a retidão para com Deus e para com a humanidade. Embora a busca do espiritualismo seja essencial nos ensinamentos de Bamba, ele também sustentou que o trabalho é parte essencial da existência humana. Seu papel no cultivo de valores religiosos também é digno de nota. Embora o valor religioso do trabalho tenha importância no Islã em geral, a contribuição de Bamba para a dignidade do labor levou muitos a verem o trabalho como uma ideologia religiosa a que se deve dedicar.

Parte III
Cristianismo

7

Missionários e produção de conhecimento acerca da África

Introdução

A história das missões na África constitui empreendimento vasto que tem sido objeto de discurso e debate quanto aos efeitos, às contribuições e às implicações de sua introdução no ambiente africano. Os impactos dos missionários ocidentais na África são inúmeros no que tange à introdução da educação ocidental, da medicina ocidental, da cristianização e da expansão da Igreja, do desenvolvimento de algumas línguas africanas, do estabelecimento da imprensa e de uma série de outros empreendimentos. A história do empenhamento missionário na África tem pendido, de maneira precária, para as contribuições dos missionários ocidentais à África, ao passo que os impactos dos missionários nativos para a produção de conhecimento acerca de seu continente resultaram em discussão mínima.

A história e o êxito das missões cristãs na África seriam incompletos caso não incluíssem a discussão das contribuições dos missionários africanos para a expansão, a disseminação e a publicação de conhecimento acerca da África. Este capítulo examinará as contribuições dos escritores missionários africanos para o conhecimento sobre a África. Neste capítulo, escritores missionários da África serão examinados – suas obras, seus escritos e suas atividades em áreas como a expansão do conhecimento antropológico, histórico, linguístico e literário da África. As contribuições desses missionários africanos para o conhecimento acerca da África são extensas, mais do que um único capítulo de um livro pode discutir propriamente. No entanto, a essência deste capítulo consiste em encorajar mais debate e discussão das ocupações desses missionários africanos na ciência, na religião, na história e em outras instituições de conhecimento africanas.

Escritores missionários africanos são clérigos de ascendência africana que se empenharam com obras missionárias em seus países e foram influentes na produção de obras acerca da África, de modo que aumentaram, assim, o conhecimento científico na África e a respeito dela. As contribuições desses escritores missionários africanos são importantes, pois, por meio de seu conhecimento do espaço africano, da tradição oral, da história, dos costumes, das tradições, da geografia, da cultura e das línguas, eles se encontram nas posições mais favoráveis para expandir o conhecimento acerca da África e para contribuir para esse conhecimento. Esses escritores missionários africanos aprimoraram o intercâmbio transnacional de ideias a respeito da África abriram os canais de transmissão de conhecimento para dentro e para fora da África.

Escritores missionários africanos

Ao discutir o impacto ou as contribuições dos escritores missionários africanos para o conhecimento acerca da África, cumpre primeiro explorar o alcance das identidades desses missionários africanos. As missões e os empreendimentos missionários originam-se dos auspícios da intervenção e do empenhamento europeus com a África. As atividades dos missionários europeus nela são enormes e, embora não sejam o foco deste capítulo, é importante discutir brevemente o impacto dos supramencionados para as obras e o desenvolvimento dos missionários africanos na África. A noção de missão abarca a transmissão do cristianismo por meio de algumas pessoas especiais que são enviadas a outros lugares para a implantação, a propagação e o crescimento da referida fé.

As atividades de muitas das missões na África não foram plenamente bem-sucedidas devido às peculiaridades do ambiente africano, o que informou a introdução de escravizados repatriados que haviam sido treinados em instituições missionárias para auxiliar na propagação da fé cristã na África. Por exemplo, a Serra Leoa desempenhou papel significativo na educação de escravizados em obras missionárias que foram salvos de traficantes e navios de escravizados. A importância desse país africano para todo o continente no que diz respeito à formação e ao cultivo de missionários africanos e à sua ocupação com obras missionárias na África é crucial para a compreensão da doutrinação de missionários nativos e dos seus empenhamentos intelectuais com a sua herança africana e as suas interações com seus superiores e colegas ocidentais.

Visto que muitas das atividades missionárias eram conduzidas nas línguas estrangeiras trazidas pelos colonizadores, as quais renderam poucos ou nenhum resultado, e somado a várias outras circunstâncias significativas que impediram suas atividades, os missionários europeus na África foram de certo modo malsucedidos em levar os nativos ao conhecimento do cristianismo. Os ex-escravizados que haviam sido educados na Serra Leoa em instituições majoritariamente missionárias perceberam a necessidade de retraçar seus passos de volta a seus lugares de origem para levar seu povo ao conhecimento do cristianismo. Um desses escravizados é o famoso Bispo Ajayi Crowther, cuja história de liberdade dos traficantes de escravizados fulas levou a seu legado, pois ele foi instrumental para a produção de conhecimento acerca da África.

Carl Christian Reindorf, Samuel Johnson, James Johnson, Apolo Kivebulaya, A. B. C. Sibthorpe, E. M. Lijadu, Akrofi Clement Anderson e muitos outros como eles contribuíram para o conhecimento da África. Suas contribuições para esse conhecimento abrangeram áreas como história, filosofia, antropologia, educação, tradição oral, mitologia e teologia das sociedades africanas. É importante notar também que sua educação e contato com legados europeus, como a educação ocidental, desempenharam papel crucial em sua preocupação com a cultura, as tradições, a filosofia, os valores, a tradição oral, a música, a arte e o artesanato africanos. É importante acrescentar também que as atitudes dos colonialistas e dos missionários europeus também informaram a decisão e a preocupação desses missionários africanos com a África e com a epistemologia africana. De acordo com Bascom:

> A conversão dos africanos ao cristianismo era, naturalmente, o objetivo primordial dos primeiros missionários, e a religião africana era atacada direta e amiúde vigorosamente como idolatria e superstição. Havia frequentemente mais êxito em ganhar adoradores do que em fazê-los abandonar as antigas crenças e rituais. Muitos africanos estavam dispostos a experimentar a religião do homem branco, mas ainda não desejavam desligar-se da religião de seus antepassados, ou queriam estar seguros e jogar dos dois lados (Bascom, 1953, p. 493).

Uma das tradições africanas que sofreu ataque por parte dos colonialistas e missionários foi a religião tradicional africana. Bascom notou que, por meio de uma variedade de meios, os missionários tentaram minar a religião africana com êxito variado. Os missionários europeus adotaram um modo de ver negativo pelo qual condenavam as religiões africanas como más, já que o modo de ver positivo de mostrar as virtudes do cristianismo não se provou adequada. Muitos aspectos da tradição africana, tais como a poligamia, o ritual, a veneração aos antepassados, o sacrifício e os sistemas de crença eram duramente criticados e solapados pelos missionários europeus e colonialistas com o intuito de promover o cristianismo entre os "pagãos" africanos.

Atividades missionárias na África e a doutrinação de missionários nativos

As atividades dos missionários na África resultaram em grandes debates devido ao fato de suas atividades serem eivadas de paradoxos que, ou afetaram o continente, ou incitaram o povo africano a erguer-se ante as demandas do passado e do presente, ao remodelar seu futuro por meio do emprego de ferramentas e de oportunidades que as missões e o colonialismo lhes proporcionaram. Os missionários, por meio de suas atividades na África, introduziram a educação ocidental para que pudessem aprender e compreender a mensagem cristã que lhes era transmitida. O treinamento do povo africano era o meio utilizado para alcançar os objetivos dos missionários na África.

Devido à escassez de conhecimento acerca da cultura, da língua e das tradições africanas, as sociedades missionárias, tais como a Sociedade Missionária da Igreja, a Missão de Basileia, a Sociedade Missionária de Londres, a Sociedade Missionária Batista etc., tiveram de conceber meios para transpor o abismo e lançar suas obras missionárias no povo africano. Essas sociedades empenharam o povo nativo, os ex-escravizados e os clérigos por meio de sua educação em escolas missionárias, como o Colégio da Baía de Fourah na Serra Leoa, para penetrar e abrir caminho no espaço cultural e teológico africano. A introdução e a doutrinação desses africanos fizeram das atividades das missões cristãs um grande êxito. A doutrinação desses africanos em obras missionárias provou ser bem-sucedida, pois marcou o avanço e o empenhamento ótimos das missões cristãs e a ocupação da África.

Escritos missionários africanos

Os escritos missionários de estudiosos africanos receberam pouca atenção sob a ótica de suas contribuições ao conhecimento relativo à África. Grande parte do que se sabe dos escritores missionários africanos concentra-se em Carl Christian Reindorf e Samuel Johnson e, mesmo assim, suas contribuições ao conhecimento da África ainda não foram investigadas em sua totalidade. Os escritos teológicos e a retórica relativa ao conhecimento africano foram elaborados por europeus que tinham pouco conhecimento do tema de seus escritos, e os escritos teológicos europeus referentes à África giravam em torno da negação dos diversos aspectos da cultura africana. Os missionários africanos descobriram que a emancipação do manto da ignorância e subversão ocorreria quando se engajassem de forma genuína com os sistemas de conhecimento de sua cultura, tradições orais, história, religiões, idioma e crenças.

Alguns desses missionários africanos começaram a traduzir a Bíblia e outras obras literárias para seus próprios idiomas, de modo que expusessem conhecimento na base de conhecimento africana. A tradução de obras por eles realizada logo se desenvolveu em um meio no qual a língua africana era utilizada em forma escrita para expandir e preservar ideias africanas de conhecimento, valores, criatividade literária e linguística. A padronização dessas línguas africanas por meio das publicações de gramáticas, dicionários, livros de ortografia etc., aprimorou a produção de literaturas africanas em diferentes temas, tais como poesia, história, mitologia, antropologia e música.

Os escritos missionários africanos, para os fins deste capítulo, incluirão obras de clérigos nativos que tratam de história africana, literatura oral, religião tradicional africana, mitologia, sistemas de crenças, idioma etc. Obras de missionários nativos relativas à África que exploram a vida africana, teologia, cosmologia, sistemas de crenças, música, artesanato etc., são consideradas escritos missionários africanos. Com base nessa premissa, este capítulo examinará os discursos de produção e contribuição de conhecimento relativo à África por escritores missionários africanos.

O desenvolvimento da historiografia africana

A reconstrução e o desenvolvimento da história africana pelos escritores missionários africanos, por meio da documentação de narrativas históricas orais, têm contribuído imensamente para o conhecimento relativo ao continente. Vários relatos escritos relativos ao continente africano estão, de modo sistemático, repletos de suposições de escritores eurocêntricos, que não têm conhecimento nem compreensão cultural básica da África. Esses equívocos têm estimulado escritores missionários africanos, como o ganense Carl Christian Reindorf, a documentar a existência do vasto conhecimento cultural e histórico inerente ao continente. A produção e a contribuição de conhecimento relativo à historiografia africana começaram com esses primeiros escritores missionários africanos, que utilizaram seu conhecimento da língua colonial e da educação para registrar a história de seu povo.

Historiografia é usada com frequência para se referir a todos os esforços humanos para transmitir e preservar conhecimento ou lembranças de experiências, eventos, circunstâncias, processos e expectativas anteriores em formas permanentes e frequentemente estéticas (Hauser-Renner, 2008, p. 233). Os escritos de Reindorf trataram da história do povo da Costa do Ouro (Gana) por meio da coleta de dados orais da geração mais velha que tinha conhecimento de sua herança. Segundo Hauser-Renner, *History of the Gold Coast and Asante* [História da Costa do Ouro e Asante], de Reindorf, é representativa de um *corpus* de obras históricas produzidas por africanos educados no Ocidente entre as décadas de 1850 e 1940 (Hauser-Renner, 2008).

As atividades dos missionários na África são mais vastas do que o âmbito deste capítulo; contudo, as atividades dos missionários africanos podem ser traçadas até a liberdade e o retorno de ex-escravizados vindos do Ocidente. Carl Christian Reindorf, escritor missionário, documentou e contribuiu para o conhecimento relativo à África, em particular de Gana. A contribuição foi uma história cuidadosamente pesquisada e escrita da Costa do Ouro e de Asante. Reindorf assumiu a responsabilidade de documentar a história do povo ganense e de seu estado político, o que contribuiu de forma significativa para o conhecimento atual. Um dos problemas concernentes ao desenvolvimento do continente africano é a insuficiência no conhecimento da história da África, o qual as novas gerações dos povos africanos não adquiriram, mas de que precisam imperiosamente para reconstruir o seu futuro segundo os alicerces do passado.

O conhecimento adequado de sua história é pertinente à reestruturação e desenvolvimento da África por seu próprio povo. A utilização por Reindorf de fontes tradicionais orais ao escrever a história do povo ganense não é apenas louvável, mas também visionária, pois mantém a posteridade ciente de sua história e de sua herança, o que os informa de onde estiveram, quem foram seus antepassados e como eventos replicados do passado alterarão o caminho seguido por gerações posteriores. Quando a história de um povo não é documentada e transmitida a suas gerações mais jovens, tanto o conhecimento histórico autêntico de seus antepassados quanto uma identidade nacional necessária para a construção da nação estão em risco de extinção. Hauser-Renner observou que alguns desses autores africanos de obras históricas escritas iniciais foram "analisados" e denominados historiadores amadores, de origem missionária ou cristã, nacionalistas culturais, e que escreveram história para preservar tradições orais e com vistas a apresentar a perspectiva africana da história em face da historiografia africana contemporânea escrita por europeus (Hauser-Renner, 2008, p. 233).

Resguardar e proteger a história do povo inclui proteger sua cultura, tradições, costumes, valores, literatura, artes, artesanato etc. Isso evidencia que os escritores missionários africanos têm promovido e contribuído para o conhecimento relativo à África, sobretudo na documentação da cultura, tradições e folclore do povo, como se vê nos escritos de Reindorf. Materiais culturais como danças, música, contos populares e formas literárias orais são partes essenciais da história e herança do povo africano. Abraçar a história do povo africano promoverá o crescimento de algumas dessas instituições culturais. A chegada dos colonialistas e dos missionários à África, contudo, não pressagiou bom destino às instituições tradicionais. Os colonos e os missionários iniciaram cruzadas que desmantelaram essas heranças e instituições culturais, as quais descartaram por julgá-las bárbaras e maléficas, ao passo que colonizavam o pensamento dos africanos. Hauser acrescenta:

> Reindorf reconhecia a importância da história e das expressões culturais. Por meio de sua História, ele deu contribuição precursora à conservação, à preservação e à disseminação do patrimônio da Costa do Ouro, pois sabia que tal patrimônio integrava a identidade cultural daquele povo (Hauser-Renner, 2004, p. 228).

Hauser reconhece a contribuição da obra de Reindorf ao conhecimento acerca da história de seu povo e à preservação dela. As contribuições dele ultrapassam a preservação, pois suscitaram consciência do conhecimento cultural e histórico africano no resto do mundo e o difundiram. A produção e a disseminação do conhecimento histórico acerca da Costa do Ouro por Reindorf fixaram suas obras na memória universal. Hauser observou que a contribuição de Carl Reindorf constitui projeto singular na historiografia africana, o qual visa despertar a elite da Costa do Ouro para a tarefa de escrever história nacional autêntica (Hauser-Renner, 2004).

A necessidade de história nacional original tem grande importância, dado que tal história pertence a todos os povos nativos. O reavivamento da história nacional original facultará aos africanos modernos a oportunidade de estabelecer conexão com as lutas e as realizações dos antepassados. Hauser assinalou também que, conforme Reindorf, uma história nacional deveria abarcar as "histórias" de todos os povos da Costa do Ouro, incluídos os afamados e poderosos axantes, "pois as histórias de ambos os países [isto é, Axante e Costa do Ouro] se entrelaçam tanto", e, por certo, incluídos os *fantes* da parte ocidental da Costa do Ouro, "porção principal e importante da Costa do Ouro" (Hauser-Renner, 2004, p. 229).

Reindorf transpôs as tradições orais à escrita, o que, segundo reconheceu Hauser, trouxe contribuições ao conhecimento da cultura e da história africanas, bem como ideias novas acerca delas. A importância deste escritor missionário na documentação da história de seu povo e das tradições dele nasceu da introdução precoce à história e aos contos populares narrados pela avó.

> Tive o privilégio de ser iniciado na história de meu país e de nutrir amor por ela. [...] Minha digna avó, Ocaco Asase, conforme o dever dela para com os filhos e os netos, costumava relatar as tradições do país aos seus quando se sentavam à volta dela nas noites (Hauser-Renner, 2004, p. 229).

Este é um dos métodos de educação na sociedade africana pré-letrada, na qual os idosos atuam como instrutores e transmitem sabedorias e valores culturais por meio de contos populares, lendas, mitos e provérbios. Este processo de educação africana integra a historiografia africana que Reindorf explorou a fim de trazer contribuições ao conhecimento do continente africano como detentor de sistema próprio de educação, valores, cultura e tradição anteriormente ao advento da educação e dos valores ocidentais. Heinz escreve:

> Em 1889, Reindorf percebeu o avanço da educação formal europeia e do cristianismo como ameaça real à transmissão tradicional da história. As crianças e os adolescentes que frequentavam as escolas perdiam a educação tradicional africana, a qual incluía narrações orais históricas como diretrizes ou explanação do presente e preservava as realizações dos antepassados na memória dos viventes. Reindorf notava claramente que

> a educação ocidental criava distância crescente entre os cristãos letrados e os membros iletrados ou não cristãos da comunidade (Hauser-Renner, 2004, p. 229).

A documentação da história africana a partir de narrativas e tradições orais demonstra a contribuição de Reindorf, a qual abraça os ricos recursos de conhecimento no ambiente africano e nas várias instituições culturais dele. Hauser notou que Reindorf anteviu a devastação da herança africana, da educação africana e da história africana pela instalação do cristianismo e da educação ocidental. Heinz, na passagem citada anteriormente, alude ao sistema africano de educação como repleto de materiais históricos, mas, visto que essas crianças africanas foram retiradas desse sistema, perdeu-se a aquisição de conhecimento que lhes deveria ter sido transmitido. A história delas, portanto, esmaece na cacofonia da educação ocidental, do colonialismo, da migração e da disputa econômica. A documentação da história da Costa do Ouro e de Axante na *História* de Reindorf constituiu esforço conjunto para disseminar conhecimento fundamentado da África, a qual foi considerada de várias maneiras "continente escuro" habitado por bárbaros que necessitavam da salvação dos colonialistas. O livro dele serviu como meio de reeducar tanto africanos quanto europeus acerca da África e das múltiplas faixas de conhecimento deliberadamente silenciadas e ignoradas.

As culturas e tradições dos povos africanos constituem materiais naturais da história, e nelas a história se conserva e se difunde de uma geração a outra em seu estado mais natural. As mentes e os cérebros da geração mais velha servem como depósito da história do povo, os quais atestam as potências e capacidades mentais dos povos africanos antes da introdução da escrita e da imprensa. Estas gerações de africanos mais velhos confiavam à memória estas histórias orais e narrativas e, mediante numerosos recursos mnemônicos e memória retentiva, conseguiam recontá-las, entoá-las e narrá-las às gerações mais jovens. A implicação desse sistema de transmissão oral dos fatos históricos naquele período da história africana já desaparecia e morria com a geração mais velha, a qual não tinha conhecimento de documentação nem de publicação de sua história.

As contribuições de Reindorf contrabalançaram a narrativa difundida pelos europeus que contavam a história dos povos africanos, a qual constituía uma historiografia fictícia moldada segundo as percepções que os europeus tinham dos povos africanos. A publicação da *History of the Gold Coast and Asante* [História da Costa do Ouro e de Axante] por Reindorf estimulou outros africanos a aproveitarem a oportunidade de contar a própria história e a história em si, os quais produziram conhecimento e explanações completamente precisas das próprias histórias e narrativas para o mundo e, assim, ressaltaram e respaldaram os recursos inexplorados da terra. Ademais, Hauser enfatizou que a escrita de Reindorf se fundava na noção de que o desenvolvimento nacional dependia da "história da nação e de que o conhecimento histórico facilitava o processo de identificação de ideias e estratégias próprias para este desenvolvimento" (Hauser-Renner, 2004, p. 233). A importância desta história reside na orientação que ela propicia aos africanos e no auxílio concedido que os leva a refletir acerca do progresso da nação e a ruminar acerca das experiências passadas a fim de conceber modos de melhorar a produção da nação.

A maioria dos escritos etnográficos dos missionários europeus e de outros colonialistas acerca da África e de seu povo, na forma de histórias de migrantes e relatos de viagem, negligenciou as tradições, a história, os valores, a religião dos africanos e a importância deles. Hauser assinalou a contribuição das obras de Reindorf para a vastidão intelectual da África em muitos aspectos, tais como narrativas literárias orais, costumes e valores. A obra de Reindorf põe o conhecimento africano em exibição onde o resto do mundo pode perceber a diversidade cultural, as tradições e as variações linguísticas que granjearam ao continente lugar principal no mundo. Reindorf conjugou a formação na educação ocidental com os valores cristãos a fim de documentar o modo de vida africano.

> Reindorf estava bem ciente das diferenças entre as tradições orais e as descrições europeias escritas de viagem, conforme expresso no subtítulo da História "baseada em tradições e fatos históricos", e ele foi um dos primeiros – se não o primeiro – a tentar reconstruir a história mediante o uso crítico de ambas as espécies de fontes. Em razão das diferenças entre os dois conjuntos de fontes, Reindorf viu-se confrontado com um problema sem solução pronta: como transformar e traduzir tradições orais recebidas pelos informantes dele numa forma de história que condissesse com os tempos modernos (Hauser-Renner, 2004, p. 235).

Como parte de seu projeto de escrever e publicar a história da Costa do Ouro, Reindorf precisou enfrentar os problemas de tradução e de diferenciação entre as tradições orais e a história eurocêntrica da África. A transposição da tradição oral para uma descrição escrita da história dos agrupamentos do povo colocou a obra dele como esforço revolucionário de reconstrução da imagem do continente africano. Hauser assinalou que a obra de Reindorf como fonte de conhecimento do passado e da história de Gana ainda permanece inigualada (Hauser-Renner, 2004, p. 236).

De acordo com Hauser,

> Reindorf foi o primeiro autor a apresentar uma história abrangente do povo gas, o qual criou o poderoso Estado da Grande Acra na era pré-colonial, antes do surgimento dos principais Estados conhecidos de língua acã: Aquamu, Denquiera, Aquiém e Axante (Hauser-Renner, 2004, p. 237).

A notável e louvável contribuição de Reindorf para o conhecimento do povo ganês comprova o saber existente no continente, o qual seus habitantes precisavam documentar e difundir pelo mundo.

Tal empreendimento assinala o princípio de outros projetos, dentre os quais se destacam as iniciativas em que escritores e estudiosos missionários africanos empreenderam a reconstrução da narrativa eurocêntrica predominante acerca do povo africano e asseguraram a divulgação da versão verdadeira da história da África. Jenkins afirmou que, no âmbito do desenvolvimento dos estudos históricos euro-africanos da Costa do Ouro, a *História* de Reindorf, de 1895, constituiu uma ruptura revolucionária à luz de diversos aspectos. No plano espacial, foi o livro que mais completamente cobriu a história da região que Reindorf definiu e descreveu como Costa do Ouro (Jenkins, 1998, p. 193).

A origem e história do povo iorubá

Uma das notáveis contribuições dos escritores missionários africanos para o conhecimento da África é a obra de Samuel Johnson acerca da origem, da história, da cultura e dos aspectos políticos e sociorreligiosos do povo iorubá. A invasão e a disputa pela África entre os europeus ocorreram sem muito conhecimento da história cultural e sociopolítica dos habitantes. A obra de Johnson ultrapassa um relato histórico dos iorubás, conforme enunciado por estudiosos de antropologia, sociologia, linguística e história, em razão do alcance e dos variados ramos do saber presentes no livro *História dos iorubás*. As narrativas e tradições orais africanas constituem as fontes da obra de Johnson. As tradições orais são as fontes mais comuns dos escritos destes missionários nativos acerca de sua cultura, história, narrativas literárias e realidades sociorreligiosas e políticas. No livro de Johnson, documentam-se, discutem-se e difundem-se diversos aspectos do conhecimento do povo africano, em especial do povo iorubá:

> A *História dos iorubás* compõe-se de uma narrativa histórica cronologicamente ordenada acerca da história dinástica de Oió, desde os tempos mitológicos até

os modernos, bem como da história política e militar do início do século XIX. Nela, Johnson oferece aos leitores sua interpretação da versão tradicional (ou das versões tradicionais) da história de Oió (Doortmont, 1993, p. 55).

A obra de Johnson constitui, indubitavelmente, uma contribuição monumental para o conhecimento da história africana, em particular no caso da dinastia de Oió dos iorubás, na região que hoje corresponde à parte sudoeste da Nigéria. A história de Oió, à semelhança de muitas outras do continente africano, iluminou as histórias dos diferentes reinos, impérios, dinastias e cidades, bem como o modo como seus reis, governantes e chefes tradicionais lograram reger e governar seus povos em um sistema único de governo antes da invasão colonial da África e durante esta invasão. No caso da história de Oió, Johnson conferiu ao relato do povo iorubá um caráter de erudição ocidental que permanece até hoje sem igual. Sua obra demonstra que as tradições orais podem constituir uma fonte importante da história africana, e a sobrevivência destas tradições, o fundamento da historiografia iorubá moderna (Doortmont, 1993).

A tradução como instrumento de expansão do conhecimento das línguas africanas

A transliteração da língua iorubá para a palavra escrita constituiu a primeira contribuição dos missionários para o desenvolvimento da educação ocidental na região ocidental da Nigéria. Subsequentemente, traduziram diversos livros da Bíblia para o iorubá. O Reverendo Thomas Jefferson Bowen, missionário batista do sul dos Estados Unidos, elaborou a *Grammar and dictionary of the Yoruba language* [Gramática e dicionário da língua iorubá] em 1858. Outros grupos missionários, como a Sociedade Missionária da Igreja e os Metodistas, elaboraram também livros didáticos, cartilhas

> e dicionários que permitiram aos missionários ensinarem seus conversos a ler a Bíblia em iorubá (Adeniyi, 2016, p. 192-193, 192).

Os missionários representam os primeiros homens que empregaram a tradução como instrumento de produção de conhecimento acerca da África e de suas línguas. A tradução converte-se em conhecimento por meio da transmissão dupla de códigos e significados linguísticos. Ademais, a tradução exige o emprego de habilidades linguísticas e semânticas para reproduzir novas ideias, conceitos e escritos epistêmicos. Os missionários africanos contribuíram com uma amplitude de conhecimento acerca das línguas africanas por meio do processo de tradução e transliteração de obras para as línguas europeias. O processo de tradução, embora tenha principiado como método alternativo de aproximar os nativos do cristianismo e auxiliar sua compreensão dos valores cristãos, logo se converteu em preocupação mais ampla de penetrar o conhecimento em numerosas línguas africanas.

As obras de Apolo Kivebulaya e de numerosos outros missionários africanos principiaram com a tradução de folhetos cristãos, de livros, de hinos e até mesmo da Bíblia para as suas respectivas línguas africanas. A tradução que Apolo Kivebulaya executou de livros de orações, de partes da Bíblia e de folhetos religiosos para a língua ancolé manifesta que esta língua, assim como muitas outras línguas africanas, encerra e conserva conhecimentos úteis à comunicação de ideias, quer seculares, quer religiosas. A tradução de escritos bíblicos para línguas africanas, na qual muitos missionários africanos empreenderam, alcançou dupla importância: o tornar o cristianismo nativo e a produção de obras nas línguas africanas. Suas atividades comprovaram que os africanos são capazes de produzir conhecimento e de realizar empreendimentos linguísticos e literários com as línguas europeias. Os escritos e as atividades de tradução desses clérigos nativos colocaram estas línguas africanas no mesmo pedestal que suas contrapartes europeias, o que demonstrou que as línguas africanas também são capazes de conservar e de difundir conhecimento.

O Bispo Ajayi Crowther é o nome de um missionário africano cujo renome ressoa dentro e fora do continente africano por seus louváveis e revolucionários trabalhos e empreendimentos na tradução da Bíblia para línguas africanas. Seus trabalhos de tradução desvendaram o campo fértil para o conhecimento das línguas africanas e o emprego dinâmico dessas línguas para situar o conhecimento acerca da dimensão cultural do continente. O emprego do inglês e de outras línguas europeias introduzidas na África pelos europeus tornou as línguas africanas ineficazes e de relevância inferior no ambiente africano. Esta ineficácia e esta irrelevância provieram diretamente das disposições que os colonizadores e os missionários europeus nutriam para com estas línguas nativas, disposições as quais não se diferenciavam da condescendência com a qual eles tratavam os demais aspectos do continente.

Concedeu-se às línguas europeias posições de eminência e precedência e, mais importante ainda, utilizavam-nas como instrumento de instrução e de governo nas colônias. Walls ressaltou a trajetória e a carreira literária de Ajayi Crowther com a publicação do *Yoruba Vocabulary* [Vocabulário iorubá], o qual conteve, ainda, uma explicação da estrutura gramatical, talvez o primeiro livro deste gênero escrito por um falante nativo de uma língua africana (Walls, 1992, p. 16). O conhecimento da língua iorubá e de sua gramática foi importante para a contribuição ao conhecimento do povo iorubá e de sua língua. Este trabalho de tradução não apenas contribuiu para o conhecimento desta língua africana, mas também comprovou que os africanos tinham as capacidades mentais para aprender, para ler, para escrever e para compreender, quer as suas línguas, quer as línguas europeias. A tradução de obras dos seus fundamentos africanos e nativos para as línguas europeias permitiu o atual e franco fluxo do conhecimento das fontes orais africanas para as línguas europeias.

Conforme Walls observou, a tradução da Bíblia para o iorubá não foi a primeira para uma língua africana; não obstante, uma vez que Crowther foi a principal influência em sua criação, foi a primeira feita por um falante nativo (Walls, 1992, p. 16). De fato, de acordo com Walls:

> Crowther insistiu que a tradução deveria indicar o tom – uma inovação. No vocabulário e no estilo, ele procurou mostrar o que está por trás da fala coloquial por meio da escuta dos antepassados, pelo registro de palavras significativas que emergiram em suas discussões com muçulmanos ou com especialistas na religião antiga. Ao longo dos anos, onde quer que estivesse, registrou palavras, provérbios e formas de expressão (Walls, 1992, p. 16).

Em vez de constituir simplesmente uma tradução literal do inglês para a língua iorubá, a obra foi uma tradução sistemática que revela a diferença tonal, semântica, estrutural e o arranjo gramatical na língua iorubá. Esta tradução contém as complexidades fonológicas, lexicais, morfológicas e semânticas na língua iorubá. A conotação ortográfica da tradução e o desenvolvimento, mais cedo ou mais tarde, do vocabulário iorubá por meio da tradução da Bíblia para o iorubá acrescentaram uma nova profundidade à informação inerente a esta língua, bem como a outras línguas africanas. Estes escritos e atividades dos escritores missionários africanos inspiraram outros escritores a escreverem na língua iorubá, o que resultou em obras literárias que explicam, promovem e difundem o conhecimento do povo iorubá e de sua cultura distinta. Conforme observou Akangbe, Crowther demonstrou interesse especial pelas línguas, bem como tenacidade no desenvolvimento de línguas para estudo expansivo por seu povo e por outros que pudessem interessar-se por adquirir uma compreensão mais profunda da cultura iorubá. Akangbe escreveu:

> Crowther, escritor prolífico, tradutor e linguista admirável, deu à luz o *Vocabulário Iorubá* e o *Diário de uma*

> *expedição a montante do Rio Níger em 1841* (com coautoria de J. F. Schon) em 1843, o *Diário de uma expedição a montante do Rio Níger e do Rio Tshadda* em 1855 e *O Evangelho nas ribeiras do Níger* (com coautoria de J. C. Taylor) em 1859. Na sequência das Expedições Britânicas ao Níger de 1854 e de 1857, Crowther compôs uma cartilha para a língua ibo em 1857, outra para a língua nupé em 1860 e uma gramática completa com vocabulário nupé em 1864. Ele também publicou a versão iorubá do Livro de Oração Comum da Igreja Anglicana (Akangbe, 2016, p. 76-77, 76).

O interesse e os escritos de Crowther acerca de numerosas línguas africanas compõem grande proporção das contribuições dos escritores missionários africanos para o conhecimento das línguas africanas. Com seus trabalhos de tradução, ortografia e gramática, numerosos escritores europeus podem acessar obras das línguas africanas e realizar pesquisas acerca das propriedades dinâmicas destas línguas. Os trabalhos de tradução de Crowther abriram caminho para a dupla iniciativa e pesquisa, pois, conforme observou Adesola, o Bispo Crowther foi precursor do emprego do alfabeto latino para escrever o iorubá. O trabalho de Crowther na década de 1840, quando se dedicou à Bíblia iorubá e à gramática iorubá, exemplifica sua posição como precursor no empreendimento duplo (Oluseye, 2016, p. 194).

Ademais, seu empreendimento duplo e seus esforços de pesquisa refletem-se em suas tentativas de codificar o iorubá com base no alfabeto latino. Adesola observou ainda que algumas características singulares da língua iorubá no alfabeto latino incluem o emprego de sinais diacríticos nas vogais e embaixo de certas letras (Oluseye, 2016, p. 194). Esta comparação singular entre o alfabeto latino e o iorubá demonstra que semelhanças e diferenças podem ser trabalhadas e pesquisadas simultaneamente, de modo que produzem conhecimento duplo acerca da língua iorubá e do alfabeto latino.

Os trabalhos precursores de Crowther criaram obras de diferentes dimensões, como aquelas observadas por Adesola:

> Muitas obras fundamentais acerca da gramática e da história dos iorubás foram compostas por Ajayi Crowther, J. T. Bowen, Samuel Johnson, Ida Ward e outros estudiosos. Numerosos livros literários foram também compostos na língua conforme a ortografia iorubá evoluiu. Dentre os principais autores da literatura iorubá, encontra-se I. B. Thomas, a quem se atribui o primeiro romance iorubá, *Itan Emi Segilola Eleyinju Ege* [A história de mim, Segilola, mulher de olhos fascinantes] [...] Centenas de livros de gramática e de literatura dos iorubás foram produzidos com o alfabeto latino (Oluseye, 2016, p. 194).

As obras desses escritores missionários africanos e europeus ampliaram os conhecimentos relativos às tradições literárias africanas, bem como aos fatos e às ideias que estimularam diversos gêneros literários. Inicialmente, estas tradições literárias começaram com traduções de narrativas orais, a exemplo de contos populares, mitos e lendas, conforme demonstram as obras dos primeiros escritores literários. No princípio, os escritos literários resultavam principalmente da tradução da literatura oral das línguas africanas para o inglês e do registro das tradições orais em línguas africanas. No entanto, com o estabelecimento do periódico iorubá *Iwe Irohin*, o qual auxiliou a tradução de poemas ingleses para o iorubá, os líderes africanos e os missionários receberam estímulo para estabelecer várias organizações socioculturais incumbidas da coleta, tradução e publicação de materiais nativos (Akinyemi, 2006, p. 19-31). Por exemplo:

> A Egbe Onife Ile Yoruba [Sociedade dos amantes da terra iorubá] organizava conferências periódicas acerca de assuntos relativos à história e à cultura. A Egbe Agba-O-Tan [Sociedade dos anciãos sábios] efetivamente dispunha de um comitê de publicações (com I. B. Akinyele na função de editor-geral) e publicava obras de história e filosofia (Adeboye, 2008, p. 75-97).

Alguns dos títulos importantes do comitê com extensos dados orais traduzidos para o inglês são *História de Abeocutá* (1921) e *As leis do povo iorubá* (1924), de Ajisafe, Ifá (1908) e *O mistério dos deuses iorubás* (1932), de D. O. Epega, *Ifá* (1897) e *Orumilá* (1907), de E. M. Lijadu, *História de Abeocutá* (1924), de J. B. O. Lossi e *Uma coleção de pensamentos iorubás* (1931), de J. Ojo-Cole. A publicação de livros acerca da história, da cultura, dos costumes e das interdições africanos resultou da influência direta dos escritores missionários africanos, os quais estimularam e incentivaram estudiosos e pesquisadores nativos e estrangeiros a levar adiante esses empreendimentos literários. Os missionários escritores africanos exerceram influência nas epistemologias do ambiente africano, pois exortaram outros a escreverem acerca das tradições orais da África e a traduzirem-nas para as línguas europeias, a fim de que houvesse maior interação com a literatura mundial em toda a sua amplitude.

Escritores missionários africanos e o nacionalismo cultural da África Ocidental

Os escritores missionários africanos contribuíram para os conhecimentos relativos à África, especialmente no que concerne ao nacionalismo cultural e ao patrimônio nacional. O nacionalismo africano dedica-se à celebração, à propagação e à promoção dos valores e do patrimônio africanos como contramedida aos efeitos do colonialismo que acompanhou a chegada dos colonialistas. Da perspectiva dos colonialistas, a reeducação do povo africano era necessária a fim de expurgá-lo dos seus modos e valores tradicionais africanos. A condenação dos costumes e das práticas culturais africanas pelos colonialistas europeus e a imposição das suas culturas e valores por meio da educação e das atividades da missão cristã repercutiram negativamente no desenvolvimento da cultura africana. Para neutralizar estes efeitos negativos, os escritores missionários africanos precisaram modificar a percepção que o povo africano e os europeus tinham da cultura africana.

Estes escritores missionários africanos, por meio dos seus escritos e de suas atuações, acolheram a cultura africana e o seu reconhecimento como um dos meios para a emancipação cultural da dominação cultural europeia. Os ensinamentos, os escritos e a publicação de obras em línguas africanas foram algumas das suas contribuições para os conhecimentos relativos às ideologias culturais esculpidas a partir do seu ativismo literário. Nomes como James Emman Kwegyir Aggrey, Mojola Agbebi, Emmanuel Moses Lijadu, Reverendo Moses Ladejo Stone, entre outros, foram os que desafiaram o imperialismo cultural por meio da sua obstinada determinação em conservar a autonomia cultural, linguística e pastoral africana. Os seus esforços quanto ao nacionalismo foram uma prefiguração das ideologias panafricanas, movimento que emanou da subversão europeia da cultura africana. Ademais, os seus escritos e esforços foram fundamentais para a independência e a criação das Igrejas e missões africanas. Os seus escritos defendiam ideologias protonacionalistas e estimularam a libertação da hegemonia colonial.

A contribuição dos escritores e dos linguistas missionários para as línguas africanas

Muitas línguas africanas reduzidas à escrita foram primeiro empreendidas pelos missionários europeus, os quais descobriram que a transmissão do cristianismo e dos seus ensinamentos era limitada quanto ao alcance e à acessibilidade aos africanos em razão da escassez de materiais, especialmente os de natureza cristã, nas línguas africanas. Ali estavam os primeiros missionários a dar início aos trabalhos relativos às línguas africanas; no entanto, os seus trabalhos dedicavam-se essencialmente ao avanço da sua causa e do cristianismo em vez de à apreciação das línguas africanas. As atividades dos colonialistas e dos missionários europeus indiretamente resultaram no estímulo aos escritores missionários africanos para empreender a escrita, a publicação e a disseminação de obras relativas às línguas africanas.

> À medida que cada vez mais missionários nativos recebiam formação para evangelizar o seu próprio povo, a ênfase recaiu no estudo literário e linguístico da cultura africana. A língua iorubá ocupou lugar significativo na escala de valores deste período. Por meio dos esforços de Samuel Ajayi Crowther, escravo iorubá liberto que recebeu formação no Colégio Fourah Bay, em Serra Leoa, e depois se tornou o primeiro bispo africano oriundo da África Ocidental, o iorubá foi reduzido à escrita e a Bíblia também foi traduzida para a língua iorubá (Olupona, 1993, p. 240-273, 244).

Os escritores missionários africanos produziram obras acerca das línguas africanas e assim promoveram os conhecimentos relativos à África e ao seu repertório linguístico. Entre estes escritores missionários africanos, destaca-se Akrofi Clement Anderson, linguista ganês e tradutor da Bíblia. Anderson elaborou obras na língua chi, as quais se originaram de sua convicção de que o ensino eficaz dos valores cristãos aos nativos exigia que estes fossem tornados nativos, bem como uma ambientação na língua do povo. Este escritor missionário ganês redigiu numerosas publicações, dentre as quais figuram a Gramática do chi, um Manual de ortografia do chi, o Provérbios do chi, uma coletânea anotada de 1018 provérbios em chi, e um Dicionário trilíngue inglês-chi-ga.

A investigação e o desenvolvimento do repertório linguístico e dos provérbios africanos por Anderson estimularam muitas pesquisas para produzir obras acerca dos provérbios africanos e dos instrumentos linguísticos. Estas obras literárias, linguísticas e teológicas são obras excepcionais acerca da coleção de conhecimentos relativos às tradições literárias africanas e aos conhecimentos presentes nos provérbios africanos. O seu trabalho abriu portas e interesses no desenvolvimento e na padronização da língua chi. Conforme Ansah, Anderson estudou o chi falado e escrito como pesquisador. Ele fundamentou o seu estudo e a sua publicação final acerca da ortografia chi nas obras de J. G. Christaller e A. N. Ri (Ansah, 2018, p. 244-247, 253). As obras destes escritores e linguistas missionários africanos foram essenciais para a produção de conhecimentos relativos às línguas africanas e às produções literárias africanas. Ansah registra:

> O Conselho Cristão de Gana incumbiu-o de revisar a Bíblia em chi, trabalho executado juntamente com Rapp. Algumas decisões importantes tomadas por Akrofi e Rapp foram a remoção de sinais diacríticos de algumas letras na Bíblia em chi. A revisão foi orientada pelos princípios registrados no *Livro de ortografia Chi*, o qual resultou em nova versão da Bíblia em chi, desprovida de sinais diacríticos, a qual inicialmente encontrou oposição de uma parte da comunidade cristã. As regras e os princípios que orientam a escrita do chi (Livro de ortografia Chi), no entanto, receberam aprovação do Departamento de Educação da Costa do Ouro, atual Ministério da Educação de Gana. A sua pesquisa acerca do chi recebeu reconhecimento nas esferas nacional e internacional. Posteriormente, as Universidades de Londres e Cambridge designaram-no examinador externo de chi para os seus exames internacionais (Ansah, 2018, p. 253).

O trabalho de Anderson acerca da ortografia do chi constituiu tentativa progressiva de produzir obras acerca das línguas africanas e da padronização delas. Conforme Ansah, a obra de Anderson, particularmente o livro *Twi Kasa Mmara* [Gramática da língua chi], define as regras gramaticais e estilísticas do chi e descreve como o chi deve ser falado e escrito (Ansah, 2018, p. 256).

> Outro feito de C. A. Akrofi é o *Twi Nsem Nkorenkore Kyerewbea* [Manual de ortografia das palavras do chi], o qual foi escrito com E. L. Rapp e publicado em 1938. Este livro dedica-se principalmente à ortografia e às regras que regem a escrita e a ortografia do chi. Neste livro, as palavras são dispostas em ordem alfabética, de acordo com a primeira letra da raiz. Esta

> obra substituiu a escrita adotada para a língua chi em 1927 e também a que foi revista por Christaller e publicada em 1933. É importante notar que os autores seguiram a edição de 1933 tanto quanto possível. No entanto, tornou-se necessário a Akrofi e Rap revisar as duas versões anteriores, de 1927 e 1933, a fim de resolver várias incongruências na ortografia. Alguns dos tópicos de que o *Twi Nsɛm Nkorɛnkorɛ Kyerɛwbea* [Manual de ortografia das palavras do chi] trata são as regras concernentes à divisão de sílabas e à escrita de reduplicações e repetições. Ademais, o livro apresenta vinte paradigmas exemplares de verbos conjugados nas várias formas temporais e aspectuais operantes no chi. Depois do delineamento das regras de ortografia, C. A. Akrofi e Rapp fizeram nova edição da Sagrada Bíblia em chi (Ansah, 2018, p. 256-257).

Embora Anderson se distinga pela sua contribuição para a padronização do chi, o seu trabalho recebeu motivação das contribuições pioneiras dos escritores missionários europeus que o antecederam. Ele reviu as obras deles e as transformou em obras verdadeiramente africanas a partir do seu conhecimento suficiente da língua africana. As suas contribuições e as de outros escritores missionários africanos para as epistemologias linguísticas relativas à África estabeleceram os fundamentos para outros pesquisadores produzirem livros acerca do estudo científico das línguas africanas. Os escritos de Anderson incluíram a publicação de livros para o ensino em chi e a tradução da Bíblia para o chi.

Os seus escritos e a sua produção de conhecimentos também exploraram obras literárias e religiosas escritas em inglês e obras literárias em chi, a exemplo do *Wiase Abasem*. As contribuições de Anderson e de outros missionários africanos, a exemplo de David Asante, para os conhecimentos relativos às línguas africanas são tão numerosas quanto ao âmbito que este capítulo não as discutirá suficientemente; no entanto, ainda deve ficar patente que as suas obras continuam a despertar interesse e a produzir conhecimentos relativos à África até hoje.

Os escritores missionários africanos e as suas obras acerca da literatura oral africana

> A coleção de mil provérbios de Akrofi, *Twi Mmebusem* [Provérbios do chi], resultou de debates com anciãos, chefes, *akyeame* (os porta-vozes dos chefes) e falantes de chi ao longo de anos. *Twi Mmebusem* [Provérbios do chi] apresenta a seguinte estrutura: o texto de cada provérbio é apresentado, acompanhado de tradução literal para o inglês. A explicação do provérbio é fornecida em chi e, para alguns, o uso ou o contexto em que o provérbio pode ser empregado é indicado (Ansah, 2018, p. 258).

Os provérbios, os idiomatismos, as metáforas e os aforismos africanos são parte dos aspectos linguísticos e literários socioculturais do povo africano que permeiam cada aspecto das suas vidas. Os provérbios são conhecidos como extratos da verdade, dos sistemas de crenças, da cultura e dos costumes dos povos, especialmente nas sociedades africanas, e são empregados por várias razões em virtude das suas funções inestimáveis nas atividades socioculturais, políticas e religiosas do povo. Os provérbios africanos resultam das tradições orais, mas também são fontes de conhecimentos africanos incorporados à literatura oral africana.

A importância da coleta, da escrita e da publicação desses provérbios, do folclore, das lendas, dos mitos e das histórias africanas reside na reprodução do conhecimento do sistema africano de educação e das tradições literárias. A pesquisa relativa aos provérbios e às expressões idiomáticas africanas contribui com uma contranarrativa para a noção eurocêntrica de que a África não tem um corpo de literatura, seja escrita, seja oral. A coleção destes provérbios chi por Akrofi Clemente Anderson atesta a riqueza e os tesouros literários do continente africano.

Entre as notáveis contribuições dos escritores missionários africanos aos estudos acerca da África encontram-se as obras de E. M. Lijadu e Mojola Agbebi. Em 1887, publicou-se uma compilação de enigmas iorubás e narrativas das guerras iorubás, e Lijadu reuniu as obras de Aribiloso, poeta ebá do século XIX (Falola, 1999, p. 20). A compilação dessas narrativas constituiu não apenas empreendimento extraordinário, mas também tentativa de produzir narrativas africanas, que principiou uma tradição literária que serviria de fundamento às pesquisas da literatura oral africana. Em numerosas sociedades africanas, as narrativas, os poemas, as parábolas e o folclore compõem parte significativa da educação infantil concernente à cultura, aos costumes e às tradições. As obras pioneiras desses missionários africanos permitiram investigações acadêmicas da tradição literária dos povos africanos.

Os enigmas, contos e histórias constituem excertos da literatura oral africana, mediante os quais a sabedoria, a cultura e o conhecimento africanos são transmitidos por um meio educativo e recreativo. Os escritos e as obras de Lijadu espelhavam a consciência, os valores, a identidade, o orgulho e a literatura africana. Okonkwo observou que, para além do patriotismo racial, havia esforço em prol de uma identidade cultural africana no antigo território de Lagos. Agbebi estabeleceu-se como líder do partido iorubá, o qual advogava o patrocínio de concursos e de bolsas de estudo a fim de promover a literatura em língua iorubá (Okonkwo; Agbebi, 1980, p. 145). Os escritores missionários africanos fomentaram o desenvolvimento da literatura nas línguas africanas. A produção de obras literárias de folclore, provérbios, enigmas, poesia, mitos e lendas africanas é parte das contribuições desses missionários africanos aos estudos acerca do continente africano.

Ademais, as obras de Lijadu a propósito de Ifá e Orumilá contribuíram para o conhecimento do *corpus* literário de Ifá. Os versos de Ifá são exemplos da produção de obras epistemológicas acerca dos códigos ocultos da poesia divinatória de Ifá. Os escritos desses missionários aprimoraram a aquisição de conhecimento das diferentes poesias associadas ao panteão iorubá. As publicações desses textos orais estimularam pesquisas e discussões a propósito da poesia panegírica e de suas diferentes formas na veneração ritualística dos orixás.

Conhecimento da política e da liderança africana

As obras dos escritores missionários africanos registraram as sagas políticas e militares do continente africano e expuseram o conhecimento do sistema africano de governo e da força militar.

> Para compreender a historiografia iorubá do século XIX e, por extensão, a do século XX, cumpre examinar o clima político da região naquela época. Nas confusas circunstâncias políticas e socioeconômicas da terra iorubá do século XIX, surgiram duas novas elites que determinariam o cenário da Nigéria Ocidental colonial pelo restante do século XIX e início do século XX. A antiga ordem do Império de Oió, no norte do país, foi destruída e substituída por numerosos estados menores e belicosos, comandados por homens que, o mais das vezes, não guardavam lealdade às antigas estruturas de poder (Doortmont, 1993, p. 56).

As intrigas políticas e militares dos iorubás foram registradas nos escritos históricos dos missionários nativos. A documentação das atividades políticas e militares do povo iorubá demonstrou que esse grupo de africanos detinha conhecimento suficiente da política e dos sistemas políticos de governo apropriados à sua realidade. Doortmont julgou que na terra iorubá, assim como em numerosas regiões da África, o passado era e é fonte legitimadora importante da ordem política e social vigente, e tais mudanças na concepção da história permitem compreender o modo como os iorubás percebiam coletivamente a ordem social em que viviam (Doortmont, 1993, p. 56). A situação política e a ordem social do povo iorubá foram documentadas na *História* de Johnson, que lhes proporcionou imagem clara de como podiam governar e ser governados por seus dirigentes nativos.

> No período das guerras civis iorubás, surgiram numerosos estados militares fortes, liderados por soldados sem ligações evidentes com as antigas estruturas de poder, tampouco lealdade a elas. Novas cidades, como Ibadã sob Oluiole, Ijaiê sob Curunmi, Nova Oió sob Atiba e Abeocutá sob Sodequê, principiaram como acampamentos de guerra ou refúgios durante o período da guerra civil (Doortmont, 1993, p. 56).

A historiografia dos iorubás compreendeu as guerras civis e os acampamentos militares que se separaram das estruturas antigas de poder. O surgimento desses estados, conduzidos por militares, e de outros estados mais antigos foi registrado como parte das estruturas políticas e militares dos iorubás nos escritos dos missionários africanos, mormente os de Johnson. Essas obras contribuíram para o conhecimento das estruturas e dos Estados militares iorubás estabelecidos como acampamentos militares pelos chefes de guerra e soldados daquela época. Além disso, Doortmont julgou que, devido às necessidades daquele tempo, Estados mais antigos e há muito estabelecidos se militarizaram.

Isto se verifica entre os ijexás na década de 1870, quando foram governados de fato pelo Balogun (chefe de guerra) Ogedemgbe, em vez de pelo Obá (rei). A militarização dos Estados era igualmente válida para a cidade antiga e sagrada de Ilê-Ifé sob o oni eleito Derim, depois da destruição da cidade por Modakeke (Doortmont, 1993, p. 56). O registro e a documentação dessas intrigas políticas e militares por esses escritores missionários de ascendência africana demonstraram a consolidação dos poderes políticos e militares na sociedade africana ágrafa e o desenvolvimento de um sistema africano de governo.

A implicação da mudança no sistema de governo, das antigas estruturas de poder ao estabelecimento de novos Estados militares na história, registrada por esses historiadores missionários, comprova que o povo iorubá detinha conhecimento adequado do poder e dos planos políticos. Esses escritores missionários africanos exploraram, descreveram e publicaram essas disputas de poder militar e reviravoltas políticas nos Estados iorubás mediante a coleta e a compilação de dados orais e experiências pessoais. Ademais, Doortmont observou que, nos novos sistemas de governo, os chefes de guerra de Ijaiê e Ibadã assumiram os antigos títulos de Oió de *Basorun* (primeiro-ministro) e *Are-Ona-Kakanfo* (comandante em chefe), respectivamente, amoldaram-se convenientemente à ordem administrativa da Antiga Oió e recriaram-na.

As obras dos escritores missionários africanos ilustraram a recriação de um novo governo a partir da antiga ordem das estruturas de poder, o que comprovou, assim, que os africanos, especificamente os iorubás, detinham conhecimento militar e político, conforme demonstrou a engenhosa criação de um novo sistema a partir do antigo poder administrativo e político. O desenvolvimento de escritos históricos a partir de tradições orais, relatos de testemunhas oculares e experiências pessoais por escritores missionários africanos, como a *História* de Johnson, contribuiu para o conhecimento e o estudo das guerras civis, das forças militares e das maquinações e estruturas políticas do povo africano nas sociedades iorubás ágrafas.

As tradições orais acerca das sagas políticas e militares iorubás, especialmente no tocante ao Império de Oió, revelam o conhecimento sepultado na história africana. Esses missionários africanos divulgaram o conhecimento da política africana, dos sistemas de governo e das façanhas militares antes e durante a invasão colonial do continente.

A partir das décadas de 1840 e de 1850, esse povo desenvolveu interesse por seu fundamento cultural e histórico, especialmente depois de 1880, quando passou a ser afastado de modo crescente das funções mais elevadas na missão e no governo colonial em razão do desenvolvimento de atitudes racistas e da formação de um sistema mais colonial. Isto colocou os iorubás instruídos à maneira ocidental em posição de privação relativa e, para melhorarem sua posição independentemente das estruturas coloniais, foram compelidos a procurar modos alternativos de desenvolvimento (Doortmont, 1993, p. 58).

Ademais, Doortmont argumenta que a produção da historiografia iorubá compreende os aspectos sociopolíticos, religiosos e culturais dos iorubás. Observou também que, com essas historiografias, os historiadores iorubás fundaram uma escola de história iorubá que influenciaria não apenas as atitudes do governo britânico em relação ao interior iorubá, mas também numerosas atuações dos iorubás nativos em suas relações com os britânicos, as quais se estenderiam pelo século XX (Doortmont, 1993, p. 58). Uma das influências dos escritores missionários africanos é a contribuição à história política e militar dos iorubás. Esses escritores missionários africanos proporcionaram conhecimento excepcional acerca de seu ambiente sociopolítico e cultural. Doortmont escreve assim:

> Samuel Johnson, missionário da CMS, criado em Ibadã em período de contínua guerra civil, apresentou ao mundo sua *História* dos Iorubás com a mensagem de que o único caminho para a civilização passava pelo cristianismo e pela proteção colonial britânica. Emmanuel Lijadu, também missionário da CMS, vislumbrou mais em um desenvolvimento iorubá independente por meio do cristianismo (Doortmont, 1993, p. 58).

Esses missionários podem ter tido razões conflitantes para empreender tais obras, mas o significado subjacente de suas obras no continente africano e no estrangeiro permanece sempre atual em razão de sua contribuição às epistemologias acerca da África. Suas obras instigaram pesquisas em numerosas áreas, como as religiões iorubás, o conhecimento das propriedades curativas de ervas e plantas, as artes e os ofícios, a literatura oral, os costumes e as tradições.

A mitologia africana e a contribuição dos escritores missionários africanos

Lijadu, missionário africano, examinou aspectos da mitologia africana em seus escritos, estabelecendo que as religiões africanas apresentam semelhanças mitológicas com suas homólogas gregas. Escritores missionários africanos, como Euler Ajayi e Emmanuel Moses Lijadu, produziram obras pioneiras a propósito da mitologia africana, especificamente acerca das divindades tradicionais africanas, como Ifá, Orumilá, Xangô, entre outras, construindo discursos comparativos acerca de sua origem com os deuses gregos. Esses escritores missionários foram intencionais quanto à promoção do conhecimento mitológico africano mediante a exploração das divindades iorubás.

Doortmont observou que os deuses dos iorubás apresentam equivalente idêntico àqueles da mitologia grega e romana: "Oiá torna-se Netuno, Xangô é Júpiter, o Deus do trovão, Ifá equipara-se a Minerva como Deus da inteligência e da sabedoria, e Ogum torna-se Marte, o Deus da guerra" (Doortmont, 1993, p. 58). A comparação dessas divindades africanas com as suas equivalentes gregas constitui uma das áreas de conhecimento emanada da escrita e da divulgação do conhecimento da mitologia africana que esses missionários africanos encetaram.

A produção de conhecimento do panteão iorubá comprovou que os africanos e a África têm suas próprias divindades e espiritualidade, e existem relatos mitológicos para corroborá-las. Os escritos dos missionários nativos acerca de Ifá como divindade da sabedoria contribuem para a expansão do conhecimento da cultura e da teologia africana, o que se evidencia no aumento dos vigorosos esforços de pesquisadores nativos e estrangeiros para estudar Ifá. A decisão dos escritores missionários africanos de documentar o panteão iorubá no mesmo plano ou espaço que a mui reverenciada mitologia clássica da Grécia e de Roma revela grau de ousadia e tenacidade digno de admiração. Esses escritos e contribuições colocaram a África no mesmo plano epistemológico daqueles países europeus que historicamente reduziram o continente africano a terra de bárbaros que necessitavam da intervenção dos colonialistas.

Desenvolvendo seu argumento, Doortmont julgou que a obra de Euler Ajayi acerca da mitologia iorubá constituía instrumento de reeducação, por cujo intermédio se explica aos leitores iorubás "civilizados" em Lagos o panteão iorubá. Equiparou os importantes deuses iorubás aos seus equivalentes da mitologia clássica, sugerindo que estes apelavam mais à imaginação do lagosiano médio do que as divindades nativas (Doortmont, 1993, p. 58). A obra de Ajayi acerca da mitologia iorubá se destinava mais à reeducação, bem como à celebração e à promoção da mitologia africana, que a apelar à imaginação dos nativos da elite.

A comparação das divindades africanas com as divindades gregas constituiu, em medida excepcionalmente ampla e razoável, a promoção da mitologia africana, especialmente da versão iorubá, e o encontro de semelhanças no conhecimento de seus equivalentes na mitologia grega. A escrita e a publicação da mitologia iorubá foram extraordinárias porquanto foram coligidas de bardos, testemunhas oculares ou participantes da Religião Tradicional Africana. As obras desses missionários africanos contribuíram enormemente para as investigações antropológicas, literárias, arqueológicas e científicas da paisagem, da mitologia e da literatura oral africana.

A comparação de Cristo com as divindades iorubá e com Ifá constitui produção de conhecimento a respeito das divindades africanas. As obras de Lijadu serviram de estímulo à pesquisa epistemológica das particularidades da divindade iorubá da sabedoria. A obra de E. M. Lijadu transmite o conhecimento das tradições e da religião nativa pelo qual a educação ocidental, os missionários europeus e os colonialistas não se interessam. Lijadu notabilizou-se pela incorporação de práticas tradicionais africanas em suas obras missionárias. Peel observou que a literatura e o conhecimento de Ifá principiaram com obras de sacerdotes iorubás, como o Reverendo James Johnson e o Reverendo E. M. Lijadu, os quais se preocupavam essencialmente com o conteúdo teológico da poesia divinatória de Ifá (versos de Ifá) (Peel, 1990, p. 228-369, 339).

A produção de literatura a respeito de Ifá enunciou a produção de conhecimento inerente às mitologias africanas, as quais foram amplamente ignoradas e distorcidas com a introdução da educação ocidental. As obras destes escritores missionários africanos serviram de incentivo aos pesquisadores africanos e europeus a fim de que empreendessem pesquisa meticulosa da mitologia africana negligenciada. O *corpus* infinito de Ifá atesta a disseminação da sabedoria e da filosofia africanas, as quais estes missionários africanos reconheceram e documentaram escrupulosamente a fim de que aprimorassem o estudo da teologia africana pelos africanos. O Bispo Johnson lutou pelo reconhecimento e pela integração, por parte da Igreja, de um conjunto mais extenso de tradições africanas em seu livro de 1899, *Yoruba Heathendom* [Gentilidade iorubá]. Ele, por exemplo, batizava crianças com nomes iorubás.

> Vários pastores e leigos mais jovens seguiram, com maior deliberação, o caminho aberto por Johnson. O Reverendo E. M. Lijadu destacou-se entre todos. Ele provinha de uma família de convertidos recentes de Abeocutá, mas construiu sua carreira na região oriental da Lagoa. Lijadu chegou ao ponto de receber instrução formal de um babalaô. Conforme suas próprias palavras, ele dedicou-se a pesquisas em teologia iorubana e em medicina nativa, o que lhe custou despesas consideráveis. Em seu opúsculo Orumilá (1908), Lijadu fundamentou-se especialmente nos oriquis de Orumilá, a fim de demonstrar a existência na cultura iorubá – isto é, conforme expressa na literatura oral do culto de Ifá – de numerosas antecipações de temas cristãos. Ele argumenta, por exemplo, que a verdadeira etimologia de Orumilá é "Orum li o mo ilaja", a

> qual significa "o céu é aquele que conhece a reconciliação", e relaciona esta etimologia ao pano de fundo conceitual referente ao antagonismo (ijá) entre o céu (orum) e a terra (aiê) (Peel, 1990, p. 361).

Peel observou que alguns missionários africanos seguiram o caminho do Reverendo James Johnson na busca do conhecimento da mitologia iorubá, a ponto de receberem educação de um sacerdote de Ifá; o conhecimento teológico da mitologia iorubá. Esta ocupação dos escritores missionários africanos com seu conhecimento nativo das divindades e do panteão iorubás revela as semelhanças na veneração do panteão iorubá e do cristianismo. A investigação de Lijadu da poesia laudatória de Orumilá e do *Corpus de Ifá* descobriu temas e valores cristãos subjacentes. Isto é enunciado por Peel quando ele assevera que as obras de Lijadu estabeleceram uma estrutura conceitual da origem de Orumilá na obra de Jesus Cristo como intermediário entre céu e terra.

É verdade que grande parte da ação religiosa iorubá, como divinação, sacrifício, possessão espiritual e mascaradas, pode utilmente ser vista como tentativas de estabelecer vínculos vivificantes e confirmatórios entre orum (céu) e aiê (terra). A conclusão de Lijadu é que Cristo, por seu autossacrifício, é o meio supremo de reconciliar céu e terra. Por todo o opúsculo, notam-se paralelos entre textos bíblicos e citações dos versos de Ifá. Uma vertente na tradição moderna da erudição de Ifá estava em formação (Peel, 1990, p. 361).

As obras destes autores missionários africanos instituíram produções de conhecimento a respeito da poesia de Ifá, versos de Ifá, com as quais pesquisadores africanos e europeus trabalharam a fim de que produzissem um corpo extenso de obras a respeito do *corpus* literário de Ifá. A obra de Lijadu a respeito de Ifá e de Orumilá tornou-se prefiguração e prenúncio do desenvolvimento e da produção de obras epistemológicas e de pesquisa a respeito de Ifá e de várias outras divindades africanas. A exploração dos mitos e da mitologia africanos pelos escritores missionários africanos reflete o conhecimento existente na religião tradicional africana. Prova adicional da religião tradicional africana sobrevivente é fornecida por Falola, o qual era da opinião de que uma obra formidável provém de David Onadele Epega a respeito de Ifá entre os ijexás. Como Lijadu, Epega foi aprendiz de um babalaô (adivinho) de 1900 a 1904, onde aprendeu a respeito da religião, da divinação e dos encantamentos (Falola, 1999, p. 20). Falola acreditava que o Ifá de D. O. Epega era religião aceita, prova da verdadeira revelação divina de Deus aos iorubás (Falola, 1999, p. 20).

A produção de conhecimento a respeito da religião e da filosofia africanas pelos escritores missionários africanos

Uma das contribuições extraordinárias dos escritores missionários africanos ao conhecimento a respeito do continente africano é a promoção e a publicação de obras a respeito das religiões tradicionais africanas. Escritores missionários africanos, como John S. Mbiti, contribuíram para o conhecimento a respeito da religião tradicional africana mediante a publicação do livro *African religions and philosophy* [Religiões e filosofia africanas]. Mbiti levou o assunto da religião africana a uma perspectiva e extensão excessivamente amplas, como seus colegas de outras regiões africanas. A obra prodigiosa de Mbiti foi uma contranarrativa às suposições eurocêntricas da religião tradicional africana, em que a religião tradicional era enquadrada como animismo, idolatria e fetichismo; entretanto, as suposições eurocêntricas resultaram de ignorância e rejeição dos elementos espirituais e ritualísticos da religião africana.

A obra de Mbiti engajou-se na existência do Deus Supremo na religião tradicional africana, a qual também estabeleceu a crença em um deus pessoal pelo povo africano. A veneração do Deus Supremo na religião tradicional africana depende da presença e das energias intermediadoras das divindades chamadas por diferentes nomes em diferentes sociedades africanas. A obra de Mbiti situa a universalidade do Deus Supremo nos sistemas de crença, na cosmologia e na filosofia africanas e enfatiza que a religião tradicional africana para o povo nativo fundamenta-se no fenômeno ontológico de existir por razões religiosas e em função de razões religiosas. O povo africano é um grupo religioso de indivíduos cuja visão de mundo gira em torno de atividades religiosas e ritualísticas.

A cosmologia, os sistemas de pensamento e as culturas africanas existiam na harmonia de todos os sistemas. A religião africana integrava-se com outros aspectos da sociedade africana. O empreendimento teológico de Mbiti e de outros missionários africanos contribuiu imensamente para o conhecimento teológico e para as descobertas a respeito da religião tradicional africana e de sua relação com o cristianismo. Mbaya e Cezula são da opinião de que é evidente que a obra de Mbiti causou impacto considerável. Sua obra de fato teve impacto considerável. Ela fez algumas pessoas levantarem problemáticas ou perguntas quanto à relação entre cristianismo e cultura e religiões africanas, as quais até então ou haviam sido consideradas óbvias, ou nunca haviam sido seriamente consideradas (Mbaya; Cezula, 2019, p. 421-442, 427). Mediante o estudo acadêmico intensivo de Mbiti, a religião tradicional africana tornou-se uma área que as pessoas buscaram investigar com mais profundidade, com cuja matéria buscaram empenhar-se mais séria e mais autenticamente.

Mbaya e Cezula opinaram que a estratégia metodológica de Mbiti foi uma das contribuições prodigiosas de sua obra para o conhecimento a respeito da religião tradicional africana e da África como um todo. A metodologia de Mbiti, extraída de sua obra, *Religiões e filosofia africanas*, resulta da integração da filosofia e das religiões africanas; a apreciação e a exploração da religião africana equivalem à aquisição de conhecimento a respeito do povo africano. A fim de que adquirisse conhecimento a respeito desse povo, Mbiti considerou imperativo examinar suas religiões e suas filosofias.

Os escritores missionários africanos e a música, os cantos e o ritmo africanos

Um dos aspectos divertidos da cultura africana é a criação de cantos, dança e ritmo incorporados a diferentes segmentos da sociedade africana. Cantos, danças, rimas e ritmo são naturais ao povo africano e deveras desejáveis. Música e canto exercem papel principal nas características socioculturais, religiosas e políticas de muitas sociedades africanas. Há cantos para muitas ocasiões, festivais e eventos com suas funções seculares, religiosas, políticas e sociais concomitantes. Há cantos relacionados com ofícios que podem ser criações espontâneas estimuladas por sons emanados da batida de suas ferramentas de trabalho ou cantos compostos a fim de que mitiguem o estresse do trabalho.

A introdução de hinos segundo o ritmo e o estilo musical europeu pelos missionários prejudicou a apreciação do estilo musical africano e ainda restringiu a promoção e o emprego da música africana até os esforços precursores de Amu Ephraim Kwaku, pregador, professor e etnomusicólogo ganês que intentou promover entre os seus alunos a cultura, os cantos, o ritmo e os instrumentos musicais africanos, mormente os de Gana. Ebeli esposou as contribuições de Kwaku ao conhecimento a respeito da música, da composição e dos instrumentos musicais africanos.

> Um dos motivos por que Amu é considerado o pai da música artística ganense reside no fato de ter sido o primeiro ganense a estruturar a música africana ao compor harmonias de tipo ocidental com ritmo africano, técnica de todo desconhecida antes de sua época. Esta técnica ultrapassou as composições musicais corais até chegar à música do atentebém, como se vê em sua obra *Flautas e tambores para atentebém I e II com acompanhamento percussivo*, em *Miato agblema em dó para Odurogya e Atentebém I e II* e em muitas outras. Os esforços precursores de Amu para lançar as bases de que modo os motivos rítmicos africanos devem ser organizados tornaram-se evidentes em suas criações (Ebeli, 2018, p. 15-16).

Por meio de seu trabalho precursor como missionário em Gana, Amu ressaltou a excelência dos instrumentos musicais africanos, tais quais os tambores tradicionais. O trabalho de Kwaku estendeu-se a várias áreas de pesquisa em música africana, desde enfatizar a importância dos tambores até a afirmação audaciosa de que as formas musicais africanas deveriam ser integradas à Igreja. Ainda que seu trabalho tenha encontrado tanto antagonismo por parte de seus superiores missionários europeus, ele não se deixou dissuadir de seu trabalho e continuou a defender a importância da música e dos instrumentos musicais africanos. Para além das realizações monumentais de Amu como compositor de obras corais, Ebeli afirmou que ele se aprofundou em novas áreas e dedicou mais de trinta anos à pesquisa dos instrumentos musicais ganeses e de todos os gêneros musicais, sempre à procura de aperfeiçoá-los à luz do conhecimento musical que obteve tanto em sua terra natal quanto no exterior (Ebeli, 2018, p. 13).

A herança e a contribuição de Amu são celebradas em Gana como um testemunho do conhecimento da música africana, do ritmo e dos instrumentos musicais, tais como a incorporação de tambores e de canções africanas na Igreja, bem como a sua promoção. Seu trabalho ampliou a consciência dos africanos acerca dos tipos de instrumentos musicais africanos, do ritmo e da música. A determinação de romper com o domínio da música ocidental para se concentrar em estilos africanos de música permitiu que muitos pesquisadores produzissem obras que tratam dos diferentes instrumentos musicais na África e incentivassem o desenvolvimento desses aspectos da cultura africana.

Ademais, Koschorke observou que Mojola Agbebi afirmou que o uso de hinários anglicanos não era essencial para a proclamação do evangelho.

> Foi registrado a respeito dos primeiros discípulos que, depois da celebração da Última Ceia, "entoaram um hino"; no entanto, cumpre lembrar que eles

> não conheciam o harmônio, o órgão, nem o piano. Os nossos *dundun* e *Batakoto*, os nossos *Gese* e *Kerikiri*, os nossos *Fajakis* e *Sambas* serviriam a propósitos admiráveis de alegria e louvor se fossem dirigidos de modo adequado e empregados com sabedoria (Ludwig; Koschorke, 2002, p. 264).

A dedicação desses missionários africanos à música africana, ao ritmo e aos instrumentos musicais foram tentativas de promover a ocupação intelectual e o desenvolvimento da música africana.

Além disso, Ludwig afirma que Mojola Agbebi concluiu seu sermão com as seguintes palavras: "ao exercer a função do canto, lembremo-nos sempre de que somos africanos, de que devemos cantar canções africanas e de que isto deve ser feito conforme o estilo e o modo africanos" (Ludwig, 2002, p. 264). A composição e a escrita de hinos e de canções africanas por esses missionários, com ritmo e com instrumentos africanos, são um exemplo de suas contribuições ao conhecimento da música africana e da composição.

Escritores missionários africanos e a preocupação com a cultura e a civilização africanas

Muitos missionários africanos haviam recebido educação tanto em línguas quanto em culturas europeias, o que levou à difusão das sensibilidades e das culturas europeias em detrimento da civilização e da cultura africanas. Indumentária, comida, nomes e cultura ocidentais, por meio do colonialismo e do cristianismo, exerceram influência prejudicial na percepção dos povos africanos acerca de sua cultura, o que resultou tanto em atitudes desdenhosas em relação aos missionários nativos quanto em pessoas que se apropriavam da indumentária e das roupas africanas. Esta consequência prejudicial não encontrou resistência até que os missionários africanos passaram a lidar com a cultura africana e com suas sensibilidades a fim de redirecionar a narrativa à difusão da cultura africana. Muitos missionários africanos encontraram antagonismo em razão de sua escolha de vestir-se com indumentária africana.

No entanto, a atitude dos missionários europeus em relação à identidade e à cultura africanas demonstrou a escassez e a deficiência de conhecimento acerca da identidade africana, a qual se exprime por meio dos nomes, das roupas e da comida africanos. Muitos missionários africanos são batizados e recebem nomes europeus, o que demonstra desconexão cultural, alienação e, neste caso, desligamento psicológico de sua identidade como africanos. A europeização atua como um ataque psicológico e como uma colonização da mente e da herança africanas. No entanto, muitos escritores missionários africanos, como Mojola Agbebi, antes conhecido como David Brown Vincent, mudaram seus nomes a fim de descolonizar suas mentes e reclamar sua identidade como africanos:

> Na Nigéria, um líder na missão batista meridional, David Brown Vincent (1860-1917), passou a vestir apenas roupas iorubás, fundou uma escola sem auxílio estrangeiro e, em 1888, separou-se dos batistas meridionais a fim de formar a Igreja Batista Nativa em Lagos, a primeira Igreja nativa da África Ocidental. Em 1894, ele retomou seu nome original, Mojola Agbebi. De modo semelhante, outro iorubá, E. M. Lijadu (1862-1926), recusou-se a ser insultado por um agente anglicano, financiou sua "Banda Evangelista Autossustentada" (1900) por meio do comércio e escreveu dois livros nos quais procurou articular a teologia cristã com o conhecimento nativo; nestes, argumentou que a deidade iorubá, Orumilá, era uma prefiguração de Jesus (Kalu, 2005, p. 227-243).

Os escritos de Agbebi, Akrofi e muitos outros visavam à reivindicação de sua identidade africana, a qual se manifestava pela mudança de seus nomes europeus para nomes africanos, pelo uso de indumentárias africanas como o quente (*kente*), pela ingestão de alimentos africanos, pela utilização de métodos africanos de agricultura etc. Os missionários africanos decidiram atuar de modo que respaldassem e promovessem a cultura e a civilização africanas, o que resultou, por fim, no acúmulo de mais conhecimento acerca das artes, do artesanato, das indumentárias, dos nomes, da beleza e das sensibilidades africanas.

Suas atuações incentivaram a independência, a dignidade e a identidade africanas, as quais se transformariam depois em obras de nacionalismo cultural da população africana. Os esforços e as obras dos missionários africanos passaram a exalar ideologias culturais quanto à necessidade de admitir a totalidade da identidade africana, a qual se exprime por meio de seus nomes, indumentárias tradicionais, música, dança, arte, artesanato etc. Os escritos e as atividades desses missionários africanos talvez não se tenham desenvolvido a pleno em ideologias modernas, mas demonstraram sinais de compromisso intelectual com ideologias culturais acerca da África. Esses escritores missionários produziram conhecimento acerca da consciência nacional e da emancipação por meio do compromisso cultural.

Produção de conhecimento da cosmologia africana

Por todo o continente, os missionários africanos produziram obras acerca da cosmologia africana. Segundo Olupona, os autores nativos, em particular os reverendos da Sociedade Missionária da Igreja, responderam a esses primeiros escritos ao reivindicar as origens egípcias da religião iorubá e pesquisar o sistema de adivinhação de Ifá como uma *preparatio evangelica* (Olupona, 1993, p. 240-273). A cosmologia africana abrange os sistemas africanos de conhecimento, os sistemas de crenças, a estrutura da sociedade e as interações metafísicas dos seres humanos com seu ambiente. A produção de conhecimento das práticas, das visões de mundo, das origens e da estrutura das sociedades africanas foi observada, pesquisada e registrada por esses missionários africanos como modo de ampliar o conhecimento a respeito delas e de corrigir os equívocos quanto a essas práticas, os quais foram propagados e respaldados pelas atitudes e pressuposições negativas dos missionários europeus em relação às práticas africanas.

Os missionários africanos observaram e registraram a estrutura dos sistemas de crenças africanos, a organização da sociedade pelos governantes e reis tradicionais, a administração da justiça, a educação e as diferentes instituições sociais, cultos e grupos que atuam como estabilizadores dessas sociedades. Os missionários africanos registraram alguns dos sistemas de crenças acerca da reencarnação, da possessão de espíritos e da vida depois da morte. O Arcediago Jonathan Olumide Lucas, egiptólogo afamado e intelectual do clero anglicano em sua época, foi o primeiro natural da terra iorubá a escrever acerca da religião entre os iorubás. Sua obra, *Religion of the Yorubas* [A Religião dos iorubás, constitui contribuição significativa aos estudos religiosos iorubás. Ele afirmou que a religião iorubá se originou no antigo Egito, o qual ele considerou o centro da Civilização Mundial depois de investigação e de exploração rigorosas. A ligação cosmológica da religião iorubá com a antiga civilização egípcia atestou a produção de conhecimento dos sistemas de crenças e da cosmologia africana. Olupona crê que o valor da obra de Lucas reside menos na afinidade linguística que ele estabeleceu entre a religião do antigo Egito e a sociedade iorubá e mais no uso posterior de sua obra (Olupona, 1993, p. 243-244). A obra de Lucas talvez não tenha contribuído muito para o conhecimento à época de sua publicação; contudo, suscitou pesquisas e obras quanto ao estabelecimento da civilização egípcia com ligação africana.

O tratamento de algumas crenças africanas, tais como a crença na reencarnação, na morte e nos sacrifícios, foi administrado por esses missionários africanos, os quais descobriram que algumas crenças africanas tinham ligação de vários modos com os temas cristãos da ressurreição, da morte e do sacrifício de Cristo. O sistema de adivinhação de Ifá é produto dos sistemas africanos de conhecimento em que o povo nativo crê, sistemas estes que guiam muitas de suas atividades culturais e ritualísticas. Os adivinhos empregam a adivinhação e a poesia de Ifá (versos de Ifá) a fim de oferecer soluções para diferentes problemas na sociedade, pois Ifá é a divindade da sabedoria que, segundo a cosmologia iorubá, estava presente na época da criação.

Esses missionários africanos constituíram o primeiro grupo de africanos a se ocupar, de maneira controversa, do conhecimento dos adivinhos acerca desses sistemas de crenças. Olupona notou que, segundo o exemplo de Lijadu, "o Reverendo David Onadele Epega publicou seu próprio livro Ifá *Amona Awon Baba Wa, Jesu Kristi Amona Wa* (literalmente, Ifá, o Deus salvador de nossos antepassados, e Jesus Cristo, nosso salvador)" (Olupona, 1993, p. 245). Esta obra demonstrou como o povo nativo confiava em Ifá como seu guia, assim como os cristãos consideram Cristo seu líder espiritual. Ifá se torna um texto espiritual e literário para o povo nativo por meio dos esforços da busca desses escritores missionários africanos pelo conhecimento da cosmologia africana.

A obra de E. B. Idowu, *Olodumare: God in Yoruba Belief* [Olodumare: Deus na crença iorubá], comprova o impacto dos escritores missionários africanos na produção de conhecimentos acerca da cosmologia africana, colhidos da poesia oral, dos mitos, dos provérbios e do folclore. O livro versa a respeito da essencialidade da presença metafísica de Olodumare, o Deus Supremo dos iorubás, e está encerrada na veneração ao orixá iorubá. A visão de mundo iorubá percebe que Olodumare se estende pelas diferentes crenças e práticas iorubás, tais como a veneração ao panteão iorubá. *Olodumare: God in Yoruba belief* [Olodumare: Deus na crença iorubá] tratou da crença iorubá na reencarnação e na vida depois da morte. A visão de mundo iorubá não apenas reconheceu a presença do ser supremo no sistema de crenças iorubá, mas também a transitoriedade da vida humana na terra e a existência de uma vida depois da morte, lugar em que todas as almas devem repousar.

A estrutura cosmológica dos iorubás comprova a soberania de Olodumare como o ser supremo que serve de criador e artífice do céu e da terra, com o auxílio das divindades, os orixás, os quais atuam como intermediários entre Olodumare e os seres humanos. A obra de Idowu tratou da estrutura cosmológica das divindades iorubás e argumentou que o panteão iorubá é composto de intermediários tal como os santos nos ensinamentos teológicos cristãos. O trabalho dos escritores missionários africanos com a produção e a contribuição de conhecimentos acerca da cosmologia africana é enorme e talvez seja demasiadamente vasto para que o âmbito deste trabalho o examine adequadamente; entretanto, das discussões precedentes, é manifesto que os missionários nativos contribuíram em larga escala para o conhecimento acerca da cosmologia africana.

Ademais, Idowu enfatiza a noção de orixá (divindades) que habitam o mundo dos vivos e a quem se fazem sacrifícios diários. Eles são, de acordo com sua perspectiva, manifestações do Ser Supremo, Deus (Olupona, 1993, p. 247). Idowu conclui que a religião tradicional iorubá é mais bem caracterizada como monoteísmo difuso em vez das várias noções populares de politeísmo. Monoteísmo difuso sugere que há uma crença uniforme em um único criador, o Deus Supremo dos iorubás, mas meios variados de veneração por meio dos orixás ministros. De acordo com Olupona:

> O verso de Ifá é a forma mais pormenorizada dos textos religiosos iorubás. Foi descrito como o depósito de informações acerca da mitologia e da cosmologia iorubá. A pesquisa nos textos de Ifá forneceu uma perspectiva alternativa possível para as obras teológicas produzidas pela Escola de Ibadã (Olupona, 1993, p. 249).

O *Corpus de Ifá* trata dos mitos iorubás da criação e da organização das divindades iorubás.

Conclusão

Este capítulo tratou das contribuições dos escritores missionários africanos ao conhecimento acerca da África. As contribuições desses clérigos nativos percorrem os campos da história, da arqueologia, da antropologia, da mitologia etc. Esses missionários lidaram tanto com discursos europeus quanto africanos a fim de produzir livros a respeito da religião tradicional africana e de sua interação com outras religiões, em particular com o islamismo e o cristianismo. Suas contribuições à pesquisa epistemológica acerca da África foram estimuladas pelo anseio de lidar com seu continente e de explorar seus tesouros epistemológicos ocultos. Este capítulo discutiu as atividades dos missionários africanos quando eles lidaram com o conhecimento dos sistemas de crenças e das práticas africanas, os quais foram acusados de ser bárbaros e malignos pelos colonialistas e pelos missionários europeus. Seus escritos demonstraram metodologias modernas e intelectuais que adotam ideologias científicas a respeito de sua língua, mitologia, cultura e tradição. Missionários africanos, tais como Reindorf, Samuel Johnson, Mojola Agbebi, A. B. C. Sibthorpe, Bispo Samuel Ajayi Crowther, James Johnson etc., contribuíram imensamente para o conhecimento acerca da África e de seu povo.

É importante notar, entretanto, que o estudo dos missionários nativos africanos não está limitado nem confinado à sua contribuição à produção e à exportação de conhecimento, mas também à maneira como seu conhecimento naquele tempo se converteu em poder e em influência nas pessoas, em particular nos adeptos do cristianismo, então recém-introduzido, o qual acabava de penetrar na África. A influência desses missionários se manifestou de várias maneiras, em especial quando eles serviram em cargos religiosos e administrativos consideráveis em razão de seu nível de alfabetização relativamente alto. Para além de servir em funções administrativas, eles foram o primeiro e imediato vínculo entre os europeus e os africanos, pois serviram em particular de intérpretes. Com suas capacidades, sobretudo advindas dos aprendizados derivados da religião cristã e das interações com os praticantes ocidentais, eles lograram influenciar a política inicial na era do colonialismo.

As obras desses escritores missionários africanos produziram e ainda produzem pesquisa e conhecimento científicos mesmo depois de sua morte. Seus escritos construíram um fundamento sólido para que muitos pesquisadores atuais lidem criticamente com ideologias e com conceitos modernos, tais como o nacionalismo cultural, teorias culturais e literárias, ideias e conceitos que emanaram do contato com o conhecimento tradicional e os explorem. As atividades e os escritos desses missionários africanos estabeleceram erudição interdisciplinar por meio de suas preocupações com vários campos do conhecimento, até a mitologia greco-romana, a cosmologia e a civilização egípcia, as tradições literárias ocidentais etc. Eles combinaram o conhecimento intertextual da teologia africana, da tradição oral, da mitologia, da filosofia, da arte e do artesanato, da música etc. com a língua, a educação, a teologia, a música, a literatura e o conhecimento científico ocidentais a fim de contribuir para a pesquisa e as publicações interdisciplinares em muitos aspectos do conhecimento mundial. Este capítulo investigou alguns aspectos do conhecimento que foram produzidos pelos escritores missionários africanos, mas não está nem perto de ser uma documentação exaustiva das contribuições desses clérigos nativos. Este capítulo procura incentivar a exploração e a investigação das contribuições dos escritores missionários africanos a outros campos do conhecimento africano, tais como a psicologia, a medicina, a agricultura, a economia, o comércio e o mercado.

8

PENTECOSTALISMO: FILOSOFIAS E PRÁTICAS

Introdução

A palavra "pentecostal" é empregada principalmente para discorrer acerca de uma fé, doutrina e Igreja cristãs espirituais. Como movimento, o pentecostalismo difere de outros movimentos cristãos pela ênfase no batismo do espírito e no cultivo de uma relação direta com o Espírito Santo, a qual costuma exprimir-se pela "glossolalia" ou dom de línguas (Gooren, 2004, p. 206-209). Existe na África como continuidades e descontinuidades das Igrejas missionárias católica romana e protestante que trouxeram tradições ortodoxas ocidentais, também moldadas por Igrejas independentes africanas que espalharam várias denominações pelo mundo. A política, a cultura, a raça e outros fatores contribuíram para o desenvolvimento global dessas denominações (Nel, 2015, p. 1-7).

Como palavra e como movimento, "pentecostal" deriva da narração bíblica da experiência do Pentecostes (Kgatle, 2017, p. 1-9). Kgatle o descreve com o excerto seguinte:

> O pentecostalismo tem outras características tais como a cura pela fé, a música espiritual, certas teologias e um tipo particular de piedade, mas o dom de línguas é a característica mais distintiva do movimento [...] A essência do pentecostalismo é o batismo do Espírito Santo e os dons do espírito, em particular o dom de falar em línguas como a prova inicial do

> batismo no Espírito Santo [...] Ademais, o movimento pentecostal diz respeito à expressão radical do cristianismo que enfatiza o discurso extático em uma língua desconhecida como prova da presença do Espírito Santo (Kgatle, 2017, p. 2).

Estudiosos, teólogos, historiadores e outros atribuem o movimento do pentecostalismo ao reavivamento da rua Azusa em Los Angeles, conduzido por Charles F. Parham e Joseph Seymour (Gooren, 2004, p. 206-209). Outros discordaram. Estudiosos tais como Olufunke Adeboye contestam a suposição de que o pentecostalismo se originou nos Estados Unidos, pois questionam se um único catalisador é responsável por uma tendência global na religiosidade cristã. Adeboye nota que o pentecostalismo na África foi incentivado por vários fatores nativos, até por "figuras proféticas nativas" cuja espiritualidade incomum levou à sua expulsão imediata das respectivas Igrejas missionárias (Adeboye, 2018, p. 25-29).

Allan Heaton Anderson descreve diferentes reavivamentos religiosos ocorridos em várias regiões do mundo, em diferentes períodos do fim do século XIX e início do século XX. Estes reavivamentos incluem confirmações empíricas dos dons dos espíritos, dentre os quais estão cura, profecia, línguas e outros sinais milagrosos atribuídos mundialmente ao pentecostalismo hoje. Isto indica que houve esforços conscientes de cristãos em diferentes regiões, em vários contextos locais para além do reavivamento de Azusa, para experimentar uma religiosidade mais espiritual e o poder do Espírito Santo. Embora Adeboye encontre influências ocidentais evidentes no que se considera hoje pentecostalismo africano, os estudiosos devem empenhar-se em mais explorações históricas regionais para explicar o crescimento do pentecostalismo de maneiras que não dependam unicamente da ampla generalização de sua origem no reavivamento de Azusa.

As Igrejas africanas independentes surgiram antes do advento do pentecostalismo, desenvolvidas como reação nacionalista às doutrinas do cristianismo missionário. Estas Igrejas tinham a missão de africanizar a fé cristã para o continente ao romper o monopólio ocidental dos padrões e símbolos de adoração (Adeboye, 2018, p. 25-29). Esta africanização fez parte das mudanças experimentadas pelo cristianismo na África no fim da era missionária, em meados da década de 1950, quando a liderança e as políticas das Igrejas africanas ficaram nas mãos dos africanos (Asamoah-Gyadu, 2002, p. 14-38). As Igrejas africanas independentes derivaram das práticas cristãs tradicionais, mas mantiveram-se conscientes da visão de mundo das religiões tradicionais africanas. As Igrejas pentecostais são muito semelhantes às Igrejas africanas independentes, mas tendem a concentrar-se na salvação pessoal e dão ênfase diferente ao Espírito Santo (Kalu, 2002, p. 110-137).

Não se pode dar ênfase excessiva à extrema religiosidade do continente africano. Ogbu afirma que "a África fervilha atualmente com muito fermento religioso e tornou-se, de fato, um 'grande laboratório teológico, que lida com problemáticas literalmente de vida e de morte, de deformação e de reforma, de fossilização e de reavivamento'" (Kalu, 2002, p. 110-137). Antes da incursão do islamismo e dos missionários cristãos, a África estava firmemente enraizada em explorações celestiais e místicas. As interações e expressões religiosas atuais dentro do continente não se afastaram muito. Elas representam a crença na existência de forças sobrenaturais e extraterrestres que controlam o destino da humanidade; o povo liga sua busca constante por identidade e por poder aos apelos às forças nas quais crê. Esta crença está no cerne das crenças culturais e religiosas africanas e explica a adoração, as aplacações e os sacrifícios sem fim.

Segundo Johnson e outros, a África tinha a maior população cristã do mundo em 2018, com cerca de 600 milhões de cristãos, em comparação com cerca de 597 milhões na América Latina e 550 milhões na Europa (Johnson; Zurlo; Crossing, 2018, 20-28). Dentro destes grupos cristãos, as Igrejas pentecostais são as que mais crescem atualmente no continente (Gooren, 2004, p. 206-209). De que maneira a doutrina pentecostal se entreteceu na estrutura da paisagem religiosa da África e em seus assuntos sociopolíticos? Para examinar esta pergunta e suas implicações, bem como o papel do pentecostalismo na configuração da África pós-colonial, este estudo examinará a relação entre as filosofias pentecostais e a visão de mundo africana. O estudo examinará os aspectos convergentes e divergentes deste fenômeno religioso e das culturas e sistemas de crenças africanos, a fim de que identifique a relevância das filosofias do pentecostalismo para a África contemporânea. O estudo também contemplará se o sistema educacional africano deve incorporar o conhecimento e o sistema de pensamento derivados destas filosofias.

História, estrutura e crescimento do pentecostalismo africano

A historiografia ocidental do fenômeno pentecostal global liga-o ao reavivamento de Azusa em Los Angeles em 1906, sob a liderança de William J. Seymour, e sugere que o pentecostalismo africano é uma importação ocidental. Mas muitos teólogos e estudiosos africanos refutaram esta noção e estabeleceram que o pentecostalismo na África se desenvolveu a partir da ecologia cultural, linguística e étnica do continente. O fenômeno esteve sujeito à influência ocidental – o próprio cristianismo é uma importação ocidental.

O avanço do pentecostalismo em várias regiões do mundo foi possibilitado por influências nativas sem nenhuma filiação com o reavivamento de Azusa. Asamoah-Gyadu resume a situação ao afirmar: "A visão intercultural da história pentecostal rejeita interpretações convencionais que consideram o que aconteceu no curso da Cristandade ocidental como universalmente normativo para a história cristã" (Asamoah-Gyadu, 2002, 14-38). Os estudiosos enfatizam a natureza ambivalente e pluralística do movimento pentecostal que se manifestou em diversas doutrinas e Igrejas pentecostais ao redor do mundo.

Consoante notou Mayrargue, os missionários cristãos iniciaram movimentos evangélicos em África desde a década de 1910, contudo a renovação pentecostal em África manifestou-se nas décadas de 1970 e 1980 em países que tinham movimentos cristãos atuantes e predominantes (Mayrargue, 2008). Esta reinvenção do pentecostalismo em África distinguiu-se do avivamento de Azusa, principiado em países anglófonos, quais Quênia no leste africano, Nigéria no oeste e África do Sul. O movimento avançou mais vagarosamente rumo a regiões francófonas da África Ocidental e Central na década de 1990 (Mayrargue, 2008). A predominância islâmica em certas regiões de África impediu o florescimento livre do movimento em países como Senegal; estabeleceram-se pontos de apoio para o desenvolvimento pentecostal em outras regiões do continente. Até o desenvolvimento no interior dos países deu-se de maneira desigual – a disseminação dos movimentos pentecostais aconteceu de modo não uniforme, com Igrejas que prosperavam nas regiões urbanas de maior concentração de cidadãos ricos e jovens.

As Igrejas pentecostais com mensagens de prosperidade transformaram-se no cerne das missões em diversos países africanos. Os jovens e os indivíduos ricos dispunham de vantagens que lhes facultavam uma atitude mais liberal em religião, em razão da qual constituíam a maioria dos membros destas Igrejas pentecostais. Não obstante, o pentecostalismo expandiu-se gradualmente para áreas rurais e regiões mais interioranas de vários países. Mayrargue assinala que as cidades que servem de pontos de apoio ao movimento pentecostal do continente são amiúde dominadas por sua religiosidade militante. Quase todas as estruturas citadinas foram convertidas em igrejas e em outros locais de culto, até

> galpões velhos, cinemas abandonados, entre outros [...], [enquanto] estádios, salas de conferência, cruzamentos e praças, terrenos baldios – são periodicamente ocupados para cruzadas evangélicas, sessões de libertação, programas especiais etc. (Mayrargue, 2008, p. 4).

Não obstante a disseminação militante do cristianismo em certas regiões de África, muitas regiões da Europa e do norte global experimentam o fenômeno contrário. Asamoah-Gyadu assinalou que, enquanto África cristianiza-se de modo progressivo, os países ocidentais que originalmente difundiram a mensagem do cristianismo perdem interesse aos poucos. Ele afirma:

> A renovação atual do cristianismo africano contrasta fortemente com o estado da Cristandade europeia onde, consoante escreve Forrester, o cristianismo foi relegado à margem pelas forças do "secularismo, do ateísmo e do materialismo". Num momento em que os edifícios das capelas em muitas regiões da Europa Ocidental convertem-se sem resistência em tabernas, clubes, restaurantes, armazéns, salas de cinema, monumentos museológicos, instalações residenciais e, em certos casos, templos budistas e hindus, estas mesmas instalações seculares são reformadas e transformadas para uso das Igrejas na África Subsaariana (Asamoah-Gyadu, 2002, p. 16).

O pentecostalismo africano e as suas manifestações não se restringem mais ao continente; sua missão evangélica retornou a regiões da Europa e do norte global. A maior parte das Igrejas de crescimento mais acelerado nestas regiões do mundo foi estabelecida por imigrantes e colonos da África subsaariana, fato que reforça a ideia de que o pentecostalismo em África pode constituir o futuro global do cristianismo.

Kalu considera o pentecostalismo em África um "caráter único" adquirido pela religião cristã mediante seu contato com África (Kalu, 2002, p. 110-137) e um produto das "transformações sísmicas" experimentadas pelo cristianismo nas mãos dos africanos. Asamoah-Gyadu descreve-o como "representante da face mutante do cristianismo africano e, portanto, da missão cristã no continente" (Asamoah-Gyadu, 2002, p. 15, 16). O crescimento e o desenvolvimento do pentecostalismo no continente ocorreram em três estágios diferentes: o pentecostalismo clássico, que constituiu a primeira onda do pentecostalismo em África, o movimento carismático, que foi a segunda onda, e, por fim, os movimentos de renovação carismática (Mashau, 2013, p. 1-8).

O conceito de pentecostalismo exprime-se mediante Igrejas e grupos cristãos que enfatizam o acolhimento do Espírito Santo, comprovado pelo dom de línguas. A prática das línguas é considerada manifestação física da experiência transformadora que constitui a salvação em Cristo. O pentecostalismo promove a crença no espírito, na profecia e na cura. A forma vibrante de espiritualidade do pentecostalismo gera rituais e éticas criativas fundamentadas no proselitismo da doutrina e no anseio pelo crescimento e bem-estar contínuo de seus adeptos.

Os ministérios pentecostais e as Igrejas africanas independentes permanecem conscientes da ecologia espiritual nas comunidades africanas. Esta percepção da espiritualidade pode ter escapado às Igrejas missionárias, fato que explica sua maneira menos militante de lidar com a guerra espiritual (Kalu, 2002, p. 110-137). Os pentecostais africanos hodiernos não só reconhecem o temperamento espiritual do continente, mas também acolhem sua aura; sua noção da guerra espiritual e sua crença nela se ligam à sua percepção da visão africana do mundo. Anderson argumenta que o crescimento do pentecostalismo no continente justifica-se: "A ênfase do pentecostalismo na 'liberdade no espírito' torna-o inerentemente flexível em diferentes contextos religiosos, culturais e sociais e facilita a adaptação de suas ideias centrais em África" (Anderson, 2018, p. 46).

Dentre as manifestações específicas da espiritualidade pentecostal em África, pode-se citar sessões de culto enérgicas e emocionais que divertem o público, sobretudo se comparadas com as tradições religiosas dogmáticas do catolicismo e do cristianismo ortodoxo (Diara; Onah, 2014, p. 395-402). A qualidade entusiasmante do culto pentecostal complementa a cultura expressiva africana, fato que explica seu apelo público. Os instrumentos eletrônicos, combinados com modos africanos livres de culto, quais dançar e bater palmas, também aprimoraram a experiência do culto. A flexibilidade do pentecostalismo permite que muitos pregadores pentecostais desempenhem múltiplos papéis. MacArthur explica que seu trabalho como "comediantes, contadores de histórias, terapeutas, apresentadores" sustenta e aumenta o tamanho de seu público (MacArthur, 1994, 40-41). Isto também pode explicar o número de Igrejas pentecostais no continente, que cresceu em comparação com as Igrejas missionárias ortodoxas.

As práticas especializadas de culto e música são parte integrante da expressão pentecostal; transformaram-se em instrumentos e em estratégias cruciais para o crescimento e a sustentação do pentecostalismo em todo o mundo. As sessões de culto – particularmente nas megaigrejas pentecostais em África – misturam efusivamente a atuação pessoal com práticas aprendidas e incorporadas que servem de base à expressão do cantor de si mesmo e da experiência pentecostal. Nel declara que "as reações emotivas não constituem fato incomum nas experiências de culto pentecostal, seja na comunhão, seja na vida particular, nas quais os fiéis riem, choram, dançam, aguardam em quietude, vertem lágrimas de remorso ou de júbilo" (Nel, 2015, p. 5).

As experiências musicais pentecostais contemporâneas enriquecem-se pelos avanços tecnológicos, os quais facilitam experiências individuais com a presença de Deus. Estas experiências musicais especializadas amiúde espelham experiências pentecostais similares do norte global; as promessas pentecostais africanas de ligar seus membros renascidos aos circuitos globais (Meyer, 2004, p. 447-474) distinguem-nos dos grupos cristãos ortodoxos. As práticas de culto e a mistura euro-americana-africana da cultura musical oferecem uma novidade atraente para seus membros predominantemente jovens e elitistas.

Mashau julga que a adoção da "espontaneidade e do dinamismo" pelas Igrejas pentecostais continentais constitui um dos principais instrumentos para a expansão e o crescimento do movimento em África (Mashau, 2013, p. 1-8). Estes fatores seduzem a população africana predominantemente jovem, e a incorporação de "música e dança contemporâneas" energizou ainda mais os membros mais jovens (Mashau, 2013, p. 2). Abraham enfatiza a integralidade da música ao pentecostalismo com estas palavras:

> A música constitui um meio fundamental mediante o qual o pentecostalismo cresceu; a música de culto pentecostal circula em formatos físicos e digitais por meio de redes formais e informais, as quais estabelecem a infraestrutura cultural e teológica para novas Igrejas e novas experiências individuais (Abraham, 2018, p. 1-21).

Pode-se argumentar que o pentecostalismo granjeou preeminência doutrinal na Cristandade, e Abraham explica que o movimento parece "estabelecer infraestrutura cultural e teológica para novas Igrejas" (Abraham, 2018, p. 1) em locais que incluem antigas Igrejas missionárias. Em outras palavras, está em curso uma pentecostalização do cristianismo africano. Anderson escreve:

> O cristianismo hoje é a pleno uma religião africana, a maior religião no continente. Entretanto, o que amiúde não se nota nas meras estatísticas é que não existe apenas um crescimento demográfico notável na África cristã, mas também uma mudança no caráter e na orientação destes cristãos. O cristianismo africano como um todo – católico romano, anglicano, protestante e independente – moveu-se consideravelmente numa direção pentecostal/carismática (Anderson, 2018, p. 26).

Anderson explica que a partida dos fiéis das denominações cristãs supramencionadas acima ocasionou uma pentecostalização de suas doutrinas. Em seus escritos, Asamoah-Gyadu assinala que a expansão e o crescimento das Igrejas pentecostais no continente africano, assim como a perpétua deserção dos membros de outras Igrejas cristãs rumo às congregações pentecostais, impeliu os demais ofícios religiosos a seguirem o exemplo pentecostal. Alguns membros das Igrejas missionárias criaram grupos de renovação celular e unitária, na expectativa de oferecer, dentro de seus próprios locais de culto, os atrativos espirituais do pentecostalismo. Estes esforços constituíram tentativas de deter a partida gradual dos fiéis das Igrejas missionárias rumo às Igrejas pentecostais (Asamoah-Gyadu, 2002, p. 15, 16).

A partida dos membros da Igreja pode ocorrer de duas maneiras: uma é a mudança completa e impenitente das Igrejas missionárias para as Igrejas pentecostais. A segunda maneira principia com o que Asamoah-Gyadu denomina "pertencimento plural", ou o processo de manter vínculos com Igrejas missionárias enquanto se frequentam Igrejas pentecostais para o cumprimento das necessidades espirituais. Ryan discute como, em regiões da África Ocidental, as Igrejas Católicas conceberam uma resposta parcial ao problema da migração da teologia missionária para o pentecostalismo:

> [...] o catolicismo ganense deu uma resposta parcial para os problemas suscitados pelo pentecostalismo neoprotestante. Pouquíssimos sacerdotes reconheceram a importância desta resposta e tentaram ignorá-la ou até mesmo relegá-la a um canto insignificante. A renovação carismática católica – católica por completo e carismática por inteiro – pode oferecer e oferece aos católicos tudo quanto de outro modo poderia atraí-los das missas monótonas e dos exercícios devocionais para o reino religiosamente atraente do pentecostalismo neoprotestante (Ryan, 1992, p. 22-28, 26).

Mediante a integração das práticas pentecostais e a mudança na ênfase teológica das Igrejas missionárias/ortodoxas, as Igrejas pentecostais serviram de base indiretamente à infraestrutura teológica e cultural do cristianismo africano.

Filosofias e características do pentecostalismo africano

O pentecostalismo como conceito e movimento constitui um fenômeno global, independentemente de suas expressões plurais e localizadas; não se restringe ao continente. Estas expressões pluralistas compartilham certo número de filosofias e ideologias relacionadas – neste contexto, emprega-se a expressão "filosofias pentecostais" para descrever o pensamento filosófico emanado dos compromissos ou empenhamentos cristãos, influenciado por uma visão de mundo pentecostal (Smith, 2010).

Como campo de estudo, a filosofia liga-se à investigação crítica e à racionalidade. Envolve uma averiguação sistemática de visões de mundo e sistemas de crença (Wiredu, 2002, p. 53-64, 53). As filosofias pentecostais são os produtos da averiguação crítica de vários sistemas de crença cristãos, e esta investigação crítica apresenta princípios orientadores e epistemologias que servem de base à prática do pentecostalismo no continente e em todo o mundo. O pentecostalismo, como ideologia e como movimento, não estimula uma "maneira árida, racionalista, formalista, não emocional, não vivencial e não carismática de lidar com a vida religiosa" (Nel, 2015, p. 1-7). Ele não separa necessariamente experiência de raciocínio, fato que estabelece o tom para uma exploração do pentecostalismo e a identificação de suas filosofias. Estes princípios orientadores constituem sistemas de crença implícitos que instruem o comportamento e as práticas pentecostais.

Os pentecostais, independentemente da posição geográfica em que se encontrem, prestam crença à radical abertura e à radical proximidade a Deus. Esta forma de espiritualidade pentecostal serve de base a inúmeras práticas religiosas, as quais demonstram a disposição dos pentecostais para maneiras novas e diversas de se aproximar de Deus, as quais constituem as experiências religiosas vividas dos pentecostais (Ware, 2014. p. 97-107).

A preeminência dada tanto ao batismo do Espírito Santo quanto à relação direta e pessoal com Deus é amiúde considerada o fundamento da espiritualidade pentecostal, seja nas comunidades locais, seja no mundo inteiro. Estudiosos como Nel examinaram essa noção de relação pessoal direta e verificaram que ela deu lugar a interpretações subjetivas do evangelho baseadas nas capacidades reveladoras do Espírito Santo. Nel também afirma que houve não só as capacidades reveladoras, sobrepostas aos preceitos bíblicos, como também, mais cedo ou mais tarde, práticas que não se coadunam com a Bíblia (Nel, 2015, p. 1-7). MacArthur, de modo mais explícito, assim escreve:

> O movimento carismático substituiu a doutrina pela experiência. A psicologia elevou as necessidades "sentidas" acima das necessidades *reais* e a teoria comportamental acima da verdade revelada. Tudo isso acelerou o afastamento da doutrina e concentrou a mensagem do púlpito em tudo, *exceto* na verdade objetiva da Escritura. Os pregadores tornaram-se comediantes, contadores de histórias, terapeutas, artistas e animadores em vez de poderosos emissários da verdade divina (MacArthur, 2004, p. 1994, p. 40-41).

Diara e Onah corroboram a observação de MacArthur ao examinar o valor de entretenimento das sessões de adoração e ao avaliar a extensa atuação do eu que se descobre entre os coristas pentecostais. A catarse do eu condiz com o "sentimento" e a proximidade ao Espírito Santo descritos nas mensagens pentecostais – constitui expressão de sua abertura radical à vontade de Deus. Esta extensa expressão de adoração emotiva encarna o significado e o conceito de espiritualidade, que é o ato, a maneira e a atitude de uma comunidade religiosa (Diara; Onah, 2014, p. 395-402). Estas atitudes e atos emanam da internalização de práticas, de princípios e de crenças específicas a determinada comunidade religiosa.

O conceito preeminente de "conforme o espírito conduz" no pentecostalismo africano constitui uma percepção da liberdade irrestrita do Espírito Santo manifestada pela glossolalia, pelo emocionalismo e pela espontaneidade (Afolayan; Yacob-Haliso; Falola, 2018, 3-13). Segundo Nel, entre os pentecostais, "o Espírito concede dons ao fiel e à comunidade como um todo, bem como os guia" (Nel, 2015, p. 1-7). Ele guia a interpretação das escrituras, a qual é amiúde atribuída ao discernimento derivado da proximidade de Deus. MacArthur conjectura que, entre os pentecostais, o Espírito Santo recebe elevação acima da Bíblia, o que significa que os pentecostais creem nas capacidades reveladoras do espírito independentemente das prescrições bíblicas (MacArthur, 1994, p. 40-41). Conquanto as opiniões de MacArthur tenham sido descritas como generalizações, Nel reconhece que elas contêm alguns fragmentos de verdade.

O evangelho da prosperidade constitui uma mensagem característica do pentecostalismo na África e no mundo. Ele vem acompanhado de uma preferência por redes globais, o que se infere dos vários nomes associados às missões pentecostais no país – palavras como "global" ou "internacional" em organizações tais como "Streams of Joy International" e "Living Word Global Ministries". Mayrargue nota que a teologia da prosperidade na África remonta a ideologias desenvolvidas por variantes americanas do pentecostalismo (Mayrargue, 2008).

O evangelho da prosperidade no pentecostalismo africano atrai claramente tanto os economicamente desfavorecidos quanto os abastados na África, ao estimular uma sede de riqueza interpretada como sinal das bênçãos e da presença de Deus na vida de uma pessoa. Para os adeptos do pentecostalismo, prosperidade e riqueza indicam o amor de Deus pela humanidade. Esta é a razão da ênfase doutrinária ao dízimo, em que uma pessoa entrega cerimonialmente 10% de sua renda à Igreja, ato ao qual se acredita que se seguem mensagens de abundância. Esta ideologia de que "quem dá nunca passa necessidade" deriva da ordem de Cristo de "dai e dar-se-vos-á" Lc 6,38. O estilo de vida ostentatório dos pregadores africanos é visto como manifestação desta ideologia que respalda suas riquezas e prosperidade. Mayrargue examina extensamente este fenômeno na África ao analisar a origem e a infiltração do evangelho da prosperidade na África:

> A teologia da prosperidade formou-se nos Estados Unidos na década de 1970. De acordo com essa ideologia, valoriza-se o sucesso pessoal, em especial o sucesso financeiro e material. O sucesso individual é estimulado e legitimado porque é visto como resultado de bênçãos divinas. A riqueza indica que alguém foi escolhido por Deus. Tal discurso funciona tanto para populações empobrecidas quanto para elites sociais, que encontram justificativa para seu comportamento. A ideologia legitima também o comportamento ostentatório dos pastores e os sinais externos de riqueza. O ditado de que quanto mais se dá (dinheiro à própria Igreja) mais se recebe (de Deus) funciona como uma importante cobrança aos fiéis. Dízimos (espera-se que os seguidores entreguem 10% de sua renda à Igreja), coletas depois da celebração e ofertas dadas em agradecimento pela ajuda constituem todas fontes de renda da Igreja. Ainda que uma observação mais precisa matize o sucesso relativo desses pagamentos, alguns empreendedores religiosos conseguem acumular quantias vastas (Mayrargue, 2008, p. 11).

A crença em milagres e em curas, bem como a prática destes, constituem outra característica central do pentecostalismo africano; esses atos são considerados manifestação do amor de Deus. De acordo com Diara e Onah, a prática de operar milagres e curar é um dos componentes mais fortes da espiritualidade pentecostal na África (Diara; Onah, 2014, p. 395-402). Esses atos talvez sejam a maior atração do pentecostalismo para o público africano, o que explica o crescente número de membros das Igrejas pentecostais na África. A pregação de milagres e de curas foi e permanece atraente para o africano médio porque trata de medos comuns, tais como pobreza, desemprego e serviço médico precário ou acesso restrito aos cuidados existentes. Anderson examina como estas lutas continentais intensificaram indiretamente o clamor por milagres na fé cristã pentecostal:

> É provável que a pobreza seja o maior desafio que a África enfrenta hoje. O desemprego cresce conforme a economia do continente não consegue acompanhar o crescimento populacional, e o acesso a serviços essenciais é distribuído de maneira desigual [...] a educação superior ainda está fora do alcance da maioria dos africanos, em especial das mulheres. A porcentagem de crianças em idade escolar primária na educação diminuiu desde a década de 1980, porque a África, com a maior proporção mundial de crianças em famílias numerosas e empobrecidas, luta para acompanhar a criação de provisões educacionais adequadas para estas crianças [...] A doença constitui um problema grande para os pobres, pois doenças infecciosas e nutrição precária afetam sobretudo as crianças, e água potável e serviços de saúde são inacessíveis a uma grande proporção dos povos da África (Anderson, 2018, p. 24).

O atual temperamento econômico da África, sua história de colonialismo e a consequente dívida e dependência do continente em relação a outras nações do mundo trazem alguma perspectiva ao fermento pentecostal no continente. A realidade esmagadora e desoladora da vida na África pós-colonial pode levar as pessoas a buscarem refúgio nos braços de autoridades sobrenaturais – quando autoridades físicas deixaram de cumprir suas responsabilidades de cuidar de seus cidadãos. Uma religião que parece oferecer saúde na ausência de bons cuidados médicos, felicidade na presença de pobreza palpável e segurança diante da insegurança desenfreada decerto parecerá uma boa-nova para o continente. A maioria dos desafios do continente é atribuída a causas espirituais, o que significa que o pentecostalismo complementa a visão de mundo sobrenatural e fantástica da região, a qual faz pouca distinção entre o físico e o sobrenatural. O movimento prosperou no continente por numerosas razões, não somente em virtude das condições socioeconômicas e políticas desfavoráveis.

O movimento pentecostal ofereceu uma promessa religiosa de alívio das esmagadoras dificuldades socioeconômicas, o que expandiu seu número de membros. Anúncios contundentes divulgam sessões de milagre e de testemunho por múltiplos meios, que são usados de maneira criativa e sistemática. Vários contextos culturais foram combinados de maneira inovadora para formar um centro de tradicionalismo, de Modernidade e de globalismo. Eles adotaram novas estratégias que proporcionam serviços inclusivos, tais como estudo da Bíblia; reuniões de grupos celulares, jejum e oração; retiros organizados; revistas e boletins informativos; evangelismo de porta em porta; adesivos exibidos em carros; e cartazes imensos (Kalu, 2002, p. 110-137). Esses esforços conduziram ao tremendo crescimento e expansão do pentecostalismo no continente, crescimento este que se vê na conversão em larga escala de depósitos e de escolas em igrejas.

O conceito de milagres e de curas é comum na teologia pentecostal, o que implica uma flexibilidade de epistemologia em que Deus intervém livremente nos assuntos humanos – Deus pode suspender a ordem natural do universo pelo bem da humanidade, e o conhecimento de Deus está livre para todos os que o buscam. Esta flexibilidade permite a intervenção de Deus para curar todas as doenças. Esta crença talvez não derive de experiência nem de provas anteriores, mas é, em vez disso, respaldada por uma compreensão da capacidade de Deus para curar (Eriksen, 2015, p. 45-73).

Esta concepção estimula uma filosofia de expectativa vigorosa pela intervenção divina, principalmente nas situações muito difíceis ou aparentemente impossíveis. Tal visão deriva da doutrina da salvação e da libertação em Cristo Jesus; o mais das vezes, faz parte da liberação do pecado e de suas repercussões a resolução de enfermidades, de doenças e até da pobreza. A prática de operar milagres fundamenta-se na vida e no ministério de Jesus, que realizou boas atuações, curou os doentes e ressuscitou os mortos. O dom da cura está presente também no ministério do espírito, percebido como parte das graças e dos dons do Espírito Santo.

A vinda do Reino de Deus e o fim dos tempos, comumente denominado escatologia, constitui um princípio central do pentecostalismo. A visão de mundo apocalíptica da missão pentecostal explica suas noções e suas atitudes em relação ao fim esperado do tempo para a humanidade. Nel escreve que "a fé, a visão de mundo, a experiência e a prática dos pentecostais são completamente escatológicas" (Nel, 2015, p. 1-7). Toda a teologia pentecostal e o sistema de doutrinas se tecem ao redor de uma consciência da morte, do apocalipse, da segunda vinda de Cristo e do juízo final.

Conquanto o derramamento do Espírito Santo seja amiúde considerado o fundamento da espiritualidade pentecostal, Smith atribui igual importância à escatologia que sinaliza o fim do tempo – sobretudo porque se crê que o derramamento do espírito comprova a aproximação dos últimos dias (Smith, 2010). A importância do derramamento do espírito liga-se ao avanço dos últimos dias, e sem os últimos dias não haveria derramamento do espírito. Althouse explica essa ideologia ao afirmar que "Acreditava-se que a habilidade de falar em línguas conferia ao recipiente o poder de proclamar o 'cumprimento glorioso' da vinda iminente de Jesus para estabelecer seu reino" (Althouse, 2009, p. 59).

Há uma epistemologia transformadora inerente a visão escatológica; a vinda de Cristo trará mudança transformadora na terra. Há também a expectativa do reinado de mil anos de Jesus na terra, em que justiça e equidade prevalecerão, o que respalda as alegações pentecostais de que a Igreja e os cristãos em geral despertarão para a consciência de um apocalipse iminente e da vinda de Cristo. Essas crenças estão implícitas nos vários cognomes adotados pelas missões pentecostais africanas. Lands é da opinião de que a espiritualidade do pentecostalismo se fundamenta numa "visão apocalíptica" (Land, 1993), e Khathide identifica o arrebatamento dos santos no momento da segunda vinda de Cristo como uma ideologia e um ensinamento centrais do movimento pentecostal (Khathide, 2010). Por meio de suas mensagens e doutrinas, as organizações pentecostais posicionaram-se como Igrejas revivalistas que têm a tarefa de redespertar a sociedade para a realidade do fim dos tempos, o qual foi prometido na Bíblia, ao mesmo tempo em que equipam a humanidade para a inevitabilidade desse fim.

Althouse corrobora a epistemologia transformadora proveniente da ideia pentecostal dos tempos finais ao afirmar que o pentecostalismo contemporâneo dá respaldo a discursos relativos à sociedade e à justiça social (Khathide, 2010). Dada a reputação geral de espiritualidade e "transcendência" atribuída aos pentecostais, causa surpresa que a filosofia pentecostal se dedique a melhorar o bem-estar dos marginalizados e a promover justiça social e política durante a permanência deles na terra. Essa dedicação, no entanto, é inferida da visão que os pentecostais têm da substituição do mundo presente – instabilidade e desequilíbrio financeiro cederão lugar a uma sociedade equitativa e justa durante o reinado milenar de Cristo na Terra.

O milenar diz respeito ao período em que Cristo reinará pessoalmente na terra. Este reinado acha-se descrito em Ap 20,4: "Viveram e reinaram com Cristo durante mil anos" e só poderá acontecer depois do fim da Igreja – isto é, do arrebatamento, pois a Igreja principiou com o Pentecostes. Isto enfatiza ainda mais a relação entre a mensagem do Pentecostes e a escatologia na missão pentecostal (Talbot, 2017, p. 3-13). O reinado milenar de Cristo manterá uma sociedade de justiça e de paz, com distribuição equitativa da riqueza:

> Não haverá acúmulo de riqueza. O Filho de Deus distribuirá a cada homem a sua parte. As condições atuais são trágicas. Homens morrem de fome por falta de alimento, enquanto outros acumulam riquezas as quais

> não podem gastar. Alguns valem bilhões de dólares hoje, ao passo que incontáveis outros não conseguem emprego. Jesus resolverá este problema! Socialismo ou comunismo não o resolverão, mas sim o próprio Filho de Deus! Alguém perguntou certa vez: "Qual é a diferença entre comunismo e cristianismo?" E a resposta foi esta: "O comunismo diz: "Tudo o que você tem é meu"; já o cristianismo diz: "Tudo o que tenho é seu." E isto também é verdade; e quando Cristo governar, haverá justiça para todos (Talbot, 2017, p. 7).

Ideais de justiça social e de habilitação dos marginalizados são intrínsecos à missão pentecostal, a qual Smith faz remontar não apenas à noção do reinado milenar de Cristo, mas também ao conceito dos pescadores no dia de Pentecostes (Smith, 2010). A ideia de Pedro e de outros discípulos, que eram meros pescadores, receberem o dom do Espírito Santo e falarem em línguas diferentes assemelha-se às circunstâncias do reavivamento de Azusa, no qual um homem afro-americano marginalizado liderou o revolucionário movimento pentecostal. Tais fatos exibem a capacidade revolucionária do espírito e a sua habilidade de subverter a normalidade, o que pode permitir a subversão dos poderosos pelos fracos (Smith, 2010). Eis por que o assunto da justiça social se acha arraigado na missão pentecostal.

As visões religiosas, africanas, nativas, e o pentecostalismo

As continuidades e as descontinuidades culturais e religiosas da África precisam ser desvendadas para que se compreenda a relação do pentecostalismo com os sistemas de crenças africanos. Anderson afirma que "o pentecostalismo extrai de [...] fontes antigas em continuidade com elas e, simultaneamente, confronta-as em descontinuidade" (Anderson, 2018). Os paradoxos no pentecostalismo africano validam e reforçam as afirmações de continuidades e descontinuidades com as práticas e os sistemas de crenças culturais e religiosas nativas no movimento. O pentecostalismo na África exibe a rejeição às práticas religiosas das comunidades africanas que o acolhem – prospera na guerra contra as forças espirituais, as quais, conforme a crença, interferem nos assuntos do povo. Esta atitude confrontacional ante os rituais e as práticas religiosas existentes demonstra que o movimento aceita a existência de forças espirituais e nelas crê. Aceitou as ontologias locais e auxilia indiretamente o avanço dessas visões de mundo e dessas culturas (Anderson, 2018). Smith assegura que os pentecostais têm uma visão de mundo encantada e veem espíritos do bem e do mal em constante interação com a humanidade (Smith, 2010).

Anderson identificou características distintivas do pentecostalismo que distinguem o movimento de outros movimentos cristãos, dentre as quais se pode citar "as práticas dos dons espirituais, tais como a cura, o exorcismo, a profecia e o falar em línguas ou glossolalia – práticas encontradas no pentecostalismo em todo o mundo" (Anderson, 2010). Essas práticas compartilham semelhanças com algumas religiões pré-cristãs na África. A profecia, o exorcismo, a cura e até o falar em línguas não são novidades para as sociedades africanas, e a maior parte das características essenciais das práticas religiosas pré-cristãs continuou no pentecostalismo contemporâneo.

A África pulsava com uma consciência religiosa e espiritual desde antes da entrada do cristianismo. Havia uma crença clara nas ligações fortes entre o mundo físico e o espiritual no espaço cultural africano. Muitas culturas da África subsaariana reconheciam a existência dos poderes espirituais e a sua capacidade de influenciar os assuntos humanos; não havia quase distinção entre as causas naturais e as espirituais dos vários desastres que afligiam a humanidade. A maior parte dos desastres e dos infortúnios era atribuída a causas espirituais, como reações ao desalinhamento do universo e à inabilidade humana de apaziguar as forças espirituais.

Ashforth assinalou que as razões endêmicas da ausência de uma dicotomia saudável entre o natural e o espiritual se encontram no senso óbvio de segurança que há nas interações entre as forças humanas e as espirituais. Defende a ideia de que a situação de uma pessoa pode ser influenciada e guiada por forças espirituais (Ashforth, 2011, p. 132-147). A crença predominante é que a relação de um Deus supremo com a humanidade é facilitada por deuses menores, por espíritos e por outras divindades numa hierarquia. Reconhece-se ainda o antagonismo das forças do mal, o qual pode ser mitigado pela intervenção de um poder superior. A crença nestas entidades metafísicas e nestas forças sobrenaturais influi nas decisões existenciais das pessoas e no modo como elas encaram a vida. Mbiti descreve a visão de mundo africana em relação ao mundo espiritual:

> O universo espiritual está unido ao físico e estes dois se mesclam e se encaixam tanto um no outro que nem sempre é fácil, nem necessário, traçar a distinção entre eles ou separá-los (Mbiti, 1989, p. 74).

A interação intrincada entre o físico e o espiritual na visão de mundo africana não surpreende estudiosos como Anderson, Ogbu Kalu e Olufunke Adeboye, os quais traçam uma ligação entre as práticas religiosas tradicionais e o atual frenesi pentecostal (Anderson, 2010; Kalu, 2002; Adeboye, 2018).

Embora o pentecostalismo proclame a sua missão de abolir as práticas espirituais que caracterizavam as religiões pré-cristãs na África – pois consideram tais práticas incompatíveis com a sua fé –, ironicamente as preserva. Anderson considera as duas formas religiosas em diálogo mútuo (Anderson, 2010), ao passo que Kalu descreve o entrelaçamento delas como "a correlação de duas entidades tidas como independentes" (Kalu, 2007, p. 6). Essas interações são ilustradas pelos relatos do pentecostalismo africano vistos nas pesquisas etnográficas acerca das religiões pentecostais e culturais africanas na África do Sul. Embora os achados de Anderson tenham sido colhidos nas práticas religiosas pentecostais e culturais na África do Sul, as pesquisas secundárias, as quais se fiam em publicações de vários estudiosos de diferentes partes do continente, corroboram estes achados, o que torna as observações admissíveis para quase toda a África subsaariana.

A ideia de espíritos irados e odiosos que intervêm nos assuntos terrenos para atormentar os seres humanos é uma crença dominante nas religiões africanas em todo o continente. Há a ideia de que forças espirituais invisíveis podem afetar o mundo físico, e este impacto espiritual o mais das vezes se manifesta por meio de malefícios, de pragas, de bruxaria e de outros espíritos contra os quais as pessoas precisam se proteger. Embora o pentecostalismo compartilhe uma visão de mundo semelhante, oferece proteção pela ênfase na potência e na eficácia do Espírito Santo.

O pentecostalismo crê que o poder do Espírito Santo pode propiciar o benefício do livramento, não apenas da vida de pecado desperdiçada, mas também dos ataques dos espíritos malignos, dos demônios, da possessão espiritual, da pobreza e das doenças. Por meio do Espírito Santo, acredita-se que os cristãos receberam poder e domínio desses espíritos. Essa ideologia da guerra espiritual e o conceito das forças sobrenaturais que influenciam a vida na terra são crenças pentecostais predominantes. As suas armas são versículos das Escrituras que oferecem proteção contra os inimigos e cura das doenças ao proclamar o nome de Jesus – a crença é que o nome de Jesus é mais poderoso do que qualquer outra força. O pentecostalismo e as religiões tradicionais africanas reconhecem a presença da bruxaria, dos demônios e de outras forças espirituais (Anderson, 2010). Onde as práticas tradicionais exigiriam purificação ritual ou sacrifício de animais, os pentecostais creem no poder da prece e na superioridade de Deus em relação a todas as outras forças. Isto se expressa pelo fervor das preces respaldadas pela glossolalia.

As práticas religiosas cristãs sobrelevaram os aspectos existentes dos sistemas de crenças tradicionais africanas, os quais continuam a tratar das realidades das crenças religiosas africanas. A linguagem do poder e do mal é comum a ambas as formas religiosas. Kalu explora a semelhança desses poderes malignos na literatura judaica que indubitavelmente serviu de base ao cristianismo. Em sua opinião, os cristãos africanos não fabricaram a ideia dos espíritos e dos demônios, mas estes tampouco derivam completamente da visão de mundo africana. "Estes demônios abundam na literatura judaica como anjos desertores. Os gigantes gerados por eles morreram afogados no dilúvio, mas os seus espíritos persistem como demônios, espíritos malignos ou 'potestades de Mastema'" (Kalu, 2007, p. 132).

Os pactos também são compreendidos e reconhecidos no pentecostalismo e nas religiões tradicionais africanas. No entanto, os sistemas de crenças pentecostais sustentam que há lugar para os pactos cristãos divinos, ao passo que os pactos nativos são considerados profanos. As visões e os sonhos são tanto parte das práticas religiosas africanas quanto parte do pentecostalismo. Outros residem nos valores morais e nos estilos de vida. Os mandamentos puristas e as prescrições comportamentais defendidas no Livro de Levítico tornam o Antigo Testamento um livro com o qual os cristãos africanos se identificam.

Poder-se-ia esperar que o culto aos antepassados, um aspecto forte das práticas religiosas tradicionais africanas, fosse omitido do pentecostalismo africano. Tradicionalmente, acredita-se que os antepassados protegem e guardam várias comunidades africanas. Levaram vidas morais e dignas que não provocaram manifestações físicas do descontentamento divino, ou seja, não morreram em circunstâncias suspeitas. Conquistaram o privilégio de serem venerados como antepassados, o que lhes concede o poder de guiar e de proteger suas famílias na terra (Kalu, 2007, p. 132). Os africanos aspiram a alcançar a condição de antepassados, o que indica que suas vidas foram bem vividas. Os descendentes vivos são obrigados a lembrar e a reverenciar seus mortos, o que pode ser expresso na execução de atividades rituais, cerimônias de sepultamento e até "obrigações pactuadas com os espíritos tecidas pelo morto" (Kalu, 2007, p. 119). Estas relações em andamento poderiam ser um fator decisivo nas decisões dos antepassados de intervir em favor de suas famílias na terra.

A existência de tais antepassados é reconhecida nas crenças e nas práticas dos pentecostais africanos, e o papel dos antepassados como uma influência ativa no destino da humanidade não é negado. No entanto, o pentecostalismo rejeita a ideia de que os antepassados são entidades neutras capazes de empatia ou de ira. Alguns pentecostais demonizaram o conceito da condição dos antepassados na África, e a pesquisa de Anderson demonstrou que a maior parte dos pentecostais crê que os antepassados são demônios que não deveriam ter interação alguma com os cristãos:

> Os antepassados de fato aparecem aos cristãos, mas a sua resposta como crentes é geralmente rejeitar qualquer visitação. Eles creem que os antepassados não são realmente antepassados, mas espíritos demoníacos que se fazem passar por eles e precisam ser confrontados e exorcizados – pois apenas conduzem a mais miséria e escravidão. Não têm nenhum poder contra os cristãos, pois os cristãos têm o poder maior do Espírito Santo dentro deles para superar todo o poder de satanás [...]. Tanto os pentecostais quanto os sionistas disseram que os antepassados eram realmente demônios e que não criam em seu poder de modo algum (Anderson, 2010, p. 102-103).

Alguns participantes da pesquisa de Anderson eram claramente indiferentes ao papel dos antepassados em suas vidas, o que tem muito que ver com os substitutos que o pentecostalismo parece oferecer para os papéis exercidos pelos antepassados nas vidas dos africanos pré-cristãos. Programas tais como a “terapia profética” parecem oferecer a orientação e a proteção outrora buscadas nos antepassados (Anderson, 2010, p. 102-103). A supremacia de Jesus Cristo é enfatizada pelas missões pentecostais, o que justifica o papel delas em propiciar proteção e orientação.

Os entrevistados pentecostais de Anderson revelaram ideologias diferentes no que diz respeito à crença nos antepassados africanos. Suas crenças são amiúde respaldadas pela Bíblia e pelos elementos do pentecostalismo, até pela capacidade visionária dos sonhos em que Deus poderia usar um membro falecido da família para revelar verdades ocultas. Estes tipos de crenças são amiúde demonizados nos ambientes cristãos; várias manifestações das religiões pré-cristãs na África, nas quais há o culto aos antepassados, foram transformadas em símbolos do mal que demonstram os tipos de poderes das trevas que deveriam ser evitados e repreendidos. No entanto, essas crenças persistiram mesmo pela batalha brutal do cristianismo, e o pentecostalismo continua a fomentá-las involuntariamente.

Entre o pentecostalismo e as religiões africanas, o tempo é concebido em dois padrões contrastantes. No contexto religioso africano antigo, o padrão cíclico do tempo move a vida do nascimento até a morte, e retorna pelo nascimento num processo de reencarnação. Acredita-se comumente que os vivos, ao cumprirem todas as suas obrigações fúnebres, podem auxiliar os mortos na viagem pelo mundo do espírito para retornar pela reencarnação (Kalu, 2007). Já as religiões cristãs concebem o tempo linear como um contínuo. Na opinião de Kalu, a visão de mundo africana é embasada pelo seu conceito de tempo cíclico, e a concepção cristã de tempo linear afetou a imaginação africana (Kalu, 2007). A religião exerce um papel enorme na formação da maneira como um povo vê o mundo.

Independentemente das concepções variantes do tempo, o cristianismo e as religiões africanas tradicionais são congruentes em sua conceituação do espaço, a qual Kalu denomina ideologia da "estrutura espacial tridimensional" (Kalu, 2007). A Bíblia descreve a existência de um céu, considerado morada do Deus supremo até mesmo nas religiões africanas, e de uma terra composta de solo e água, na qual habitam as forças espirituais, visíveis e invisíveis. A terra abaixo é amiúde considerada o mundo antepassado e a habitação do diabo. Esta perspectiva compartilhada embasa a crença de que as atuações espirituais amiúde determinam os resultados físicos, ou como se diz em Hebreus 11,3b, "do invisível teve origem o visível".

O cristianismo espiritualiza a existência humana e o mundo tanto quanto as religiões africanas tradicionais, ao vê-lo como espiritualmente perigoso e inseguro. Ambos os grupos têm consciência aguda da existência das forças malignas – para os cristãos, são os principados e as potestades que causam dano espiritual. A concepção da bruxaria está estabelecida quase igualmente para ambos os grupos. Ashforth define a bruxaria como "a capacidade de causar dano ou acumular riqueza por meios ocultos e ilegítimos" (Ashforth, 2011, p. 132-147). Ambas as religiões aceitam a ideia de que pessoas más podem ter poderes espirituais, derivados de métodos ocultos, os quais são capazes de prejudicar familiares, amigos e outros.

Na África contemporânea, os grupos pentecostais e as religiões africanas tradicionais espiritualizaram a luta da Modernidade ao sustentar um temperamento espiritual fervente. As enfermidades biológicas que podem ser explicadas pela ciência são, em vez disso, atribuídas à bruxaria e ao azar. Supõem-se que autoridades incompetentes ou corruptas estejam possuídas, e os retrocessos econômicos ou a perturbação política são atribuídos a causas espirituais. Suspeita-se de que a bruxaria causa doenças que vão desde a enfermidade superficial até as condições médicas debilitantes. Estas visões dissipam a expectativa de que a expansão da Modernidade baniria a maior parte das formas de religiosidade. Ashforth expõe esta ideia:

> A doença e a saúde não eram interpretadas simplesmente como produtos dos processos biológicos, mas como resultados das decisões de entidades espirituais responsáveis por preservar o bem na vida humana, ou das lutas entre estas entidades, e aquelas agências – humanas e espirituais – que buscam a destruição do indivíduo, de sua família e de sua comunidade (Ashforth, 2011, p. 132-147).

Pentecostalismo no sistema educacional africano

As manifestações das epistemologias e dos sistemas de pensamento pentecostais identificam-se em vários aspectos da sociedade, nas escolas e nos locais de trabalho, o que abrange escolas secundárias e de ensino superior pentecostais. Os sistemas de conhecimento pentecostal podem afetar e influenciar os sistemas escolares africanos de maneira proveitosa. Como se há de introduzir nos sistemas escolares africanos o conhecimento e os sistemas de pensamento oriundos do pentecostalismo?

A prática e a ideologia do testemunho pessoal, consideradas o cerne do pentecostalismo, poderiam prestar auxílio ao sistema educacional africano. As expressões demonstrativas e apaixonadas exteriorizam-se amiúde mediante o culto e o testemunho pessoal. A predisposição à narrativa, presente na prática pentecostal do testemunho, aplica-se ao aprendizado não religioso. Os professores e os alunos maximizam os benefícios da narrativa a fim de que melhorem o labor enfadonho das matérias complexas.

O pentecostalismo enfatiza a natureza pessoal da relação de Deus com as pessoas e a natureza pessoal do crescimento espiritual. Este princípio aplica-se à relação de quem ensina para com quem estuda. Dessa ótica, o corpo docente reconhece a natureza individual da educação humana e adequa o comedimento conforme o ritmo de aprendizado de cada estudante, para além de adaptar os métodos de ensino às necessidades individuais.

Hittenberger identificou a filosofia pentecostal da expectativa em Deus como força motriz de quem educa a juventude (Hittenberger, 2001, p. 217-244). Esta filosofia provém do otimismo e da crença na constante intervenção divina para resolver os desafios que pareçam tanto difíceis quanto impossíveis para as pessoas. Contextualiza-se no desafio de lidar com estudantes difíceis e inflexíveis, amiúde considerados perdidos pelo resto do mundo. Espera-se que o corpo docente e os sistemas escolares fiéis a esta filosofia lidem com os estudantes pacientemente e não os abandonem, assim como Deus não os abandona, pois creem que a intervenção divina há de resolver as preocupações sérias. Há também uma concepção da relação ética entre quem ensina e quem estuda – a relação deve provir da consciência de um amor compartilhado por Deus e basear-se no respeito mútuo.

Os pensamentos e os princípios de justiça social presentes no pentecostalismo aplicam-se à educação na África. A busca por justiça e equidade, conforme professada na missão pentecostal, introduz-se no sistema educacional e nos currículos mediante a incorporação de matérias que expõem os males da injustiça, da discriminação e da opressão. O corpo docente empenha-se em eliminar todas as formas de discriminação e parcialidade entre estudantes e em suas funções administrativas. A inculcação destes princípios e sistemas de conhecimento assegura que quem estuda não será tratado com injustiça por causa dos antecedentes econômicos, religiosos, étnicos ou raciais, nem receberá tratamento especial em razão de conexões familiares. Ao aplicar esses princípios, os sistemas educacionais reduzem ou erradicam a prevalência do suborno e da corrupção, comuns nas instituições educacionais africanas. Esses princípios também resolvem os problemas do assédio sexual nas instituições de ensino superior do continente e impedem a apropriação indébita dos fundos destinados às instituições educacionais.

A compreensão do amor divino pela humanidade, que se manifesta nos vários milagres e na cura, fundamento do movimento pentecostal, influencia de maneira proveitosa os sistemas educacionais do continente. Os pentecostais procuram moldar a vida conforme a vontade de Deus, o que significa que devem valorizar a vida humana. No contexto dos sistemas educacionais, devem participar ativamente do processo educacional e levar as responsabilidades de ensino tão a sério quanto Deus leva os assuntos humanos, o que também se aplica à administração e aos conselhos diretores destas instituições: os interesses educacionais de quem estuda devem vir em primeiro lugar. Como cristãos, suas responsabilidades vão além do ensino do currículo secular. Devem modelar o estilo de vida cristão para as crianças e inculcar valores morais e bom comportamento mediante suas interações.

Para concluir, importa afirmar que as práticas religiosas do pentecostalismo não apenas geram grande número de seguidores nem apenas engendram adeptos e sistema de crenças. O pentecostalismo influencia uma nova forma de vida dos africanos que creem ser a religião o verdadeiro caminho para Deus. Este capítulo examinou o pentecostalismo assim como elucidou a adivinhação, o xamanismo e o sufismo em outros capítulos. A crença neles significa que os líderes espirituais interpretam e pregam essas práticas, a doutrina do pentecostalismo, que não era prática predominante até anos recentes e influencia a crença, as práticas e os atos dos cristãos africanos que abraçam a doutrina.

Ademais, o pentecostalismo permitiu exercer influência considerável não apenas nos convertidos, mas também na religião tradicional africana. O pentecostalismo é de fato um dos principais catalisadores do declínio e do escasseamento do apoio à religião tradicional africana, pois discorda de muitas de suas práticas e de suas atividades, consideradas ímpias. O proselitismo ativo pentecostal assegura uma mudança de poder considerável, que continua até hoje, do ambiente religioso tradicional africano para a modelagem africana das práticas e dos ambientes religiosos modernos introduzidos pelo Ocidente.

9

As Igrejas espirituais africanas

Introdução

A expansão do domínio europeu para além das margens de sua extensão geográfica exigiu um plano minucioso, no qual a difusão do cristianismo funciona como mecanismo estratégico (Chidester, 1997, p. 1-16). Indagações pertinentes manifestam-se acerca da necessidade de introduzir a religião como instrumento de penetração nas tradições culturais e nas estruturas sociais dos prováveis súditos, dentre os quais se destacam os povos africanos. A conquista do continente pelos europeus realizou-se de maneira absoluta, o que suscita o exame da estratégia empregada, pois, sem a introdução do instrumento religioso, dificilmente se alcançaria êxito em penetrar de modo tão profundo na visão de mundo das populações subjugadas. A consideração cautelosa desta possibilidade impôs-se aos europeus, pois a recusa potencial de sua espiritualidade configuraria um ataque direto à sua inteligência presumida, além de constituir um grande impedimento aos seus propósitos e programas de expansão imperialista. Este fato, portanto, explica a razão do emprego da via religiosa e do compromisso irrevogável em torná-la eficaz. Em essência, a eficácia deste método determina-se, em grande medida, pela extensão das campanhas implacáveis contra as estruturas espirituais preexistentes, a fim de que a identidade religiosa nascente encontrasse terreno favorável e alicerce sólido para elucidar a percepção epistemológica africana. Cumpre notar que a espiritualidade africana, os sistemas de conhecimento e a realidade ontológica vinculam-se de maneira intrincada (Gbadegesin, 1991, p. 87).

Separar a estrutura educacional nativa da estrutura espiritual nativa, bem como desnaturalizá-las, são o início da missão para educar a população africana. A aceitação de uma estrutura diferente por estes povos dependeria da convicção de que as suas culturas nativas, transmitidas de uma geração a outra, não se demonstram capazes de respaldar a sua missão de modernização e de civilização, tampouco se mostram adequadas para garantir o pensamento de qualidade. O mesmo processo ocorre com a sua espiritualidade. A fim de que as populações africanas aceitassem uma religião estrangeira, foi necessário e importante para a concretização do programa expansionista europeu fazer que elas considerassem a espiritualidade nativa um mal. Em essência, os sistemas religiosos nativos foram diminuídos, ridicularizados, difamados e injuriados para que o cristianismo, a religião europeia, se infiltrasse entre as populações e iniciasse as explorações nas diferentes manifestações em que estas ocorreriam. Deste modo, houve um processo de desligamento espiritual dos primeiros africanos batizados no cristianismo durante a escravidão em relação aos fundamentos nativos, mas isto não perduraria.

Depois de perceberem que a nova fé, ainda depois de substituir com êxito os mecanismos espirituais nativos, não tinha capacidade inerente ou talvez fosse inadequada para substituir a espiritualidade africana, gravemente maculada – quiçá porque os laços entre o povo e a espiritualidade não pudessem ser rompidos fisicamente –, uma parte da população africana começou a alimentar a ambição de africanizar a religião. A súbita sensação de vazio, de perplexidade e de carência, bem como o desejo de reconciliação com o antigo eu, compeliu-a a buscar a redescoberta espiritual a fim de que não fosse desapossada a pleno da herança cultural e religiosa, pois tal perda poderia erodir toda a essência existencial dela. Ao que parece, a reunificação almejada pelo povo não mais se manifestaria nas formas religiosas usuais incontaminadas, pois eles não apenas se haviam desligado dos sistemas devido ao longo abandono, mas também haviam perdido o senso de originalidade. Em outras palavras, restava-lhes apegar-se aos destroços das antigas estruturas nativas, disponibilizados principalmente por pessoas que protegiam de maneira inseparável a antiga religião e os valores dela. Parece, entretanto, que estes africanos estavam determinados e, para demonstrar que buscavam os tesouros espirituais deslocados, recriaram-nos nas Igrejas, donde as Igrejas nativas africanas (INA).

Igrejas espirituais africanas em contexto: motivações e aspirações

A emancipação da população africana do jugo do colonialismo, para o qual os missionários inelutavelmente se voltaram, é central aos objetivos das Igrejas nativas africanas. Ao contrário dos ensinamentos de solidariedade e tolerância contidos na Bíblia, os missionários demonstraram atitudes extremas de rejeição que complicaram a possibilidade de que eles fossem integrados como membros de mesma identidade espiritual. De uma forma mais insidiosa, a evangelização pelos missionários, que pregavam a unidade em Cristo e que, portanto, forçavam potenciais africanos a se converterem ou se identificarem com a religião, não abrangia a tolerância racial, o que enviada, em razão disso, uma mensagem muito clara aos cristãos africanos (Tutuola, 1989). Os missionários brancos ofereceram oportunidades acadêmicas aos missionários negros; não obstante, revelou-se que a educação desses negros não fora projetada com o objetivo de transformá-los integralmente, de modo que estivessem no mesmo nível que os missionários europeus. Em vez disso, a educação deles era restrita, de modo que eles apenas exercessem funções auxiliares aos cruzados brancos. É evidente que a aquisição da educação colonial visava a empregar os convertidos como agentes da cristianização ou da evangelização. Mesmo quando eles estavam dispostos a oferecer aqueles serviços com alegria, a percepção de que a utilidade deles terminava quando convertiam o próprio povo reacendeu a determinação deles de criar um cristianismo que representasse os interesses africanos.

Em essência, estes africanos criam que, se os colonizadores eram odiados pelas injustiças percebidas e pela intolerância difusa, não havia justificação sólida para os missionários que demonstravam comportamento semelhante contra eles. A discriminação contra os africanos na Igreja não dizia necessariamente respeito a classificá-los racialmente ou a manter distância deles. A compreensão de que a espiritualidade e a epistemologia africanas eram desencorajadas enfureceu certos cristãos ativistas, os quais creem que o sucesso de uma identidade religiosa nascente no continente depende da capacidade de integrar os sistemas nativos. Questionar-se-ia, porventura, o fato de os africanos que foram transferidos para o ambiente transatlântico devido ao escravagismo, o qual assolou o continente como tempestade, e aqueles que permaneceram em sua terra natal manifestarem um sonho quase idêntico sob diferentes condições. Esta consideração se faz necessária, pois, ao passo que aqueles nas regiões transatlânticas empenharam esforços concentrados no intuito de integrar a sua espiritualidade nativa africana à Igreja na diáspora, os que permaneceram em seu território perseguiram propósito. Os propósitos apresentavam-se idênticos, porquanto estas populações nutriam, talvez, o mesmo sentimento com respeito às fontes espirituais dos antepassados. Era uma conexão da qual sempre era difícil desvincular-se.

As Igrejas espirituais africanas se desenvolveram com o objetivo de acomodar as diversas tradições culturais e percepções epistemológicas que refletem sua verdadeira natureza ou identidade (Harris, 2006). Desse modo, estimou-se que a redução da representação e da influência ocidentais na Igreja era iminente, e, como substituto, isso motivaria de imediato as pessoas a aceitarem parte de suas histórias passadas, das quais elas estiveram distanciadas por muito tempo. Havia um consenso de que a espiritualidade africana acabaria por atender ao sistema nativo a tal ponto que redimiria a imagem ridicularizada, violentada e arruinada. A domesticação da religião cristã era muito importante por diversas razões. Os cristãos modernos têm uma recordação nebulosa de sua história religiosa, o que, por natureza, os tornou incapazes de criar um ambiente para a prática de seus sistemas nativos. Ainda que se eles o fizessem, o problema do poder que o cristianismo representava seria difícil de resolver. Por conseguinte, era sensato, em termos técnicos, que eles se recriassem na nova religião e demonstrassem sua criatividade para domesticá-la. É importante reiterar que as reações antagônicas à versão europeia do cristianismo começaram há muito tempo na África, e isso ocorreu porque se percebeu cedo que africanizar tal identidade religiosa é um passo cada vez mais importante para a redescoberta de sua identidade.

Uma fortíssima razão para a integração da espiritualidade africana ao cristianismo que lhes foi introduzido era a consciência espiritual amplamente difundida entre as populações do continente inteiro. Não havia um único grupo social africano desprovido de sistemas nativos de conexões espirituais. Se eles talvez não tivessem a versão cristã da Trindade em sua espiritualidade, tinham, contudo, um sistema espiritual bem concebido que enfatizava conexões pessoais com o ser supremo, o que tornava o dever de adoração significativo. Os ganeses do grupo étnico axante denominam Deus de "Onyame", e não se poderia alegar que lhes faltasse conhecimento da existência de um ser supremo (Mudimbe, 1988). Contraria toda lógica descrever, de modo súbito, o povo iorubá da Nigéria – firme em seu relacionamento com figuras sobrenaturais, cujo líder chamam de Olodumare – como irreligioso, exceto se se tiver entendimento limitado de sua espiritualidade. Cumpre mencionar também que a formulação de um princípio religioso, tal como se encontra no cristianismo, não estaria em prática entre os etíopes da África Oriental antes da chegada dos europeus; o que, porém, não invalida o relacionamento deles com Deus. Assim, a espiritualidade africana era onipresente enquanto estivesse inserida em um ambiente africano, e as motivações para a assimilação se tornariam claras por causa dessa consciência sociorreligiosa.

A fim de corroborar os argumentos de muitos desses africanos, a censura extrema dos europeus às práticas culturais africanas tornou-se uma forte motivação para o empenho em africanizar a religião cristã. Os missionários ocidentais não conseguiam separar suas inclinações religiosas das armadilhas sentimentais que obscureciam seu julgamento dos africanos, o que, de modo inelutável, conduzia a uma avaliação condenatória das estruturas nativas africanas. Em todo o mundo, as religiões se destinam a guiar os indivíduos rumo à unificação do povo com a inteligência cósmica e não, na maioria dos casos, a questionar as suas tradições culturais (Idowu, 1962). Isto, no mais das vezes, se deve ao fato de que censurar a identidade cultural de um povo equivale a uma agressão contra sua capacidade intelectual e contra seus pensamentos antepassados. Tal epistemicídio, no mais das vezes, teria consequências ainda maiores para esse povo, o que explica por que eles sempre contestam tais desenvolvimentos. Era evidente que os missionários ocidentais se sentiam desconfortáveis com a prática da poligamia em muitos países africanos, ainda que certos personagens bíblicos houvessem conscientemente escolhido o sistema poligâmico em sua época. Talvez os africanos contestadores não tivessem encontrado razão para desafiar essa incongruência se não dispusessem da capacidade intelectual de interpretar a Bíblia. O fato, contudo, de que personagens bíblicas praticaram a poligamia, enquanto os cruzados da religião a desaprovavam, sugeria algo diferente aos contestadores. Eles criam que o cristianismo trazido pelos cruzados conduzia a um genocídio cultural. É evidente que não aceitariam tal perspectiva (Lawuyi, 1986, p. 102-114).

Imaginar que a prática cultural africana da poligamia seja apenas uma parte insignificante da discriminação eurocêntrica fundamenta o rigor intensificado empregado na africanização do cristianismo. As segregações segundo a linha de cor constituíram um desafio insuperável que os africanos enfrentaram nas mãos dos europeus, devido à conscientização que aqueles tinham das consequências subjacentes. Em primeiro lugar, a oportunidade de alcançar uma posição de liderança seria potencialmente posta em risco em virtude do preconceito existente que os missionários ocidentais estabeleceram. Cumpre recordar que as observações já concluídas acerca dos africanos, até mesmo pelos missionários, eram as de que eles eram bárbaros e atrasados ao extremo (Samuel, 1921) e que um povo com capacidade intelectual assim debilitada não poderia receber confiança para ocupar nenhuma posição de liderança na Igreja – embora lhe fossem reservadas posições marginais. Subjacente a essa ideia, estava uma representação prática dos africanos como subumanos, de modo que a colonização de suas mentes deveria ser impiedosa. A formação dessa impressão criou as motivações necessárias nos corações dos convertidos africanos; por conseguinte, uma contramedida essencial era tornar a religião nativa.

Ao mesmo tempo, as contribuições de eventos naturais não podem ser subestimadas. Talvez porque a natureza também fosse cúmplice nesse aspecto, a motivação para africanizar a religião se fortaleceu ainda mais, visto que há certas regiões impenetráveis no continente. Os missionários mostravam-se relutantes em adentrar ambientes geográficos especialmente hostis à sua cor e à sua identidade. Isso significa que a expansão do cristianismo para o interior dependeria em grande parte dos esforços dos nativos em prosseguir com a missão evangelizadora. Isso forneceu justificativa suficiente para a ordenação de pessoas como Samuel Ajayi Crowther, a fim de aprimorar um projeto de cristianização. Ajayi Crowther foi um africano outrora escravizado que obteve sua liberdade em Freetown, Serra Leoa, a caminho do ambiente transatlântico. Por ser iorubá, ele se adequava bem à difusão da religião devido ao seu conhecimento do ambiente. Ainda mais importante, o envolvimento dele na evangelização do povo atraía maior participação de nativos, os quais se identificariam, de modo natural, com a ideia de que alguém de seu próprio meio integrava o movimento. Pode-se compreender a importância desse ponto ao perceber que o Bispo Samuel Ajayi Crowther traduziu as línguas iorubá e ibo para o inglês.

Tornou-se de suma importância que os africanos desenvolvessem sua identidade no cristianismo, mesmo que isso implicasse que eles não receberiam o apoio necessário dos europeus. É óbvio que os europeus não aceitariam a redefinição do cristianismo que os africanos se esforçavam por realizar. Entretanto, porque compreendiam que sua identidade estava sob grave ataque e que sua sobrevivência se achava submetida a ameaças de magnitude inimaginável, os primeiros convertidos cristãos africanos começaram a promover uma versão do cristianismo que não só validasse sua percepção epistêmica, mas também enfatizasse sua compreensão nativa da vida. Assim, a poligamia era encarada como uma expressão do pensamento cultural que não deveria ser submetida às interferências externas trazidas pelos europeus. Do mesmo modo que os africanos identificaram e valorizaram esses aspectos, eles abriram caminhos para a reconstrução cultural dentro da crença religiosa. Práticas culturais, tais como canções e danças, que integravam o patrimônio africano, foram incorporadas porque todas as tentativas de separá-las das atividades malograram (Geertz, 1973). Assim, parecia que os africanos estavam profundamente ligados às suas tradições culturais e preferiam reforçá-las em vez de negá-las.

As Igrejas espirituais africanas e a espiritualidade africana

Como já se mencionou, o povo africano é muito religioso, pois a espiritualidade faz parte de sua história. Essa forma de espiritualidade manifesta-se em várias dimensões entre diferentes civilizações africanas, mas o que permanece constante é que ela, no mais das vezes, é constitutiva do convívio social, precisamente porque os indivíduos, às vezes, são expostos a ela sem se darem conta, de modo que passam a absorver pensamentos espirituais coerentes com sua cultura. Os africanos aceitam as limitações do conhecimento humano porque consideram a existência cosmológica como uma lacuna que não pode ser explicada apenas pela lógica humana (cf. Fadipe, 1970). Ainda que considerem o ser humano o centro da organização universal, muitos desses grupos sociais africanos admitem a existência de forças invisíveis que afetam os eventos físicos. A espiritualidade africana não se desenvolve a partir de disposições alucinadas de um indivíduo comum acerca de eventos desconhecidos; antes, surge do reconhecimento de suas limitações intelectuais quanto à vida. Nenhum sistema de pensamento consegue explicar certos fenômenos, tampouco a razão fundamental por trás de sua existência. Em outras palavras, certos eventos fogem às explicações lógicas, e, independentemente do nível de avaliação sistemática ou de racionalização do ocorrido, a lacuna do conhecimento permanece presente. Por que o mundo existe? Quais são as razões específicas para a evolução humana alcançar um nível acima do dos outros animais? Essas e outras perguntas amiúde surgem, mas, na maioria das vezes, recebem respostas insatisfatórias.

Conquanto a compreensão do corpo cosmológico difira em grande medida de cultura para cultura na África, prevalece entre elas a crença de que a tríade do não nascido, do vivo e do morto constitui o círculo da existência. Esse círculo é ligado por um cordão umbilical, e os atos dos mortos afetam compreensivelmente os outros dois. Com base em seu entendimento, John Mbiti observou que os africanos demonstram uma religiosidade intricada, pois relacionam as suas vivências com forças invisíveis e creem que as suas experiências cotidianas estão sujeitas a manipulações exercidas por essas potências, das quais alguns deles recebem comunicações manifestadas de modos muito diversos (Mbiti, 2002). Os africanos demonstram tamanha consciência da presença invisível que costumam evocar o espírito dessa presença para intervir e para dar apoio em diferentes circunstâncias humanas. Ao contrário de muitas outras civilizações, os africanos não consideram a morte a finitude da existência humana, mas sim uma transição de uma fase da vida para outra. Visto que esses seres humanos adquiriram um nível plausível de conhecimento, de consciência social e de consciência espiritual, a morte deles não os torna inativos nos assuntos dos vivos; eles, no entanto, podem desempenhar seus papéis com o uso de meios diferentes. O fato de que os mortos apareçam às pessoas em seus sonhos realça a conclusão de que eles intervêm nos assuntos humanos.

Existem algumas identidades culturais na África em que os membros falecidos da sociedade recebem tratamento simbólico quando partem para o além-mundo. Na verdade, o povo iorubá da Nigéria tem cargos políticos para emissários espirituais de certos reis, na suposição de que eles guiarão a ida desses reis para o além-mundo. Além disso, organiza-se uma cerimônia elaborada para os falecidos. Trata-se de um comportamento cultural e espiritual desenvolvido a partir do pensamento de que a transição de uma fase para outra exige o nível de respeito conferido aos mortos, de modo que eles possam intervir em favor dos vivos em assuntos de grande importância. A presença de uma profunda espiritualidade na África é corroborada pela celebração do Egungum em muitas de suas comunidades ou sociedades. O culto de Egungum existe em quase todo país do continente, e sua essência espiritual fundamental está na função de servirem como manifestações físicas de antepassados cujos espíritos são evocados de tempos em tempos para intensificar a intervenção deles nos assuntos humanos. Mesmo quando linhagens específicas costumam ser associadas a um Egungum em particular, acredita-se que seus espíritos antepassados tenham se transformado para ocupar um corpo humano, por meio do qual se comunicam com os vivos. Em essência, a comunicação com o invisível manifesta-se em sonhos e pelo arranjo cerimonial dos festivais do Egungum (Bascom, 1984).

Sibusiso Masondo observou que, na África do Sul, cerimônias de dedicação de casas constituem uma organização ritual que responde a perguntas espirituais específicas acerca de sua existência (Masondo, 2005, p. 89-103). Isso corrobora o pensamento segundo o qual a conclusão de tais projetos depende do relacionamento entre os seres humanos e as fontes antepassadas deles. Cumpre sobrelevar cuidadosamente que o africano notoriamente espiritual sabe que as atividades dele, mesmo quando explicadas logicamente, não são algo cujo planejamento se possa atribuir a ele, visto que é concebido apenas como o corpo físico destinado a executá-las. Assim, a realização que esses sul-africanos alcançam quando concluem com êxito uma estrutura física e a dedicação que demonstram às suas fontes antepassadas realçam a consciência de que eles têm da presença e da influência de forças invisíveis. De modo lógico, e talvez também psicológico, a exatidão desse pensamento se evidenciaria quando se entendesse que indivíduos do passado exercem influência notável em nós, para além da herança genética transmitida aos vivos. As realizações desses indivíduos, as suas atividades, as suas contribuições sociais e os seus registros pessoais são o que a sociedade conserva na memória pública e o que faz com que as gerações vindouras se recordem das atividades passadas desses indivíduos. Por exemplo, o povo iorubá mantém um grupo de guardiães da tradição oral que conserva quase toda a história social das pessoas da comunidade intacta na memória. Eles transformam isso em produção artística e, desse modo, lembram aos vivos as atividades dos antepassados, das quais esses vivos nunca podem se dissociar.

Essas são as várias manifestações da espiritualidade africana que não podem ser desconectadas do povo, independentemente da religião que o povo abrace ou professe. Por exemplo, o conceito de jugo hereditário, popular entre as Igrejas nativas africanas, encontra uma importância sociocultural análoga na Bíblia e faz parte integrante da espiritualidade africana (Karp, 1986, p. 199-211). As maldições geracionais permanecem válidas enquanto se crer que os seres humanos são fruto dos antepassados, e os registros associados a essas almas falecidas continuam a influenciar as atividades dos vivos de diversas maneiras, de modo que essa construção espiritual se estenda, quer à sua participação social e tradicional, quer às escolhas de carreira do povo. Uma linhagem conhecida em razão de seus membros terem sempre a mesma profissão, a saber, caçador, mantém a tradição de caça porque compreende que não se pode negar a transferência de conhecimento por meio dos antepassados. Assim ocorre com linhagens socialmente conhecidas por outras profissões. Isso advém da ideia de que os membros do mesmo grupo familiar coordenariam mais facilmente a consulta a esses seres antepassados. Em essência, quando se encontra cristãos nas Igrejas nativas, relaciona-se imediatamente a concessão de títulos às forças cósmicas, pois se trata de uma tradição desenvolvida dos sistemas nativos dessas Igrejas. Fazem-se referências passivas a feitos antepassados, o que constitui um modo especial como os vivos esperam que as atividades dos falecidos determinem o que ocorre na sua existência presente.

Não é necessário investigar minuciosamente as Igrejas nativas africanas para compreender as conexões profundamente arraigadas entre elas e a sua espiritualidade nativa. Por exemplo, a Igreja Aladura costuma exigir comunicação pessoal entre si e forças sobrenaturais que, na maioria dos casos, manifestam-se prontamente na sua existência física. Isso ocorre o mais das vezes porque há a crença intrínseca de que as forças espirituais, embora permaneçam como as potências determinantes de eventos físicos, podem ser manipuladas; por essa razão, as Igrejas nativas africanas – e isso abrange também algumas Igrejas pentecostais – persistem em envolver-se com tais forças. O raciocínio proveio da conceituação espiritual dos africanos, distinta na prática e diferente das conceituações, das práticas e dos raciocínios identificados pelos missionários ocidentais. Pode-se prontamente relacionar isso à consulta aos adivinhos entre os guardiães do culto tradicional na África. Na verdade, trata-se de uma prática espiritual geral que as pessoas consultem adivinhos em seu cotidiano, de modo que as suas atividades físicas não sejam subjugadas pela violência ou por uma melancolia inimaginável. Assim, esse pensamento é transferido para o cristianismo africanizado, pois o povo julga difícil dissociar-se de suas raízes nativas.

A cultura da dança introduzida no cristianismo africano provém do sistema nativo de práticas religiosas. Como já se indicou, a espiritualidade nativa é uma cornucópia de sistemas nos quais as funções sociais se combinam a matérias políticas, da mesma forma que matérias econômicas se entrelaçam com atividades institucionais. Por exemplo, em um festival de Egungum, observa-se a reunião de muitos eventos sociais, dentre os quais o mais popular é a invocação dos espíritos antepassados (o que lhe confere um significado espiritual), a intervenção desses espíritos em controvérsias entre diferentes membros familiares (o que os qualifica como um sistema de justiça social) e a distribuição de produto aos participantes do programa, caso em que matérias econômicas seriam resolvidas. Em todos esses processos, há danças, júbilo e folguedo generalizados. Desse modo, tais práticas são incorporadas ao cristianismo africano pelas Igrejas Aladura, pela Sociedade Missionária da Igreja, pela Igreja Querubim e Serafim, entre outras denominações. Essas Igrejas integram danças aos seus programas, na crença de que isso põe as pessoas no estado de espírito próprio para melhorar a comunicação espiritual entre elas e o invisível.

O espírito nas Igrejas nativas africanas constitui o fundamento de seus princípios espirituais a ponto de servir de base para a profecia, para a revelação, para a expulsão do mal, para a garantia de oportunidades econômicas e para o recebimento de incumbências em sonhos, entre outras coisas. O cristianismo africanizado crê que, ao se deparar com desafios assombrosos, os seres humanos necessitam de libertação espiritual imediata de forças invisíveis que se manifestaram contra eles. Em essência, essas forças tornam-se, quer as fontes de restauração de glórias perdidas e defensoras dos direitos das pessoas no plano espiritual, quer o cadinho onde se determinam destinos e fortunas das pessoas. Essas Igrejas dão ênfase à cura divina, à libertação sobrenatural, à glossolalia (falar em línguas), ao Espírito Santo, à revelação, à profecia, entre outros aspectos. Em razão da disposição sociorreligiosa das Igrejas nativas africanas, os africanos encontraram sua identidade na prática dessas Igrejas e, por conseguinte, preferiram-nas aos tipos ortodoxos e às Igrejas dos missionários ocidentais. As Igrejas africanas no Zimbábue, as suas congêneres em Gana e as vizinhas na Nigéria seguem o sistema do culto antepassado, no qual a importância da espiritualidade permanece central em todos os empreendimentos.

Igrejas espirituais africanas e a produção de conhecimento

A estrutura epistemológica da África forma a base da produção de conhecimento para princípios religiosos, comportamentos sociais e até mesmo sistemas políticos. A inseparabilidade desses produtos do projeto epistemológico africano ressalta o motivo da promoção dos sistemas nativos por quaisquer meios disponíveis na sociedade. Desse modo, ao mesmo tempo em que reforçariam seus princípios espirituais e a importância deles para a sociedade, as plataformas religiosas não deixariam de interpor princípios morais no povo nem de construir seus sistemas políticos com ideias associadas a essas estruturas. Em outras palavras, a espiritualidade africana não se pode dissociar de suas insinuações epistêmicas, pois foi dessa fonte que se extraíram tais elementos. Por consequência, as Igrejas espirituais africanas (IEA) seguem um padrão fundamental que sobreleva a importância da instrução para os membros da religião, de modo que, enquanto elas servem de guia espiritual para o povo, nele constroem simultaneamente uma boa filosofia moral.

As contribuições das Igrejas espirituais africanas para a geração e a circulação do conhecimento podem ser examinadas em dois níveis diferentes. Em primeiro lugar, elas fizeram um esforço substancial a fim de que reivindicassem a identidade africana por meio da restauração de seus modelos educacionais nos modelos ocidentais. Em segundo lugar, elas atuam no âmbito da sociedade religiosa com o objetivo de incutir valores nos membros. Quanto a esse primeiro aspecto, o desenvolvimento de escolas de diferentes maneiras por essas Igrejas almeja exercer um papel importante no avanço do seu projeto cultural (Anderson, 2013, p. 178-186). Uma das deficiências dos europeus é o silêncio deles quanto ao investimento na educação do africano; presume-se que isso ocorra porque a ambição deles para com os africanos consiste em evangelizá-los, e não em desenvolvê-los intelectualmente. Ao que parece, tal determinação buscava promover a civilização ocidental e seus planos, enquanto os súditos dessa civilização – os africanos cristianizados – não recebiam oportunidades de desenvolvimento humano de qualidade. O treinamento oferecido a eles destinava-se geralmente ao aperfeiçoamento das habilidades oratórias, a fim de facilitar a comunicação entre os missionários ocidentais e os potenciais convertidos africanos. Embora isso tenha contribuído para o florescimento do cristianismo, o índice de desenvolvimento humano do africano desfrutaria apenas de benefícios sociais e econômicos mínimos. Apesar disso, o desenvolvimento das Igrejas africanas resultou na sua emancipação em áreas acadêmicas, de modo que, enquanto alcançavam notável crescimento espiritual, aumentavam igualmente seus conhecimentos para se desenvolverem e desenvolverem a sociedade imediata. Em essência, as Igrejas Nativas da África do Sul, as Igrejas da Etiópia, as Igrejas de Gana e suas contrapartes na Nigéria assumiram diretamente a responsabilidade de fundar escolas, de modo que estas se tornassem centros de produção do conhecimento e de circulação da informação.

Considerável número de Igrejas nativas africanas concentrou-se no estabelecimento de escolas, para que as pessoas tivessem acesso a uma instrução de qualidade, com a qual pudessem desenvolver a sociedade mais ampla e equiparar-se ao sistema acadêmico global. Na Nigéria, por exemplo, houve um desenvolvimento radical de escolas pelas Igrejas Nativas, a ponto de constituírem uma estrutura formidável no desenvolvimento acadêmico do povo. Por exemplo, no Estado de Bayelsa, não se pode subestimar o impacto da vertente Sião do cristianismo e da Igreja Querubim e Serafim. Essas Igrejas continuaram a criar centros educacionais nos quais a transmissão do conhecimento ocorre de modo sério e eficiente (Turner, 1965). Isso se consolidou pelo aprimoramento constante dos padrões de ensino, de modo que esses estudantes pudessem competir com seus colegas globais e transnacionais. Não menos que vinte e uma escolas primárias foram estabelecidas pela associação dessas Igrejas nessas comunidades, o que representa estatisticamente cerca de 29% das escolas nesse entorno (Amasuomo, 2014, p. 53-61). O bem-sucedido estabelecimento e a manutenção dessas escolas melhoraram de forma substancial a matrícula acadêmica ali, facilitando que o desenvolvimento intelectual do povo, de modo geral, se tornasse socialmente relevante. Esse empenho provém da filosofia enraizada nos sistemas religiosos nativos, nos quais se enfatiza a primazia do envolvimento educacional de modo intransigente.

Essas Igrejas enfrentam desafios extremados por razões não desvinculadas da sua incapacidade financeira de gerir tais centros acadêmicos. A difusão do conhecimento, todavia, constitui parte fundamental da sua consciência espiritual e deve ser assumida pelos membros que tenham condições financeiras de sustentar o projeto. Para as escolas mencionadas acima, as Igrejas distribuem a responsabilidade entre os membros e, mediante as contribuições deles, têm conseguido criar diversas escolas dedicadas ao aprimoramento dos seus objetivos. Contribuições impostas aos membros, doações de diferentes grupos de interesse e auxílios de pessoas que vivenciaram as perspectivas espirituais das Igrejas são empregadas no custeio do projeto escolar, pois se crê que isso incrementará o desenvolvimento social delas e levará indiretamente os convertidos a abraçarem a religião. Essencialmente, elas são consideradas progressistas, visto que todos os seus projetos acadêmicos visam a melhorar as condições intelectuais. Uma vez adquirido o conhecimento, as pessoas empregarão, por sua vez, o seu patrimônio intelectual para promover o desenvolvimento máximo do povo. Isso significa que os papéis tradicionais desempenhados pelas instituições espirituais africanas continuam reforçados nos tempos atuais. E esse fortalecimento decorre do entendimento de que as pessoas desenvolver-se-ão rapidamente se tiverem acesso a sistemas de conhecimento abrangentes.

Percebe-se que a produção do conhecimento teria impacto substancial na participação política do povo. Por exemplo, a instrução escolar ajuda a moldar o indivíduo de modo que este desenvolva pensamento crítico e engaje-se com a sua situação política. Não é exagero dizer que as brasas de independência que se espalharam pela África antes do término do colonialismo foram consolidadas pela base educacional desses nacionalistas, os quais haviam mergulhado profundamente nos ensinamentos de suas Igrejas. Ayegboyi e Ishola reiteram a importância dessas Igrejas espirituais africanas, ao afirmarem que elas apresentaram aos africanos o verdadeiro espírito do nacionalismo como estratégia para a substituição do colonialismo – o qual não apenas afundou os sistemas econômicos e políticos, mas também, inadvertidamente, proscreveu o sistema de valores nativos dos africanos (Ayegboyi; Ishola, 1997). As Igrejas Aladura participaram de modo exemplar dessas mobilizações e enfatizaram a importância de integrar a congregação delas nas lutas africanas, para que as identificassem como parte de seus empreendimentos e, principalmente, as aceitassem como lutas próprias. Assim, confirma-se a conjectura de que a introdução da educação para essas pessoas serviu como plataforma de lançamento para a sua emancipação em todos os aspectos. Os missionários ocidentais não compreendiam as lutas desses africanos, ou talvez fingissem não as compreender, mas a prática pura da sua religião, sem a infusão de elementos nativos, neutralizaria o potencial dessas pessoas instruídas nas aspirações da sua identidade geral.

É irrefutável que os esforços mencionados anteriormente resultaram em respostas positivas, porque aumentou o número de matrículas de crianças africanas na escola, o que assim facilitou os seus compromissos nacionalistas (Blyden, 1967). Para além do fornecimento de centros educacionais ou do fortalecimento de uma cultura política nacionalista, destaca-se a não aceitação do comportamento imoral por intermédio dos preceitos morais iorubás mesclados a ensinamentos bíblicos. Cumpre ressaltar que a produção do conhecimento está necessariamente mais relacionada à geração de ideias que impactem a vida do indivíduo do que à provisão de centros onde a sua aprendizagem seja aprimorada. Isso ocorre porque o conteúdo do aprendizado, na maioria dos casos, determina o desenvolvimento intelectual de um povo, visto que os membros desse povo seriam persuadidos a seguir uma trajetória pré-determinada com base no que internalizaram, em vez de basear-se em elementos que tornariam relevantes as atuações desses processos. Isso significa que, se uma escola for erigida e ali for ministrado o conteúdo próprio de outro povo, a alegação de que o conhecimento produzido seja atribuível aos grupos que edificaram a infraestrutura será inválida. Com base nisso, procedeu-se a um exame minucioso do impacto das Igrejas africanas no tocante à produção de conhecimento.

O cadinho do desenvolvimento intelectual reside em integrar os jovens indivíduos à percepção epistêmica das suas tradições culturais, e parece que o cristianismo naturalmente desperta essa potencialidade na Igreja. Por exemplo, a criação do departamento de escola dominical na Igreja auxilia na transmissão do conhecimento aos membros da mesma religião. Considere-se, por exemplo, que esse caminho da escola dominical foi adotado por diversas Igrejas nativas africanas – Igrejas Aladura, Igreja Querubim e Serafim, Sociedade Missionária da Igreja, A Fé Apostólica e outras várias denominações – para transmitir conhecimento aos membros; perceber-se-ia que o conteúdo da educação ministrada ali provém majoritariamente da sua epistemologia nativa, de modo que o povo encontre uma representação adequada de si no sistema. Observamos a transmissão substancial da sua mensagem, como a essencialização dos relacionamentos humanos, a criação de um sistema social no qual se enfatizava o respeito às autoridades constituídas e em que a purificação da existência espiritual se tornava igualmente necessária.

Nas Igrejas, costuma-se ensinar aos indivíduos valores associados às concepções de sua sociedade. O fato de que eles são expostos ao que constitui a moralidade, de modo que se incentive o desenvolvimento de sólidos princípios morais, reflete a determinação de aprimorar a boa formação por meio das suas Igrejas. Embora possam partilhar semelhanças com as ideias de outros povos, a percepção moral e as ideias dependem, em grande parte, da cultura. Por essa razão, a inculcação de valores morais especificamente africanos tornou-se uma das principais preocupações das Igrejas nativas africanas, as quais os promoviam a cada oportunidade apresentada. As pessoas são apresentadas a fundamentos filosóficos e sólidos, considerados úteis para as auxiliar na condução de sua existência. Em essência, comportamentos sociais condenados pelos missionários ocidentais eram encorajados contanto que ajudassem a formar um grupo de pessoas moralmente responsáveis, que refletisse as ideias africanas. Isso ocorria porque se compreendia que a dependência de sistemas de conhecimento ocidentais poderia potencialmente afastar o povo do seu âmago cultural e religioso. Por exemplo, a proliferação do casamento entre pessoas do mesmo sexo em tempos contemporâneos é algo contra o qual algumas Igrejas nativas africanas se manifestam, por causa da superstição e dos mitos construídos em torno dessa prática. Assim, tais práticas seriam criticadas de uma posição de conhecimento que corroborasse o sentimento nativo e invalidasse a posição ocidental.

Crenças e o poder das palavras bíblicas

Desde o princípio, o fundamento das Igrejas nativas africanas construiu-se na crença na potência das palavras para converter as suas declarações em atuações visíveis. Entrementes, a própria Bíblia valida substancialmente o emprego das palavras e de suas manipulações espirituais, de modo que os resultados se manifestem de maneira física. Nelson Geoffrey afirma que a associação da grandeza às pessoas chamadas homens ou mulheres de Deus baseia-se diretamente na sua autoridade validada e divinamente sancionada (Geoffrey, 1969). Embora qualquer pessoa possa amiúde declarar-se excepcionalmente abençoada pela inteligência cósmica, a produção de resultados físicos serve o mais das vezes de reforço da posição dessas pessoas no mundo espiritual. Isso significa que a essencialização das pessoas denominadas homens e mulheres de Deus depende, em grande medida, de sua capacidade de usar as palavras bíblicas de modo eficaz e de modo produtivo. Numerosas Igrejas nativas têm líderes espirituais legitimados pela demonstração extraordinária de um dom incomum. Eles são canonizados pelo controle da existência sobrenatural que exercem, de modo que os desejos dos membros costumem concretizar-se. Como amiúde produzem esses resultados, acredita-se que eles próprios sejam sobre-humanos e excepcionais.

A sustentação de sua importância religiosa depende em grande parte da capacidade de continuarem a exibir esses poderes extraordinários, de modo que o resultado de seu controle dos assuntos sobrenaturais não apenas pareça permanente, mas também que permaneça constante a possibilidade de alterar até mesmo os eventos que, sem a interferência dessas pessoas, seriam trágicos. Os pastores são considerados dotados de vocação espiritual e ordenados pelo poder divino, enquanto resultados e atos condizentes com essas qualidades ocorrerem. Compreende-se que eles são personagens cujos atos não podem ser submetidos a explicações lógicas nem a avaliações racionais, pois apresentam resultados que desafiam a compreensão humana. Tornam-se as escolhas preferidas das pessoas de um jeito que os faz pertinentes para os seus afazeres sociais e até para os econômicos. As palavras se transformam em resultados concretos e manifestam o potencial de mudar as condições das pessoas, e a sua excepcionalidade recebe a confirmação daquelas pessoas que foram ordenadas. A obtenção de resultados do uso espiritual das palavras não se confere a pessoas que não compreendem o seu uso, e sim a pessoas com licença divina para tanto. A imagem dos ministros religiosos não difere das imagens dos seus antepassados, pois atuam de maneira espiritualmente similar.

A população africana crê por inclinação natural que seus antepassados sejam mediadores entre ela e o mundo sobrenatural (Makhubu, 1988) e, em virtude da importância espiritual que lhes é atribuída, alguns destes pastores nativos africanos assumem de imediato papéis sociais de antepassados, pois se crê que sirvam como mediadores entre a população e a Inteligência Cósmica. O processo de africanização da religião cristã converteu as posições de pastores ou de outros indivíduos, aos quais se crê que tenham qualidades sobre-humanas, naquelas ocupadas por seus antepassados. Em muitas sociedades africanas, pratica-se a adivinhação a fim de se compreender as posições dos antepassados, de modo que se adquira conhecimento do que se deve ou não se deve fazer para prosseguir por um caminho próspero. Em tempos modernos, os papéis desses antepassados são transferidos sem demora a seus pastores, de modo que eles empreguem seus poderes no manejo das palavras para transformar vidas de forma positiva. Quando bem compreendidas, as instituições religiosas tradicionais africanas são erigidas para recrutar certas pessoas extraordinárias e sobre-humanas como vozes que apelam às forças cósmicas em benefício de sua gente. O culto aos orixás, por exemplo, é criado com o pressuposto de que essas divindades negociem em nome do povo junto ao Ser Supremo, de modo que haja provas palpáveis das transformações em suas vidas. Costuma-se não se aproximar de Deus diretamente, exceto por meio desses intermediários.

O cristianismo predominante depende em grande parte da potência das palavras, o que consolida os princípios fundamentais da própria religião. Cristãos ocidentais compreendem que os milagres bíblicos registrados guardam uma relação substancial com o manejo de palavras e com uma manifestação física. A espiritualidade africana confia intensamente em experiências semelhantes, pois a força de atuação que acompanha suas declarações verbais permanece presente e dominadora em seu envolvimento espiritual tradicional. Os milagres bíblicos envolvem o uso de palavras, e, no curso do culto, a transição para a glossolalia contribui para tornar relevante seu anseio de alcançar a eficácia a que o povo almeja. As pessoas falam em línguas, e os resultados manifestam-se naquilo que se pode mensurar fisicamente. Missionários ocidentais instruíram os primeiros convertidos nessas matérias para promover seu objetivo de evangelização plena. Exemplos de orações poderosas que alteraram rumos de atuação são evidentes na Bíblia, mas a falta de demonstrações práticas por parte desses missionários resultou na criação de diversas Igrejas nativas.

Entrementes, há uma cultura de encantamentos entre muitos africanos, preservada historicamente ao longo de séculos e de eras. A reiteração bíblica do poder das palavras serviu como motivação silenciosa para o povo. Se se crê que as palavras são eficazes e poderosas, conforme ilustrado na Bíblia, o fato de experimentos análogos terem sido empreendidos com êxito por seus antepassados tornou-se fator motivador para a incorporação de encantamentos no novo sistema. Ainda que estivessem cientes de que o resgate de tal prática passaria por rigorosos processos transformativos, eles ainda criam que seria possível integrá-la à sua nova religião. Desse modo, não se reproduziriam encantamentos à maneira das práticas nativas. Embora se lhes tivesse atribuído uma identidade cristã, constituiria também valiosa herança confiável no novo sistema religioso. Sendo que muitos sistemas nativos africanos se apoiam na potência de suas palavras, a reencarnação dessa prática justifica-se por seu reflexo na Bíblia. Portanto, a potência cristológica das palavras não se distingue de suas contrapartes africanas, e o fato de ser mais acessível aos cristãos africanos torna indispensável sua incorporação. Missionários ocidentais transmitiram aos primeiros convertidos africanos princípios de espiritualidade que destacam o papel das palavras na transformação da vida humana, mas não exibiram demonstrações práticas amplas como o faziam os sistemas espirituais nativos.

Um cristão africano proveniente de uma família que emprega palavras diariamente em seu convívio, e obtém resultados físicos, tende a contestar o que se lhe ensina nas Igrejas ocidentais e, em contrapartida, recorre a seus sistemas antepassados. A razão disso é muito clara. No esforço para evangelizar o povo – tarefa que seria em grande medida desempenhada pelos convertidos nativos –, eles se depararam com algo concreto que atrairia potenciais convertidos ao que estavam fazendo, de modo que estes compreendessem o significado do novo sistema religioso. Explicar tais acontecimentos aos missionários ocidentais não resultaria em nada desejável, pois eles não se formaram na tradição cultural desse povo e não estão em posições sociorreligiosas adequadas para avaliações objetivas. Assim, esses africanos se determinaram a empregar a potência nativa das palavras valendo-se das atividades e dos eventos bíblicos que poderiam ser usados para justificar seus atos. Diversas passagens da Bíblia descrevem ocasiões em que se confiou nas palavras até que fossem divinamente sancionadas, de modo que se realizasse fisicamente o que se pedia. Enquanto isso, ocorreram eventos semelhantes entre povos nativos do continente, e tais experiências os inspiraram a integrar a ideia à religião recém-encontrada – o cristianismo. Por exemplo, considera-se a glossolalia, ou seja, o falar em línguas, um comportamento espiritual idêntico aos encantamentos usados pelo povo iorubá da Nigéria.

Passemos, agora, a atentar para o que Pierre Verger denomina de "poder vital" (Verger, 1964). Segundo ele, há equivalência espiritual entre a noção de *maná* no cristianismo ortodoxo e o conceito de axé entre o povo iorubá. Para esse grupo social, há a manifestação física dos resultados das orações ou encantamentos entre a população. A associação bíblica da intervenção divina em pedidos humanos à palavra encontra similaridade entre eles, pois também atribuem a responsabilidade pelas transformações de seus pedidos a Olodumare, seu próprio ser supremo. A posição bíblica de que a criação do mundo e a criatividade demonstrada nesse feito refletem uma capacidade sobrenatural de determinar que as coisas tomem uma forma específica. O universo foi projetado pela potência das palavras de Deus, e não se pode enfatizar o bastante o papel das palavras em moldar os assuntos humanos e o mundo. Em essência, as árvores da floresta se curvam ante a manifestação da potência das palavras, do mesmo modo que as criaturas do oceano seguem diretrizes divinas semelhantes. A declaração de Deus no Livro de Gênesis "Faça-se a luz" consolida a suposição de que as coisas do mundo são produto de palavras divinamente sancionadas. Assim, seria difícil manter a dominação ou ter o controle espiritual máximo das coisas sem se fundamentar na espiritualidade nativa. O axé é transportado para as Igrejas Africanas Independentes em diferentes dimensões.

Outrossim, a associação do poder com a potência das palavras é sublinhada pela compreensão de que o poder é, no mais das vezes, central para a organização de ideias e filosofias que auxiliariam na orientação da conduta humana. Essa associação contribuiria igualmente para a concessão de autoridade ao indivíduo, amiúde acima de todas as outras coisas. Isso é importante porque, por meio dela, os seres humanos podem influenciar atividades ao seu redor, que se desenrolam sem seu conhecimento. Com a manifestação do poder das palavras, a vida de um indivíduo tomaria um rumo diferente, ainda que alentador. O poder residual das palavras, conforme se encontra na Bíblia, insere-se no cristianismo africanizado por meio de formas nativas. Devido à incapacidade de apresentar provas concretas da experiência documentada na Bíblia, as Igrejas Aladura, a Igreja Querubim e Serafim e outras variantes das Igrejas Africanas Independentes integraram suas concepções nativas de palavras e as somaram ao convívio cristão regular. Quase todas as denominações de cristianismo africanizado no continente e em comunidades transnacionais assimilaram as palavras em seus sistemas e em seus princípios espirituais. As Igrejas Aladura, em especial, proclamam as palavras como algo essencial em sua trajetória espiritual. Isso se reforça pelos resultados louváveis que os congregantes encontram no curso de seu envolvimento religioso, o que valida, assim, a razão para a iniciação de uma identidade eclesiástica centrada na África.

Igrejas espirituais africanas e sua importância sociocultural

Desde o início, o objetivo primordial de africanizar a religião cristã foi estabelecer um vínculo entre os africanos, vínculo esse que seria nutrido por sua história cultural e social. Em face da compreensão de que os missionários ocidentais não propiciariam a efervescência sociocultural de que os africanos necessitavam para cristalizar suas tradições culturais e a relevância de sua identidade, os primeiros cristãos africanos decidiram usar a Igreja como um meio de reunificação. Devemos considerar a experiência de Serra Leoa com os africanos escravizados libertos como exemplo importante nesse contexto. Em conexão com outros africanos, Samuel Ajayi Crowther desejava naturalmente uma plataforma que os unisse e servisse de base para planejar seu procedimento em prol da independência e da liberdade (Verger, 1964). Até aqueles no ambiente transatlântico, no qual eram submetidos à repressão incessante, a organização de si mesmos por meio da plataforma fornecida pelas instituições religiosas tornou-se inevitável. Ademais, a Igreja não serviu apenas como terreno para a troca de inúmeros princípios nativos, mas também visava a amenizar a tensão à qual estavam expostos sob a liderança dos cristãos ocidentais. De fato, a promulgação da Igreja africana tornou-se uma medida de contenção para os diversos problemas de arrogância e de marginalização que se tornaram sinônimos do cristianismo.

Visto que as interações sociais em geral auxiliavam na confraternização das pessoas, a necessidade de simular experiências similares nas Igrejas africanas adquiriu importância incontornável. A existência de fóruns para a exposição de determinados assuntos possibilita que os indivíduos encontrem soluções para desafios que nem sequer se relacionam a aspectos espirituais. Por exemplo, assegurar que os membros ocupassem boas posições na sociedade era necessário, pois os poderes espirituais amiúde se consolidam pelo poder político. Na presença de um desses poderes e na ausência do outro, o potencial de expansão torna-se obscuro e incerto. Desse modo, um dos aspectos importantes considerados na organização social das atividades eclesiásticas é que os membros apresentem suas preocupações pessoais, de forma que outros membros, que têm a capacidade de lhes oferecer soluções, façam-no com propriedade. No período de migração para as Américas e para outros lugares ao redor do mundo, muitas Igrejas nativas tornaram-se ponto de convergência para que migrantes buscassem empregos e outras conexões econômicas importantes, de modo que os membros não apenas se transformassem espiritualmente, mas também alcançassem grande desenvolvimento financeiro.

Para além da possibilidade de intercambiar oportunidades econômicas, existe ainda a potencialidade de buscar parceiros nessas Igrejas. Amiúde, as estruturas organizacionais, sociais, nativas, nas quais os mais jovens confiam aos mais velhos assuntos relativos a seus desafios pessoais e a suas experiências, permanecem sacrossantas mesmo na nova estrutura eclesiástica. O pastor é o líder a quem se encaminham as atividades da Igreja e os assuntos de seus membros; há também anciãos responsáveis por supervisionar a satisfação dos anseios do povo. Alguns membros se deparam com problemas conjugais ou se veem constrangidos pela moral bíblica, que enfatiza a primazia dos direitos de parceiros afetivos. Por essa razão, eles procuram essas Igrejas para considerar a possibilidade de encontrar companheiros de vida. Os anciãos ali são guardiães dos registros das pessoas e, por compreenderem as peculiaridades de cada um de seus membros, a união de integrantes com base em sua compatibilidade tornou-se uma de suas tarefas primordiais. Alguns casamentos foram facilitados por intermédio das Igrejas africanas. Isso significa que a religião é usada para reforçar a prática nativa de integração social. Em essência, a tarefa de unir pessoas em matrimônio tornou-se uma de suas funções na atualidade. Nos tempos presentes, mais Igrejas se veem encorajadas a fazer isso em público, pois dedicam uma sessão a esse fim.

O fato de essas Igrejas africanas compreenderem o papel de promover uniões matrimoniais enraíza-se não somente em sua ordem social nativa, mas também é considerado um método admirável de integração e de regeneração social. Além disso, a resolução e a administração de conflitos tornam-se inevitáveis porque elas sabem que as famílias, enquanto instituições sociais, podem vacilar no cumprimento de suas responsabilidades sociais ao enfrentarem desafios avassaladores. Essa conscientização levou as Igrejas a criarem uma plataforma apropriada para administrar os conflitos emergentes entre o povo. Quando se observa atentamente as atividades dessas Igrejas, não se pode contestar que as Igrejas espirituais africanas se tornaram uma simulação quase perfeita da própria sociedade africana. Em um ambiente africano típico, os anciãos medeiam os conflitos, muitas vezes com a intermediação dos espíritos antepassados de Egungum, como na cultura iorubá. Isso se reforça pela percepção de que os seres humanos, no mais das vezes, são persuadidos com mais eficácia por intervenções invisíveis em seus assuntos do que pelas prescrições de certos indivíduos, sobretudo quando o conflito é desgastante. Entretanto, quando as controvérsias se encontram dentro da capacidade de resolução dos anciãos, eles assumem a responsabilidade. Nessas circunstâncias, as Igrejas espirituais africanas têm desempenhado essa função, pois elas medeiam entre casais em certos casos e entre facções em conflito em outros.

É importante salientar que, enquanto as Igrejas africanas oferecem motivações a seus membros no que se refere a preocupações espirituais e metafísicas, elas também complementam isso com o fornecimento de assistência financeira a membros que se deparam com desafios econômicos. A capacitação é fundamental para pessoas que almejam à emancipação em todos os aspectos. Quando o socorro financeiro não se concretiza, o ânimo humano decai, o que pode levá-las a buscarem outras soluções em outros lugares. Os africanos mantêm uma conscientização firme e inabalável a esse respeito. Para impedir que seu rebanho se sinta atraído por certas atividades contrárias à moral e condenáveis à luz da ideologia, essas Igrejas fornecem apoio financeiro aos membros em diversas ocasiões. Isso, entretanto, é realizado por meio de métodos variados. Algumas Igrejas oferecem oportunidades de bolsas de estudo a membros para que estes possam buscar interesses acadêmicos superiores e, em seguida, acrescentem à sociedade aquilo que acrescentaram à sua propriedade intelectual. Outras fornecem recursos para assistência médica ou até mesmo constroem hospitais nos quais os membros recebem prioridade máxima. Todas essas iniciativas ajudam a construir um sistema social no qual os membros usufruem de forma direta de certos benefícios e, por conseguinte, aumentam seu senso de responsabilidade para com a própria sociedade. Dessa maneira, é em direção à concretização de um projeto africano que se integra o povo ao sistema.

Inclui-se na responsabilidade social dessas Igrejas a organização de programas nos quais os membros recebam apoio espiritual. Na sociedade africana tradicional, os sistemas nativos reconheciam a sacralidade de restaurar a mente dos membros que por vezes enfrentam um desafio ou outro. Os ataques espirituais são bem definidos. Indivíduos perturbados pelo confronto constante com forças invisíveis são por vezes levados a adivinhos, que lhes proporcionam cura pessoal. Contudo, com o surgimento das Igrejas na África, as Igrejas africanas aproveitaram essa atividade e a ampliaram. No Quênia e na Nigéria, por exemplo, há séries de programas públicos que destacam o combate a inimigos espirituais, os quais se crê terem impedido o desenvolvimento do povo de diversas maneiras. A realização de programas públicos nos quais se resolvam problemas que afligem os membros visa a diferentes objetivos. Por meio de sua eficiência espiritual, os pastores têm o objetivo de usar a oportunidade para divulgar suas Igrejas a membros que não aceitaram a religião ou aos que pertencem a outras denominações. Os africanos aceitam, no mais das vezes, que todas as pessoas enfrentam um ou dois desafios espirituais, e por meio do auxílio de pessoas espiritualmente dotadas, alcancem a libertação. Essa mentalidade os prepara para abrir o coração a evangelistas que vieram com a missão de "os libertar".

Ademais, um fortíssimo componente da crença sociorreligiosa africana é a dança. A dança, não obstante, vem acompanhada de atuações musicais que manifestam a capacidade de estimular as emoções das pessoas para que participem. A dança servia para finalidades várias na sociedade africana, pois constituía uma das maneiras mais eficazes de reunir as pessoas em ocasiões diferentes. Para esse povo, a dança cumpria mais do que propósitos de entretenimento, pois às vezes é realizada durante ritos e procissões dos adivinhos. E como isso se tornou parte importante de sua história cultural, cada membro das diversas sociedades africanas está sempre disposto a participar quando a ocasião o exige. Os fundadores dessas Igrejas africanas não estão isolados das atividades culturais que amiúde conduzem à dança, tampouco compreendiam a importância sociorreligiosa desse componente de sua cultura. O cristianismo ocidental é avesso à cultura da dança no processo de culto, sobretudo durante o período em que o cristianismo foi trazido ao continente. Não que a própria Bíblia se opusesse à dança, mas havia algo cultural e político que impedia o povo de dançar. Viam os africanos como subordinados em cuja presença a dança pareceria degradante. Mas os africanos que pretendiam africanizar a religião cristã não estavam dispostos a seguir tal sentimento, pois a dança expressava sua cultura.

A espiritualidade nativa africana atribui grande preeminência à família e aos antepassados. Dentro do mesmo grupo social, os membros são vistos como um só porque estão, no mais das vezes, unidos por algum vínculo paternal. Todos são, de algum modo, aparentados entre si, o que ressalta o motivo de organizarem suas atividades de modo que respeitem esse arranjo. Uma das maneiras admiráveis de explicar isso é a disposição pacífica dos africanos para com seu clã e para com grupos sociais que podem ter diferentes orientações religiosas. Os africanos mantêm a paz com seus vizinhos porque creem que o antagonismo não deve ser provocado com base em suas diferenças de orientação religiosa. Isso proporciona um meio fácil de prosseguir, quer com sua coesão social, quer com sua união social, e tornou-se parte vital de seu movimento cultural durante o período de criação das Igrejas africanas por meio da transformação do cristianismo europeu em nativo. O sistema continua porque, na Igreja, os africanos encontraram a duplicação tanto de sua estrutura social quanto de sua organização social, e a própria Igreja serve a esse propósito cardinal para o povo. Além disso, algumas Igrejas referem-se a seus pastores como "papai", o que expressa seu vínculo emocional com as pessoas ao redor, pois compreendem que provêm de uma só origem. Por essa razão, é difícil encontrar Igrejas africanas independentes que não estejam imersas na cultura de vínculo emocional com seus membros.

Conclusão

Explicamos de modo explícito que a motivação por trás das Igrejas africanas independentes é criar, seja uma identidade religiosa, seja movimentos que incorporem de maneira específica suas ideologias tradicionais em torno de sua espiritualidade. Explicamos também que a espiritualidade e a epistemologia africanas permanecem tão entrelaçadas que não se pode separar uma da outra. Sem rodeios, a espiritualidade africana tem sido a estrutura fundamental na qual se erguem a moralidade, o sistema político e os sistemas de conhecimento africanos. A conexão entre elas é tão forte que não se pode separar uma da outra. Isto ressalta a razão da aparente impossibilidade de dissociar o povo africano do sistema nativo que herdou. Nessa base, compreende-se a domesticação simultânea da religião cristã apresentada a eles em seus diferentes países africanos e nas Américas. Os africanos, sem dispor de um sistema de comunicação confiável, criaram uma religião cristã que abre caminho para a apropriação de seus sistemas e de suas práticas nativos sem renunciar ao novo que lhes foi dado.

A domesticação da religião mostrou-se necessária porque tinha o potencial de desencadear um desenvolvimento radical que impulsionaria o sonho de sua emancipação. Os africanos necessitavam de liberdade política, que talvez não viesse sem uma estrutura confiável para galvanizar ideias e filosofias em sua busca por autodeterminação. Tornou-se mais evidente a necessidade de utilizar a Igreja quando se descobriu que a nova elite que se formava no continente adquiriu educação ocidental por diferentes meios. Como precisavam garantir, contudo, uma experiência acadêmica melhor para essas pessoas, a Igreja se tornaria uma participante responsável por produzir sistemas de conhecimento para os africanos. A combinação dessas ideias tornou-se tão eletrizante que até para a Igreja (às vezes) o sonho de restaurar a identidade e o respeito africanos foi incubado. Em essência, havia a necessidade de combinar poder espiritual e força intelectual, de modo que se tornassem uma estrutura formidável que lutasse pela mesma causa. Como resultado, as Igrejas incorporaram alguns sistemas africanos, entre os quais seu sistema de adivinhação, que foi transformado na ideia de consultar os pastores; a cura espiritual, que em última instância se tornou parte da Igreja; e alguns outros de que se tratou de forma correspondente.

As Igrejas africanas independentes tinham um plano abrangente para se tornar uma estrutura formidável que capacitasse o povo africano em todas as direções. Crê-se que estivessem unidas pelo credo do cristianismo e que não cessariam sua agitação pela revitalização de suas práticas nativas. Do manancial de sua espiritualidade tradicional, essas Igrejas extraíram a corrente de axé e a força de atuação de suas palavras faladas, de modo que sua vida física fosse transformada conforme desejado. Ao contrário do que o cristianismo ocidental faz, as Igrejas africanas nativas criam oportunidades infindáveis para os membros, para que se conservasse a filosofia do socialismo praticada no continente antes da ascensão da religião. Percebe-se que a religião atual do cristianismo tem, portanto, servido como ponto de convergência para a fortificação dos africanos em todos os lugares em que se encontram. Estudiosos têm enfatizado como comunidades internacionais são utilizadas para o incremento da unidade por meio das Igrejas. Esses locais auxiliam na busca de oportunidades econômicas para os membros e, em alguns casos, compartilham seus fardos, de modo que tenham um senso de pertencimento e lar. Essas Igrejas persistem até o tempo presente, incansáveis na integração de sistemas nativos na plataforma que o cristianismo forneceu.

Conclusão

Este conjunto de obras estabeleceu a importância, a posição e a influência das palavras sagradas no contexto africano. As palavras sagradas servem de base ao conhecimento espiritual, conferem-lhe poder e geram liderança, de modo que exercem enorme influência nas atuações, nas práticas e nas crenças dos africanos em todo o continente. Afolabi concorda em seu estudo da relação da Nigéria com a religião quando afirma que "em todo o país, a religião desempenha papel importante na vida cotidiana dos cidadãos; o modo como interagimos uns com os outros, nossas escolhas de vestuário, alimentação e política são em grande parte determinados pela religião" (Afolabi, 2015, p. 42-49). O exame crítico de Afolabi demonstra que a religião exerce influência cultural maciça. Este livro, contudo, ultrapassou os efeitos culturais dessas religiões na África a fim de lhes examinar a origem – o fundamento das crenças que lhes servem de base, bem como o conhecimento gerado e produzido por meio delas. Conforme prometido, este livro concentra-se no modo como os sistemas de crenças norteadores influenciam os adeptos e engendram práticas (cf. "Prefácio" nesta obra).

Este livro, todavia, não está completo sem a harmonização das ideias defendidas com a contribuição e as possibilidades futuras de produção de conhecimento na erudição africana. As práticas religiosas africanas proliferam como cultura africana. Assim, um exame quase holístico de como as palavras sagradas servem de base a crenças e se manifestam em atuações é impossível de um modo de ver monopolizado. Dito de outro modo, existem múltiplas variações das três principais religiões da África, daí a necessidade de examinar as principais escolhas (divididas em capítulos) em cada uma das três religiões com relevância para o africanismo. De maneira semelhante, o procedimento de cada capítulo corresponde ao contexto daquele capítulo, em vez de impor uniformidade. Isso é deliberado a fim de compartimentar tantas perspectivas e contribuições variantes quanto possível, ao mesmo tempo em que se acolhe a diversidade e a distinção na sua produção de conhecimento.

O capítulo inicial, "Adivinhos e conhecimento nativo", centraliza a discussão da produção de conhecimento no adivinho, o "artífice" com habilidades de adivinhação. Por meio de suas obras, de seus relacionamentos com os deuses e com os humanos, de suas ferramentas e da sociedade, é possível aprender a filosofia e os princípios que orientam essa prática. Este é um exemplo de perspectiva mediante liderança, ainda que não específica, diferentemente da discussão acerca de Amadú Bamba e de Usmã dã Fodio. O xamanismo, por sua vez, demonstra, pelo volume, a importância enorme dessa matéria, especialmente para a cosmologia iorubá.

A perspectiva no segundo capítulo concentra-se mais no conhecimento do xamanismo do que no xamã (o qual está, decerto, incluído). O conhecimento do xamanismo na África, conforme pormenorizado aqui, manifesta-se na educação formal moderna atual como astronomia. O conhecimento produzido pelo xamanismo é relevante para a ciência e para a tecnologia caso seja desenvolvido e receba investimentos adequados. As práticas xamânicas africanas podem desenvolver-se mediante pesquisa acadêmica adicional, ser ensinadas na academia como astrologia africana, com o uso de métodos africanos, não de modelos impostos pelo Ocidente. Ainda mais interessante é o fato de que, à semelhança de outras religiões tradicionais africanas, a produção contínua de conhecimento acadêmico acerca do xamanismo contribuirá para o conhecimento exportado da África.

A magia e a bruxaria seguiram caminho inteiramente diverso dos temas anteriores. A produção de conhecimento advinda da crença e da prática da magia e da bruxaria foi ilustrada por comparação com a ciência ocidental. De fato, a depreciação ocidental das práticas de magia e bruxaria pela ideologia colonialista aviltante causou dano irreparável. A interrupção no desenvolvimento significou que esses conhecimentos não puderam transmitir-se de maneira eficaz a fim de servir à África na atualidade. Os valores positivos inerentes a essas práticas foram sacrificados com os negativos. Isso é hipócrita, especialmente quando se consideram os numerosos males da ciência ocidental, em prol da qual a ciência africana em evolução foi sacrificada. Embora permaneçam numerosos debates acerca da autenticidade ou da realidade da prática, o desfecho, seja qual for, prenuncia algo positivo para a erudição africana e decerto global.

Por um lado, caso as crenças e as práticas de magia e bruxaria fossem meros truques ou fossem irreais, a criatividade da sociedade africana tradicional mereceria quer o louvor, quer o registro histórico em bibliografia, quer o tratamento que se daria a um conjunto de práticas do passado que contribuíssem para o progresso e o entretenimento africano. Ademais, essas práticas podem ser sistematizadas para uso contemporâneo na indústria do entretenimento, desde que não se lhes atribua realidade espiritual. Afinal, há ilusionistas ocidentais na indústria do entretenimento que lucram com o engano do público. Por outro lado, caso a magia e a bruxaria fossem reais e eficazes nos contextos tradicionais africanos, conforme retratado com frequência – sobretudo nas atuações ontológicas em Nollywood –, o sistema de conhecimento e sua produção deveriam integrar a erudição para preservação, para ensino e para avanço no uso contemporâneo. Independentemente do juízo acerca das práticas de magia e de bruxaria, o conhecimento delas derivado merece estudo acadêmico africano, desenvolvimento e, mais importante ainda, prática em suas diversas formas e possibilidades, com contribuição para com o entretenimento, para com a saúde ou para com a economia do continente.

Em suma, convém supor que o estudo das religiões tradicionais africanas não deve limitar-se aos confins da religião nem aos institutos de estudos africanos, mas estender-se a outras disciplinas das humanidades e das ciências. Nas humanidades, esse estudo é essencial para preservar as práticas das religiões tradicionais africanas, as quais minguam junto com a cultura nativa em razão da influência ocidental e imperialista, e do incansável proselitismo cristão e muçulmano. A produção de volumes de bibliografia acerca do conhecimento gerado por essas práticas não apenas preserva as religiões, as crenças, e as práticas culturais africanas em geral, mas incentiva o ensino e a exportação do conhecimento africano nativo. Isso assume especial importância diante das falsas representações que o pensamento eurocêntrico faz do *ethos* cultural africano.

Por sua vez, nas ciências, caso esses conhecimentos sejam bem utilizados, bem direcionados e bem desenvolvidos, poderão servir à evolução das ciências e da medicina africanas. Embora as ciências e a medicina ocidentais tenham adquirido predominância na África, não há como negar o fato de que os africanos tinham sistemas nativos de medicina que continuaram a evoluir durante séculos antes do primeiro contato com os europeus. Essa medicina é conhecida como "tradicional" e usualmente provém de ervas (*ewe ati egbo* – plantas e raízes), empregadas para curar depois do diagnóstico. Os médicos-bruxos africanos exercem a cura física e mental mediante a apropriação dessas plantas com a combinação e a medida certas, sem conhecimento nem orientação ocidental, tampouco de nenhuma outra origem estrangeira. Sobiecki explana isso melhor em sua análise do uso de plantas para adivinhação na África Austral.

Em seu relatório, ele trata de 85 espécies vegetais utilizadas em atos divinatórios na África Austral, especificamente por povos de língua banta, das quais 39 têm "usos psicoativos, e diversas apresentam comprovada atividade alucinógena" (Sobiecki, 2008, p. 333-351). A conclusão derivada indica que essas plantas psicoativas exercem efeitos significativos nos processos tradicionais de cura na região citada. Mais importante e mais corroborativo é o fato de que Schultes e Hofmann rastrearam o uso do cacto *Echinopsis pachanoi* para cura mediante adivinhação e feitiçaria há cerca de três mil anos (Sobiecki, 2008, p. 333). Com efeito, a existência contínua dessas plantas e dos praticantes que constituem repositórios vivos desse conhecimento da medicina tradicional significa que tal conhecimento ainda está em produção e que merece promoção como medicina africana e como contribuição exclusivamente africana às pesquisas e às práticas médicas mundiais.

Por exemplo, os *sangomas*, curadores tradicionais da Província de Mepumalanga, na África do Sul, existem hoje como uma instituição com um líder – um gobela – conhecido como professor-sênior (Thornton, 2009, p. 17-34). Nesse caso, o conhecimento dessas práticas tradicionais não mais se manifesta no escopo da religião nem nos limites do exercício espiritual, mas como uma instituição de aprendizagem na qual os membros da comunidade *sangoma* compartilham conhecimentos e ideias e aprendem uns com os outros. Robert Thornton divide suas práticas amplamente em seis disciplinas: "adivinhação, ervas, controle dos espíritos antepassados, culto dos espíritos estrangeiros ndawe, percussão e dança, e treinamento de novos *sangomas*" (Thornton, 2009, p. 17-34).

Além disso, um estudo colaborativo de Zuma, Wight, Rochat e Moshabela estabelece como os Praticantes de Saúde Tradicionais (PSTs) "desempenham papel vital no cuidado à saúde da maioria da população sul-africana e em outras partes do continente africano" (Zuma; Wight; Rochat; Moshabela, 2016, p. 304), ao mesmo tempo que refuta preocupações levantadas acerca da segurança dessas práticas tradicionais. Em suas descobertas na área rural do norte de Cuazulo-Natal, identificaram três diferentes tipos de PSTs, os quais incluem o *Isangoma* (adivinho), o *Inyanga* (especialista em medicina tradicional) e o *Umthandazi* (curandeiro) (Zuma; Wight; Rochat; Moshabela, 2016,

p. 304). Este é outro exemplo dos usos da produção de conhecimento na adivinhação e nas religiões tradicionais africanas, para além dos fundamentos religiosos. Se incorporados ao aprendizado nas humanidades, serviriam como guardiães, preservadores e professores das religiões tradicionais africanas e dos costumes associados para assegurar a existência contínua e o desenvolvimento de seu conhecimento, mediadores e conselheiros; na área médica, os PSTs poderiam usar "métodos e práticas genéricos para concentrar-se nos elementos físicos, espirituais, culturais, psicológicos, emocionais e sociais da doença" (Zuma; Wight; Rochat; Moshabela, 2016, p. 304).

Para além das incorporações à academia para estudo adicional e para o desenvolvimento teórico, a "medicina africana" merece avanço adicional na prática moderna. Os governos africanos precisam investir adequadamente no conhecimento e nas práticas medicinais tradicionais, bem como incorporá-los aos seus respectivos ministérios da saúde. Um investimento adequado e o desenvolvimento da medicina tradicional não apenas assegurariam o desenvolvimento e o avanço da medicina africana, mas também resolveriam potencialmente alguns problemas ainda não solucionados na medicina mundial.

Examinou-se de maneira geral também o sufismo como sistema de conhecimento mediante o estudo de Amadú Bamba. A importância da produção de conhecimento no islamismo auxilia os leitores a compreenderem a relatividade cultural das práticas islâmicas na África, as quais se fundam nas condições socioeconômicas de seu ambiente africano e dele recebem influência. O quarto capítulo do livro – "O sufismo como sistema de conhecimento" – concentra sua análise no conhecimento teórico derivado deste sistema de crenças sincrético. O capítulo conclui-se com a importância do sufismo para a África e, especialmente, com o modo como o conhecimento dele obtido desenvolve a educação, a ciência, a política, a economia e a indústria do entretenimento, sem deixar de ter pertinência para as línguas africanas e a linguística africana.

O estudo de Usmã dã Fodio e de Amadú Bamba adquire especial importância para a compreensão do impacto socioeconômico de dois grandes estudiosos islâmicos e do modo como os sistemas de conhecimento se fabricam em contraste uns com os outros, ainda que provenham de fontes quase idênticas. Em outras palavras, as suas narrativas definem e explicam a existência do islamismo africano e as condições que o criaram. O estudo deles ao lado do sufismo auxilia no estabelecimento de uma compreensão fundamental das comunidades muçulmanas africanas, das suas práticas, das suas crenças e do seu *ethos* cultural. Também auxilia a esclarecer o desenvolvimento das comunidades muçulmanas africanas, não em decorrência de divisão, mas graças às circunstâncias predominantes. Isto se uniu ao que ambos os líderes consideraram o melhor procedimento para combater a ameaça que cada um deles enfrentou segundo as interpretações dos seus textos orientadores – o sagrado alcorão e os hádices.

Ademais, a importância desses líderes abrange a produção de conhecimento em direito e em jurisprudência, em educação feminina, em economia, em política, em comportamento humano e em crenças e movimentos islâmicos variados. Os estudos acerca do sufismo (na África) e das lições e atuações da vida de dã Fodio e de Bamba adquirem importância para a história da África ocidental, em particular, e volumes de bibliografia a respeito deles contribuiriam para o estudo mundial da religião, da influência cultural e da compreensão da África. De maneira semelhante, assim como as religiões tradicionais africanas, um estudo abrangente do sufismo auxiliaria o desenvolvimento da ciência e da medicina africanas. Uma vez que o sufismo dispõe de ramos do conhecimento que envolvem medicina fitoterápica, bem como meditação para cura física e mental, a canalização deste conhecimento nas religiões tradicionais africanas se mostraria revolucionário para a ciência e para a medicina africanas.

Os missionários na África contribuíram de início para o conhecimento na África e a respeito dela mediante as suas atividades e a documentação tanto dessas atividades quanto do que testemunharam no continente. De maior importância, as narrativas dos missionários nativos acerca da África adquirem enorme importância para contrabalançar algumas das deturpações do *ethos* cultural africano por escritores missionários brancos. A importância deles se manifesta no fato de que os seus corpos de trabalho e de bibliografia contribuíram para a história da África, sobretudo no século XIX durante a era de conflito e de guerra na África ocidental. Contribuíram não apenas para o estabelecimento e o crescimento da Igreja na África ocidental, mas também para a evolução política da Nigéria no século mencionado mediante a sua documentação. No entanto, convém dizer que a contribuição deles para os sistemas de conhecimento na África não se encerrou aí. Uma vez estabelecido um fundamento para o estudo da história da África ocidental, pesquisas adicionais poderiam investigar diversos aspectos dos passados africanos a fim de alcançar uma interpretação holística da história da África ao colmatar a lacuna existente em sua história.

O penúltimo capítulo, cujo tema é o pentecostalismo, examina – assim como o capítulo três, dedicado à magia e à medicina-bruxa – a produção de conhecimento mediante a relação comparativa entre a introdução e a prática do pentecostalismo na África e as religiões tradicionais africanas. A importância disso reside no fato de que, embora seja sabido e consabido que cristianismo, notadamente o pentecostalismo, abomina numerosas práticas tradicionais africanas, algumas práticas foram admitidas pelo pentecostalismo e receberam licença para florescer. Esse capítulo explora a relação entre o pentecostalismo e as religiões tradicionais africanas; estudos e pesquisas adicionais dessa relação poderão contribuir para o desenvolvimento da produção de conhecimento nas religiões importadas africanizadas. É também fundamental para a compreensão dos diferentes padrões de comportamento entre os praticantes na África e nas Igrejas pentecostais em outras partes do mundo.

O último capítulo, dedicado às Igrejas espirituais africanas, é fundamental para a compreensão das Igrejas africanizadas em desenvolvimento que admitiram o *ethos* cultural africano, especialmente na liturgia. O capítulo define, conceitua e discute amplamente a existência do cristianismo africano, diferente em sua prática do cristianismo de origem e introdução ocidental. O conhecimento daí gerado, assim como o de cada capítulo precedente, contribui para o conhecimento das Igrejas na África e o entendimento de por que diferem tanto na prática quanto na doutrina das Igrejas no exterior. Convém incentivar mais estudos que examinem profundamente a origem, os valores culturais e a importância dessas Igrejas africanizadas a fim de que se compreenda a pleno a África como cultura deliberada e suas práticas não como algo absurdo nem desconexo.

Um estudo contínuo dessas Igrejas também demonstraria a criatividade dos africanos no desenvolvimento de Igrejas que apelam aos seus *ethos* cultural e às suas práticas litúrgicas ideais, de maneira que não sentissem falta daquilo que deixavam para trás. Ademais, instrumentos locais foram desenvolvidos para se adequar às suas liturgias evoluídas. Eles desenvolveram também seu próprio sistema de cura mediante a fé e a crença, sistema que, segundo creem, funciona para eles. De fato, o cristianismo africano e as Igrejas africanas merecem mais atenção na erudição africana e global como religião recém-evoluída, feita na África, não simplesmente derivada do cristianismo introduzido pelo Ocidente.

Em suma, a produção de conhecimento na África, conforme se registra neste livro, não é simplesmente derivada do passado, e suas contribuições para a erudição africana e global não têm limites. Um investimento acadêmico adicional em pesquisa e investigação da produção de conhecimento dessas três religiões contribuirá para exportações significativas de conhecimento por meio da bibliografia africana para as comunidades acadêmicas globais e para os espaços públicos. Auxiliaria também a descolonização intelectual contra o eurocentrismo, porquanto esta literatura procura corrigir a desinformação e a caracterização errônea deliberada das práticas religiosas africanas. Há, ademais, numerosas práticas (algumas identificadas anteriormente) que poderiam ser refinadas e desenvolvidas para se tornarem mais relevantes e mais produtivas na África contemporânea nas áreas do entretenimento, da medicina, da ciência, das ciências sociais e até das humanidades. Portanto, esses conhecimentos devem ser pesquisados ainda mais, não apenas para compreender integralmente a África, mas também para adaptar as práticas produtivas na África contemporânea a propósitos desenvolvimentistas globais.

Bibliografia

Em português

ACHEBE, C. *O mundo se despedaça*. Tradução Vera Queiroz da Costa e Silva. Introdução e glossário Alberto da Costa e Silva. São Paulo: Companhia das Letras, 2009.

ALCORÃO. Tradução direta do árabe e anotações de José Pedro Machado. Lisboa: Junta de Investigações Científicas do Ultramar, 1979.

ARMSTRONG, K. *O Islã*. Tradução Anna Olga de Barros Barreto. Objetiva: Rio de Janeiro, 2001.

BÍBLIA. *Bíblia Hebraica*. Tradução de David Gorodovits e de Jairo Fridlin. São Paulo: Editora Sêfer, 2006.

FEYERABEND, P. *Contra o método*. Tradução de Cezar Augusto Mortari. São Paulo: Unesp, 2011.

PAINE, T. Bom senso. Campinas: Avis Rara, 2022.

POPPER, K. *Conhecimento objetivo*: uma abordagem evolutiva. Tradução de Bruno Mendes dos Santos. Petrópolis: Vozes, 2021.

SIN-LÉQI-UNNÍNNI. Épico de Gilgameš. Tradução de Francisco Luís Parreira. 1. ed. Lisboa: Assírio & Alvim, 2017.

SIN-LÉQI-UNNÍNNI. *Epopeia de Gilgámesh*. Tradução de Jacyntho Lins Brandão. 1. ed. Belo Horizonte: Autêntica, 2021.

TURNER, V. O processo ritual: estrutura e antiestrutura. Tradução de Nancy Campi de Castro e Ricardo A. Rosenbusch. Petrópolis: Vozes, 2013.

Obras citadas

ABBY, W. What is shamanism? *Abby Wynne*. Disponível em: https://abby-wynne.com/shamanic-healing-techniques/. Acesso em: 27 jun. 2021.

ABDULLAH, Z. *Black Mecca:* The African Muslims of Harlem. Oxford: Oxford University Press, 2010.

ABIMBOLA, W. *Awon Oju Odu Mereerindinlogun*. Ibadan: Ibadan University Press, 2004.

ABRAHAM, I. Sincere performance in Pentecostal megachurch music. *Religions*, Basel, vol. 9, n. 6, p. 38-58, jun. 2018.

ABUBAKAR, S. Survey of the economy of the eastern emirates of the Sokoto Caliphate in the 19th century. In: *Studies in the History of Sokoto Caliphate: The Sokoto Seminar Papers*. Lagos: Third Press International, 1979.

ABUN-NASR, J. *The Tijaniyya: a Sufi order in the modern world*. London: Oxford University Press, 1965.

ADAMU, M. Distribution of trading centers in the Central Sudan in the 18th and 19th centuries. In: *Studies in the History of Sokoto Caliphate: The Sokoto Seminar Papers*. Lagos: Third Press International, 1979.

ADEBOYE, O. Explaining the growth and legitimation of the Pentecostal movement in Africa. In: *Pentecostalism and Politics in Africa*. Cham: Springer International Publishing, 2018.

ADEBOYE, O. Reading the diary of Akinpelu Obisesan in colonial Africa. *African Studies Review*, Cambridge, vol. 51, n. 2, p. 75-97, set. 2008.

ADEDIBU, B. The changing faces of African Independent Churches as development actors across borders. *HTS Teologiese Studies/Theological Studies*, Cidade do Cabo, vol. 74, n. 1, p. 1-9, ago. 2018.

ADEEKO, A. "Writing" and "reference" in Ifa divination chants. *Oral Tradition*, Cambridge, vol. 25, n. 2, p. 283-303, out. 2010.

ADEEKO, A. Incantation, ideophone, reduplication, and poetry. *The Savannah Review*, Malete, vol. 3, n. 8, p. 73-98, mai. 2014.

ADEGBOYEGA, O. Philosophical issues in Yoruba proverbs. *International Journal of African Society, Cultures and Traditions*, Luton, vol. 5, n. 2, p. 21-30, set. 2017.

ADEGBOYEGA, O. The metaphysical and epistemological relevance of Ifa corpus. *International Journal of History and Philosophical Research*, Luton, vol. 5, n. 1, p. 28-40, mar. 2017.

ADENIYI, H. Language: government and mission policies. In: *Encyclopedia of the Yoruba*. Bloomington: Indiana University Press, 2016.

AFOLABI, O. The role of religion in Nigerian politics and its sustainability for political development. *Net Journal of Social Sciences*, Ibadan, vol. 3, n. 2, p. 42-49, abr. 2015.

AFOLAYAN, A.; YACOB-HALISO, O.; FALOLA, T. Introduction: the Pentecostal and the political in Africa. In: *Pentecostalism and Politics in Africa*. Cham: Springer International Publishing, 2018.

AHMED, S. What is Sufism? *Forum Philosophicum*, Cracóvia, vol. 13, n. 2, p. 229-246, dez. 2008.

AJAYI, M.; GERISHO, K.; JOHNSON, M. Traditional healing practices and holistic health: the implication for Christian families in South West region of Nigeria. *Journal of Family Medicine and Health Care*, New York, vol. 5, n. 4, p. 50-58, dez. 2019.

AKANGBE, A. Crowther, Samuel Ajayi (1807-1891). In: *Encyclopedia of the Yoruba*. Bloomington: Indiana University Press, 2016.

AKINYEMI, A. Translation across cultures: the challenges of rendering an African oral poetry in English. *Translation Review*, Dallas, vol. 71, n. 1, p. 19-30, 2006.

AKTAR, S. *The Quran and the Secular Mind: a philosophy of Islam*. Nova Iorque: Routledge, 2007.

ALAMU, F.; AWORINDE, H..; ISHARUFE, W. A comparative study on Ifa divination and computer science. *International Journal of Innovative Technology and Research*, Déli, vol. 1, n. 6, p. 524-528, nov.-dez. 2013.

AL-BA'UNIYYAH, A. The Principles of Sufism. New York: New York University Press, 2014.

AL-SARRAJ, A. *The Kitab Al-Luma Fi'l-Tasawwuf of Abu Nasr Abdallah B. Ali Al-Sarraj Al-Tusi*. Trad. de Reynold Alleyne Nicholson. London: E. J. Brill, 1914.

AL-TAWIL, M. The Importance of Sufi Traditions to Jerzy Grotowski's Practice, 2017. Tese (Doutorado em Artes) – Departamento de Artes, Universidade de Kent, Cantuária, Kent, 2017.

ALTHOUSE, P. *Spirit of the Last Days: Pentecostal eschatology in conversation with Jürgen Moltmann*. London: T&T Clark, 2003.

ALTHOUSE, P. Apocalyptic discourse and a Pentecostal vision of Canada. In: WILKINSON, Michael (org.). *Canadian Pentecostalism: transition and transformation*. Montreal: McGill-Queen's University Press, 2009.

AMAD, H. The practice of mysticism in Sufism. *Journal of Undergraduate Research*, Preston, vol. 6, n. 2, p. 1-8, 2013.

AMASUOMO, J. Zion brand Cherubim and Seraphim churches in the establishment of primary schools in Bayelsa State, Nigeria. *African Research Review*, Bahir Dar, vol. 8, n. 1, p. 53-64, jan. 2014.

ANDERSON, A. African initiated churches of the Spirit and pneumatology. *Word on World*, vol. 23, n. 2, p. 178-186, mar.-jun. 2003.

ANDERSON, A. *Spirit-Filled World: religious dis/continuity in African Pentecostalism*. Suíça: Springer, 2018.

ANSAH, M. Reminiscing on the contribution of a pioneer on the development of the Twi language; Clement Anderson Akrofi. *Ghana Journal of Linguistics*, Acra, vol. 7, n. 2, p. 244-247, dez. 2018.

ANWAR, E. *Gender and Self in Islam*. Nova Iorque: Routledge, 2006.

AQUINAS, T. *Summa Theologiae*. Trad. de T. McDermott. Notre Dame: Ave Maria Press, 1989.

ARBERRY, A. *Sufism: an account of the mystics of Islam*. Massachusetts: Courier Corporation, 2002.

ARBERRY, A. *The Doctrine of the Sufis*. Cambridge: Cambridge University Press, 1977.

ARIF, S. Sufi epistemology: Ibn 'Arabi on knowledge ('ilm). *Jurnal Akidah & Pemikiran Islam*, Kuala Lumpur, vol. 3, n. 1, p. 81-94, 2002.

ARMSTRONG, K. *Islam: a short history*. Nova Iorque: Modern Library, 2007.

ASAMOAH-GYADU, K. Pentecostalism in Africa and the changing face of Christian mission: Pentecostal/Charismatic renewal movements in Ghana. *Mission Studies*, Leida, vol. 19, n. 1, p. 14-38, jan. 2002.

ASANI, A. "So that you may know one another": a Muslim American reflects on pluralism and Islam. *The Annals of the American Academy of Political and Social Science*. Filadélfia, vol. 588, n. 1, p. 40-51, 2003.

ASHFORTH, A. AIDS, religious enthusiasm and spiritual insecurity in Africa. *Global Public Health*, Abingdon-OX, vol. 6, n. 2. Suplemento, p. 132-147, 2011.

ATTAR, F. *Muslim Saints and Mystics: episodes from the Tadhkirat Al-Auliya'*. London: Routledge, 2007.

AWOLALU, J. *Yoruba Beliefs and Sacrificial Rites*. Essex: Longman, 1979.

AYANDELE, E. *The Missionary Impact of Modern Nigeria 1842-1914: a political and social analysis*. London: Longmans, 1966.

AYEGBOYIN, D.; ISHOLA, S. *African Indigenous Churches: an historical perspective*. Lagos: Greater Heights Publications, 1997.

AYISI, O. *Introduction to the Study of African Culture*. Nairóbi: East African Educational Publishers, 1979.

AZIABAH, M. Amu Ephraim Koku. In: *Dictionary of African Biography*. Nova Iorque: Oxford University Press, 2012. p. 225-226.

BABAIE, Y. Trends in Sufism: from the beginning until the fifth century AH. *Islamic Mysticism*, Teerã, vol. 10, n. 37, p. 145-159, 2015.

BABOU, C. Educating the Murid: theory and practices of education in Amadu Bamba's thought. *Journal of Religion in Africa*, vol. 33, n. 3, p. 310-327, 2003.

BABOU, C. *Fighting the greater jihad: Amadu Bamba and the founding of the Muridiyya of Senegal*. Athens: Ohio University Press, 2007.

BABOU, S. Contesting space, shaping places: making room for the Muridiyya in colonial Senegal, 1912-1945. *The Journal of African History*, Cambridge-CB, vol. 46, n. 3, p. 405-426, 2005.

BALOGUN, I. The life and work of the Mujaddid of West Africa, 'Uthmān B. Fūdī popularly known as Usumanu Ḍan Fodio. *Islamic Studies*, Islamabade, vol. 12, n. 4, p. 271-292, 1973. Disponível em: http://www.jstor.org/stable/20846894. Acesso em: 27 nov. 2020.

BALOGUN, I. *The life and works of Usman Dan Fodio: the Muslim reformer of West Africa*. Lagos: Islamic Publications Bureau, 1981.

BAMBA, A. *Masālik-al-Jinān (The Ways of Paradise)*. Versos 80-82. Trad. de S. Sam Mbaye. Disponível em: https://www.kinti.se/mame-diarra/downloads/files/Masalik_en_A5_aminta.pdf. Acesso em: 25 nov. 2020.

BANG, A. *Sufis and scholars of the sea: family networks in East Africa, 1860-1925*. London: Routledge, 2004.

BARRETT, D. *Schism and renewal in Africa: an analysis of six thousand contemporary religious movements*. London: Oxford University Press, 1970.

BASCOM, W. African culture and the missionary. *Civilizations*, Bruxelas, vol. 3, n. 4, p. 491-504, 1953.

BASCOM, W. Ifa *divination: communication between gods and men in West Africa*. Bloomington: Indiana University Press, 1991.

BASCOM, W. *The Yoruba of Southwestern Nigeria*. Prospect Heights: Waveland Press, 1984.

BASHARIN, P. The problem of free will and predestination in the light of Satan's justification in early Sufism. *English Language Notes*, Durham-NC, vol. 56, n. 1, p. 119-138, 2018.

BATRAN, A. *The Qadiryya Brotherhood in West Africa and the Western Sahara: the life and times of Shaykh al-Mukhtar al-Kunti (1729-1811)*. Rabat: Publications de l'Institut des Études Africaines, 2001.

BAUER, B. Cultural foundations for fear of witchcraft in Africa. *Journal of Adventist Mission Studies*, vol. 13, n. 1, p. 1-12, 2017.

BEHRMAN, C. *Muslim Brotherhoods and politics in Senegal*. Cambridge: Harvard University Press, 2013.

BELLAMY, L. Witchcraft, sorcery, academic and local change in East Africa. Tese (Doutorado) – Miami University, 2004.

BERNAL, M. *Black Athena: the Afro-Asiatic roots of classical civilization. New Jersey*: Rutgers University Press, 1991.

BHUGRA, D. (org.). *Psychiatry and religion: context, consensus and controversies*. London: Psychology Press, 1997.

BIAGI, E. *Plunging into the wave's ebb: Sufi words, biographies of humanity*. *Altre Modernità*, n. 16, p. 161-176, 2016.

BILQIES, S. Understanding the concept of Islamic Sufism. *Journal of Education and Social Policy,* vol. 1, n. 1, p. 55-72, 2014.

BLACK, A. *The history of Islamic political thought*. Edimburgo: Edinburgh University Press, 2002.

BLOFELD, J. *Mantras, sacred words of power*. London: Unwin, 1977.

BLYDEN, E. *Christianity, Islam and the Negro race*. Edimburgo: Edinburgh University Press, 1967.

BOCK, N. Shamanic techniques: their use and effectiveness in the practice of psychotherapy. Dissertação (Mestrado) – University of Wisconsin-Stout, 2005.

BOND, G.; CIEKAWY, D. (orgs.). *Witchcraft dialogues: anthropological and philosophical exchanges*. Athens: Ohio University Center for International Studies, 2001.

BONGMBA, E. *African witchcraft and otherness: a philosophical and theological critique of intersubjective relations*. Albany: SUNY Press, 2001.

BORN, J. A personal look at African spiritual churches – reflections, challenges, hopes. *Mission Focus: Annual Review*, vol. 12, p. 46-55, 2004.

BOYD, J.; BOYD, M. The role of women as "agents religieux" in Sokoto. *Canadian Journal of African Studies/La Revue Canadienne des Études Africaines*, Otava-ON, vol. 19, n. 2, p. 283-300, 1985.

BOYLSTON, T. The shade of the divine: approaching the sacred in an Ethiopian Orthodox Christian community. Tese (Doutorado) – London School of Economics and Political Science (LSE), 2012.

BRETTON, H. *The rise and fall of Kwame Nkrumah: a study of personal rule in Africa*. London: Pall Mall, 1966.

BUNZA, M. The application of Islamic law and the legacies of good governance in the Sokoto Caliphate, Nigeria (1804-1903): lessons for the contemporary period. *Electronic Journal of Islamic and Middle Eastern Law (EJIMEL)*, vol. 1, n. 4, p. 84-101, 2013.

BUNZA, M. The North African factor in Tajdeed tradition in Hausaland, Northern Nigeria. *The Journal of North African Studies*, vol. 10, n. 3-4, p. 325-338, 2005.

BURCKHARDT, T. *Art of Islam: language and meaning*. Bloomington: World Wisdom Inc., 2009.

BURCKHARDT, T. *Introduction to Sufi doctrine*. Bloomington: World Wisdom Inc., 2008.

BURNS, C. *Censorship and affection: South African women's letters during World War Two*. Durban: University of Natal Durban, 2000.

CALLAWAY, H. *The Religious System of the Amazulu in the Zulu Language with Translation into English and Notes in Four Parts*. London: Trubner and Co., 1870.

CAMBRIDGE DICTIONARY. "Meaning of 'Sacred' in English." Disponível em: https://dictionary.cambridge.org/dictionary/english/sacred. Acesso em: 18 nov. 2020.

CHERNUS, I. "Summary of Peter Berger, *The Sacred Canopy*." Disponível em: http://web.pdx.edu/~tothm/religion/Summary%20of%20 Peter%20Berger,%20The%20Sacred%20Canopy.pdf. Acesso em: 18 nov. 2020.

CHIDESTER, D. *Christianity in South Africa. In: Christianity in South Africa: An Annotated Bibliography*, organizado por David Chidester, Judy Tobler e Darrel Wratten, p. 1-16. London: Greenwood Press, 1997.

CHIH, R. What Is a Sufi Order? Revisiting the Concept Through a Case Study of the Khalwatiyya in Contemporary Egypt. In: *Sufism and the 'Modern' in Islam*, organizado por Martin Van Bruinessen e Julia Day, p. 21-38. London: Bloomsbury, 2007.

CHITTICK, W. *The Sufi Path of Knowledge: Ibn al-Arabi's Metaphysics of Imagination*. Albany: SUNY Press, 2010.

CHITTICK, W. The *Sufi Path of Love: The Spiritual Teachings of Rumi*. Albany: SUNY Press, 1984.

CHOME, N. The Political Role of Islam. In: *The Oxford Handbook of Kenyan Politics*, organizado por Nic Cheeseman, Karuti Kanyinga e Gabrielle Lynch, p. 150-561. Oxford: Oxford University Press, 2019.

CLANCY-SMITH, J. *Rebel and Saint: Muslim Notables, Populist Protest, Colonial Encounters (Algeria and Tunisia, 1800-1904)*. Berkeley: University of California Press, 1997.

CLARKE, P. *West Africa and Islam: A Study of Religious Development from the 8th to the 20th Century*. London: Edward Arnold, 1982.

CONSTANTINEANU, C.; SCOBIE, C. Introduction: Pentecostal Identity, Spirituality, and Theology. In: *Pentecostals in the 21st Century*:

Identity, Belief and Praxis, organizado por Corneliu Constantineanu e Christopher J. Scobie, p. 1-13. Oregon: Cascade Books, 2018.

CREEVEY, L. Ahmad Bamba 1850-1927. In: *Studies in West African Islamic History: The Cultivators of Islam*, organizado por John Ralph Willis, p. 278-280. London: Frank Cass, 1979.

DALLAL, A. The Origins and Objectives of Islamic Revivalist Thought, 1750-1850. *Journal of the American Oriental Society*, New Haven, vol. 113, n. 3, p. 341-359, 1993.

DANEEL, L. *Old and New in Southern Shona Independent Churches*. Netherlands: Mouton & Co., 1971.

DEGARROD, L. Dreams and Vision. In: *Shamanism: An Encyclopedia of World Beliefs, Practices, and Culture*, organizado por Mariko Walter e Eva Jane Fridman, p. 89-95. California: ABC-CLIO, 2004.

DEHLVI, S. *Sufism: The Heart of Islam*. India: HarperCollins Publishing, 2010.

DIARA, B.; ONAH, N. The Phenomenal Growth of Pentecostalism in the Contemporary Nigerian Society: A Challenge to Mainline Churches. *Mediterranean Journal of Social Sciences*, Rome, vol. 5, n. 6, p. 395-402, abr. 2014.

DICKSON, D. *Political Islam in Sub-Saharan Africa: The Need for a New Research and Diplomatic Agenda*. Washington, DC: United Institute of Peace, 2005.

DILLEY, R. Specialist Knowledge Practices of Craftsmen and Clerics in Senegal. *Africa: Journal of the International African Institute*, London, vol. 79, n. 1, p. 53-70, 2009.

DIOP, M. *Irwā al Nadeem*. Touba: Imprimérie Daray Borom Touba, 2006.

DOLANSKY, S. Gilgamesh and the Bible. Bible Odyssey. Disponível em: https://www.bibleodyssey.org/en/places/related-articles/gilgamesh-and-the-bible. Acesso em: 18 nov. 2020.

DOORTMONT, M. The Roots of Yoruba Historiography: Classicism, Traditionalism and Pragmatism. Groningen: University of Groningen, 1993.

DRUCKER-BROWN, S. Mamprusi: Witchcraft, Subversion and Changing Gender Relations. Africa: Journal of the International African Institute, London, vol. 64, n. 4, p. 531-549, dez. 1993.

DU TOIT, W.; NGADA, N. *Hearing the AIC-voice: Proceedings of a Conference held by the Research Institute for Theology and Religion at Unisa*. Pretoria: Research Institute for Theology and Religion, 1999.

DUMONT, F. Amadú Bamba, Apôtre de la Non-violence (1850-1927). *Notes Africaines: Bulletin d'information et de Correspondance de l'Institut Français d'Afrique Noire*, Dakar, n. 121, p. 20-24, 1969.

DURU, W. The Communicativeness of Incantations in the Traditional Igbo Society. *Journal of Media and Communication Studies*, Lagos, vol. 8, n. 7, p. 63-70, dez. 2016.

DWYER, D. Women, Sufism, and Decision-Making in Moroccan Islam. In: *Women in the Muslim World*, organizado por Lois Beck e Nikki Keddie, p. 585-598. Cambridge: Harvard University Press, 2013.

EBELI, E. Atenben: A Legacy of Ephraim Amu. *International Journal of Humanities Social Sciences and Education*, vol. 5, n. 8, p. 12-18, 2018.

EDWARDS, J. Sinners in the Hands of an Angry God. Disponível em: https://www.blueletterbible.org/Comm/edwards_jonathan/Sermons/Sinners.cfm. Acesso em: 1 maio 2014.

EKEKE, E.; CHIKE, A. God, Divinities and Spirits in African Traditional Religious Ontology. *American Journal of Social and Management Sciences*, vol. 1, n. 2, p. 209-218, 2010.

ELIADE, M. Recent Works on Shamanism: A Review. *History of Religions*, Chicago, vol. 1, n. 1, p. 152-186, 1961.

EL-ZEIN, A. Beyond Ideology and Theology: The Search for the Anthropology of Islam. *Annual Review of Anthropology*, Palo Alto-CA, vol. 6, n. 1, p. 227-254, 1977.

EMEDOLU, C. From Magic to African Experimental Science: Toward a New Paradigm. *Filosofia Theoretica: Journal of African Philosophy, Culture and Religions*, vol. 4, n. 2, p. 68-88, 2015.

ENGSTROM, S. Kant's Conception of Practical Wisdom. *Kant-Studien*, Berlim, vol. 88, n. 1, p. 16, 1997.

ERIKSEN, S. The Epistemology of Imagination and Religious Experience: A Global and Pentecostal Approach to the Study of Religion? *Studia Theologica*, Abigindon-OX, vol. 69, n. 1, p. 45-73, 2015.

ESPOSITO, J. (org.). *The Oxford Dictionary of Islam*. Oxford: Oxford University Press, 2004.

ESPOSITO, T.; GREGG, S. T*he Inspiration and Truth of Sacred Scripture: The Word that Comes from God Speaks of God for the Salvation of the World*. Minnesota: Liturgical Press, 2014.

EVANS-PRITCHARD, E. Witchcraft, Oracles and Magic among the Azande. In: *Death, Mourning, and Burial: A Cross-Cultural Reader*, organizado por Antonius Robben, p. 83-88. New Jersey: Wiley-Blackwell, 1991.

EWING, K. The Politics of Sufism: Redefining the Saints of Pakistan. *The Journal of Asian Studies*, Cambridge-CB, vol. 42, n. 2, p. 251-268, 1983.

FADIPE, N. *The Sociology of the Yoruba*. Ibadan: University of Ibadan, 1970.

FALAYE, T..; BABALOLA, O. The Relevance of African Independent Churches to the Yoruba of South-Western Nigeria. *Contemporary Humanities*, vol. 5, n. 45, p. 10-15, 2012.

FALLOU, N. Aḥmadu Bamba's Pedagogy and the Development of ʿAjamī Literature. *African Studies Review*, Cambridge-CB, vol. 52, n. 1, p. 99-123, 2009.

FALLOU, N. *Muslim Beyond the Arab World: The Odyssey of Ajami and Muridiyya*. Oxford: Oxford University Press, 2016.

FALLOU, N. West African Manuscripts in Arabic and African Languages and Digital Preservation. In: *Oxford Research Encyclopedia of African History*. Oxford: Oxford University Press, 2016.

FALOLA, T. *Yoruba Gurus: Indigenous Production of Knowledge in Africa*. Eritrea: Africa World Press, 1999.

FATUNMBI, F. *Inner Peace: The Yoruba Concept of Ori*. New York: Athelia Henrietta Press, 2005.

FERNANDES, V. T. *et al. Description de la côte occidentale d'Afrique: (Sénégal du Cap de Monte, Archipels)*. Publicações do Centro de Estudos da Guiné Portuguesa, n. 11. Bissau: Centro de Estudos da Guiné Portuguesa, 1951.

FEYERABEND, P. *Against Method: Outline of an Anarchist Theory of Knowledge*. London: NLB, 1978.

FINCHER, W. Logocentrism. In: *The Blackwell Encyclopedia of Sociology*, organizado por G. Ritzer. Disponível em: https://doi.org/10.1002/9781405165518.wbeosl055.

FODIO, A. *Taziyin Al-Waraqat*. Trad. e ed. por M. Hisket. Ibadan: Ibadan University Press, 1963.

FRAGER, R.; FADIMAN, C. *Essential Sufism*. San Francisco: Harper Collins, 1999.

FRANKFURTER, D. Curses, Blessings, and Ritual Authority: Egyptian Magic in Comparative Perspective. *Journal of Ancient Near Eastern Religions,* Leiden, vol. 5, n. 1, p. 157-185, 2005.

FRANZ, M. A Gathering of Names: On the Categories and Collections of Siberian Shamanic Materials in Late Imperial Russian Museums, 1880-1910. 2019. Tese (Doutorado em Estudos de Religião) – Departamento de Estudos de Religião, Universidade de Toronto, Toronto, 2019.

FRAZER, G. *The Golden Bough: A Study in Magic and Religion*. London: Wordsworth, 1993.

FUDI, U. *Bayan Wujub Al-hijra Ala 'L-Ibad*. Trad. de F. H. El Masri. Khartoum: Khartoum University Press, 1978.

FULFORD, K.; JACKSON, M. Spiritual Experience and Psychopathology. *Philosophy, Psychiatry, & Psychology*, Baltimore, vol. 4, n. 1, p. 41-65, 1997.

GAIYA, A. *The Pentecostal Revolution in Nigeria*. Copenhagen: Centre of African Studies, University of Copenhagen, 2002.

GANYI, F.; OGAR, A. Orality and Medicine: The Efficacy of the Word in the Practice of Therapeutic Cures in Traditional African Medicine. *Studies in Sociology of Science*, vol. 3, n. 3, p. 31-35, 2012.

GARRETT, W. Maligned Mysticism: The Maledicted Career of Troeltsch's Third Type. *Sociological Analysis*, Oxford, vol. 36, n. 3, p. 205-223, 1975.

GBADEGESIN, S. *African Philosophy: Traditional Yoruba Philosophy and Contemporary African Realities*. New York: Die Deutsche Bibliotek-CIP-Einheitsaufnahme, 1991.

GEERTZ, C. *The Interpretation of Cultures*. New York: Basic Books, 1973.

GELLNER, E. The Great Patron: A Reinterpretation of Tribal Rebellions. *European Journal of Sociology/Archives Européennes de Sociologie/Europäisches Archiv für Soziologie*, vol. 10, n. 1, p. 61-69, 1969.

GEOFFREY, N. *Spiritualism and Society*. London: Routledge & Kegan Paul, 1969.

GEOFFROY, E.; GAETANI, R. *Introduction to Sufism: The Inner Path of Islam*. Lanham: World Wisdom, Inc., 2010.

GIDDENS, A. *Sociology*. Cambridge: Polity Press, 1998.

GLOBAL NONVIOLENT ACTION DATABASE. Sheikh Amadu Bàmba's Murid Resistance to French Colonial Oppression. Disponível em: https://nvdatabase.swarthmore.edu/content/sheikh-amadu-b%-C3%A0mbas-murid-resistance-french-colonial-oppression. Acesso em: 25 nov. 2020.

GLOVER, J. *Sufism and Jihad in Modern Senegal: The Murid Order. Rochester*: University of Rochester Press, 2007.

GLUCKMAN, M. *Custom and Conflict in Africa*. Oxford: Blackwell, 1956.

GOOREN, H. An Introduction to Pentecostalism: Global Charismatic Christianity. *Ars Disputandi*, vol. 4, n. 1, p. 206-209, 2004.

GRAHAM, W. *Divine Word and Prophetic Word in Early Islam*. New York: De Gruyter, 1977.

GREEN, N. *Sufism: A Global History*. Hoboken: Wiley-Blackwell, 2012.

GRILLO, L. African Rituals. In: *The Wiley-Blackwell Companion to African Religions*, organizado por Elias Bongmba. Malden: Wiley-Blackwell, 2012.

GRUNG, A. Transformative Hermeneutics in the Making Through the Co-reading of Biblical and Qur'anic Texts by Muslim and Christian Women. In: *Transformative Readings of Sacred Scriptures: Christians and Muslims in Dialogue*, organizado por Simone Sinn, Dina El Omari e Anne Hege Grung, p. 29-37. Germany: The Lutheran World Federation, 2017.

GUSAU, S. Economic Ideas of Shehu Usman Dan Fodio. *Journal of Muslim Minority Affairs*, vol. 10, n. 1, p. 139-151, 1989.

HACHALINGA, P. How Curses Impact People and Biblical Responses. *Journal of Adventist Mission Studies*, vol. 13, n. 1, p. 55-63, 2017.

HAMMED, M.; HAIDER, F. Healing Secrets in Holy Quran. Disponível em: https://www.researchgate.net/publication/333557344. Acesso em: 18 nov. 2020.

HAMMER, O. Sufism for Westerners. In: *Sufism in Europe and North America*. London: Routledge, 2004.

HANIF, M. Debating Sufism: The Tijāniyya and Its Opponents. 2018. Tese (Doutorado) – Universität Bayreuth, Bayreuth International Graduate School of African Studies-BIGSAS.

HARRIES, J. Witchcraft, Culture, and Theology in African Development. *African Nebula*, vol. 2, p. 138-153, 2010.

HARRIES, P. Exclusion, Classification and Internal Colonialism: The Emergence of Ethnicity among the Tsonga-speakers of South Africa. In: *The Creation of Tribalism in Southern Africa*, organizado por Leroy Vail, p. 82-227. Berkeley: University of California Press, 1989.

HARRIS, H. *Yoruba in Diaspora: An African Church in London*. New York: Palgrave Macmillan, 2006.

HARRISON, C. *France and Islam in West Africa, 1860-1960*. Cambridge: Cambridge University Press, 1988.

HAUSER-RENNER, H. Examining Texts Sediments – Commending a Pioneer Historian as an 'African Herodotus': On the Making of the New Annotated Edition of C.C. Reindorf's *History of the Gold Coast and Asante. History in Africa*, vol. 35, p. 231-299, 2008.

HAUSER-RENNER, H. Tradition Meets Modernity: C. C. Reindorf and his History of the Gold Coast and Asante: A Late 19th Century Voice from Urban Accra. *Transactions of the Historical Society of Ghana*, vol. 8, p. 227-255, 2004.

HAZEN, J. Contemporary Islamic Sufism in America: The Philosophy and Practices of the Alami Tariqa in Waterport, New York. 2012. Tese (Doutorado) – SOAS, University of London.

HECK, P. Mysticism as Morality: The Case of Sufism. *Journal of Religious Ethics*, vol. 34, n. 2, p. 253-286, 2006.

HECK, P. Sufism – What Is It Exactly? *Religion Compass*, vol. 1, n. 1, p. 148-164, 2006.

HENRICH, J. *The Secret of Our Success: How Culture is Driving Human Evolution, Domesticating Our Species, and Making Us Smarter*. Princeton: Princeton University Press, 2017.

HENRY, J. Magic and Science in the Sixteenth and Seventeenth Centuries. In: *Companion to the History of Modern Science*, organizado por R. C. Olby, G. N. Cantor, J. R. R. Christie e M. J. S. Hodge, p. 583-596. New York: Routledge, 1990.

HILL, J. Sufism Between Past and Modernity. In: *Handbook of Contemporary Islam and Muslim Lives*, organizado por M. Woodward e R. Lukens-Bull, p. 1-26. Cham: Springer, 2019.

HISKETT, M. Kitāb al-farq: A Work on the Habe Kingdoms Attributed to Uthman dan Fodio. *Bulletin of the School of Oriental and African Studies, University of London*, vol. 23, n. 3, p. 558-579, 1960.

HITTENBERGER, J. Toward a Pentecostal Philosophy of Education. PNEUMA: *The Journal of the Society for Pentecostal Studies*, vol. 23, n. 22, p. 217-244, 2001.

HOEXTER, M.; EISENSTADT, S. N.; LEVTZION, N. *The Public Sphere in Muslim Societies*. Albany: SUNY Press, 2002.

HOFFMAN, V. *Sufism, Mystics, and Saints in Modern Egypt*. Columbia: University of South Carolina Press, 1995.

HOLM, R. A Paradigmatic Analysis of Authority within Pentecostalism. 1996. Tese (Doutorado) – Laval University, Canadá.

HOPPÁL, M. *Shamans and Symbols: Prehistory of Semiotics in Rock Art*. Budapest: International Society for Shamanistic Research, 2013.

HOQUE, M. Origin of Sufism. *EDULIGHT*, vol. 1, n. 2, p. 197, 2012.

HOVEN, E. The Nation Turbaned? The Construction of Nationalist Muslim Identities in Senegal. *Journal of Religion in Africa*, vol. 30, n. 2, p. 225-248, 2000.

HUNWICK, J. A Region of the Mind: Medieval Arab Views of African Geography and Ethnography and Their Legacy. *Sudanic Africa: A Journal of Historical Sources*, Berga, vol. 16, p. 103-136, 2005.

HUSSAIN, F. Chishtis During the Delhi Sultanate: *A Balance Between Ideal and Practice*. 2002. Tese (Doutorado) – Jawaharlal Nehru University, New Delhi.

IDOWU, B. *African Traditional Religion: A Definition*. London: SCM Press Ltd., 1973.

IDOWU, B. *Olodumare: God in Yoruba Belief*. Lagos: Longmans, 1962.

IGWE, L. The Witch is not a Witch: The Dynamics and Contestations of Witchcraft Accusations in Northern Ghana. 2017. Tese (Doutorado) – Universität Bayreuth, Alemanha.

ILESANMI, T. The Traditional Theologians and the Practice of Orisa Religion in Yorubaland. *Journal of Religion in Africa*, Leiden, vol. 21, n. 3, p. 216-226, 1991.

INAYAT, Q. Islam, Divinity, and Spiritual Healing. In: *Integrating Traditional Healing Practices into Counseling and Psychotherapy*, organizado por Roy Moodley e William West, p. 159-169. California: Sage Publications, 2015.

IQBAL, M. *The Reconstruction of Religious Thought in Islam*. Stanford: Stanford University Press, 2013.

ISLAHI, A. Shehu Usman Dan Fodio and His Economic Ideas. Jeddah: *Islamic Economics Institute*, King Abdulaziz University, 2015.

IWUCHUKWU, M. Pentecostalism, Islam, and Religious Fundamentalism in Africa. In: *Pentecostalism and Politics in Africa: African Histories and Modernities*, organizado por A. Afolayan, Olajumoke Yacob-Haliso e Toyin Falola, p. 43-63. New York: Palgrave Macmillan, 2018.

JAMES, G. *Stolen Legacy: The Greeks Were Not the Authors of Greek Philosophy, But the People of North Africa, Commonly Called the Egyptians*. New York: Philosophical Library, 1954.

JENKINS, P. *The Recovery of the West African Past: African Pastors and African History in the Nineteenth Century: C. C. Reindorf & Samuel Johnson*. Basel: Basler Afrika Bibliographien, 1998.

JOSHI, P. Psychotherapeutic Elements in Shamanistic Healing in the Context of Himalayan Traditions. *Delhi Psychiatry Journal*, vol. 13, n. 2, p. 254-257, 2010.

KALU, O. Ethiopianism in African Christianity. In: *African Christianity: An African Story*, organizado por Ogbu Kalu, p. 227-243. Pretoria: University of Pretoria, 2005.

KALU, O. Introduction: The Shape and Flow of African Church Historiography. In: *African Christianity: An African Story*. Trenton: Africa World Press, 2007.

KALU, O. Preserving a Worldview: Pentecostalism in the African Maps of the Universe. *PNEUMA: The Journal of the Society for Pentecostal Studies*, vol. 24, n. 2, p. 110-137, 2002.

KARP, I. African Systems of Thought. In: *Africa*, organizado por Phyllis Martin e Patrick O'Meara, p. 199-211. Bloomington: Indiana University Press, 1986.

KATZ, J. Dreams and Their Interpretation in Sufi Thought and Practice. In: *Dreams and Visions in Islamic Societies*, organizado por Özgen Felek e Alexander D. Knysh, p. 181-197. Albany: SUNY Press, 2012.

KEALOTSWE, O. Acceptance and Rejection: The Traditional-Healer Prophet and His Integration of Healing Methods. *BOLESWA Journal of Theology, Religion and Philosophy*, vol. I, n. 1, p. 109-122, 2005.

KEALOTSWE, O. The Nature and Character of the African Independent Churches (AICs) in the 21st Century: Their Theological and Social Agenda. *Studia Historiae Ecclesiasticae*, vol. 40, n. 2, p. 227-242, 2014.

KGATLE, M. African Pentecostalism: The Christianity of Elias Letwaba From Early Years Until His Death in 1959. *Scriptura*, vol. 116, p. 1-9, 2017.

KHALDUN, I. The Muqaddimah (1377). In: UTHMAN ibn Muhammad ibn Fudi; AL-MASRI, Fathi Hasan. *Bayan Wujub Al-hijra 'Ala 'L-'ibad*, p. 14. Khartoum: Khartoum University Press, 1978.

KHANAM, F. The Origin and Evolution of Sufism. *Al-Idah*, vol. 22, n. 1, p. 21-34, 2011.

KHATHIDE, A. *Hamba Vangeli Elisha: A Portrait of Rev Job Y Chiliza – Pioneer of the African Gospel Church*. Kempton Park: Acad SA, 2010.

KIERNAN, J. (org.). *The Power of the Occult in Modern Africa: Continuity and Innovation in the Renewal of African Cosmologies*. Berlin: Münster Lit, 2006.

KIMBAL, F. The Pen and the Cannon: Shaykh Ahmadou Bamba's Non-violent Jihad. Disponível em: http://www.sacredweb.com/online_articles/SW24_kimball.pdf. Acesso em: 25 nov. 2020.

KIRKEGAARD, A. Music and Transcendence: Sufi Popular Performances in East Africa. *Temenos*, vol. 48, n. 1, p. 29-48, 2012.

KISTER, D. Dramatic Performance in Shamanism. In: *Shamanism: An Encyclopedia of World Beliefs, Practices, and Culture*, organizado por Mariko Namba Walter e Eva Jane Neumann Fridman, p. 82-89. California: ABC-CLIO, 2004.

KI-ZERBO, J. *Methodology and African Prehistory*. London: James Currey, 1990.

KLEINHEMPEL, U. White Sangomas: The Manifestation of Bantu Forms of Shamanic Calling Among Whites in South Africa. *REVER – Revista de Estudos da Religião*, vol. 18, n. 1, p. 143-173, 2018.

KNYSH, A. Th. Emil Homerin (ed. e trad.): Ā'ishah al-Bā'ūniyyah, The Principles of Sufism [Resenha de livro]. *Der Islam*, vol. 92, n. 1, p. 270-273, 2015.

KOHNERT, D. Magic and Witchcraft: Implications for Democratization and Poverty-Alleviating Aid in Africa. *World Development*, vol. 24, n. 8, p. 1.347-1.355, 1996.

KOMBO, K. Witchcraft: A Living Vice in Africa. *African Journal of Evangelical Theology*, vol. 22, n. 1, p. 73-86, 2013.

KRIPPNER, S. Humanity's First Healers: Psychological and Psychiatric Stances on Shamans and Shamanism. *Archives of Clinical Psychiatry (São Paulo)*, vol. 34, p. 17-24, 2007.

KRIPPNER, S. Shamans as Healers, Counselors, and Psychotherapists. *International Journal of Transpersonal Studies*, vol. 31, n. 2, p. 72-79, 2012.

KUGLE, S. *Sufis and Saints' Bodies: Mysticism, Corporeality, and Sacred Power in Islam*. Chapel Hill: University of North Carolina Press, 2011.

LAKATOS, I. Mathematics, Science and Epistemology: Philosophical Papers Volume 2. Organizado por John Worrall e Gregory Currie. Cambridge: Cambridge University Press, 1980.

LAMBRECHT, I. A Psychological Study of Shamanic Trance States in South African Shamanism. 1998. Tese (Doutorado) – University of the Witwatersrand, Johannesburg.

LAMBRECHT, I. Shamans as Expert Voice Hearers. Disponível em: http://www.hearingvoices.org.nz/attachments/article/14/Shamans%20as%20Expert%20Voice%20Hearers%20By%20Ingo%20Lambrecht.pdf. Acesso em: 27 jun. 2020.

LAND, S. *Pentecostal Spirituality: A Passion for the Kingdom*. Sheffield: Sheffield Academy Press, 1993.

LARDINOIS, A.; BLOK, J.; VAN DER POEL, M. Introduction. In: *Sacred Words: Orality, Literacy and Religion*, organizado por André Lardinois, Josine Blok e Marc van der Poel, p. 1-14. Leiden: Brill, 2011.

LAST, M. The Book in the Sokoto Caliphate. In: *The Meanings of Timbuktu*, organizado por S. Jeppie e S. B. Diagne, p. 135-163. Cape Town: Human Sciences Research Council Press, 2008.

LAWUYI, O. No King as God: Toward the Understanding of Yoruba Slogan. *ODU: A Journal of West African Studies*, vol. 29, n. 2, p. 102-114, 1986.

LEVTZION, N. The Dynamics of Sufi Brotherhoods. In: *The Public Sphere in Muslim Societies*, organizado por Miriam Hoexter, Shmuel N. Eisenstadt e Nehemia Levtzion, p. 109-118. Albany: SUNY Press, 2002.

LEVTZION, N.; POUWELS, R. (orgs.). *The History of Islam in Africa*. Athens: Ohio University Press, 2000.

LEWIS, B. *The Political Language of Islam*. Chicago: University of Chicago Press, 1988.

LEWIS, F. *Rumi – Past and Present, East and West: The Life, Teachings, and Poetry of Jalâl Al-Din Rumi*. London: One World Publications, 2014.

LEWISOHN, L. Sufism and Ismāʿīlī Doctrine in the Persian Poetry of Nizārī Quhistānī (645-721/1247-1321). *Iran*, vol. 41, n. 1, p. 229-251, 2003.

LINGS, M. *What is Sufism*? Berkeley: University of California Press, 1975.

LIPNER, J. *Hindus: Their Religious Beliefs and Practices*. New York: Routledge, 2012.

LUDWIG, F. African Independent Churches in West Africa around 1900. In: *Transcontinental Links in the History of Non-Western Christianity*, organizado por Klaus Koschorke, p. 264-272. Wiesbaden: Otto Harrassowitz Verlag, 2002.

LUDWIG, F.; KOSCHORKE, K. (orgs.). *Transcontinental Links in the History of Non-Western Christianity*. Wiesbaden: Otto Harrassowitz Verlag, 2002.

LUMBARD, J. Al-Insan Al-Kamil Doctrine and Practice. *Islamic Quarterly*, vol. 38, n. 4, p. 261, 1994.

LUMWE, S. The Cosmology of Witchcraft in the African Context: Implications for Mission and Theology. *Journal of Adventist Mission Studies*, vol. 13, n. 1, p. 83-94, 2017.

LUTON MUSLIMS JOURNAL. *Dua: In the Name of Allah with whose Name Nothing can Harm*. Disponível em: https://lutonmuslimjournal.com/heart/laa-yadduru. Acesso em: 15 out. 2017.

MACARTHUR, J. *Reckless Faith: When the Church Loses Its Will to Discern*. Illinois: Crossway Books, 1994.

MACIAS, A. How Hitler's Populist Rhetoric Contributed to his Rise to Power. *Insider*. Disponível em: https://www.businessinsider.com/why-hitler-was-such-a-successful-orator-2015-5. Acesso em: 13 maio 2015.

MAGESA, L. *African Religion: The Moral Traditions of Abundant Life*. Toronto: Orbis Books, 2014.

MAKHUBU, P. *Who Are the Independent Churches*? Johannesburg: Skotaville, 1988.

MANALA, M. Witchcraft and Its Impact on Black African Christians: A Lacuna in the Ministry of the Hervormde Kerk in Suidelike Afrika. *HTS Theological Studies*, vol. 60, n. 4, p. 1.491-1.511, 2004.

MANN, T. *The Book of the Torah*. Oregon: Wipf and Stock Publishers, 2013.

MARK, W.; SANI UMAR, M.; ROHMANIYAH, I.; YAHYA, M. Salafi Violence and Sufi Tolerance? Rethinking Conventional Wisdom. *Perspectives on Terrorism*, vol. 7, n. 6, p. 58-78, 2013.

MAROVIC, Z.; MACHINGA, M. African Shamanic Knowledge and Transpersonal Psychology: Spirits and Healing in Dialogue. *The Journal of Transpersonal Psychology*, vol. 49, n. 1, p. 31-44, 2017.

MASHAU, D. Ministering Effectively in the Context of Pentecostalism in Africa: A Reformed Missional Reflection. In *Die Skriflig/In Luce Verbi*, vol. 47, n. 1, p. 1-8, 2013.

MASKARINEC, G. Healing and Shamanism. In: WALTER, M.; FRIDMAN, E. (orgs.). *Shamanism: An Encyclopedia of World Beliefs, Practices, and Culture*. California: Library of Congress Cataloging-in-Publication Data, 2004. Disponível em: http://www.abc-clio.com.

MAYRARGUE, C. The Paradoxes of Pentecostalism in South-Saharan Africa. Paris: Institut Français des Relations Internationales, 2008.

MBACKE, B. Tazawudu Shubaan, "Viatique des jeunes". In: *Recueil de Poèmes en Sciences Religieuses de Cheikh A. Bamba 1*. Rabat: Dar El Kitab, 1988.

MBACKE, S. *The Mouride Order*. Washington, DC: Berkley Center for Religion Peace and World Affairs, 2016.

MBAYA, H.; CEZULA, N. Contributions of John S. Mbiti to the Study of African Religions and African Theology and Philosophy. *STJ/Stellenbosch Theological Journal*, vol. 5, n. 3, p. 421-442, 2019.

MBITI, J. *African Religions and Philosophy*. Nairobi: East African Educational Publishers, 2002.

MBITI, J. *Introduction to African Religion.* London: Heinemann Educational Books, 1975.

MBITI, J. *The Prayers of African Religion*. London: SPCK, 1975.

MCLOUGHLIN, S.; KHAN, M. Ambiguous Traditions and Modern Transformations of Islam: The Waxing and Waning of an "Intoxicated" Sufi Cult in Mirpur. *Contemporary South Asia*, vol. 15, n. 3, p. 289-307, 2006.

MCNEILL, J. Magic and Infant Science. *The Journal of Religion*, vol. 15, n. 3, p. 342-344, 1935.

MELCHERT, C. Origins and Early Sufism. In: *The Cambridge Companion to Sufism*, organizado por Lloyd Ridgeon, p. 3-23. New York: Cambridge University Press, 2015.

MEYER, B. Christianity in Africa: From African Independent to Pentecostal-charismatic Churches. *Annual Review of Anthropology*, vol. 33, p. 447-474, 2004.

MICHON, J.-L.; GAETANI, R. (orgs.). *Sufism: Love and Wisdom*. Indiana: World Wisdom, 2006.

MILLER, N. *Encounters with Witchcraft: Field Notes from Africa*. Albany: SUNY Press, 2012.

MITCHELL, C. *African Primal Religions*. Niles: Argus Communications, 1977.

MOHAMED, A.; MOHAMED, M. Ibn ʿAṭāʾ Allāh al-Sakandarī: A Sufi, ʿĀlim and Faqīh. *Comparative Islamic Studies*, vol. 9, n. 1, p. 41-66, 2013.

MOHAMMAD, A. *Debating Sufism: The Tijaniyya and Its Opponents. 2018*. Tese (Doutorado) – Bayreuth University, Graduate School of African Studies, Alemanha.

MOJADDEDI, J. *The Biographical Tradition in Sufism*. London: Psychology Press, 2001.

MONTGOMERY, J. Shamanism and Voodoo in Togo: The Life and Acts of Sofo Bisi. *Shaman: Journal of the International Society for Shamanistic Research*, vol. 24, n. 1-2, p. 65-92, 2016.

MOTYER, J. Curse. In: MARSHALL, I.; MILLARD, A.; WISEMAN, D. (orgs.). *New Bible Dictionary*. Illinois: InterVarsity Press, 1996.

MUDIMBE, V. *The Invention of Africa: Gnosis, Philosophy and the Order of Knowledge*. Bloomington: Indiana University Press, 1988.

NA-DAMA, G. Urbanization in the Sokoto Caliphate: A Case Study of Gusau and Kaura-Namoda. In: *Studies in the History of the Sokoto*

Caliphate: The Sokoto Seminar Papers, organizado por Y. B. Usman, p. 140-164. Sokoto: History Bureau, 1979.

NASA, NTC 828/308, V3586, Mr. F. McBribe, Land Agent, to Native Commissioner, Graskop, 27 nov. 1933.

NDEMANU, M. Traditional African Religions and Their Influences on the World Views of the Bangwa People of Cameroon: Expanding the Cultural Horizons of Study Abroad Students and Professionals. *The Interdisciplinary Journal of Study Abroad*, vol. 30, n. 1, p. 70-84, 2018.

NEL, M. An Attempt to Define the Constitutive Elements of a Pentecostal Spirituality. *Die Skriflig*, vol. 49, n. 1, p. 1-7, 2015.

NEMEROFF, C.; ROZIN, P. The Makings of the Magical Mind: The Nature and Function of Sympathetic Magical Thinking. In: ROSENGREN, K.; JOHNSON; C. HARRIS, P. (orgs.). *Imagining the Impossible: Magical, Scientific, and Religious Thinking in Children*. New York: Cambridge University Press, 2000.

NETTON, I. *Ṣūfī Ritual: The Parallel Universe*. London: Psychology Press, 2000.

NIEHAUS, I. Witchcraft and the South African Bantustans: Evidence from Bushbuckridge. *South African Historical Journal,* vol. 64, n. 1, p. 41-58, 2012.

NIEHAUS, I.; MOHLALA, E.; SHOKANE, K.; BERNAULT, F. Witchcraft, Power and Politics: Exploring the Occult in the South African Lowveld. *Journal of Modern African Studies,* vol. 41, n. 1, p. 155-156, 2003.

NIZAMIE, S.; KATSHU, M.; UVAIS, N. Sufism and Mental Health. *Indian Journal of Psychiatry*, vol. 55, n. 2, p. 215-223, 2013.

NJOKU, F. *Essays in African Philosophy, Thought & Theology*. Owerri: Claretian Institute of Philosophy, 2002.

NJUEMA, Z. Sokoto and Her Provinces: Some Reflections on the Case of Adamawa. In: *Studies in the History of Sokoto Caliphate: The Sokoto Seminar,* organizado por Y. B. Usman, p. 320. Lagos: Third Press International, 1979.

NMAH, P. The Rise of Independent African Churches, 1890-1930: An Ethical-genesis of Nigerian Nationalism. *African Research Review*, vol. 4, n. 4, p. 482-493, 2010.

NŪRBAḪŠ, Ǧ. *The Psychology of Sufism (Del Wa Nafs): A Discussion of the Stages of Progress and Development of the Sufi's Psyche While on the Sufi Path*. London: Khaniqahi-Nimatullahi, 1992.

NWALA, T. Summary Discourse on the Debate Concerning the Existence, Nature and Scope of African Philosophy (1970-1990). In: *Critical*

Review of the Great Debate on African Philosophy 1970-1990, organizado por T. U. Nwala e D. Opata, p. 1-60. Enugu: Hillys Press, 1992.

O'BRIEN, D. *The Mourides of Senegal: The Political and Economic Organization of an Islamic Brotherhood*. London: Oxford University Press, 1971.

OBASOLA, K. A Cultural Perspective on Environmental Preservation. *Ogun Journal of Arts*, vol. 11, p. 101-110, 2006.

ODESANYA, S.; AKINJOGBIN, K. Names as Message Vectors in Communication: Oduological Analysis of Traditional Yoruba Names from Ifa. *Journal of the Linguistic Association of Nigeria*, vol. 20, n. 1, p. 248-259, 2017.

ODULARU, S. Ifa Divination in Yorubaland 1851-1989: A Selected Bibliography. *A Current Bibliography on African Affairs*, vol. 22, n. 3, p. 237-245, 1990.

OGUNEWU, M.; ADEGBOYIN, D. The Stories of Christianah Abiodun Akinsowon, Timothy Oluwole Obadare, Emmanuel Adeleke Adejobi, and Alexander Abiodun Bada: Successors to the Aladura Trailblazers of Nigeria. *Journal of African Christian Biography*, vol. 3, n. 3, p. 13-35, 2018.

OGUNLEYE, A. Ifa: An Epistle to the Indigenous Yoruba Worshippers in Nigeria. *Journal of African Interdisciplinary Studies*, vol. 3, n. 1, p. 68-77, 2019.

OGUNNAIKE, O. *Sufism and Ifa: Ways of Knowing in Two West African Intellectual Traditions*. 2015. Tese (Doutorado) – Harvard University, Graduate School of Arts and Sciences.

ÖHLMANN, P.; GRÄB, W. 'African Initiated Churches' Potential as Development Actors. *HTS Teologiese Studies/Theological Studies*, vol. 72, p. 1-12, 2016.

OKEWANDE, O. Semiotic Investigation of Philosophical Relations between Ifa and Ayo Olopon Among the Yoruba People of Nigeria. *Nokoko Institute of African Studies*, vol. 6, p. 317-346, 2017.

OKONKWO, R.; AGBEBI, M. Apostle of the African Personality. *Présence Africaine*, n. 114, p. 144-159, 1980.

OLADITI, A.; OLUWASEUN OYEWALE, P. The Yoruba Concept of Ola in African Society: A Historical Overview. *World Scientific News*, vol. 80, p. 57-76, 2017.

OLUPONA, J. The Study of Yoruba Religious Tradition in Historical Perspective. *Numen*, vol. 40, n. 3, p. 240-273, 1993.

OLUSEYE, A. Language: Standardization and Literacy. In: *Encyclopedia of Yoruba*, organizado por Toyin Falola e Akintunde Akinyemi, p. 194-195. Bloomington: Indiana University Press, 2016.

OMARI-OBAYEMI, M. An Indigenous Anatomy of Power and Art: A New Look at Yoruba Women in Society and Religion. *Dialectical Anthropology*, vol. 21, n. 1, p. 89-98, 1996.

OMONZEJELE, P. African Concepts of Health, Disease and Treatment: An Ethical Enquiry. *Explore*, vol. 4, n. 2, p. 120-126, 2008.

OOSTHUIZEN, G. (org.). *Religion Alive: Studies in the New Movements and Indigenous Churches in Southern Africa*. Johannesburg: Hodder and Stoughton, 1986.

OPASOLA, G. Ifa as a Repository of Knowledge, Yoruba Epistemology from Afrocentric Point of View. Academia. Disponível em: https://www.academia.edu/35393902/IFA_AS_A_REPOSITORY_OF_KNOWLEDGE. Acesso em: 17 nov. 2020.

ORILOYE, S. Contents and Features of Yoruba Incantatory Poetry. *Journal of Communication and Culture*, vol. 1, n. 2, p. 32-44, 2015.

OSHITELU, G. *History of the Aladura (Independent) Churches 1918-1940: An Interpretation*. Ibadan: Hope Publications, 2007.

OVERTON, J. Hypnosis and Shamanism. In: WALTER, M.; FRIDMAN, E. *Shamanism: An Encyclopedia of World Beliefs, Practices, and Culture*. California: Library of Congress Cataloging-in-Publication Data, 2004.

OXFORD DICTIONARY. *Faith. Lexico.* Disponível em: https://www.lexico.com/definition/faith. Acesso em: 18 nov. 2020.

OYEBOLA, D. Traditional Medicine and Its Practitioners Among the Yoruba of Nigeria: A Classification. Social Science and Medicine. *Part A: Medical Psychology & Medical Sociology*, vol. 14, n. 1, p. 23-29, 1980.

OZIOMA, E.-O.; NWAMAKA CHINWE, O. Herbal Medicines in African Traditional Medicine. *Herbal Medicine*, vol. 10, p. 191-214, 2019.

PACKER, M.; TIBADUIZA SIERRA, S. A Concrete Psychological Investigation of Ifa Divination. *Revista Colombiana de Psicología*, vol. 21, n. 2, p. 355-371, 2012.

PAINE, T. *Common Sense*. (Edição Kindle). Disponível em: https://www.amazon.com/Common-Sense-Bestsellers-famous-Books-ebook/dp/B01M6WOBCS.

PARRINDER, E. *African Traditional Religion*. London: SPCK, 1962.

PARRINDER, E. *Religion in Africa*. Harmondsworth: Penguin Books, 1969.

PAUW, B. *Religion in a Tswana Kingdom*. Oxford: Oxford University Press, 1964.

PEEK, P. (org.). *African Divination Systems: Ways of Knowing*. Bloomington: Indiana University Press, 1991.

PEEL, J. The Pastor and the 'Babalawo': The Interaction of Religions in Nineteenth-Century Yorubaland. *African Journal of the International African Institute,* vol. 60, n. 3, p. 228-369, 1980.

POLAT, M. Tasawwuf-oriented Educational Philosophy and Its Relevance to the Formation of Religion and Ethics Course Curriculum. *Universal Journal of Educational Research*, vol. 5, n. 5, p. 805-814, 2017.

POPPER, K. *Objective Knowledge: An Evolutionary Approach*. Oxford: Clarendon Press, 1972.

PRIEST, R. *On the Meaning of the Words 'Witch,' 'Witchcraft,' and 'Sorcery'*. HCTU. Disponível em: https://henrycenter.tiu.edu/2012/05/meaning-of-witch-witchcraft-and-sorcery/. Acesso em: 24 nov. 2020.

QUICK, A. *Aspects of Islamic Social Intellectual History in Hausaland: 'Uthman Ibn Fudi, 1774-1804 CE*. Tese (Doutorado) – National Library of Canada = Bibliothèque nationale du Canada. Disponível em: http://www.collectionscanada.ca/obj/s4/f2/dsk3/ftp04/NQ28150.pdf.

RAZALI, Q.; AKMAL, W.; RADIMAN, S.; FAKHRURRAZI, Z.; AHMAD, M.; SAMIAN, A. A Brief Review: Light Cosmology in Sufism and Modern Science Perspective. In: *10th International Symposium on Islam, Civilization & Science (ISICAS)*, 2019.

RENARD, J. *Seven Doors to Islam: Spirituality and the Religious Life of Muslims*. Berkeley: University of California Press, 1944.

RIBOLI, D. Trance, Shamanism. In: *Shamanism: An Encyclopedia of World Beliefs, Practices, and Culture*, organizado por M. N. Walter e E. J. Fridman, p. 250-255. California: Library of Congress Catalog-ing-in-Publication Data, 2004. Disponível em: http://www.abc-clio.com.

RINNE, E.-M. Water and Healing – Experiences from the Traditional Healers in Ile-Ife, Nigeria. *Nordic Journal of African Studies*, vol. 10, n. 1, p. 41-65, 2001.

ROBINSON, D. Beyond Resistance and Collaboration: Amadu Bamba and the Murids of Senegal. *Journal of Religion in Africa*, vol. 21, n. 2, p. 149-171, 1991.

ROBINSON, D. *Paths of Accommodation: Muslim Societies and French Colonial Authorities in Senegal and Mauritania, 1880-1920*. Athens: Ohio University Press, 2000.

RODNEY, W. *How Europe Underdeveloped Africa*. Dar-es-Salaam: Tanzanian Publishing House, 1972.

ROSS, E. Touba: A Spiritual Metropolis in the Modern World. *Canadian Journal of African Studies/La Revue Canadienne des Études Africaines*, vol. 29, n. 2, p. 222-259, 1995.

RUSSELL, D. How a West African Shaman Helped my Schizophrenic Son in a Way Western Medicine Couldn't. *The Washington Post*. Disponível em: https://www.washingtonpost.com/posteverything/wp/2015/03/24/how-a-west-african-shaman-helped-my-schizophrenic-son-in-a-way-western-medicine-couldnt/. Acesso em: 23 dez. 2020.

RYAN, P. J. The Mystical Theology of Tijānī Sufism and its Social Significance in West Africa. *Journal of Religion in Africa*, vol. 30, n. 2, p. 208-224, 2000.

RYAN, P. The Phenomenon of Independent Religious Movements in Ghana. *Catholic Standard*, vol. 15, n. 21, p. 22-28, 1992.

SAIDU, A. The Significance of Shehu's Sermons and Poems in Ajami. In: *Studies in the History of the Sokoto Caliphate: The Sokoto Seminar Papers*, organizado por Y. B. Usman, p. 195-216. Zaria: Department of History, Ahmadu Bello University for the Sokoto State History Bureau, 1979.

SAMUEL, J. *The History of the Yoruba People*. Lagos: CMS Bookshop, 1921.

SANNEH, L. O. *Beyond Jihad: The Pacifist Tradition in West African Islam*. Oxford: Oxford University Press, 2016.

SAYLOR. *The Hausa Kingdoms*. Disponível em: http://www.saylor.org/site/wp-content/uploads/2012/10/HIST101-10.2.2-HausaKingdom-FINAL1.pdf. Acesso em: 27 nov. 2020.

SCHILLER, A. Offerings and Sacrifice in Shamanism. In: WALTER, M.; FRIDMAN, J. (orgs.). *Shamanism: An Encyclopedia of World Beliefs, Practices, and Culture*. California: Library of Congress Cataloging-in-Publication Data, 2004.

SCHIMMEL, A. *Mystical Dimensions of Islam*. Chapel Hill: University of North Carolina Press, 1975.

SEESEMANN, R. Sufism in West Africa. *Religion Compass*, vol. 4, n. 10, p. 606-614, 2010.

SETILOANE, G. *The Image of God among the Sotho-Tswana*. Rotterdam: Balkema, 1976.

SHAGARI, S. ; BOYD, J. *Uthman dan Fodio: The Theory and Practice of His Leadership*. Lagos: Islamic Publications Bureau, 1978.

SHAH, I. Learning How to Learn: Psychology and Spirituality in the Sufi Way. London: Octagon Press Ltd., 1978.

SHAH, I. *The Way of the Sufi*. London: Octagon Press Ltd., 2004.

SHAHI, D. Introducing Sufism to International Relations Theory: A Preliminary Inquiry into Epistemological, Ontological, and Methodological Pathways. *European Journal of International Relations*, vol. 25, n. 1, p. 250-275, 2019.

SHAHI, D. The Entry of Sufism into Global International Relations: A Move Beyond the State of the Art. In: *Sufism: A Theoretical Intervention in Global International Relations*, organizado por Deepshika Shahi, p. 1-14. London: Rowman & Littlefield Publishers, 2020.

SHAH-KAZEMI, R. The Notion and Significance of Ma'rifa in Sufism. *Journal of Islamic Studies*, vol. 13, n. 2, p. 155-181, 2002.

SHOHAT, E.; STAM, R. *Unthinking Eurocentrism: Multiculturalism and the Media*. London: Routledge, 2013.

SIBUSISO, M. The History of African Indigenous Churches in Scholarship. *Journal for the Study of Religion*, vol. 18, n. 2, p. 89-103, 2005.

SINGH, M. The Cultural Evolution of Shamanism. *Behavioral and Brain Sciences*, vol. 41, n. 66, p. 1-17, 2018.

SIRRIYEH, E. *Sufis and Anti-Sufis: The Defence, Rethinking and Rejection of Sufism in the Modern World*. London: Routledge, 2014.

SMITH Jr., L. James. Sufism: Islamic Mysticism. *Verbum*, vol. 3, n. 1, 2005.

SMITH, A. The Contemporary Significance of the Academic Ideals of the Sokoto Jihad. In: *Studies in the History of Sokoto Caliphate: The Sokoto Seminar Papers*, organizado por Y. B. Usman, p. 245-246. Lagos: Third Press International, 1979.

SMITH, E. *Knowing the African*. Cambridge: United Society for Christian Literature, 1946.

SMITH, J. *Thinking in Tongues: Pentecostal Contributions to Christian Philosophy, vol. 1*. Michigan: William B. Eerdmans Publishing Company, 2010.

SMITH, M. *Studies in Early Mysticism in the Near and Middle East*. Bloomsbury: One World Publications, 1995.

SOARES, B. Saint and Sufi in Contemporary Mali. In: *Sufism and the 'Modern' in Islam*, organizado por Martin van Bruinessen e Julia Day Howell, p. 76-91. London: I.B. Tauris, 2007.

SOBIECKI, J. A Review of Plants Used in Divination in Southern Africa and Their Psychoactive Effects. *Southern African Humanities*, vol. 20, n. 2, p. 333-351, 2008.

SOLAGBERU, A.-R. The Impact of Sufism on the Culture of the People of Ilorin, Nigeria. *Journal of Muslim Minority Affairs*, vol. 32, n. 3, p. 400-410, 2012.

SORGENFREI, S. Hidden or Forbidden, Elected or Rejected: Sufism as "Islamic Esotericism". *Islam and Christian-Muslim Relations*, vol. 29, n. 2, p. 145-165, 2018.

STRASSBERG, B. Magic, Religion, Science, Technology, and Ethics in the Postmodern World. *Zygon*, vol. 40, n. 2, p. 307-322, 2005.

SULAIMAN, I. *A Revolution in History: The Jihad of Usman Dan Fodio*. London: Mansell, 1986.

SUNDKLER, B. *Bantu Prophets in South Africa*. Oxford: Oxford University Press, 1961.

TAJI-FAROUKI, S. *Beshara and Ibn 'Arabi: A Movement of Sufi Spirituality in the Modern World*. Oxford: Anqa Publishing, 2007.

TALBOT, L. Thousand Year's Reign of Christ over the Earth: The Characteristics of that Reign. *Biola Radio Publications*, n. 9, p. 3-13, 2017.

TAN, C. Islamic Education and Indoctrination: The Case in Indonesia. London: Routledge, 2012.

THE ARDA. *Congo, Republic of the*. Disponível em: https://www.thearda.com/internationalData/countries/Country_581.asp. Acesso em: 27 jun. 2021.

THOMPSON, E. Primitive African Medical Lore and Witchcraft. *Bulletin of the Medical Library Association,* vol. 53, n. 1, p. 80-94, 1965.

THORNTON, R. The Transmission of Knowledge in South African Traditional Healing. *Africa: Journal of the International African Institute,* vol. 79, n. 1, p. 17-34, 2009.

TOPP FARGION, J.; LE GUENNEC-COPPENS, F.; MERY, S. The Music of Zenj: Arab-African Crossovers in the Music of Zanzibar. *Journal des Africanistes*, vol. 72, n. 2, p. 203-212, 2002.

TOUSI, M. Education in Islam: Contemporary Issues and Challenges. *Journal of Educational and Social Research*, vol. 2, n. 4, p. 49, 2012.

TOWGHI, M. M. *Foundations of Muslim Images and Treatment of the World Beyond Islam (Vols. I-IV)*. 1991. Tese (Doutorado) – Michigan State University.

TRIMINGHAM, J. The Sufi Orders in Islam. Oxford: Oxford University Press, 1998.

TURNER, H. *History of an African Independent Church: The Church of the Lord (Aladura)*. Oxford: Oxford University Press, 1967.

TURNER, H. *Modern African Religious Movements: An Introduction for the Christian Churches*. Nsukka: University of Nigeria, 1965.

TUTUOLA, A. *The Wild Hunter in the Bush of Ghosts*. Washington, DC: Three Continents Press, 1948.

UDUAGWU, C. Understanding the Difference between African Magic and African Science: A Conversation with Christian Emedolu. *Filosofia Theoretica: Journal of African Philosophy, Culture and Religions,* vol. 5, n. 2, p. 74-78, 2016.

UL-HAQ, S.; KHAN, F. A Sufi View of Transformation and Its Organizational Implications. In: *Handbook of Personal Organizational Transformation*, organizado por J. Neal, p. 833-865. Cham: Springer International Publishing, 2018.

UNESCO. *Ifa Divination System*. Disponível em: https://ich.unesco.org/en/RL/ifa-divination-system-00146. Acesso em: 9 nov. 2020.

USMAN, A. S. S.; BOYD, J. *Uthman Dan Fodio: The Theory and Practice of Leadership.* Lagos: Islamic Publication Bureau, 1978.

USMAN, Y. *The Transformation of Katsina*. Zaria: ABU Press, 1981.

VAN BRUINESSEN, M. Sufism and the 'modern' in Islam. *ISIM Newsletter*, vol. 13, n. 1, p. 62, 2003.

VAN DER MEER, T. *Spiritual Journeys: A Study of Ifa/Orisa Practitioners in the United States Initiated by Nigeria*. 2017. Tese (Doutorado) – Antioch University, 2017.

VAN HOVEN, E. The Nation Turbaned? The Construction of Nationalist Muslim Identities in Senegal. *Journal of Religion in Africa*, vol. 30, n. 2, p. 225-248, 2000.

VERGER, P. *The Yoruba High God: A Review of the Sources*. Ibadan: Institute of African Studies, University of Ibadan, 1964.

VIKØR, K. *Sufi and Scholar on the Desert Edge: Muḥammad B. 'Alī Al-Sanūsī and His Brotherhood*. Evanston: Northwestern University Press, 1995.

VIKØR, K. Sufi Brotherhoods in Africa. In: *The History of Islam in Africa,* organizado por Nehemia Levtzion e Randall L. Pouwels, p. 441-476. Oxford: James Currey, 2000.

VILAKAZI, A. *et al. Shembe: The Revitalization of African Society*. Johannesburg: Skotaville Publishers, 1986.

VUCKOVIC, N. *et al.* Feasibility and Short-term Outcomes of a Shamanic Treatment for Temporomandibular Joint Disorders. *Alternative Therapies*, vol. 13, n. 6, p. 18-29, 2007.

WALKER, M. Music in Shamanism and Other Healing Traditions of Siberia. *Arctic Anthropology*, vol. 40, n. 2, p. 40-48, 2003.

WALLACE, D. Rethinking Religion, Magic and Witchcraft in South Africa: From Colonial Coherence to Postcolonial Conundrum. *Journal for the Study of Religion*, vol. 28, n. 1, p. 3-4, 2015.

WALLS, A. The Legacy of Samuel Ajayi Crowther. *International Bulletin of Missionary Research*, vol. 16, n. 1, p. 15-21, 1992.

WALTER, M.; FRIDMAN, E. (orgs.). *Shamanism: An Encyclopedia of World Beliefs, Practices, and Culture.* Oxford: ABC CLIO, 2004.

WARE, F. An Interim Assessment of the Pentecostal Manifesto Series. *The Journal of Religion*, vol. 94, n. 1, p. 97-107, 2014.

WARIBOKO, N. West African Pentecostalism: A Survey of Everyday Theology. In: *Global Renewal Christianity: Spirit-Empowered Movements, Past, Present and Future*, organizado por Vinson Synan, Amos Yong e Kwabena Asamoah-Gyadu, p. 1-18. Florida: Charisma House Publishers, 2016.

WELBOURN, F.; OGOT, B. *A Place to Feel at Home: A Study of Two Independent Churches in Western Kenya.* London: Oxford University Press, 1966.

WERBNER, P. Powerful Knowledge in a Global Sufi Cult: Reflections on the Poetics of Travelling Theories. In: *The Pursuit of Certainty: Religious and Cultural Formulations*, organizado por Wendy James, p. 134-160. London e New York: Routledge, 1995.

WEST, M. *Bishops and Prophets in a Black City: African Independent Churches in Soweto, Johannesburg*. London: R. Collins, 1975.

WIENER, M. Magic Worlds Through Religion, Science and Magic. *Anthropological News*, vol. 45, n. 8, p. 10-11, 2004.

WILSON, M. Witch-beliefs and Social Structure. *American Journal of Sociology*, vol. 56, p. 307-313, 1951.

WINKELMAN, M. Divination. In: WALTER, M. ; FRIDMAN, E.. (orgs.). *Shamanism: An Encyclopedia of World Beliefs, Practices, and Culture, p. 78-82*. California: Library of Congress Cataloging-in-Publication Data, 2004. Disponível em: http://www.abc-clio.com.

WIREDU, K. Conceptual Decolonization as an Imperative in Contemporary African Philosophy: Some Personal Reflections. *Rue Descartes*, n. 36, p. 53-64, 2002.

WITZEL, M. Shamanism in Northern and Southern Eurasia: Their Distinct Methods of Change of Consciousness. *Social Science Information*, vol. 50, n. 1, p. 39-61, 2011.

WOODWARD, M.; SANI UMAR, M.; ROHMANIYAH, I.; YAHYA, M. Salafi Violence and Sufi Tolerance? *Rethinking Conventional Wisdom. Perspectives on Terrorism*, vol. 7, n. 6, p. 58-78, 2013.

WORLD HEALTH ORGANIZATION. *The World Health Report 2001: Mental Health: New Understanding, New Hope*. Disponível em: https://apps.who.int/iris/handle/10665/42390. Acesso em: 30 set. 2020.

YAKASAI, H. Incantation in Hausa Culture: An Example of Syntactic Reduplication. *Studies of the Department of African Languages and Cultures*, n. 44, p. 67-82, 2010.

YANG, M. Shamanism and Spirit Possession in Chinese Modernity: Some Preliminary Reflections on a Gendered Religiosity of the Body. *Review of Religion and Chinese Society*, vol. 2, n. 1, p. 51-86, 2015.

YILDIZ, S. A Hanafi Law Manual in the Vernacular: Devletoğlu Yūsuf Balı (824/1424). *Bulletin of the School of Oriental and African Studies*, vol. 80, n. 2, p. 283-304, 2017.

ZALANGA, S. Pentecostalism as an Alternative Social Order in Africa. In: AFOLAYAN, A.; YACOB-HALISO, O.; FALOLA, T. (orgs.). *Pentecostalism and Politics in Africa*, p. 277-302. Switzerland: Springer International Publishing, 2018.

ZALTA, E. (org.). *The Stanford Encyclopedia of Philosophy*. Stanford: The Metaphysics Research Lab, Center for the Study of Language and Information, Stanford University, 2007.

ZARASI, M. *Interpretation of the Quran: A Comparative Study of the Methodologies of Abdolkarim Soroush and Mohammad Mojtahed Shabestari*. 2018. Tese (Doutorado) – International Islamic University, Malaysia.

ZUESSE, E. Divination and Deity in African Religions. *History of Religions*, vol. 15, n. 2, p. 158-182, 1975.

ZUMA, T.; WIGHT, D.; ROCHAT, T.; MOSHABELA, M. The Role of Traditional Health Practitioners in Rural KwaZulu-Natal, South Africa: Generic or Mode Specific? *BMC Complementary and Alternative Medicine*, vol. 16, n. 1, p. 304, 2016.

Índice Remissivo

A

B

C

D

J

L

M

S

T

V

X

Z

Conecte-se conosco:

facebook.com/editoravozes

@editoravozes

@editora_vozes

youtube.com/editoravozes

+55 24 2233-9033

www.vozes.com.br

Conheça nossas lojas:

www.livrariavozes.com.br

Belo Horizonte – Brasília – Campinas – Cuiabá – Curitiba
Fortaleza – Juiz de Fora – Petrópolis – Recife – São Paulo

EDITORA VOZES LTDA.
Rua Frei Luís, 100 – Centro – Cep 25689-900 – Petrópolis, RJ
Tel.: (24) 2233-9000 – E-mail: vendas@vozes.com.br